俄烏戰爭

世界新秩序的建立

謝爾希·浦洛基
Serhii Plokhy

劉卉立◎譯

THE RUSSO-UKRAINIAN WAR
The Return of History

編輯室報告

1. 原書出版於二〇二三年五月十六日，作者於同年十月增補後記內容，繁體中文版譯本已包含作者提供的新增內容。

2. 本書翻譯名詞將盡量貼近作者原意。比如，二十世紀以前的俄羅斯歷史約可分為：一三二八年伊凡一世被金帳汗國封為大公的「莫斯科（大）公國」時期，一五四七年之後伊凡四世加冕為沙皇的「沙皇俄國」（沙俄）或「俄羅斯沙皇國」時期，一七二一年彼得一世封為皇帝後的俄羅斯帝國（帝俄）時期。在本書中，帝俄之前的時期，作者均使用Muscovy一詞指稱，這個詞等同於「莫斯科公國」，即使在「沙皇俄國」時期也持續使用。且十六世紀的歐洲明確區分俄羅斯和Muscovy，Muscovy指我們認知的莫斯科公國，或習慣上知道的俄羅斯，反倒是歐洲人稱的「俄羅斯」在當時是指波蘭統治下的烏克蘭或立陶宛。故本書在帝俄之前的歷史時期，均用莫斯科公國稱之。

3. 本書人名翻譯原則上盡量貼近原母語使用者的音譯，但若臺灣有常見用語，則會採行以便讀者辨識，比如普京（欽）與澤連斯基是比較貼近原母語使用者的發音，但本書還是採用普丁與澤倫斯基等常見用法。

好評推薦

普京對烏克蘭的溫情召喚與血腥併吞，總是讓臺灣人感到似曾相識，但我們對蘇聯兩大後繼國的種種歷史其實非常陌生。若想了解膠著日久的俄烏戰爭現況，這本書可說註定「一出版就過時」；但若是從源頭釐清俄烏之間的差異與對立，破解普京那篇大內／外宣長文——〈論俄羅斯人與烏克蘭人的歷史統一〉，謝爾希．浦洛基的《俄烏戰爭：世界新秩序的建立》詳細梳理自蘇聯解體以來的俄烏當代史，甚至再往前挖掘與解構「烏克蘭作為俄羅斯起源」的「基輔羅斯」千年神話、破解普京所謂「列寧創立現代烏克蘭」的政治謊言，讓讀者得以確立理解這場「二戰後歐陸最大衝突」的歷史座標。

——李忠謙，風傳媒國際中心主任

全面開戰前，入侵者會藉由談判協議或占領局部區域來試探對方，同時也是為了測試國際立場的底線。希特勒的慕尼黑協議及蘇臺德地區，普丁的明斯克協議及克里米亞、頓巴斯地區皆是如此。可惜的是，這些跡象在當時，都被國際解讀是希特勒和普丁的讓步。但這些只是他們入侵劇本的排練。

近期臺灣也因為中國三無船隻翻覆而造成局勢緊張。中國是否會持續施壓，逼迫金門邁入如克里米亞的公投，本書或許能提供讀者一些思考觀點。

——吳照中，Podcast「烏克蘭什麼」創辦人

令人信服的論述，從個人切身角度出發又具有權威性，在這個極具挑戰的時代必讀之作。

——沙茲，《人權的條件》作者

本書是對正在進行的俄烏戰爭的最佳的敘述。

——《前景》雜誌

我們為何會走到這般境地？哈佛大學烏克蘭歷史學教授在這篇重要且權威的著作中，解答了普丁為何要發起這場非理性的戰爭……他對這段歷史的危險程度有極為卓越的分析。

——《泰晤士報》和《星期日泰晤士報》夏季最佳書籍

推薦

俄烏戰爭世界新秩序的建立

王立第二戰研所

「世界新秩序的建立」，開場就闡述了本書主旨，也表達了我們習以為常的世界秩序，在二〇二二年二月二十四日，普丁授權發起特殊軍事行動後終止。

這場侵略不僅僅打破了和平主義者的幻想，也加速了全球化的萎縮，難以置信的看著新聞。而這個新秩序又可以指好幾個層面，就以最淺顯的來說，是普丁正式承認，他想要的是恢復大俄羅斯光榮，烏克蘭是俄羅斯不可分割的一部分，具有共同的價值。

作者想要解釋，也是反駁的就在此，本書前半近三分之一的篇幅，用在簡述烏克蘭史，著重在烏克蘭並非由俄羅斯分裂出去，更不是透過列寧的善意，而是有古老的傳承。同時，也間接地表達出，普丁想要建立的新秩序，其實是一種已出現過的俄羅斯帝國主義。過去俄羅斯失敗過，這次也不會成功。

透過作者解說烏克蘭歷史的過程，一步步了解所謂的古老因緣，多半是近代恩怨。而新秩序的另一個面向，也在烏克蘭近代史結束，進入二〇二二年俄烏戰爭中開展，或者說鋪陳。作者花了相當多篇幅解釋俄羅斯與烏克蘭的不同，到底哪裡不同？

戰爭開啟後，專制與民主的差異，可說一目瞭然。俄羅斯士兵不知為何而戰，盲目的進軍，少數人抱持著烏克蘭人民手捧鮮花迎接的幻想，多數則連自己身處何地都不知道，別說是彈藥缺乏，糧食飲水更缺，不到兩週的時間，俄軍就變成為了免於飢餓而戰。烏克蘭則相反，知道自己在做什麼，為了什麼守衛家園，抗敵意志高漲，拒絕侵略者善意的人民到處都是。

為何有如此鮮明的差距？

從本書一開始的蘇聯崩解過程，戈巴契夫與葉爾欽的權鬥，直到普丁的上臺，說明俄羅斯走回專制的緣由，為了恢復解體後的秩序，獨裁者並不在乎民意的樣貌。而烏克蘭恰好相反，民主帶來紛亂的政治，也制衡了權力集中，近二十年每一任總統，表面上都得最大程度的滿足民意。

專制的俄羅斯，官僚不敢反抗沙皇，普丁拿到的資料都是投其所好製作而成，錯估了烏克蘭抵抗意志，更誤判了烏克蘭人獨立自主的精神。

不需要言明，字裡行間無處不透露出兩國差異，而最後也提到，烏克蘭之所以能夠獲得西方的認同，也是自己努力打出的戰果，將世界第二的軍事強權，拖倒在烏克蘭的泥濘中。

普丁的解讀，重回冷戰是因為西方刻意設計，北約東擴威脅了俄羅斯生存所致。烏克蘭人的想法倒單純很多，既然本來就不是一家人，那該分手的時候就該分，至少兄弟還做得成。

戰爭爆發後，不僅兄弟沒得做，朋友也甭想了。

對普丁來說，歷史重演冷戰對峙，其中一個必然是重生的俄羅斯帝國。而對於西方國家而言，全球化後的世界繁榮，似乎只是一個幻象，重回過去的秩序到底是什麼，誰又是新玩家，沒人敢預料。

作者倒是講得很清楚，俄羅斯的新秩序是一種過時的單一民族模式，而戰爭也象徵著冷戰陰霾重現。蘇聯解體後，世界進入了單極秩序，而每一個衰弱的大國，都想要重返強權，成為制定秩序的玩家，朝著多極秩序解釋。

美國沒有承認俄羅斯繼承前蘇聯的勢力，也沒同意南中國海就是中國的後花園。當然，俄羅斯也沒藉由這場戰爭，取得帝國的光榮，反倒透支國力，轉向尋求中國的支援。世界並沒有走回俄國所想的多極體系，反倒讓冷戰兩極對立格局重現，只是這次的另一極是中國。

想要有系統的了解近代烏克蘭史，梳理俄羅斯對烏克蘭的執念，本書非常容易入門。作者並沒有使用艱深的術語，而是通俗的將近代史用講故事的方式一段段的闡述。而高明之處不僅如此，更將原書副標題「歷史回歸」（the Return of history）表達得淋漓盡致，沒有直接挑明這是民主與專制的對立，但內容處處都在解釋制度的差異，導致俄羅斯最終轉回重建帝國的路線。

這無疑地對臺灣人來說，也極具啟發性，政治、經濟路線，始終是由制度主導，而這將會引導一個國家的走向。臺灣翻譯將副標題很靈巧的設定為世界新秩序的建立，呼應了作者隱約表達，人類其實很容易遺忘過去，屢屢重犯錯誤，但又常自認在創造一個與過往不同的新秩序。而這些歸納起來，其實就是新冷戰中，我們要選擇站在民主還是專制陣營中。

王立第二戰研所　討論戰略思想研究，戰略運作模型以及實務運作經驗的部落客。

推薦

史學家為何與如何描述戰爭的發生

莊德仁

烏克蘭出身的浦洛基早在二〇一八年曾預言俄烏問題將愈發嚴重，果然四年後，二〇二二年二月二十四日俄羅斯出兵入侵烏克蘭，迄今仍未結束。故本書可謂當代史書寫，由於相關的資料可能仍處在持續不斷發展和更新階段，對創作者而言，因要確保歷史敘事在不確定的發展下，能夠盡可能地達到全面與精準，這對習慣解釋過去已經發生事物的史家而言，的確是個嚴峻的挑戰。

古希臘史家修昔底德（Thucydides）可謂撰述當代戰爭史的鼻祖，他所創作的《伯羅奔尼撒戰爭史》（*History of The Peloponnesian War*）詳細地記錄當時希臘城邦內戰的發生經歷。他以將軍的身分參與這場戰爭，故能實際目睹整個過程，後因軍事行動失利後被雅典放逐，方有閒暇記錄整體戰爭發展。他曾在《伯羅奔尼撒戰爭史》一書的第一卷第二十三節提到衝突只不過是戰爭表面上的導火線，而戰爭的實際起因是斯巴達對雅典強盛起來的恐懼，因此他認為戰爭是不可避免的。當代美國政治學者格雷厄姆·艾利森教授（Graham Allison）就從《伯羅奔尼撒戰爭史》的論述獲得靈感，研究從十五世紀晚期到當代，曾出現十六個新興勢力（rising power）挑戰當時霸權（ruling power）的案例，發現十二例最終以戰爭收尾，他遂提出著名的「修昔底德陷阱」，進而分析當前美、中兩大霸權終須一戰、引爆軍事衝突的可能性。修昔底德跳脫純軍事衝突以探究戰爭起因的視角，啟發日後軍事史的創作書寫方向。

二〇一三年被英國《金融時報》（*Financial Times*）譽為「英國當今在世的最偉大歷史學家」的麥可．霍華（Michael Howard），曾指出軍事史（military history）可分為描述實際戰爭衝突的「傳統」歷史（campaign history）與將戰爭放入更大政治與社會脈絡的「新」歷史論述兩種。第二種歷史論述其實很早就為軍事史家重視，唯優質成果不多，須待二十世紀兩次世界大戰總體戰的格局，方讓軍事史家正視促成戰爭發生的非軍事原因，多方闡述如政治、社會、經濟、科技、文化與道德等多元相關因素。各位讀者現在閱讀的這本書，原文書出版於二〇二三年五月，作者謝爾希．浦洛基當然是採用第二種角度描述俄烏戰爭的發展。

浦洛基曾自述他的創作動機：「這一切到底是怎麼發生的？我無論從情感上還是專業上，都無法去思考和解釋俄羅斯對烏克蘭的無端侵略所造成的局面，也難以向自己和其他人闡明。瘋狂和罪惡似乎是唯一合理的解釋。但是，由於媒體不斷邀請我發表評論，我覺得我不能推辭，因為我的話或許真的會對事態的發展產生影響。我意識到作為一個歷史學家，我能提供一些別人缺乏的東西，來幫助人們理解這場自二戰以來歐洲最大規模的軍事衝突。」的確當戰爭一發生，新聞評論多集中於譴責戰爭的發動者與當前的慘況和陸續影響，讓討論停留在表面和情緒的浪頭上。浦洛基選擇從歷史的角度，讓讀者能更清楚引發戰爭的來龍去脈。

俄烏戰爭的爆發，對浦洛基和關心世界局勢發展的專家而言的確不會意外，但什麼是引爆戰爭的歷史因素、烏克蘭為何能持續抵抗那麼久與戰爭將引導世界局勢走向何種發展？是更值得探究的問題。浦洛基將透過生動的文筆論述滿足好奇的讀者們。

本書論證繁複，中文翻譯有四百六十四頁之多，為了讓好奇的讀者們能有耐心讀完浦洛基鋪成的嚴密敘事又能不「劇透」、「爆雷」，以下介紹同樣在二〇二三年出版討論俄烏戰爭起因的重要文章〈俄烏戰爭的美國根源〉（The American Origins of the Russo–Ukrainian War），這篇論文是由克里斯多福．雷恩（Christopher Layne）與班傑明．史華茲（Benjamin Schwarz）兩位學者聯名撰寫，發表在《美國保守黨》雜誌（*The American Conservative*），這本以探討美國國家利益相關外交事務與時事報導的雙月刊，其論述觀點往往反映共和黨的主流價值，尤其當可能代表保守黨挑戰拜登總統大位的川普聲勢高漲的此時，此月刊的言論頗值得關注。

此文章標題為「俄烏戰爭的美國根源」，作者認為當戰爭發生之際，拜登政府和《紐約時報》等主流媒體，就以「普丁的戰爭」（Putin's war）為標題，把當前俄烏戰爭的爆發歸因於俄羅斯總統普丁個人的野心，而忽略與忘記俄羅斯是一個國家，其政策是由其歷史、地理和政治文化等因素所決定的。再者，文章認為探究俄烏戰爭實應從二十世紀末蘇聯解體時討論起，當時蘇聯經濟衰退促成戈巴契夫的國內改革，但他的政策非但沒有振興經濟，反而加速政治的崩壞。當時美國政府並未幫忙戈巴契夫的改革，而是旁觀這個過程。之後因蘇聯瓦解，美國順勢成為世界單極局勢的霸主。本文作者遂推斷「若當時美國支持戈巴契夫的改革，蘇聯理應不會瓦解，現在發生的烏克蘭和俄羅斯之間的戰爭自然可以避免」。另外，美國政府提到北約擴張與俄烏戰爭無關。本文主張這是無視歷史的狂言，當蘇聯瓦解後，北約持續的擴張，特別是其將烏克蘭納入其成員國的意圖，直接影響俄烏戰爭的爆發。故認為美國政府故意忘記美俄雙方在一九九〇年針對德國統一談判時，美方為讓蘇俄支持而提出北約將不東擴的承諾。本文直言美國政府對透過談判達成俄烏戰爭結束後的和平並不熱衷，因為美方認為戰爭將會拖累俄羅斯經濟，進而促進普丁政權的垮臺。美國政府視蘇俄為仇敵的意識形態，甚至可以追溯到冷戰本身的根源。

上述文章，從歷史角度將俄烏戰爭的爆發推前至一九九〇年代甚至到二戰結束後冷戰的起源，將俄烏戰爭的起因歸咎為美國意圖獨霸世界的野心。本書作者浦洛基也認為一九九〇年代蘇聯的瓦解的確是引發俄烏戰爭的關鍵，蘇聯的瓦解讓許多俄羅斯精英（普丁可作為代表）深感昔日光榮的幻滅。這些自認為是俄羅斯帝國和蘇聯大國擴張主義傳統的繼承者和延續者試圖努力改變這種窘境，又見獨立後的烏克蘭逐漸走出自己的道路，遂在帝國夢的召喚與難堪的情緒下，發動一場老式的帝國戰爭，故這場戰爭的淵源，並非從二戰後冷戰局勢開始，反而應追溯到十九世紀和二十世紀初俄羅斯帝國崩潰的歷史記憶。有趣的是，這場戰爭對烏克蘭人民來說，反而是一場向世界宣告獨立的戰爭，此正是戰爭依然持續的重要原因。

藉由論述俄烏戰爭起因之不同歷史視角的闡述，相信讀者應可深信歷史學並非僅是歷史事實的編纂與記錄之學，那是集史家史識、洞見、情感等諸多條件的藝術創作，接下來就請各位讀者耐心聆聽浦洛基論述關於俄烏戰爭發生原因的動人故事吧！

莊德仁 北市建國中學歷史教師，臺灣師範大學歷史所博士

導讀

從俄烏戰爭談烏克蘭與俄羅斯的民族概念

周雪舫

「俄烏戰爭」爆發於二〇二二年二月二十四日，此震驚烏克蘭人也讓全世界無法置身於外的戰爭，是第二次世界大戰以來歐洲最大規模的戰爭，至今將滿兩年仍呈現膠著狀態。近日，烏克蘭總統澤倫斯基對外強調俄羅斯不會停止侵略烏克蘭，呼籲西方國家繼續支持烏克蘭，稱「普丁是戰爭的化身」和「普丁是個對冷凍產品不滿意的掠奪者」。*法國總統馬克宏隨後宣布將提供烏克蘭更多巡弋飛彈以及炸彈，並指出「俄羅斯若贏得烏俄戰爭，將破壞世界秩序」。†

---

* 《烏克蘭總統》網，〈對捍衛者信心的每一次投資都會縮短戰爭——烏克蘭總統在達沃斯世界經濟論壇特別會議上的講話〉，2024/1/16 16:52，https://www.president.gov.ua/en/news/kozhna-investiciya-u-vpevnenist-zahisnika-skorochuye-vijnu-v-88381。

† 《自由時報》網，〈宣布軍援烏克蘭精準彈藥　馬克宏：不能讓俄羅斯贏得戰爭〉，2024/01/17 08:29 https://news.ltn.com.tw/news/world/breakingnews/4554578。

這場戰爭的發動者俄羅斯總統普丁以「特別軍事行動」為名，目標是對烏克蘭進行「去納粹化、非軍事化以及烏克蘭的中立地位」。*不同於二〇一四年俄羅斯兼併克里米亞，以未穿軍服的軍隊操控議會與其後進行公投加入俄羅斯聯邦，這次是穿著軍服公開入侵。

本書作者謝爾希・浦洛基在俄羅斯兼併克里米亞三年後的二〇一七年出版《再造失去的王國：俄羅斯的帝國雄心五百年史》一書，他自稱寫一部俄羅斯民族主義史的書，娓娓道來俄羅斯和烏克蘭歷史長期發展中的同與異。俄羅斯的民族帝國夢未曾甦醒過，†普丁在二〇一三年七月前往基輔參加慶祝羅斯受洗一〇二五年時，首次公開支持「俄羅斯人和烏克蘭人是一個民族」，此概念之前只存在於東正教會。‡其後普丁常提及此概念，甚而召開會議討論§與撰文論述◎。

普丁在俄羅斯併入克里米亞時稱該區「曾經是，也始終是俄羅斯不可分割的一部分」，但言明不會占領烏克蘭其他的地區。※八年後全面入侵烏克蘭的前夕，普丁一反之前的說法，宣稱「現代烏克蘭完全是由俄羅斯創造的」#。入侵七個月後俄羅斯兼併頓涅茨克人民共和國、盧甘斯克人民共和國、扎波羅熱州和赫爾松州，普丁強調這是「建立在歷史統一的基礎上」&。其後會不會有更進一步的發展，有待觀察。

俄烏戰爭爆發後，浦洛基深感需讓世人了解這個戰爭長期的歷史背景，一年後本書問世與讀者見面，書名就稱之為《俄烏戰爭：世界新秩序的建立》，英文本的副標題為「歷史的回歸」（the return of history），可說是前述書籍的延續。前有克里米亞併入俄羅斯，作者說「我採用一種長時期分析方法，來理解當前進行的這場戰爭」，聲明「這場戰爭其實早在八年前就開始了，也就是在二〇一四年

*《俄羅斯總統》網，〈俄羅斯聯邦總統演講〉，2022/2/24 06:00 http://en.kremlin.ru/events/president/news/67843。此為普丁在入侵烏克蘭約兩小時後發表的演說中提及此舉是國會批准的「特別軍事行動」，目標是「尋求使烏克蘭非軍事化和去納粹化」。其後在二〇二三年年終記者會上被問到對烏克蘭「特別軍事行動」的目標，普丁回答「去納粹化、去軍事化以及烏克蘭的中立地位」，參見《俄羅斯總統》網，〈普丁的年度成果〉，2023/12/14 16:10 http://en.kremlin.ru/events/president/news/72994。而二〇二二年普丁並未舉行年終記者會。

†參見王家豪、羅金義作，《普丁的俄羅斯帝國夢》，臺北：新銳文創出版，二〇二二年九月一版。

‡浦洛基著，梁永安譯，《再造失去的王國：俄羅斯的帝國雄心五百年史》（臺北：貓頭鷹出版，二〇一八年九月初版），頁四二一。

§《俄羅斯總統》網，〈東正教斯拉夫價值觀：烏克蘭文明選擇的基礎的會議〉，2013/7/27 17:30 http://en.kremlin.ru/events/president/news/18961。普丁在會議中指出祖先已為俄羅斯人和烏克蘭人做出了選擇。雙方有共同的宗教信仰成為一個民族的共同精神價值。

◎《俄羅斯總統》網，〈普丁的文章「論俄羅斯人和烏克蘭人的歷史統一」〉，2021/7/12 17:00 http://en.kremlin.ru/events/president/news/66181。普丁於文中說明俄羅斯人和烏克蘭人是一個民族，此概念有歷史事實的憑證。亦見本書第七章，頁二。

※《俄羅斯總統》網，〈普丁在克里姆林宮向國家杜馬代表、聯邦委員會成員、俄羅斯各地區領導人和民間社會代表發表演說〉，2014/3/18 15:50 http://en.kremlin.ru/events/president/news/20603。

#《俄羅斯總統》網，〈俄羅斯聯邦總統演講〉，2022/2/21 22:35 http://en.kremlin.ru/events/president/news/67828。

&《俄羅斯總統》網，〈簽署關於頓內茨克人民共和國、盧甘斯克人民共和國、扎波羅熱和赫爾松州加入俄羅斯的協議〉，2022/9/30 16:00 http://kremlin.ru/events/president/news/69465。

二月二十七日，俄羅斯武裝部隊占領了克里米亞議會大樓那天。」*是故本書有大半的篇幅探討俄羅斯歷史有哪些發展導致爆發「俄烏戰爭」，讀者更能從中了解事件的脈絡、原因與留下的痕跡影響後續的發展。浦洛基也要讓讀者知道烏克蘭人持續抗俄的動力，以及這場戰爭對於世界已經出現和可能導致的後果。

蘇聯未解體前烏克蘭是第一個公投通過獨立的蘇聯加盟共和國。†獨立後的烏克蘭尋求投入歐洲的懷抱，以加入歐盟和北約為目標，視為安全的保障。歷任總統除了親俄的亞努科維奇（總統任期為二〇一〇年至二〇一四年），無不加緊腳步準備入盟。這是一條布滿荊棘的道路，主要是受到俄羅斯的干預。

俄烏戰爭爆發的主要原因普遍的看法是普丁無法忍受烏克蘭欲加入歐盟和北約。關於歐盟，普丁於二〇二二年六月十七日得知歐盟建議烏克蘭為歐盟候選國時並未反對，表示：「歐盟不是一個軍事聯盟，不像北大西洋公約組織。」‡

關於北約，的確是普丁極為擔心的事。在蘇聯解體後，北約東擴，新加入的會員國盡是前蘇聯加盟共和國和附庸國的東歐諸國，普丁早已對此不滿。而俄烏兩國相鄰的邊界長達兩千零六十三公里（含海上三百二十一公里），俄羅斯將直接面對北約部署武力的極大威脅。烏克蘭於一九九四年二月八日加入北約的「和平夥伴關係行動計畫」；二〇〇八年四月北約同意烏克蘭加入「會員行動計畫」；二〇一九年二月烏克蘭修改憲法，將加入歐盟和北約寫入憲法；同年五月澤倫斯基就任總統，積極推動加入北約。

普丁在兼併克里米亞的演說中提及「隨著北約向東擴張以及在我們邊境部署軍事基礎設施」，§在承認頓涅茨克人民共和國、盧甘斯克人民共和國的獨立所作的演說，再度提及「烏克蘭加入北約以及隨後部署北約設施已經決定，只是時間問題。……對俄羅斯的軍事威脅程度將急劇增加數倍。」◎全面入侵烏克蘭約二小時後他的演說也再次提及，並提到北約違反「北約承諾不會向東擴張一寸」。※可知普丁對於北約東擴的畏懼，尤其無法接受北約準備接納烏克蘭。

俄羅斯兼併烏克蘭東部四州，促使烏克蘭於同日重啟申請加入北約的請求。因為戰爭使得北約無法接受烏克蘭為會員國，但是同意在戰爭結束後接受。#而芬蘭其與俄羅斯的邊界達一千三百四十公

＊參見本書〈前言：理解戰爭〉，頁四十一。

†蘇聯於一九九一年十二月二十五日解體，同年八月二十四日烏克蘭率先宣布獨立，十二月一日舉行公投，通過脫離蘇聯而獨立。

‡《中央通訊社網》，〈蒲亭：不反對烏克蘭加入歐盟〉，2022/6/18 06:21 (6/18 08:22更新) https://www.cna.com.tw/news/aopl/202206180010.aspx。

§《俄羅斯總統》網，〈普丁在克里姆林宮向國家杜馬代表、聯邦委員會成員、俄羅斯各地區領導人和民間社會代表發表演說〉，2014/3/18 15:50 http://en.kremlin.ru/events/president/news/20603。亦見沈莉華，〈烏克蘭與北約關係及其對俄羅斯的影響〉，《俄羅斯東歐中亞研究》，二〇一六年第二期，頁九至二十二。

◎《俄羅斯總統》網，〈俄羅斯聯邦總統演講〉，2022/2/21 22:35 http://en.kremlin.ru/events/president/news/67828。

※《俄羅斯總統》網，〈俄羅斯聯邦總統演講〉，2022/2/24 06:00 http://en.kremlin.ru/events/president/news/67843。

#有關烏克蘭與北約的關係，參見NATO官網，"Relations with Ukraine," 2023/7/ 28 15:22 更新 https://www.nato.int/cps/en/natolive/topics_37750.htm。

里，隨著其於二〇二三年四月四日加入北約，俄羅斯的西北部直接面臨北約可能的軍事部署，引起俄羅斯強烈的不滿。*將來烏克蘭若成功加入，對俄羅斯來說將失去與北約最後一道重要的緩衝區，失去其西南部的安全屏障。

翻開俄羅斯歷史，西方的入侵讓俄羅斯始終餘悸猶存，是長期揮之不去的夢魘。影響極大的西方入侵，遠的有十七世紀初信仰天主教的波蘭差一點統治莫斯科公國，若如此，信仰東正教的俄羅斯文明可能遭改變。近的有一八一二年拿破崙大軍入侵，以及一九四一年遭受納粹德軍的侵略，雖然最後俄方獲勝但損失慘重，大量人員傷亡，部分領土暫時被占領與統治。冷戰時期蘇聯領導社會主義陣營對抗美國領導的資本主義陣營，直至蘇聯解體方結束。後冷戰與後蘇聯時期在普丁看來是美國獨霸全球，美國深具野心殖民俄羅斯、欲摧毀俄羅斯文明，普丁以「俄羅斯恐懼症」說明西方對於俄羅斯的野心。†

普丁常說俄羅斯人和烏克蘭人是一個民族，這是讓他深信不疑的概念，當然，也是多數俄羅斯人相信的概念。烏克蘭擁有廣大的領土與眾多的人口，境內居住著數百萬俄羅斯人，沒有烏克蘭的俄羅斯將不再是個帝國，這也是大多數俄羅斯人的共識。烏克蘭境內的數百萬俄羅斯人和為數不少的烏克蘭人仍以俄語為母語，但烏克蘭政府逐漸削弱俄語的優勢，普丁對此強烈不滿，甚而說烏克蘭是在俄羅斯土地上形成的國家。‡烏克蘭人對此概念如何認知呢？這又不得不回歸俄羅斯歷史，了解雙方的關係。

俄羅斯人、烏克蘭人（小俄羅斯人）和白俄羅斯人，都源自古東斯拉夫人。俄羅斯第一個政府是

「基輔羅斯」：由維京人統治東斯拉夫部落，基輔是首都；「羅斯」一詞初是東斯拉夫人對進入到俄羅斯的維京人的稱呼，後來也成為「基輔羅斯」人民的稱呼，亦是國家和領土的概念。一二四〇年蒙古滅了基輔羅斯，以金帳汗國統治，但僅包含莫斯科公國的東北地區；諾夫哥羅德共和國繳稅即可，不受汗國的統治；至於包含基輔的西南地區，初是廢墟，至一三六二年被立陶宛大公國兼併，該公國領土不斷擴充，多半來自基輔羅斯的疆域。一三八六年因立陶宛和波蘭王室聯姻，上層者改信天主教。一五六九年雙方進一步成立聯邦，立陶宛繼續統治白俄羅斯人；烏克蘭人則歸波蘭所屬，其對境內東正教徒採取維持其禮拜儀式，但須遵奉梵蒂岡教宗為最高領導，此在一五九六年的一場宗教會議定調，稱為「聯合教會」，或「東儀天主教」。

莫斯科公國不斷茁壯，伊凡三世在一四八〇年脫離金帳汗國的統治，同時大致統一東北羅斯各公國，採取中央集權專制政體，伊凡四世更加鞏固專制政體，於一五四七年正式以沙皇加冕。受到波蘭統治的羅斯人（烏克蘭人）發展出「哥薩克人」，是一群自由人，有的不願成為農奴，有的不願成為

＊《聯合新聞網》，〈普亭：俄與北約本無事　芬蘭入會反而有問題〉，2023/12/18 10:42 https://udn.com/news/story/122663/7647953。有關芬蘭加入北約的原因與影響，參見魏百谷，〈芬蘭加入北約的戰略意涵〉，《新世紀智庫論壇》第一〇二期，二〇二三年六月二十日，頁八五至九〇，http://www.taiwanncf.org.tw/ttforum/102/102-11.pdf。

† 《俄羅斯總統》網，〈簽署關於頓內茨克人民共和國、盧甘斯克人民共和國、扎波羅熱和赫爾松州加入俄羅斯的協議〉，2022/9/30 16:00 http://kremlin.ru/events/president/news/69465。

‡ 《俄羅斯總統》網，〈論俄羅斯人和烏克蘭人的歷史統一〉，2021/7/12 17:00 http://en.kremlin.ru/events/president/news/66181。

東儀天主教徒，或是其他的原因，他們逃到聶伯河中下游，遠離波蘭貴族的統治。

一六四八年在哥薩克領袖蓋特曼（Hetman）赫梅利尼茨基（Bohdan Khmel'nyts'kyi，一五九五年至一六五七年）領導下發動戰爭，經由與波蘭國王簽約獲得建立「哥薩克國」（Cossack State, Hetmanate）。事後波蘭欲收回，哥薩克國沒有繼續作戰的能力，尋求民族、語言和宗教信仰相近的莫斯科公國保護，仍享有自治權，在一六五四年達成協議。阿列克謝沙皇認為這是「羅斯的重新統一」，他自稱「全羅斯君主：大羅斯和小羅斯」，次年占領白俄羅斯的波洛茨克（Polotsk），*改稱「全羅斯君主：大羅斯、小羅斯和白羅斯」，實則僅限聶伯河以東地區以及位於河西的基輔，至於聶伯河以西的烏克蘭人仍在波蘭統治之下。

與俄羅斯人分離四百餘年的烏克蘭人，雙方歷史的發展差異極大，最大的區別在於代表烏克蘭人的「哥薩克意象」：民主、自由與平等；莫斯科公國則走向專制君主的統治，社會上有農奴制度。「哥薩克國」在彼得一世獲知蓋特曼馬澤帕（Ivan Mazepa，一六八七年至一七〇八年）與敵國瑞典結盟，立即下令改選新蓋特曼，由俄方支持的人當選，其後改由沙皇指派不再選舉，「哥薩克國」其他的自治權被削弱。

由波蘭統治烏克蘭人的地區在凱薩琳二世三次瓜分波蘭後，除了加利西亞劃歸奧地利外，基輔羅斯的疆域全部回歸到俄羅斯帝國，此時回歸的烏克蘭人脫離俄羅斯已五百五十年，他們深受波蘭文化的影響。凱薩琳二世更進一步取消蓋特曼一職，「哥薩克國」領域劃為行省，取消其自治權。哥薩克軍編入俄羅斯正規軍，烏克蘭農民成為農奴，失去自由遷徙權。†嚴厲壓抑烏克蘭文化起於尼古拉一世時期的一八三〇年十一月，由俄羅斯統治的波蘭產生暴動，激起烏克蘭民族主義的情感，被鎮壓後採行大俄羅斯化政策，諸如學校改以俄語教學、統一了俄羅斯東正教會與聯合教會、民族身分為羅斯人、支持發展烏克蘭語但僅被視為方言。亞歷山大二世時期的一八六三年一月，波蘭又產生暴動，被鎮壓後，禁止所有烏克蘭語出版物、學校圖書館撤出烏克蘭語出版品、不准出現「烏克蘭」，僅能使用「小俄羅斯」一詞。

烏克蘭文化被壓抑的同時也是烏克蘭民族主義曙光乍現之時。著名的烏克蘭歷史學家米科拉・科斯托馬羅夫以烏克蘭語寫詩和戲劇，取材自哥薩克人的歷史。他提出烏克蘭人有別於俄羅斯人；前者自由，後者專制，雙方的差異在於經歷不同的歷史道路。著名的畫家與詩人塔拉斯・舍甫琴科以烏克蘭語寫作，強調烏克蘭是個有自己語言的民族。他的著作被禁出版，人被逮捕入牢。史家米哈伊洛・格魯舍夫斯基寫了十卷的《烏克蘭－羅斯史》，時間從古代到十七世紀中葉，是一部以烏克蘭為主體的歷史，非依附在俄羅斯歷史發展之下的烏克蘭史。‡

進入到蘇聯時期的烏克蘭文化曾短暫被允許發展，然而在共產主義的旗幟下，沒有民族主義發展

---

* 莫斯科於一六五五年占領波洛茨克，到了一六六七年失去，直至一七二二年再度收復，但沙皇一直保留大羅斯、小羅斯和白羅斯君主的頭銜。

† 有關於烏克蘭哥薩克人的歷史發展，參見拙作，《在夾縫中生存的烏克蘭哥薩克人：從自治到歸併於俄羅斯》，新莊：輔大出版社，二〇〇六年八月初版。

‡ 該書全文參見《伊茲柏爾克》網，〈烏克蘭－羅斯史〉，http://litopys.org.ua/hrushrus/iur.htm。

的空間，「蘇聯人」將不同民族「融為一體」，共同追求最美好的共產主義社會。烏克蘭蘇維埃社會主義共和國是個獨立的國家，也是聯合國的創始會員國，卻是有名無實。對外以蘇聯代表十五個加盟共和國，對內以俄羅斯為首的政治與文化統治，實行俄羅斯化。史達林實行「農業集體化」，受害最大的是烏克蘭農民，反對者被視為富農，有的被處決，有的被迫遷徙，有的被送進冰天雪地的勞改營。史達林進行「大整肅」，烏克蘭知識分子深受其害，死亡甚多。一九三二年的大饑荒，高達數百萬的烏克蘭人餓死，這是烏克蘭人悲痛的集體記憶，難以彌補的傷痕。烏克蘭認為是史達林人為造成的，目的是對烏克蘭人造成「種族滅絕」（genocide）。*

長期受俄羅斯化的影響，烏克蘭人的日常語言和出版品以俄語為大宗，影響烏克蘭的獨特性。庫奇馬總統在二〇〇三年出版《烏克蘭——不是俄羅斯》一書，強調與俄羅斯的不同，諸如民族的經歷與歷史發展、文化和語言皆不盡相同，該書自然受到莫斯科的強烈反駁。†波羅申科總統在二〇一八年五月一日簽署法令，推動烏克蘭語作為國家語言在公共生活領域的發展與運作，以普及烏克蘭語文。同年的十二月十五日，波羅申科宣布烏克蘭東正教會提升為「自主教會」，不再接受俄羅斯東正教會自一六八六年以來的管轄權，說道：「烏克蘭終於完全從俄羅斯獨立」「斷開將烏克蘭與俄羅斯『帝國』綁在一起的鎖鏈」。‡二〇一九年一月五日獲得君士坦丁堡牧首的簽字認同，烏克蘭東正教會正式成為自主教會，波羅申科把此事與烏克蘭一九九一年十二月一日脫離蘇聯的獨立公投相比。§

澤倫斯基在當選總統尚未就職前曾說：「俄羅斯和烏克蘭的共同點只有一個，那就是國界線。」◎關於雙方的不同，他在二〇二二年三月二十五日歐盟高峰會議上的演說中說道：「我們（烏克蘭）和他們（俄羅斯）屬於不同的世界。彼此的價值觀不同，生活態度不同。……他們不明白我們為什麼如此珍惜自由。」※為了與俄羅斯做出明顯的差異，波羅申科總統自二〇一五年起進行去除共產時代的紀念碑、涉及共產主義的街道名稱和建築物名稱。澤倫斯基因俄烏戰爭的爆發迅速進行「去俄化」，如拆除公共場所與蘇聯、俄羅斯有關的建築物、紀念碑，並重新以烏克蘭歷史人物、藝術家、詩人、

＊烏克蘭總統庫奇馬在二〇〇二年初簽署每年十一月第四個星期六「大饑荒紀念日」的法令，次年五月十五日國會宣告一九三二—一九三三年大饑荒是史達林當局製造的「種族滅絕」行動。二〇二三年十一月二十五日，澤倫斯基夫婦參加大饑荒九十週年紀念活動，表示「我們不可能忘記、理解、尤其是原諒烏克蘭人民在二十世紀所經歷的駭人聽聞的種族滅絕罪行」，並一一道出三十二個國家和三個國際組織承認這是對烏克蘭人的種族滅絕。參見《烏克蘭總統》網，〈烏克蘭總統在大饑荒受害者紀念日致辭〉，2023/11/25 09:31。https://www.president.gov.ua/en/news/zvernennya-prezidenta-ukrayini-z-nagodi-dnya-pamyati-zhertv-87249。

†對於該書的介紹與俄羅斯人對該書的批判，參見《維基百科》網，〈烏克蘭——不是俄羅斯〉，https://uk.wikipedia.org/wiki/%D0%A3%D0%BA%D1%80%D0%B0%D1%97%D0%BD%D0%B0_%E2%80%94_%D0%BD%D0%B5_%D0%A0%D0%BE%D1%81%D1%96%D1%8F。

‡《自由時報》網，〈烏俄東正教分家　兩國緊張升高〉，2018/12/17 06:00 https://news.ltn.com.tw/news/world/paper/1254598。東正教會採取多中心管理，各「自主教會」互不管轄。

§《自由時報》網，〈宗教自主　烏克蘭東正教會獨立〉，2019/01/06 06:00 https://news.ltn.com.tw/news/world/paper/1259308。

◎《俄羅斯衛星通訊社》網，〈澤連斯基認為俄羅斯和烏克蘭的唯一共同點是邊界線〉，2019/5/2 22:43（更新：2022/1/26 04:38）https://big5.sputniknews.cn/20190502/1028371363.html。

※澤倫斯基著，郝明義策劃，閻紀宇等譯，《我們如此相信》（臺北：大塊文化出版股份有限公司，二〇二二年一月初版一刷），頁一九〇。

士兵等名字為城市街道命名。基輔地標「祖國之母」雕像於二〇二三年七月拆除盾牌上的蘇聯國徽，八月六日換上烏克蘭三叉戟國徽，改名為「烏克蘭母親」。*傳統烏克蘭的聖誕節與俄羅斯同樣是在一月七日，自二〇二三年起改與西方同樣在十二月二十五日慶祝。†這些改變表示揚棄俄羅斯傳統，要過著烏克蘭屬於自己的傳統和節日。‡

臺灣會是下一個烏克蘭嗎？這是俄烏戰爭以來國人常聽到憂心忡忡的一句話，也是國際上擔心的一件事。本書作者在末章「重心轉向亞洲」提及臺灣二十次，但都是在說明因為俄烏戰爭激化了美、中兩大國之間的對立；中國在臺灣周邊進行實彈演習使得美國與中國出現緊張的關係時提到臺灣。浦洛基特別提及若普丁未能獲勝，此對習近平成功進攻臺灣的可能性是一種警示。

澤倫斯基在二〇二二年八月三日提及由於全球安全架構失靈，於是「出現許多與其他地區衝突及威脅的報導。先是巴爾幹半島，再來是臺灣，……」§戰爭週年時半島電視臺以專文探討「俄羅斯在烏克蘭的戰爭會對臺海局勢產生怎樣的影響？」，對於受訪記者們的回應作出「簡短的答案是……大陸方面不太可能很快去武統臺灣。」◎今年一月底，北約祕書長延斯．史托騰伯格前往華府遊說美國繼續支持烏克蘭，兩次提到「今天是烏克蘭，明天可能是臺灣」，※並提及「中國正在進行大規模的軍事建設，愈來愈多地與俄羅斯結盟，並欺凌其鄰國，尤其是臺灣——所有這些都影響了我們的安全。」#。未來的事無法預料，但是近兩年來烏克蘭人團結一致、奮力抵抗強大的俄羅斯，給予我們很好學習的榜樣。

周雪舫　輔仁大學歷史學系兼任教授。

＊《自由時報》網，〈三叉戟除蘇聯遺毒！基輔地標「祖國之母」換上烏克蘭國徽〉，2023/08/06 15:42 https://news.ltn.com.tw/news/world/breakingnews/4387851。

†澤倫斯基在二〇二三年十二月二十四日下午五時發表聖誕致辭，提及「在沒有兩週時差的情況下，今天就會產生共鳴。與歐洲、世界共同共鳴。」說明揮別與俄羅斯同日過聖誕節的傳統。參見《烏克蘭總統》網，〈烏克蘭總統澤倫斯基的聖誕致辭〉，2023/12/24 17: 00 https://www.president.gov.ua/en/news/privitannya-prezidenta-ukrayini-volodimira-zelenskogo-z-rizd-87981。

‡《自由時報》網，〈就是不要與俄羅斯一樣！烏克蘭修改耶誕節日期〉，2023/07/30 08:57 https://news.ltn.com.tw/news/world/breakingnews/4380188。

§澤倫斯基著，閻紀宇等譯，《澤倫斯基——我們如此相信》（臺北：大塊文化出版股份有限公司，二〇二二年九月初版第一刷），五〇〈聯手建立一個新的全球安全架構〉，二〇二二年八月三日，頁三五九。

◎《半島電視臺》網，〈俄羅斯在烏克蘭的戰爭會對臺海局勢產生怎樣的影響？〉，2023/2/23 發布，2023/2/24 7:59 更新 https://chinese.aljazeera.net/news/political/2023/2/23/%E4%BF%84%E7%BD%97%E6%96%AF%E5%9C%A8%E4%B9%8C%E5%85%8B%E5%85%B0%E7%9A%84%E6%88%98%E4%BA%89%E4%BC%9A%E5%AF%B9%E5%8F%B0%E6%B5%B7%E5%B1%80%E5%8A%BF%E4%BA%A7%E7%94%9F%E6%80%8E%E6%A0%B7%E7%9A%84%E5%BD%B1。

※參見NATO網，"Joint press conference by NATO Secretary General Jens Stoltenberg and the US Secretary of State, Antony Blinken" 2024/1/29 發布，2024/1/30 00: 16 更新 https://www.nato.int/cps/en/natohq/opinions_222201.htm?selectedLocale=en。此為北約祕書長和美國國務卿於二〇二四年一月二十九日在華府召開聯合記者會上，祕書長提及的內容。

#NATO網，"Remarks by NATO Secretary General Jens Stoltenberg and the US Secretary of Defense, Lloyd J. Austin" 2024/1/29（最後更新：2024/1/29 17:59）https://www.nato.int/cps/en/natohq/opinions_222203.htm?selectedLocale=en。

俄烏戰爭

目次

美國
白令海
拉普捷夫海
堪察加
半島
馬加丹
北極圈
西伯利亞
鄂霍次克
鄂霍次克海
雅庫次克
勒拿河
安卡拉河
哈巴羅夫斯克
Amur R.
貝加爾湖
日本
伊爾庫次克
海參威
日本海
蒙古
韓國
太平洋
中國
1533年俄羅斯領土
1598年增加的領土
1689年增加的領土
1914年增加的領土
1914年邊界
1991年蘇聯領土

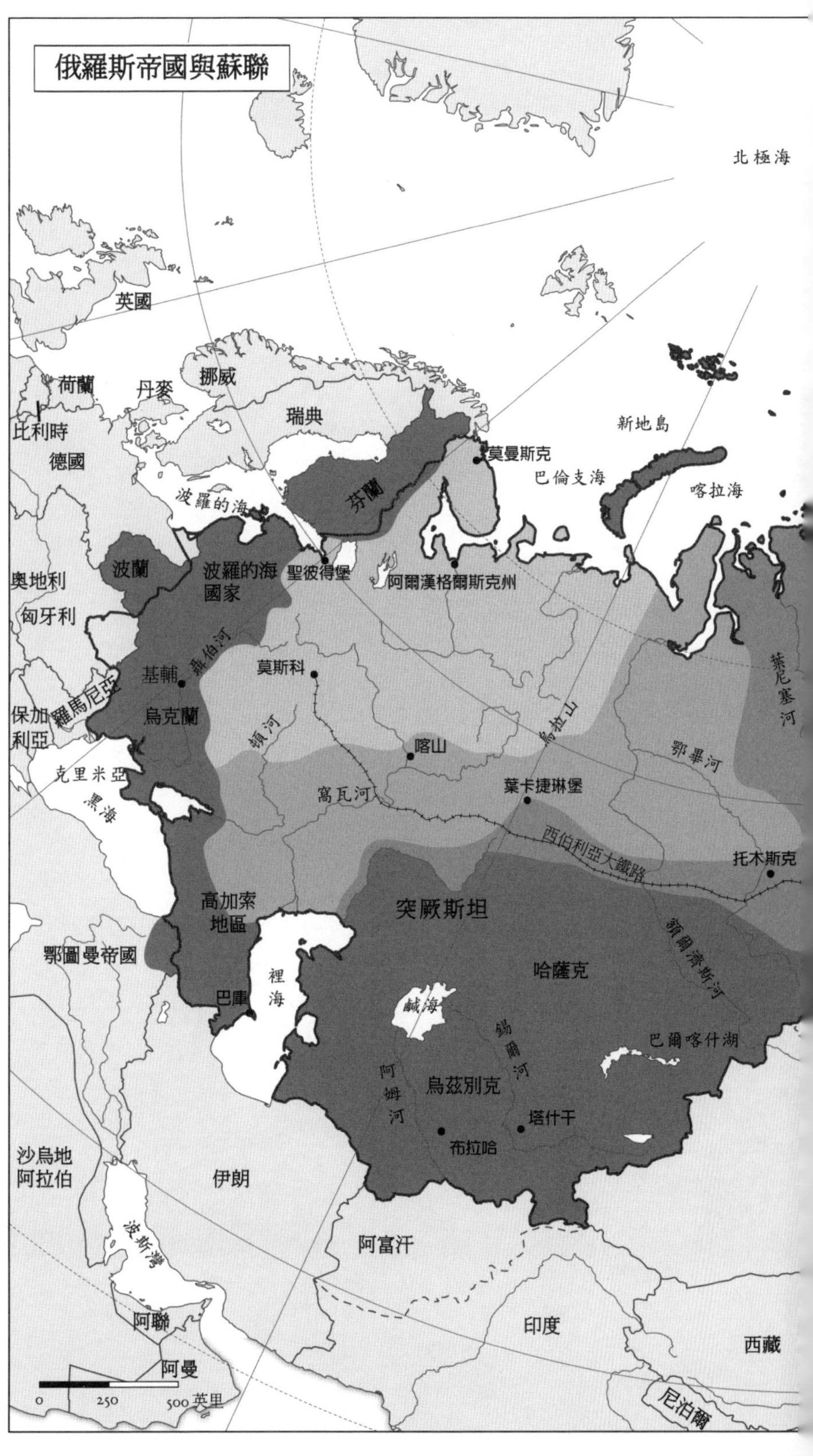

俄羅斯帝國與蘇聯
北極海
英國
荷蘭
丹麥
挪威
瑞典
比利時
德國
新地島
莫曼斯克
巴倫支海
喀拉海
波羅的海
芬蘭
波蘭
波羅的海
國家
聖彼得堡
阿爾漢格爾斯克州
奧地利
匈牙利
聶伯河
基輔
莫斯科
葉尼塞河
羅馬尼亞
保加利亞
烏克蘭
頓河
烏拉山
喀山
鄂畢河
克里米亞
葉卡捷琳堡
黑海
窩瓦河
西伯利亞大鐵路
托木斯克
高加索
地區
突厥斯坦
額爾濟斯河
鄂圖曼帝國
裡海
哈薩克
巴庫
鹹海
錫爾河
巴爾喀什湖
阿姆河
烏茲別克
塔什干
布拉哈
沙烏地
阿拉伯
伊朗
波斯灣
阿富汗
阿聯
印度
西藏
阿曼
0
250
500 英里
尼泊爾

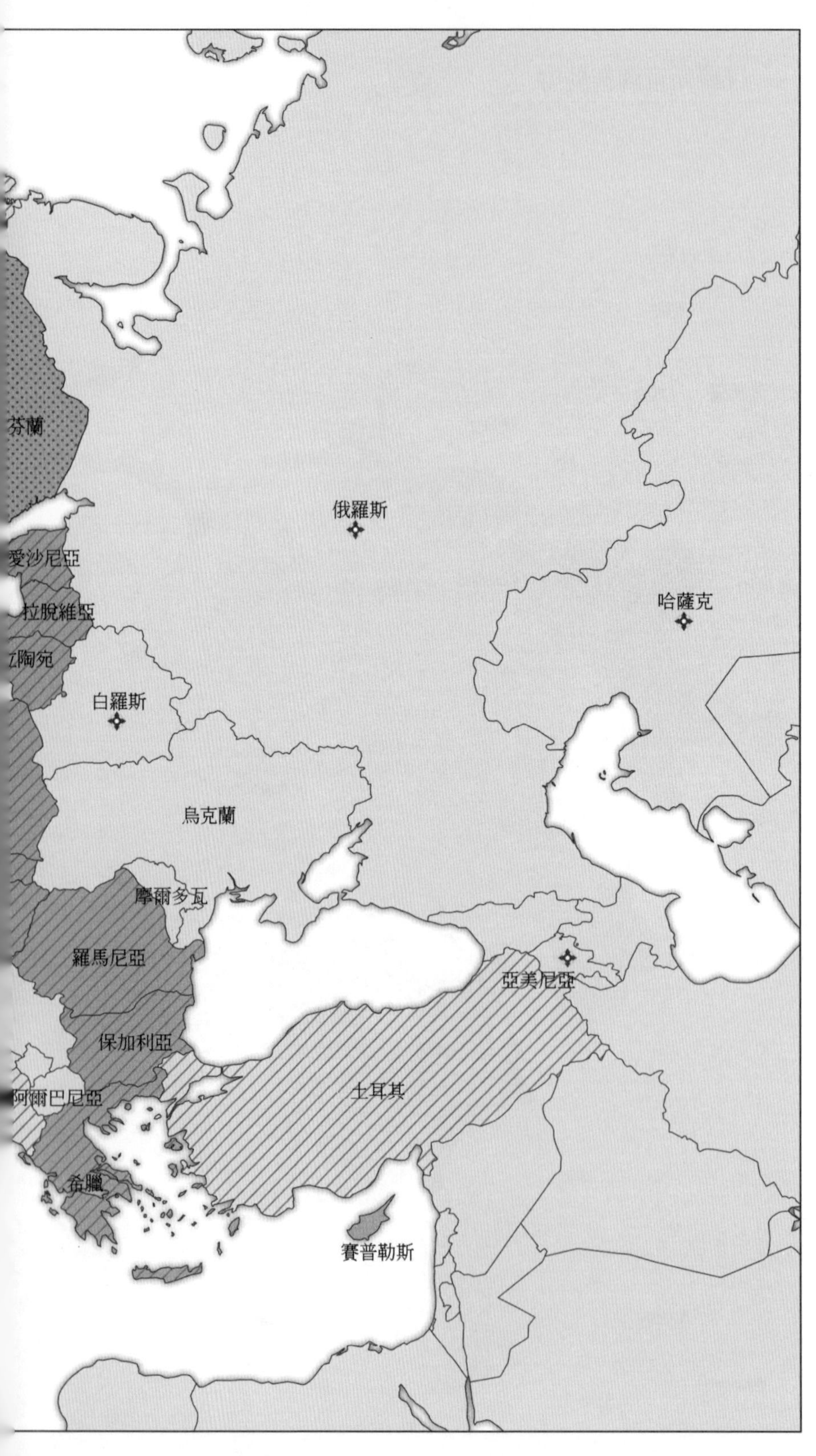
芬蘭
俄羅斯
愛沙尼亞
拉脫維亞
陶宛
白羅斯
哈薩克
烏克蘭
摩爾多瓦
羅馬尼亞
亞美尼亞
保加利亞
阿爾巴尼亞
土耳其
希臘
賽普勒斯

劃分歐洲 (2022)
歐盟成員國
北約成員國
北約候選成員國
集體安全條約組織成員國
冰島
瑞典
挪威
丹麥
愛爾蘭
英國
荷蘭
德國
波蘭
比利時
盧森堡
捷克
奧地利
法國
斯洛維
尼亞
義大利
葡萄牙
西班牙
馬爾他
0
150
300 英里

沃羅涅日
庫斯克
切爾尼戈夫
俄羅斯
科諾托普
蘇梅
比爾霍羅德
哈爾科夫
克勒曼楚水庫
波爾塔瓦
伊久姆
切爾卡瑟
克勒曼楚
北頓涅茨克
克拉馬托爾斯克
頓巴斯
盧甘斯克
克羅皮夫茨基
聶伯羅
巴甫洛赫拉德
哥羅夫卡
頓涅茨克
克利福洛
扎波羅熱
頓河
南烏克蘭
卡霍夫卡水壩
扎波羅熱
馬里烏波爾
尼古拉耶夫
梅利托波爾
別爾江斯克
新卡霍夫卡
赫爾松
格尼奇斯克
亞速海
克里米亞
刻赤
刻赤海峽
克拉斯諾達爾
辛菲羅波爾
新羅西斯克
塞瓦斯托波爾
黑海
0
50
100 英里

俄烏戰爭(2022)
白羅斯
戈梅
平斯克
波蘭
維斯瓦河
羅夫諾
車諾比
基輔羅斯
魯特斯克
羅夫諾
基輔
赫梅利尼茨基
日托米爾
利維夫
烏克蘭
捷爾諾
斯洛伐尼亞
赫梅利尼茨基
聶斯特河
文尼察
伊凡-法蘭科夫
烏日戈羅德
烏曼
切爾洛夫策
匈牙利
摩爾多瓦
奇西瑙
羅馬尼亞
提拉斯普
敖德薩
伊茲梅爾
多瑙河
保加利亞
首都
城市(鎮)
核電廠(運作中)
核電廠(除役)
俄羅斯控制的地點
烏克蘭控制的地點
俄羅斯自2022年2月24日占領的土地
俄羅斯在2022年2月24日控制的土地
烏克蘭部隊收復的失土
2022年2月24日之前的停火線
國際邊界
2022年9月30日被俄羅斯正式併吞的地區

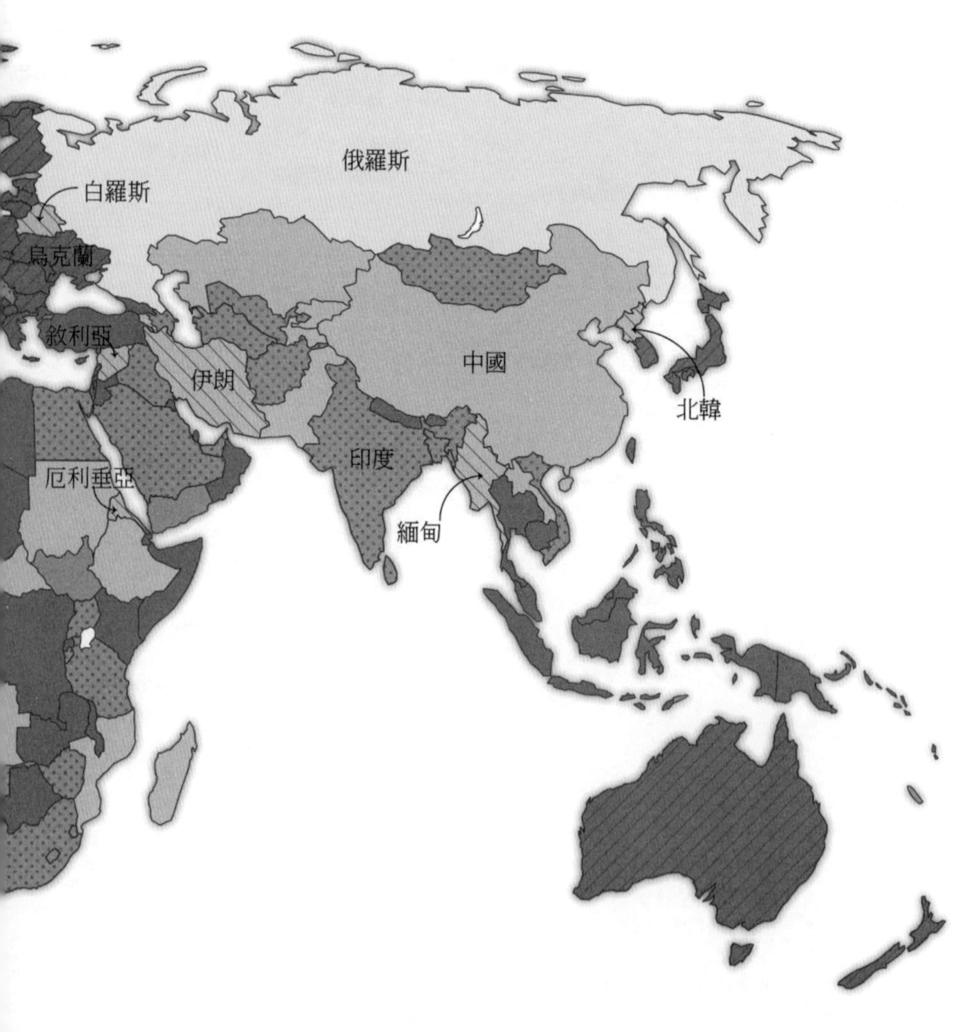

中立　支持俄羅斯
無資料　親俄羅斯

劃分世界 (2022)

前言　理解戰爭

俄羅斯入侵行動開始的那天，我人恰巧在維也納，這座城市曾是引發第一次世界大戰一個已逝帝國的首都，也曾在一九三八年被納粹德國吞併，成為德奧合併的一部分，這場合併事件引發了第二次世界大戰。二〇二二年二月二十三日晚上，在維也納居民上床就寢之際，一場新的戰爭已迫在眉睫。在看了美國有線電視新聞網（CNN）令人不安的新聞後，我希望情勢的發展能有轉機，但我心裡卻有一種不祥的預感。第二天清晨六點左右，我比平常更早醒來。我伸手拿起手機想查看新聞，卻不小心點開了我的電子郵件。

當我看到一封電子郵件的主旨是「我的天啊」時，心馬上就沉了下去。這封郵件是我在哈佛的同事寄來的，自從去年十月他首次提醒我可能爆發一場新戰爭以來，我們就一直在討論這個問題。當時俄羅斯的軍隊正在烏克蘭邊境附近集結，美國媒體也幾乎是實時報導他們的動態。我期待俄軍的動作只是一種恐嚇策略。但我的同事卻認為這可能是真的。現在，甚至還沒打開這封郵件，我就已經知道他警告過的入侵已然發生了。我點開了郵件，最後幾句是這樣寫的：「不會有好結果。每天都有不同的訊息。今晚美國情報部門預測會有突襲，但明天呢？希望你在維也納一切安好。」

我很不安。有事情正在發生，但我沒有確切的消息。我猜想普丁和俄羅斯人已經入侵了烏克蘭東部，那裡是二〇一四至一五年間戰爭的主要戰場。想到這些，我點開了另一封郵件。這封郵件沒有主旨，是一位住在聶伯羅市的同事寄給我的。在上一場戰爭中，這裡離前線很遠。但這封郵件讓我明白，在這場戰爭中，沒有任何地方是安全的。「我正在收拾東西準備離開聶伯羅；也許，我會把我在寫的書的『片段』寄到你的電子郵件地址，因為我不知道接下來會發生什麼事，我的電腦可能會隨著這些事件遺落在某個地方，」我的同事寫道，並補充說：「我們都知道手稿在戰時的命運。」我回了一封鼓勵的信，並感謝他對我的信任，願意把未完成的作品交給我。

直到這時我才查看新聞：俄羅斯全面入侵烏克蘭，從基輔到聶伯羅，再到我的家鄉扎波羅熱，都遭到了俄羅斯飛彈的攻擊。這感覺太不真實了。我打電話給住在扎波羅熱的妹妹。她還沒睡。她說扎波羅熱部分地區傳來了爆炸聲，幸好離我們父母家所在的區域還很遠，她當時住在那裡。她的聲音聽起來很鎮定。我在前一晚還打電話給她，建議她把車子加滿油。但她沒有聽從我的話，她就和幾乎每個烏克蘭人一樣，都不認為會爆發大規模的戰爭。現在，戰爭爆發了，我們對此毫無準備。只能過一天算一天。我每天早晚都會跟她通電話，問她一樣的問題：昨天晚上過得怎麼樣？今天過得怎麼樣？「晚安」和「日安」的意義突然不再一樣。只要沒有飛彈攻擊或轟炸，就算有警報聲也是好日子。

俄羅斯入侵烏克蘭的第一天早上，我穿上了白襯衫和西裝外套。因為我要前往國際原子能總署的檔案館，我在那裡研究一九八六年車諾比核災國際史，這樣的穿著有點不合時宜，甚至可能是非常奇怪的。但我故意穿得這麼正式，想要讓自己看起來沉著冷靜，藉此傳達不管戰況如何變化，不管前線傳來什麼消息，我都已做好履行職責的準備。我的靈感來自美國知名外交官暨國際關係學者喬治・肯楠的日記。一九三九年三月，在得知希特勒攻占捷克斯洛伐克的消息後，他細心地刮了鬍子，不想讓人看出他的「慌亂」。他下定決心不管遇到什麼困難，他都要履行作為外交官的職責。

在檔案館裡，其他人都明顯用同情目光看著我。有一位檔案員告訴我，「對於你們國家的遭遇，我感到非常遺憾。」他的話讓我感覺到危機迫在眉睫：烏克蘭可能隨時被占領，如果不是今天，就是明天。我難道是在為它穿上喪服嗎？我希望不是這樣，但我不知道還能期待什麼。當天下午，《新蘇黎世報》的一位攝影師來到我在維也納人文科學研究所的辦公室，他要為幾天前接受的訪問拍照。報紙刊登的照片裡，我的形象顯得有些邋遢，頭髮被風吹得四處飄散，但我穿著我的白色襯衫，臉上流露出哀傷而堅毅的表情。幾天前，在接受《紐約客》採訪時，我預測烏克蘭人會奮起戰鬥。「但具體是什麼時候、怎麼做，這些我不清楚，」我這樣告訴記者，「但我確信烏克蘭會反抗。」[1]

接下來幾天和幾星期所發生的事，證實了我對反抗行動的預測準確無誤，但我卻無法想像它的規模，或是即將展開的戰爭本身的規模會有多大。這次入侵被普丁稱為是一場「軍事行動」，原本只預計持續幾天或最多幾星期，卻演變成自一九四五年以來歐洲最大規模的常規戰爭。它已奪走了數以萬計的生命，其中有許多是無辜的平民，也造成了歐洲自二戰結束以來最嚴重的難民危機。在之後的幾個月裡，從烏克蘭逃離戰火的婦孺老人達到一千二百萬人，而在東歐和中歐尋求庇護的人數超過五百萬人。像車諾比這樣的核設施和扎波羅熱的核電廠（歐洲最大的核電廠）也成了新的戰場，甚至還面臨使用核武的潛在威脅。

這一切到底是怎麼發生的？無論從情感上還是專業上，我都無法去思考和解釋俄羅斯對烏克蘭的無端侵略所造成的局面，也難以向自己和其他人闡明。瘋狂和罪惡似乎是唯一合理的解釋。但是，由於媒體不斷邀請我發表評論，我覺得我不能推辭，因為我的話或許真的會對事態的發展產生影響。我意識到，身為一個歷史學家，我能提供一些別人缺乏的東西，來幫助他們理解這場自二戰以來歐洲最大規模的軍事衝突。最終，我引用了邱吉爾的話來安慰自己：歷史學家是在其他人之外對當前事件最不可靠的詮釋者。*

身為歷史學家，我盡我所能地從歷史和比較的角度去理解和評估發生在我和全世界眼前的事態發展。是什麼因素導致了這場侵略戰爭？什麼樣的動力讓烏克蘭人反抗俄羅斯的入侵並持續到現在？最終，這場戰爭對烏克蘭、俄羅斯、歐洲和世界會帶來什麼重要的後果？當我從俄羅斯發動的這場侵略戰爭最初幾天的震驚中逐漸恢復冷靜，並嘗試重新以分析性的思維去思考這場戰爭時，我自問了這些問題。我也試圖找出當時有哪些跡象暗示了俄烏戰爭即將發生，卻被我們忽視，只是一廂情願地認為它不會發生或不會影響到我們。

在我們很多人的心目中，歷史已經隨著柏林圍牆的倒塌而走到了終點，即使不是按照法蘭西斯・福山對這一事件的理解，也就是柏林圍牆的倒塌象徵了自由民主作為一種政治秩序形式的最終勝利，也是堅信儘管大國之間仍有競爭，但無故發動的入侵行動和隨之而來的領土併吞和大規模軍事行動已經過時。然而，有明顯的證據顯示事實並非如此，例如在車臣、前南斯拉夫、阿富汗和伊拉克爆發的戰爭，只不過我們選擇忽視。民粹主義和獨裁政權的崛起，以及民主國家中的專制傾向，都與一九三〇年代有著令人擔憂的相似之處，但我們大部分人卻漠視它們。

歷史現在正以殘酷的報復姿態回歸，展現了它最邪惡的一面，翻開了它最可怕的篇章，其中充滿了暴力和破壞的場景。我們知道二戰爆發前夕，歐洲專制政權的興起造成了什麼災難，所以現在也能想見今天在歐洲、歐亞和其他地區興起的專制主義將會帶來什麼後果。現在，是時候要把當前的事件放在歷史和地緣政治的脈絡下，來探究它們的根源、預測其結果，並努力終止暴力，從歷史中吸取教訓。

在本書中，我採用一種**長時期**（*longue durée*）的分析方法，來理解當前進行的這場戰爭。我不會把二〇二二年二月二十四日當作這場戰爭的起點，無論俄羅斯對烏克蘭的全面入侵有多麼震撼和戲劇化，原因很簡單，因為我清楚意識到這場戰爭其實早在八年前就開始了，也就是在二〇一四年二月二十七日，俄羅斯武裝部隊占領了克里米亞議會大樓的那一天。一年後，在外交手段的斡旋下，交戰雙方在二〇一五年二月分別簽署了《明斯克一號協議》和《明斯克二號協議》，終止了這個階段的戰爭。儘管如此，一場沒有正式宣戰的戰爭隨之而來，砲擊和彈雨橫越了烏克蘭頓巴斯地區的分界線，在接下來的七年裡持續不斷，超過一萬四千名烏克蘭人的生命被奪去，但卻幾乎沒有引起國際關注。這個階段的戰爭，在俄羅斯於二〇二二年二月撕毀《明斯克協議》，並對烏克蘭發動全面入侵時告終。

在接下來的章節，我會探討這場正在發生的戰爭之根源、過程，以及已經出現和可能導致的後

＊編按：意即相較於其他人，歷史學家還是比較可靠的詮釋者。

果。正如我在本書所指出的，這場戰爭的淵源可以追溯到十九世紀和二十世紀帝國崩潰的歷史，這也產生了導致當前衝突的關鍵概念。我的基本論點是，我們今天所目睹的這場戰爭並不是一個前所未有的現象。從許多方面來看，這場當前的衝突是一場由俄羅斯的菁英階層所發起的傳統帝國戰爭，他們把自己視為俄羅斯帝國和蘇聯擴張主義傳統的繼承者和延續者。對烏克蘭來說，這是一場至關重要的獨立戰爭，代表了一個從蘇聯解體的殘骸中崛起的新國家，為捍衛自己生存的權利而孤注一擲。

雖然這場戰爭起源於帝國歷史，但它卻發生在一個新的國際環境裡。這個環境的特點是核武的擴散、後冷戰時代國際秩序的解體，以及自一九三〇年代以來罕見的民粹主義和民族主義的再現。這場戰爭清楚表明，歐洲和世界幾乎耗盡了一九八九年柏林圍牆倒塌所帶來的和平紅利，並正步入一個未知的新時代。在當前這場戰爭的硝煙中，一個可能重現冷戰時期兩極對立的新世界秩序正在形成。我在撰寫本書之際，這場戰爭還沒有結束，我們也不知道它最終會造成什麼後果。但即使在今天，我們也可以清楚看到，我們和我們的子孫後代所生活的世界，將大幅取決於這場戰爭的結果。

第一章　帝國的崩潰

一九九一年的聖誕節，莫斯科時間十二月二十五日晚上七點，蘇聯共產黨前總書記、即將卸任蘇聯總統*的米哈伊爾．戈巴契夫，坐在克里姆林宮的辦公桌前，面對著電視攝影機宣讀一份準備好的聲明。

戈巴契夫稱呼他的聽眾為「親愛的同胞和國民們」。其實，他是在向全世界發表談話：因為CNN正在向全球直播他的這場簡短演說。這位蘇聯領導人宣布辭去總統職務。晚間七點十二分，戈巴契夫談話結束的同時，蘇聯也正式不復存在。這個曾經繼承了沙皇時代俄羅斯帝國的領土和地位，使其免於徹底崩潰，而後發展成為一個超級大國，並曾以核武威脅全世界的共產政權就此消失。不到半小時後，克里姆林宮上空的紅旗被降下，取而代之的是白藍紅三色的俄羅斯聯邦旗，這面旗幟和一九一七年革命前俄羅斯帝國所使用的三色旗相似。[1]

*審訂注：戈巴契夫於一九九〇年三月十五日由「人民代表大會」（二二五〇名代表）選出蘇聯第一任也是最後一任總統。

在他的十二分鐘演說中，蘇維埃社會主義共和國聯盟（全世界都稱之為蘇聯）的總統，以「原則性理由」為由宣布辭職。他曾竭力維持「聯邦國家和國土的完整」，但卻無法做到。「事態卻走向了另一個方向。分裂國家和瓦解政權的趨勢占了上風，我對此無法接受。」戈巴契夫辭去了總統職務，這個國家的合法存在也隨之結束。就在本月初，組成蘇聯的十五個加盟共和國領導人已宣布蘇聯解體。[2]

儘管蘇聯的解體已進行了一段時間，但直到一九九一年十二月一日，在聯盟第二大共和國（僅次於俄羅斯）烏克蘭舉行公民投票，決定是否要讓自己的國家獨立之際，蘇聯的解體才變得不可逆轉。超過百分之八十四的烏克蘭合格選民參與投票，其中超過百分之九十二投下支持獨立的同意票。就連毗鄰俄羅斯西部邊境的頓巴斯（頓涅茨盆地）地區，也獲得了將近百分之八十四的支持票。在克里米亞，這個烏克蘭唯一俄羅斯裔人口占多數的地區，也拿下百分之五十四的同意票。塞瓦斯托波爾是俄羅斯黑海艦隊的母港和總部，有百分之五十七的人支持烏克蘭獨立。[3]

戈巴契夫對這個投票結果感到震驚，但俄羅斯總統葉爾欽卻不意外，他曾經是戈巴契夫的心腹，但後來卻成了戈巴契夫的挑戰者和對手。幾天前，葉爾欽的顧問、人類學家暨民主運動者加琳娜·史塔托若娃就向他報告了這次公投可能的結果。聽到預測後，他的第一個反應是不敢置信，驚呼：「這怎麼可能是真的！這可是我們的斯拉夫兄弟共和國啊！這裡有百分之三十多的俄羅斯人呢。克里米亞不也是俄羅斯的嗎！住在聶伯河以東的人不都親俄羅斯嗎！」史塔托若娃花了近四十分鐘才讓她的老闆相信，民調數據毫無疑問地顯示出，絕大多數人都支持獨立。葉爾欽當場做出決定：他將承認烏克蘭獨立，並與即將當選的烏克蘭總統列昂尼德．克拉夫丘克會面以建立一個聯盟，和一個與戈巴契夫所領導的聯邦不同的新聯邦。4

這場會談在白羅斯*與波蘭邊境附近的別洛韋日狩獵場舉行，於十二月七日一直持續到隔天。白羅斯領導人，包括議會主席斯坦尼斯拉夫．舒什科維奇在內，接待了俄羅斯和烏克蘭的總統，他們決定了蘇聯的命運。由於克拉夫丘克拒絕加入戈巴契夫所提出的改革後的蘇聯，葉爾欽的副手甘納季．布爾布利斯建議直接解散蘇聯。白羅斯國家安全委員會（KGB）主席，驚慌地向他在莫斯科的上級報告了這個叛國之舉，但沒有得到任何積極的回應，當時在蘇聯首都，戈巴契夫的支持者已經所剩無幾。蘇聯被獨立國家國協取而代之，這是一個區域性國際組織，而非一個新國家。不到兩星期後，中亞地區的幾個共和國領導人也以創始成員國的身分加入了國協。戈巴契夫此時已經沒有任何共和國盟友了。面對無可避免的結局，他在一九九一年十二月二十五日辭去了他的蘇聯總統職務。5

戈巴契夫的外交政策助理，也是他的辭職演說主要起草人，阿納托利．切爾尼亞耶夫後來對蘇聯最後一年的存亡做出評價：「那一年實際在蘇聯發生的事，就是在『那個指定的時刻』、在它們的歷史壽限到期時，發生在其他帝國的事。」當他在戈巴契夫的演說稿中，寫下「這場危機所造成的最致

---

*編按：以往習慣譯為白俄羅斯（Belarus），二〇一八年三月十六日白羅斯大使館發文要求改用「白羅斯」為正確國名，以此表明他們的國家非俄羅斯聯邦的一部分，蓋「Belarus」即 Bela（白）、Rus（羅斯），故譯「白羅斯」。

命後果是國家地位的瓦解」，以及「我們是一個偉大文明的傳人」這樣的句子時，切爾尼亞耶夫心中充滿了對帝國衰落的思考。但他同時也承認，任何試圖挽救衰敗中的帝國的努力都是徒勞無功的。「戈巴契夫為了拯救蘇聯所做出的各種努力都是無望的抽搐，」他在一九九一年十一月的日記中如此寫道，他繼續評論：「然而，若不是因為烏克蘭和無法收回的克里米亞，一切都會平息下來。」[6]

蘇聯因為烏克蘭的公投而解體，烏克蘭人經過一番猶豫後，決定把自己的獨立問題付諸公投。戈巴契夫主張對蘇聯的命運進行全聯盟公投，但除了烏克蘭之外，其他共和國都沒有舉行公投。包括俄羅斯在內的大部分國家都毫無異議地接受了烏克蘭公投的結果，認為這不僅是對烏克蘭共和國獨立的裁決，也是對蘇聯未來的判決。戈巴契夫和葉爾欽都沒有想像過蘇聯會失去它的第二大共和國，而它是俄羅斯帝國和蘇聯歷史與神話中的關鍵要素。不論要恢復哪種形式的帝國，都將取決於俄羅斯重新把烏克蘭納入其統治之下的能力。「沒有烏克蘭，俄羅斯就不再是一個帝國，但如果俄羅斯收買並使烏克蘭服從，俄國就會自動成為一個帝國。」茲比格涅夫．布里辛斯基在幾年後，如此評論。[7]

起源的神話

今天，大多數的俄羅斯人相信，他們的國家和民族起源於基輔，它是歷史學家所稱的「基輔羅斯」這個中世紀政體的中心，這是他們數百年來的信念。以今天烏克蘭的首都為中心，基輔羅斯的廣大領土涵蓋了當今的烏克蘭、白羅斯和俄羅斯歐洲地區。基輔羅斯創建於十世紀*，在十三世紀因遭受蒙古人摧毀而分裂，但在此之前已經孕育了許多半獨立政體，其中最強大的是位於現今烏克蘭和白羅斯南部的加利西亞－沃里尼亞公國；位在前基輔羅斯西北部的大諾夫哥羅德或諾夫哥羅德共和國；弗拉基米爾公國則是現代俄羅斯的歷史核心，後來在其東北部發展出莫斯科公國。8

俄羅斯人的宗教、文字、文學、藝術、法典和統治王朝（尤其是在前近代）確實都源自基輔。但當俄羅斯人試圖把基輔視為他們的種族、語言和大眾文化之源的主張，卻遭遇了許多問題。來自莫斯科和聖彼得堡的旅客發現，基輔與其周圍地區的居民操著與他們不同的語言、唱著不同的歌曲，有其獨特的文化。然而，這些都沒有動搖俄羅斯菁英對基輔起源神話的信念，這早在十五世紀末就已深深植根於他們的意識中。9

這個神話始於十五世紀中葉，也就是莫斯科公國（後來被稱為Muscovy）作為一個獨立國家的最初時期。它的創始者是伊凡大帝†，他是莫斯科的統治者，也是基輔王公的眾多後裔之一，他的統治範圍從東部的下諾夫哥羅德延伸到西部的大諾夫哥羅德（或簡稱諾夫哥羅德）。伊凡大帝在與基輔羅斯的繼承人之一諾夫哥羅德爭戰的過程中創造了基輔的起源神話，最初是作為一個王朝的主張。伊凡

---

*審訂注：維京人留里克（Riurik）於八六二年在諾夫哥羅德建立起統治東斯拉夫部落的政權，通常以此年為俄羅斯建國之年。八八二年，奧列格（Oleg）攻占基輔，將首都諾夫哥羅德遷至基輔，其後至一二四〇年被蒙古人滅亡的期間，史家稱之為「基輔羅斯」。

†審訂注：伊凡大帝即伊凡三世，一四六二年至一五〇五年統治莫斯科公國，是俄國歷史上三個「大帝」（the Great）之一。

大帝宣稱自己是基輔王公的繼承人，並聲稱在此基礎上擁有統治諾夫哥羅德的權利。他在一四七一年的舍隆之戰中打敗了諾夫哥羅德人，並在一四七八年將該共和國併入了自己的版圖。在莫斯科和諾夫哥羅德的對抗中，一個獨立的俄羅斯國家於焉誕生，也是專制主義戰勝了民主的結果。*

伊凡大帝戰勝了諾夫哥羅德人後，也造就他徹底擺脫了韃靼汗的控制，韃靼汗是蒙古帝國的後裔，他們對莫斯科公國的統治已有名無實。韃靼人曾試圖阻止伊凡吞併諾夫哥羅德，但沒有成功，只好撤退，然而諷刺的是，他們反而成了俄羅斯民主的捍衛者。伊凡王朝主張自己是基輔王公唯一合法繼承人，征服諾夫哥羅德象徵了其勝利。在接下來的幾年裡，他將屢屢利用這個身分宣稱更多俄羅斯人、烏克蘭人和白羅斯人的土地。俄羅斯王朝源自基輔的強大歷史神話，奠定了新獨立莫斯科公國的政策，一個向外擴張的征服政策。[10]

伊凡三世是莫斯科公國第一個試圖自稱「沙皇」（tsar）的統治者，這個歐洲詞語的意思是「皇帝」，或是統治者們之上的最高統治者，源於尤利烏斯．凱撒的名字。但第一位真正被加冕為沙皇的是他的孫子，人稱「恐怖伊凡」的伊凡四世。伊凡三世不僅將專制的王公權力制度傳給了他的繼承人瓦西里三世（這個制度在孫子手中成功演變成了一種暴政），也把基輔起源的神話傳承下去。伊凡四世聲稱自己是奧古斯都皇帝的後裔，他試圖透過基輔王公追溯到拜占庭皇帝和他們的羅馬祖先。他還力圖擴大莫斯科公國†的版圖，超過了他祖父轄下的領土。

伊凡四世在一五五〇年代征服了喀山汗國和阿斯特拉罕汗國，這兩個汗國和莫斯科公國一樣，都曾是強盛蒙古帝國的後繼國。他分別計算自己統治莫斯科、喀山汗國和阿斯特拉罕汗國的年數，藉此顯示他對伏爾加河流域汗國的征服，是證明他能夠擁有沙皇頭銜的關鍵成就。在平定了這些汗國之後，他轉向西方，試圖直通波羅的海，並在今天的波羅的海國家和白羅斯的土地上與立陶宛大公國進行陸地戰爭，這些地區也是昔日強盛的基輔羅斯的一部分。但伊凡在立窩尼亞戰爭（一五五八年至一五八三年）中失利，未能達成他試圖向西擴張莫斯科公國統治版圖的目標，在這場戰爭中，莫斯科面對了包括波蘭－立陶宛、瑞典和丹麥在內之多國聯盟的反抗。[11]

十七世紀初，波蘭軍隊與其盟友烏克蘭哥薩克攻占了莫斯科。在這段「動盪時期」及其餘波中，莫斯科公國與基輔和烏克蘭、白羅斯等地區，不僅在政治上分裂，在宗教上也出現分歧。莫斯科人不再把基輔人視為東正教信徒，而是指責他們因接受了天主教國王的統治並向西方開放後，而變得腐敗。在戰場上屢遭挫敗和內部紛爭的雙重打擊下，莫斯科暫時放棄了自己對於基輔及其歷史和征服基輔的理由的迷戀。但這只是帝國野心的一個短暫間歇，而非終結。[12]

在十九世紀，俄羅斯歷史學家，包含最有影響力的瓦西里．克柳切夫斯基，主張莫斯科大公和沙皇們在蒙古入侵後進行的「俄羅斯土地的收集」或「羅斯的重新統一」是俄國歷史過程的最典型特徵。這種基於俄羅斯起源於基輔的神話的歷史解釋，認為俄羅斯的歷史目標是透過軍事勝利把曾經屬於羅斯的各個地區重新統一成一個俄羅斯國家，也就是「一體不可分割的俄羅斯」。根據克柳切夫斯

＊譯注：當時莫斯科是一個君主專制的政體，而諾夫哥羅德是共和國的政體。

†編按：本書作者將俄羅斯帝國之前的時期都稱為Muscovy（莫斯科公國），詳見第二頁的編輯室報告。

基的看法，這個過程在十九世紀中葉基本上已經完成了。[13]

在重新統一的故事中，沒有什麼比十七世紀中葉莫斯科公國對烏克蘭東部的控制更重要的了，這是俄羅斯帝國的歷史學家們的共識。他們在蘇聯時代的後繼者稱之為「烏克蘭與俄羅斯的重新統一」——實際上，這是烏克蘭歷史的高潮，它被俄羅斯完全同化了。而不同的烏克蘭歷史學家則將「重新統一」稱為軍事聯盟、共主聯邦*，甚至是徹底的征服。

在十六世紀的立窩尼亞戰爭中，恐怖伊凡戰敗了，其影響之一是為了抵抗莫斯科的威脅，波蘭王國與立陶宛大公國合併，新版圖涵蓋了後者在烏克蘭和白羅斯的領土。盧布林聯盟於一五六九年建立了波蘭–立陶宛聯邦，這是一個近代早期國家，擁有有限的王權和由貴族組成的強大的中央和地方議會。根據聯邦協議，波蘭在烏克蘭和基輔取得了統治權，而白羅斯的土地仍留在立陶宛大公國。在現代烏克蘭人和白羅斯人作為不同民族的發展中，這種分裂發揮了關鍵作用。[14]

在現代烏克蘭的形成過程中，哥薩克人扮演了主導角色，他們是十六世紀末在聶伯河下游的「邊境之地」†崛起的一支強大軍事力量，由自由人和逃跑的農奴所組成，與蒙古帝國有遠親關係的克里米亞汗國相鄰。在他們的首領（蓋特曼）博格丹．赫梅利尼茨基的領導下，哥薩克人於一六四八年反抗波蘭統治，試圖保障他們作為一個社會階層的政治自由，與不受干擾地信奉東正教。這場血腥起義屠殺了許多烏克蘭猶太人，最終建立了一個哥薩克國家。

若要抵抗波蘭–立陶宛聯邦壓倒性的軍事力量，這個新成立的哥薩克國家就需要盟友。經過五年多的戰爭，赫梅利尼茨基與莫斯科公國結盟，以承認沙皇的主權，來換取莫斯科公國的軍事保護，支援烏克蘭抗敵。一六五四年一月，赫梅利尼茨基和沙皇的全權代表在烏克蘭的城市佩列亞斯拉夫達成了這項協議。莫斯科公國加入了對抗波蘭－立陶宛聯邦的戰爭，其直接目標是收復在十七世紀初的動盪時期被波蘭占領的土地。但俄羅斯對基輔遺產的記憶很快就被重新喚起，烏克蘭東正教徒再次被視為信仰同一宗教的信徒。保護東正教兄弟不受波蘭天主教國王的侵害，和復興莫斯科王朝的基輔羅斯根源，便成了將新興西進運動合法化的口號。[15]

波蘭人很快就被打敗了。莫斯科人隨後進入白羅斯，在哥薩克烏克蘭設置其駐軍，包括基輔這座城市在內。隨著烏克蘭哥薩克國被長期併入莫斯科沙皇國的版圖，哥薩克人所謂的「權利和自由」，同時也是他們民主政治文化的要素，也開始一併受到侵犯。烏克蘭哥薩克的菁英們發現新條件令人難以接受，他們的新蓋特曼伊凡·馬澤帕於是在一七〇八年領導了一場起義，要反抗莫斯科沙皇，也就是後來的俄羅斯帝國皇帝彼得一世‡。正是彼得將國名從莫斯科公國改為俄羅斯，這個國名源自於拜占庭希臘語，並在一七二一年宣布建立俄羅斯帝國。

馬澤帕加入了瑞典國王查理十二世（或譯卡爾十二世）的進攻部隊，然而，一七〇九年在烏克蘭

＊譯注：指兩個或多個主權國家由同一位君主統治，但保持各自的政治制度和法律體系。

†譯注：這個地區是波蘭和克里米亞汗國的邊界。

‡審訂注：彼得一世與瑞典進行長達二十一年的「大北方戰爭」，在一七二一年獲勝，俄國得以自由通行波羅的海，打開通往歐洲的一扇窗，故彼得一世被尊稱為「大帝」、「國父」、「皇帝」。

哥薩克領土的中心地帶所進行的波爾塔瓦會戰中，馬澤帕卻與他的瑞典新盟友一起遭遇慘敗。莫斯科在這場戰役中取得勝利，進而更贏得了一七二一年的大北方戰爭，這使得俄羅斯帝國躋身歐洲強國，並在波羅的海和中歐地區擁有領土，使得波蘭－立陶宛聯邦實際上淪為帝俄的保護國。在烏克蘭，彼得一世透過廢除蓋特曼職位，來削減哥薩克的自治權，將哥薩克國（歷史學家所稱的蓋特曼國）置於俄羅斯行政機關小俄羅斯委員會*的管轄之下。[16]

一七六二年至一七九六年，在女皇凱薩琳二世†的統治期間，哥薩克國被全然消滅，並被納入了她從彼得一世所繼承的俄羅斯帝國大業。整個過程於十八世紀末的俄土戰爭期間完成，導致今天烏克蘭南部的廣大領土落入俄羅斯之手。隨著克里米亞被吞併，克里米亞韃靼人的侵擾不復存在，容忍烏克蘭哥薩克人與其民主制度或機構也已失去了意義。哥薩克軍團被整合進俄羅斯帝國軍隊，而位於聶伯河下游地區的扎波羅熱軍，是最後一支堅持哥薩克制度和傳統的哥薩克部隊，也於一七七五年被俄羅斯廢除。

在三度瓜分波蘭的過程中，凱薩琳占領了白羅斯全境和大部分的烏克蘭土地。她在一七九三年第二次瓜分波蘭時，鑄造了一枚刻有 *Ottorzhennaia vozvratikh* 銘文的勳章，意思是「我把失去的東西收復了」。這句銘文再次指涉曾經屬於基輔羅斯的土地。除了落入哈布斯堡王朝統治的西部烏克蘭土地外，不論之前是由哥薩克或波蘭統治的烏克蘭領土，現在都被納入俄羅斯帝國，成為沒有任何特權的一般省分。

哥薩克人的國家和制度已不復存在。但他們的記憶卻仍存在。在十九世紀，這種記憶成為現代烏克蘭民族主義者手中的強大武器。他們創作了一首新的烏克蘭國歌，開頭是「烏克蘭仍在人間」。這句話意謂著，儘管他們的精神殿宇，也就是哥薩克國被摧毀了，這個民族仍未滅亡。[17]

一個民族的誕生

直到十九世紀，俄羅斯帝國才碰上了一個難以對付的敵人。這個敵人的名字是「民族主義」。它最早出現在兩次震撼俄羅斯帝國的波蘭起義中。然而，從長遠來看，在帝國鎮壓波蘭動員的過程中被喚醒的烏克蘭民族主義，對於俄羅斯帝國的統治地位構成了最大的威脅。如果說波蘭人抵抗帝國統治，那麼烏克蘭人則透過主張自己不同於俄羅斯人的民族認同，來威脅凱薩琳大帝所「重新統一」的帝國的統一性。

---

*審訂注：一六五四年哥薩克國接受莫斯科公國的保護，此後直到一六六二年沙皇透過「外交廳」與蓋特曼聯繫，此表示雙方為國與國的外交關係。到了一七一七年改以「小俄羅斯廳」與之聯繫，意為內政事務。經由彼得一世的改革，將五十多個「廳」改為九個「委員會」，故易名為「小俄羅斯委員會」。（彼得一世為了讓烏克蘭人忘記這個名稱，在公文上將烏克蘭人改稱為「小俄羅斯人」，表示與「大俄羅斯人」和「白羅斯人」同樣都是俄羅斯人。）

†審訂注：凱薩琳二世是第三個被稱為大帝的俄國沙皇，她在位期間國土大為增加，幾乎將基輔羅斯尚未歸附的領土全部奪回，戰勝鄂圖曼帝國後獲得大片新的領土，而克里米亞汗國也劃歸俄國所有，結束長期受遊牧民族侵擾的威脅。

在一八三〇至一八三一年的第一次波蘭起義中，俄羅斯帝國遭遇了民族主義的挑戰。波蘭人曾經屬於的多民族國家波蘭－立陶宛聯邦在十八世紀下半葉遭俄羅斯、普魯士和哈布斯堡王朝瓜分。波蘭人在十九世紀高舉現代民族主義的旗幟，反抗所有侵占他們土地的帝國。他們率先提出了一個想法，一個民族即使沒有國家組織，也能夠追求其政治主權。這種思想體現在波蘭國歌的首句：「波蘭仍在人間」，而這也成了後來烏克蘭國歌的範本。[18]

而俄羅斯帝國則透過打造與其帝國緊密結合的俄羅斯民族主義模式與之對抗。一八三二年，新上任的教育部副部長謝爾蓋．烏瓦羅夫伯爵向尼古拉一世提出了一個三原則方案，能夠作為教育系統來打造新的俄羅斯認同的基礎。它由三個概念所組成，即一個沙皇的忠實臣民必須要認同：東正教、君主專制、民族。在過去，俄羅斯臣民被要求忠於上帝、君主和祖國。以民族取代「祖國」，既是回應日益高漲的波蘭民族主義，也是仿效德國的民族建構*之舉。烏瓦羅夫深受德國歷史學家暨語言學家卡爾．威廉．弗里德里希．施萊格爾之思想的影響，他是約翰．戈特弗里德．馮．赫爾德†的追隨者，施萊格爾構想了一個以普魯士民族為基礎，並以語言和風俗所結合起來的統一國家。[19]

對烏瓦羅夫而言，他所想像的民族無庸置疑就是俄羅斯，但也包括了基輔羅斯的其他東斯拉夫後裔，也就是烏克蘭人與白羅斯人。這兩個次要分支的人口主要信奉東正教，但也有相當一部分屬於聯合教會（或稱東儀天主教會），這是個成立於十六世紀末的教派。它的信徒居住在被瓜分的波蘭東部邊境地區，他們奉行東正教的禮儀，但承認羅馬教皇的最高權威。在烏瓦羅夫的眼中，他們是俄羅斯人但不是東正教徒，而且許多人認為他們容易受到波蘭叛亂分子宣傳的影響。這個「問題」在一八三〇年代末解決了，因為聯合教會被迫與俄羅斯東正教會「重新統一」。這樣，原本透過對沙皇的忠誠而整合的俄羅斯民族，現在也因宗教而合一。

在烏瓦羅夫監督下所編寫的歷史教科書，將俄羅斯民族的創建給合法化了，這個民族現在被納入帝國的領土之內，並臣服於沙皇的權杖。帝國的敘事將俄羅斯民族的根源，追溯到中世紀時期的基輔公國。這個民族曾遭到外來侵略者的分裂，從蒙古人到波蘭人，但後來被俄羅斯沙皇們重新統一，再次變得團結而戰無不勝。[20]

這個統一的俄羅斯民族不久就面臨挑戰。受到了波蘭人的啟發，烏克蘭人很快就展開了他們自己的民族主義運動。俄羅斯帝國在試圖建立一個與波蘭對抗的俄羅斯民族時，遭到來自民族內部的挑戰。在一八四〇年代，由當地大學歷史教授米科拉．科斯托馬羅夫和同一所大學的美術系教師塔拉斯．舍甫琴科所領導的基輔知識分子，組成了一個祕密組織，宣稱存在著一個與俄羅斯人不同的烏克蘭民族。他們根據哥薩克歷史和歷史紀事中所記載的傳統，對烏克蘭語言以及庶民的傳說和文化深感著迷。在赫爾德和他的追隨者看來，這就是民族認同的根源。

現代的烏克蘭民族主義計畫由此誕生，比起波蘭的起義，它對俄羅斯帝國構成了更大的威脅。科

＊譯注：民族建構又譯國族建構，是指透過國家力量構建國民的國家認同或民族認同。

†約翰．戈特弗里德．馮．赫德爾（Johann Gottfried Herder，一七四四至一八〇三年），德國哲學家，他認為人不是純粹理性的，而是說著歷史的語言，受著歷史的影響。他提出語言是思維的承載體，詩歌是語言藝術的最高形式，語言讓一個民族的詩歌表達這個民族的獨特精神。

斯托馬羅夫構想出一個斯拉夫聯邦，用以取代羅曼諾夫和哈布斯堡的君主制和帝國。在一八六三年至一八六四年的第二次波蘭起義後，俄羅斯帝國感到有必要修改統一的俄羅斯民族模式。這次起義不僅讓帝國再次懷疑波蘭人的忠誠，也使烏克蘭人和白羅斯人的忠誠受到質疑。一個新的、統一的俄羅斯民族模式是三分的，假定有大俄羅斯人、小俄羅斯人（烏克蘭人）和白俄羅斯人（白羅斯人）三個不同的「支系」。他們使用不同的俄語「方言」，但這並不妨礙三分民族的統一性，這是俄羅斯保守派記者米哈伊爾．卡特科夫等人提出的主張。[21]

為了確保俄羅斯民族的統一，俄羅斯當局決定抑制具有自己特色的烏克蘭語和白羅斯語的發展。第一條禁令是在一八六三年頒布的，查禁任何非民間文學的烏克蘭出版品，包括聖經、宗教文本、語言入門書還有教科書，雖然後來有一些放寬，但仍持續到二十世紀的頭十年。隨後，這條禁令在一九〇五年俄羅斯帝國爆發革命所引起的混亂中被廢除。儘管禁止烏克蘭語出版物的政策阻礙了現代烏克蘭民族主義計畫的發展，但仍舊無法壓制。加利西亞是一個因波蘭被瓜分而歸屬奧地利的烏克蘭地區，居於此地的烏克蘭人，不僅繼續以烏克蘭語出版自己的作品，也出版來自俄羅斯轄下的烏克蘭地區作家的作品。[22]

哈布斯堡王朝是俄羅斯帝國當局的主要對手，在一八六六年被普魯士擊敗後，改制為二元君主國，即奧匈帝國。俄羅斯當局對於哈布斯堡王朝在斯拉夫土地上的發展，感到極度疑慮不安。特別值得關切的是在加利西亞、布科維納和今天被稱為外喀爾巴仟省地區，這三個省分定居的烏克蘭人自稱為盧森人，並在十九世紀期間發展出三種不同的民族建構計畫。其中一種是在一八四八年革命中產生的，這個民族建構計畫把他們視為一個獨特的盧森尼亞人（或盧森人）民族，忠於哈布斯堡王朝，並與其他烏克蘭地區保持微弱的聯繫。

哈布斯堡支持盧森尼亞民族主義運動，作為制衡更活躍的波蘭民族主義運動的力量，但是，他們在與匈牙利共治的過程中失去了優勢，不得不與匈牙利人分享權力，於是偏向波蘭人而忽略了盧森尼亞人的利益。為此，一些盧森尼亞領袖和支持者轉向聖彼得堡求助，宣稱自己是俄羅斯民族的一員。這就是所謂的「親俄運動」。但新一代的盧森尼亞社運人士否定了哈布斯堡和俄羅斯所提出的方案，將奧匈帝國的盧森尼亞人認定為烏克蘭人，並強化與俄羅斯帝國境內烏克蘭民族主義運動的關係。[23]

俄羅斯帝國當局曾多次試圖支持加利西亞和其他哈布斯堡省分的親俄運動。他們甚至資助了主要的親俄報紙，並以難民身分接納了被奧地利當局起訴的運動領袖，奧地利人懷疑他們是沙皇的間諜。儘管獲得帝俄的大力支持，但在十九世紀末，親俄派在政治上已被現代烏克蘭民族主義計畫的支持者給大幅度地邊緣化了。加利西亞的烏克蘭人讓俄羅斯帝國的烏克蘭作家得以出版他們的烏克蘭語作品，並歡迎那些想要移居加利西亞的重要烏克蘭知識分子。其中最知名的是歷史學家米哈伊洛．格魯舍夫斯基，他搬到利維夫（奧地利的倫貝格*），並成為當地一所大學的教授。他創造了一個新的烏

*編按：整個十九世紀，這城市普遍被稱為倫貝格，位於奧匈帝國東部邊陲地帶。第一次世界大戰後不久，它成為新獨立的波蘭的一部分，改稱洛夫（Lwów），二戰爆發後被蘇聯占領，又改稱利沃夫（Lvov）。一九四一年七月，德國人占領這座城市將名字恢復為倫貝格。一九四四年蘇聯紅軍打敗納粹後，它成為烏克蘭一部分，被稱為利維夫。沿用至今。

克蘭歷史敘事，並在俄羅斯帝國崩潰後成為了獨立烏克蘭國家的第一任領導人。[24]

帝國的衰落

雖然，俄羅斯帝國未能成功利用民族主義來削弱競爭對手哈布斯堡王朝，並保護自己不受烏克蘭民族主義運動的威脅或挑戰，但聖彼得堡利用民族主義和宗教信仰來對抗另一個競爭對手鄂圖曼帝國的努力，卻取得了更大的成果。

鄂圖曼帝國的衰落可以追溯到十七世紀末期，但給這個帝國致命一擊的卻是十九世紀被征服民族當中所興起的民族主義運動。這個世紀見證了巴爾幹半島上的東正教和斯拉夫民族反抗鄂圖曼統治的眾多起義。塞爾維亞人和希臘人是最早起義的，他們在這個世紀的前幾十年建立起自己的國家。俄羅斯人之所以伸出援手，主要動機是出於地緣政治和宗教親和力（religious affinity），而非民族主義的理念。在一八二八年至一八二九年的俄土戰爭後，這兩個國家獲得了承認，而這場戰爭幾乎使鄂圖曼帝國成為俄羅斯的附庸。

在俄羅斯的泛斯拉夫主義的興起，和巴爾幹半島上鄂圖曼帝國臣民的東正教信仰，成了俄羅斯介入鄂圖曼事務的重要理由，這種介入持續了整個十九世紀和二十世紀初。一八七五年，赫塞哥維納的斯拉夫人起義反抗鄂圖曼統治，保加利亞人也跟著反抗。緊隨其後的是仍在鄂圖曼控制下的塞爾維亞和蒙特內哥羅部分地區的塞爾維亞人。儘管鄂圖曼人平息了叛亂，但到了一八七七年，俄羅斯人已經將他們的部隊移師到鄂圖曼的領土，擊敗了蘇丹*的軍隊。在一八七八年柏林會議簽署的和平協議，其中包括國際承認羅馬尼亞、塞爾維亞和蒙特內哥羅的獨立，以及保加利亞的自治，這個自治國的領土只占原來的保加利亞的一小部分†。[25]

俄羅斯這一次對塞爾維亞的支持，不是針對鄂圖曼而是奧匈帝國，更成了第一次世界大戰的直接導火線之一，凸顯了民族主義的重要性及其對帝國所造成的威脅。包括俄羅斯帝國在內的所有參戰國，第一次世界大戰的爆發都伴隨著統治民族的民族主義和沙文主義的高漲。在奧匈帝國，斯拉夫民族主義遭到打壓，其中包括了奧地利加利西亞的烏克蘭人的親俄運動。在俄羅斯帝國，當局關閉了烏克蘭的機構和組織。

各交戰方除了在國內打壓少數民族的民族主義，同時也竭力打出民族牌來彼此對抗，在前線後方動員各種民族主義運動。俄羅斯人承諾會在德奧境內給予波蘭人建國和自治權；而奧地利人則向烏克蘭人許諾建立一個國家。隨著戰爭持續，交戰帝國試圖透過承認其領土上少數民族的訴求，甚至在這些領土上建立民族國家來削弱敵人。德國人率先與奧地利人聯手，在一九一六年宣布建立波蘭王國。[26]

一九一七年的二月革命導致羅曼諾夫王朝在三月間垮臺，這為在俄羅斯帝國的領土上建立許多自

* 譯注：伊斯蘭國家的國王或是君主的頭銜。

† 譯注：一八七八年柏林條約削減了保加利亞的領土，將其分為三個部分，只有其中一個部分是自治的，而另外兩個部分仍然受到鄂圖曼的控制。

治政體打開了閘門。同年十月，布爾什維克的政變進一步瓦解了帝國的機構或制度，並在新建立的自治基礎上形成了各自獨立的國家。但布爾什維克透過結合其軍事實力和對各民族的文化讓步，並從他們的知識分子中招募支持者，以及承認他們的政治自治權和使用他們的民族語言處理公共事務的權利，成功重新統一了散佚的前沙皇俄羅斯帝國的領土。

那些致力於俄羅斯「一體不可分割」理念的白軍將領們，是布爾什維克的主要對手。他們心目中的俄羅斯共和國是一個俄羅斯民族國家，因此無法贏得其他非俄羅斯民族的支持，而且他們戰前的社會關係模式也與農民和工人格格不入。布爾什維克則打著世界革命的旗幟企圖重新控制芬蘭、波蘭和波羅的海國家，但並未成功。他們還將烏克蘭和白羅斯一些地區拱手讓給波蘭，原俄羅斯省分比薩拉比亞（現今的摩爾多瓦）則被羅馬尼亞奪去。但他們征服並保有了帝國時代其他的大部分地區。[27]

在二〇二二年二月對烏克蘭發動全面入侵的前夕，普丁宣稱是布爾什維克，尤其是弗拉基米爾·列寧，創立了烏克蘭國家，甚至是現代的烏克蘭。然而，只需稍加了解俄國革命和俄羅斯帝國崩潰的歷史，就能明白現代烏克蘭國家的誕生並非列寧所願，而是違背了他的意願。[28]

一九一七年五月，沙皇制度倒臺後不久*，在基輔召開、並由歷史學家格魯舍夫斯基所領導的烏克蘭革命議會「中央拉達」（Central Rada）宣布烏克蘭將在未來的俄羅斯共和國內實行自治。但直到一九一七年秋天，彼得格勒發生布爾什維克政變之後，中央拉達才宣布建立烏克蘭人民共和國，領土涵蓋了俄羅斯帝國邊界內現今屬於烏克蘭的大部分地區，包括礦區頓巴斯。這個新國家原本希望與俄羅斯建立聯邦關係，但一九一八年一月布爾什維克的入侵讓這個希望落空。

中央拉達宣布烏克蘭獨立，並與德國和奧匈帝國結成反布爾什維克聯盟。布爾什維克以一個自稱為烏克蘭人民共和國的政權，對烏克蘭政府發動戰爭，這是個虛假的政權†，試圖為布爾什維克占領烏克蘭提供一定程度的合法性。布爾什維克部隊在基輔展開大屠殺，殺害了數百甚至數千市民，包括東正教會的弗拉基米爾．波戈亞夫連斯基大主教。布爾什維克在基輔的指揮官米哈伊爾．穆拉維耶夫將軍發電報給列寧：「基輔已恢復秩序。」[29]

中央拉達被迫離開基輔，但在與德國和奧匈帝國簽署協議後很快又返回了。他們的部隊於一九一八年春季進軍烏克蘭，並將布爾什維克逐出烏克蘭的領土，包括頓巴斯在內。不久，德國人便以帕夫羅．斯科羅帕茨基蓋特曼的專制政權取代了民主的中央拉達，但隨著德國人在一九一八年末撤離烏克蘭，民主的烏克蘭人民共和國又恢復了。布爾什維克又一次入侵，而這次是冒用他們所敵視的、已正式宣告脫離俄羅斯的烏克蘭人民共和國的名義。[30]

當布爾什維克再次出現在烏克蘭並發動軍事行動，試圖將前俄羅斯帝國邊界內的大部分烏克蘭領土重新收歸中央的統治時，烏克蘭的民族意識已經非常普遍，列寧不得不改變其策略。他總結道，烏克蘭人對於獨立的渴望是如此強烈，不僅是廣大的烏克蘭人民，甚至在烏克蘭的布爾什維克黨人也是

＊譯注：是指一九一七年二月革命推翻了俄羅斯帝國的沙皇制度，結束了沙皇尼古拉二世的統治。

†譯注：是指一九一七年十一月布爾什維克在烏克蘭宣布成立的一個政權，它借用了中央拉達在同年於基輔成立的烏克蘭人民共和國的名稱，試圖混淆視聽和爭取支持。

如此，因此只能承認烏克蘭享有某種程度的自治權，和與俄羅斯同等的地位。[31]蘇聯不僅承認烏克蘭人是一個獨立的民族，就像白羅斯人那樣，而不再是沙皇時代三分的俄羅斯民族中的一個「支系」，還在形式上承認了一個由蘇聯操控的烏克蘭傀儡國家的獨立，並將烏克蘭語定為官方語言。

布爾什維克意識到，第一次世界大戰和一九一七年革命所引發的民族運動會改變原有的政權，他們便尋求與烏克蘭新興的政治和文化菁英合作。這種合作不僅涉及語言、文化和招募當地幹部來管理實際被占領的地區的問題，還包括建立國家機構和承認受布爾什維克控制之傀儡國家在形式上的獨立，布爾什維克之所以要設立這些國家，乃是為了否定前帝國邊境地區由少數民族所建立真正的獨立國家和政府的正當性。

共產主義聯盟

列寧對於俄烏關係史的主要貢獻，並不在於創立了現代的烏克蘭，相反的，他賦予俄羅斯或俄羅斯聯邦（它以此名稱加入蘇聯）獨立的領土和政府機構，這也是初次有別於布爾什維克想要維持的長達數世紀的帝國時代的領土和機構。如果一定要說的話，列寧是為現代俄羅斯的形成奠定了基礎，而非烏克蘭。

一九二二年，面對即將成立的蘇聯，列寧與史達林在國家架構上出現了衝突。這些在形式上雖是獨立國家，但實際上卻受到布爾什維克黨控制的共和國成員，要以何種方式整併入由俄羅斯所領導的蘇聯？這些非俄羅斯政體包含了烏克蘭蘇維埃社會主義共和國、白羅斯蘇維埃社會主義共和國、外高加索社會主義聯邦蘇維埃共和國（包含了喬治亞、亞美尼亞和亞塞拜然）。史達林提議將它們全以自治區的形式納入俄羅斯聯邦，但烏克蘭和喬治亞二國的布爾什維克表示反對，因為這將會嚴重限制他們作為法理上的獨立共和國統治者的權力。

列寧站在烏克蘭和喬治亞那一邊，提議建立一個蘇維埃社會主義共和國聯盟，由俄羅斯聯邦共和國與其他國家以平等的條件加入。他的提案獲得採納，並在一九二二年十二月三十日正式簽訂了創建蘇維埃社會主義共和國聯盟的條約。史達林也附議。對於俄羅斯與烏克蘭未來的關係，以及俄羅斯與其他原屬俄羅斯帝國的民族和國家的關係，蘇聯的創立至關重要。這是俄羅斯史上首次擁有了自己的領土和國家機構，而不再受到沙皇帝國統治機構的控制。現在，改由全聯盟而非俄羅斯共和國的機構來執行帝國的功能。

儘管蘇聯成立了，但俄羅斯的布爾什維克仍然透過其最重要組織，也就是共產黨來控制其他共和國。共產黨最初被稱為俄國共產黨，後來改稱為全聯盟共產黨（布爾什維克），保持高度集權化，從而逐漸讓蘇聯的聯邦制淪為徒具形式。和其他共和國不同，俄羅斯並沒有自己的共產黨，而是掌控了全聯盟共產黨，而其中各共和國的共產黨所享有的權利，並沒有比俄羅斯聯邦內部的省級共產黨組織來得多。雖然蘇聯在表面上維持了聯邦體制，但卻是一個以全聯盟共產黨為核心的集權政府。[32]

蘇聯成立之初，對於俄羅斯聯邦境外的非俄羅斯文化採取了大規模的肯定性行動。但到了一九二〇年代末和一九三〇年代初，隨著史達林成為列寧唯一的接班人，並開始為戰爭做準備，文化俄羅斯化的壓力在邊境地區捲土重來。工業化是導致這種改變的原因之一，由於俄羅斯控制了全聯盟共產黨，使得俄語成為行政、科學和技術的通用語言。另一個原因則是對俄羅斯這個蘇聯帝國最大民族的迎合，以及對非俄羅斯民族進行文化整合的考量，以防他們在即將爆發的戰爭中倒戈。

烏克蘭是蘇聯當中最大的非俄羅斯共和國，蘇聯對民族政策的轉變呈現在對烏克蘭知識分子的公審上。這類的審判秀第一次發生在一九二九年，隨後是對烏克蘭共產黨各級幹部和農民的打壓，並在一九三二至三三年的大饑荒期間達到高峰。許多重要的烏克蘭共產黨人選擇自殺，其他人則被撤職並鋃鐺入獄。在一場旨在鎮壓農民對集體化的反抗，和最大限度出口糧食以支持蘇聯工業化的行動中，約有四百萬人死於饑饉。在饑荒爆發的前一個月，史達林警告他的僚屬必須採取這類措施以防止失去對烏克蘭的控制。以往被稱為歐洲糧倉的烏克蘭，因這場大饑荒而餓莩遍地。[33]

第二次世界大戰讓莫斯科當局再次改變其民族政策。儘管仍舊未放棄俄羅斯中心主義，卻允許烏克蘭和其他非俄羅斯國家展現更多的愛國情操。蘇聯根據一九三九年的《莫洛托夫－里賓特洛甫條約》，並以解放同胞烏克蘭人和俄羅斯人免受波蘭資本主義的壓迫為由，占領了波蘭東部省分。這次占領也被當作是西烏克蘭和西白羅斯與各自的蘇維埃共和國的民族團聚而被宣揚*。舊日的帝國重新統一的模式捲土重來，這次只是換上了烏克蘭和白羅斯的外衣。

一九四一年六月，希特勒襲擊蘇聯，非俄羅斯地區的民族主義又被重新激發，特別是在烏克蘭，以鼓舞人民抵抗德國的侵略。當德軍在盟友羅馬尼亞和匈牙利的幫助下占領了烏克蘭全境後，莫斯科毫無芥蒂地以烏克蘭的語言、文化和歷史動員烏克蘭人反抗德軍，並激發了應徵加入紅軍、超過六百萬烏克蘭人的忠誠心。蘇聯在國內外都打出了烏克蘭牌，合理化他們在戰間期†對於波蘭、捷克斯洛伐克和羅馬尼亞所統治的西烏克蘭地區的軍事占領和併吞。[34]

俄羅斯軍隊曾在一九一四年以解放同胞俄羅斯人為由，攻占了當時屬於奧地利的利維夫，這是沙皇政府對當地居民的官方說法。然而，隨著第二次世界大戰接近尾聲，蘇聯並沒有打出俄羅斯民族牌，而是烏克蘭牌，將利維夫納入烏克蘭蘇維埃社會主義共和國。然而這座城市的族裔組成主要是波蘭人，其次是猶太人，他們在納粹大屠殺中幾乎被滅絕。

儘管蘇聯當局急於利用烏克蘭的民族文化認同（Ukrainian ethnicity）來合理化自己的向西擴張行動，但他們並不歡迎或容忍任何形式的烏克蘭愛國主義和民族主義。在戰間期於西烏克蘭成立的激進組織烏克蘭民族主義者組織（OUN）是其中最具威脅性的。他們被蘇聯人稱作「班德拉分子」：他們的領導人斯捷潘・班德拉‡和一些追隨者曾在一九四一年夏天試圖借助納粹德國之力反抗蘇聯，並

＊譯注：它們分別被劃歸至烏克蘭人所屬的烏克蘭蘇維埃社會主義共和國，和白羅斯人所屬的白羅斯蘇維埃社會主義共和國。

†譯注：指的是自第一次世界大戰結束到第二次世界大戰爆發的這段時期。

‡審訂注：普丁在二〇二三年終記者會上提及「當一位民族英雄——一位名人，不僅是一位民族主義者，而且是一位納粹分子——班德拉被提升為民族英雄時，會發生什麼事？」，這是普丁對烏克蘭發動「特別軍事行動」以「去納粹化、非軍事化以及烏克蘭的中立地位」其中「去納粹化」的指控之一。參見 http://en.kremlin.ru/events/president/news/72994。

建立一個獨立的烏克蘭，但行動失敗後被送進德國集中營。納粹占領者把斯拉夫人視為次等人，將超過兩百萬的烏克蘭人當作奴工運到德國，並迫害各式各樣的烏克蘭愛國者。

OUN有兩個派系，一個由班德拉領導，他不太有名的競爭對手安德里・梅爾尼克則帶領另一個，他們在一九四一年底轉而反抗德國。一九四三年，班德拉派率領了一支十萬人的烏克蘭反抗軍，這是一支游擊隊，他們分別與波蘭家鄉軍和納粹德國作戰，後來又與紅軍對抗，爭奪西烏克蘭的控制權。直到一九五〇年代初，也就是史達林統治的最後幾年，烏克蘭的民族主義起義才被完全鎮壓，成為中歐東部地區最強大也最持久的反蘇聯抵抗運動。

蘇聯當局不僅竭盡全力抹黑烏克蘭民族主義者，譴責他們早期與納粹德國勾結，並揭露一些OUN成員參與了大屠殺，還在德國占領烏克蘭期間對波蘭人進行種族清洗。蘇聯也對烏克蘭語做出重大讓步，以烏克蘭語取代了波蘭語，成為西烏克蘭政府機構的主要語言。但西烏克蘭的蘇聯化主要是透過鎮壓。被抓的不僅有烏克蘭反抗軍戰士，還有被懷疑涉嫌幫助叛亂分子的平民，都被大量遷徙或流放到俄羅斯聯邦的古拉格勞改營，使得烏克蘭人成為蘇聯最大的政治犯族群。亞歷山大・索忍尼辛在他的小說《古拉格群島》中揭露了這個現象。[35]

俄烏共管

史達林在一九五三年去世後，烏克蘭共產黨菁英的命運得到了大幅改善，他們過去曾在大饑荒期間不得不完全服從於莫斯科，然後在一九三〇年代末的大規模政治迫害、大恐怖運動中遭到清洗。改變的主要推手是史達林在烏克蘭的得力助手，尼基塔．赫魯雪夫，他曾在一九三八年至一九四九年間領導烏克蘭共產黨。現在，他倚仗他在烏克蘭的支持者擊敗了莫斯科的競爭對手，成為了蘇聯最高領導人。烏克蘭幹部構成了赫魯雪夫權力金字塔的核心：因為俄羅斯沒有自己的共產黨，這批烏克蘭幹部在全聯盟共產黨的中央委員會中成了最大的投票集團，擁有選舉和罷免黨領導人的權力。[36]

在赫魯雪夫的領導下，烏克蘭共產黨菁英崛起，成為俄羅斯同僚治理蘇聯的次要合作夥伴，在領導層上形成了一個俄烏共管的局面。一九五四年，在赫魯雪夫的精心策劃下，將克里米亞半島從俄羅斯轉移給烏克蘭，這項政策標誌著烏克蘭地位的提高，和在蘇聯各民族象徵階層中的上升。官方說法宣稱，這個「禮物」是為了慶祝一六五四年簽訂的《佩列亞斯拉夫協議》三百週年，該協議使哥薩克烏克蘭落入莫斯科的掌控，實現了「烏克蘭和俄羅斯的重新統一」，正如蘇聯宣傳所吹捧的那樣。而克里米亞半島的轉移也向公眾證明了俄羅斯現在對烏克蘭的信任。

實際上，將克里米亞半島劃歸烏克蘭大陸行政區，是為了加快其戰後重建，因其恢復速度慢於歐洲蘇聯的其他地區。部分原因是因為史達林強制驅逐了半島的原住民克里米亞韃靼人，他們被指控在戰時與德國人勾結。[37]

在赫魯雪夫繼任者列昂尼德．布里茲涅夫的領導下，烏克蘭提升為蘇聯第二重要共和國的重要象徵意義，以及烏克蘭共產黨菁英作為黨老大俄羅斯次要合作夥伴的上升地位，一直持續到了一九六〇和七〇年代。出生於俄羅斯的赫魯雪夫，在烏克蘭度過了他大部分的職業生涯，而布里茲涅夫則是出生在烏克蘭，但有俄羅斯血統。布里茲涅夫成為了一個名為「聶伯羅彼得羅夫斯克集團」（得名於烏克蘭的一個工業城市）政治派系的領導人，那是他政治生涯的起點，吸納了忠於他的幹部，後來任命他們擔任莫斯科和基輔的要職。烏克蘭共產黨和管理菁英在中央政府所獲得的顯赫地位，部分體現了烏克蘭在蘇聯經濟中的重要性。畢竟，它是蘇聯人口第二多、經濟生產力第二高的共和國。[38]

一九六七年，當蘇聯政府慶祝成立五十週年時，官方報告強調了俄羅斯聯邦在經濟上的領導地位，「俄羅斯蘇維埃社會主義共和國工業生產的生鐵、鋼、鍛鐵、煤、天然氣、礦質肥料、硫酸和金屬切削工具機等，占了全聯盟生產量的一半左右，還供應了三分之二的電能和化工設備，生產超過百分之八十的石油和汽車、紙張和紡織品；四分之三的化學纖維，百分之六十以上的水泥和超過百分之九十的木漿用於出口。」這份經濟報告如此寫道。[39]

但排在俄羅斯聯邦之後，對全聯盟經濟貢獻排名第二的是烏克蘭。「烏克蘭蘇維埃社會主義共和國的生鐵產量占了全聯盟的一半，鋼和鍛鐵則超過了百分之四十，一半以上的鐵礦石，以及三分之一的煤和天然氣。」同一份報告如此寫道，「全聯盟內燃機車的生產幾乎全都集中在烏克蘭，所有的甜菜聯合收割機，還有大量生產的冶金機械、金屬切削工具機、拖拉機和汽車，以及能源工業、電氣技術、化學、運輸和起重機等其他機械，都是烏克蘭所生產的。」[40]

一九七〇年，俄羅斯聯邦的人口約為一．一八億，而烏克蘭蘇維埃社會主義共和國的人口則有四千二百萬。全聯盟人口為二．〇八億，俄羅斯占了百分之五十七，烏克蘭則占了百分之二十。烏克蘭對於蘇聯經濟的貢獻，與其在全聯盟人口中的比例相稱：它占了蘇聯約百分之十八的勞動力和大約相同比例的經濟產出。當時有超過七百萬俄羅斯人在烏克蘭生活，約有三百四十萬烏克蘭人在俄羅斯聯邦生活。無一例外，居住在俄羅斯的烏克蘭人不僅會說他們的母語，還會說俄語；其中一些人甚至只會說俄語。而生活在烏克蘭境內的俄羅斯人，普遍都說俄語，許多烏克蘭裔也說俄語，特別是那些在烏克蘭東部和南部工業大城的人。[41]

布里茲涅夫壓制了烏克蘭的文化復興，這場一九五〇年代末的復興，是赫魯雪夫要推動的去史達林化的一部分。一九七二年，克里姆林宮撤換了烏克蘭共產黨第一書記彼得·謝列斯特，他是堅定的民族共產主義者，而且深具烏克蘭獨立思想；當局並發動一場針對烏克蘭知識分子的運動，使許多烏克蘭文化界的重要人物遭到逮捕並列入黑名單，其中也包括了著名詩人麗娜·克斯堅科*。被捕者中也有烏克蘭赫爾辛基小組的成員，這是在蘇聯境內成立的第二個同類組織，旨在監督蘇聯當局是否違反了《赫爾辛基最終文件》中規範的人權，該法案是包括美國和蘇聯在內的三十五個國家（主要是歐洲國家）的代表，在一九七五年所簽署的一項協定。[42]

到了一九八五年戈巴契夫上臺時，烏克蘭的民族復興運動早已式微，烏克蘭的文化菁英也無力對抗莫斯科的政策。隨著俄語化在烏克蘭加劇進行，對東部和南部地區的打擊尤其嚴重，蘇聯官方想要在語言和文化上，將俄羅斯人和烏克蘭人融合為一個民族的夢想，似乎比任何時候都更接近實現。

---

*審訂注：麗娜·克斯堅科（一九三〇～）是烏克蘭女詩人，在一九六〇年代被視為異議分子而被排除文學界，作品被禁止出版。

戈巴契夫深信蘇聯的「民族問題」已經一勞永逸地解決了，所以他決定無視在史達林死後不久所確立的一條不成文規定：每個共和國的黨組織領導人都必須是當地民族的代表。一九八六年十二月，他任命自己的親信、來自烏拉爾山的俄羅斯人蓋納季・科爾賓，取代了長期擔任哈薩克共產黨領導人的迪姆胡梅德・庫納耶夫。令莫斯科感到意外的是，年輕的哈薩克人以抗議和暴動來反抗科爾賓，這是蘇聯幾十年來第一起因民族因素而引發的大規模群眾事件。戈巴契夫不得不讓步，由當地的哈薩克領導人努爾蘇丹・納扎爾巴耶夫來取代科爾賓。

然而，這只是開始。一九八八年，為了要爭奪在亞塞拜然境內的亞美尼亞飛地納戈爾諾－卡拉巴赫的歸屬權，亞塞拜然和亞美尼亞之間的衝突升級為暴動。對中央當局來說，不管高加索和中亞地區民族間，以及共和國間的衝突有多麼棘手，但與在愛沙尼亞、拉脫維亞和立陶宛三個波羅的海共和國，以及烏克蘭這個蘇聯第二重要共和國裡迅速壯大的爭取獨立運動相比，這些衝突都相形見絀。烏克蘭的民族動員不只威脅了蘇聯的統一，也威脅了其斯拉夫核心的統一，正如十九世紀俄羅斯帝國時期烏克蘭民族主義運動興起所造成的影響。[43]

蘇聯的瓦解

蘇聯的垮臺源於它最近併入的領土，也就是那些在第二次世界大戰期間，根據《德蘇互不侵犯條約》先被併入德國，之後再根據《雅爾達協定》從納粹德國手中奪回的土地。莫斯科對那些地區的控聯盟的法律。

制力和影響力最微弱。在反抗蘇聯中央的動員中，最積極的共和國是波羅的海國家，特別是愛沙尼亞和立陶宛。一九八八年十一月，愛沙尼亞成為第一個宣布主權的蘇聯共和國，這意味著它的法律先於聯盟的法律。

立陶宛則是第一個宣布完全獨立於蘇聯的共和國。一九九〇年三月，第一屆由自由選舉產生的立陶宛議會通過這項決議。甚至連立陶宛共產黨也背棄了蘇聯，宣布脫離蘇聯共產黨。領導權移交到來自知識分子和技術官僚階層的另類菁英手中，這與幾年後在東歐發生的過程不無相似。波羅的海國家為了奪回在第二次世界大戰中喪失的獨立地位而展開的運動，對整個蘇聯造成了巨大的衝擊。爭取獨立的組織，把數十萬人帶上街頭，以達成他們的目標，成了波羅的海「人民陣線」，為了與此對抗，莫斯科和當地共產黨菁英組織了「國際陣線」，企圖動員共和國內的俄羅斯人和說俄語的少數民族。[44]

在蘇聯西部邊境地區的俄羅斯動員，很快就蔓延到俄羅斯本身。「俄羅斯優先」方針，將俄羅斯民族主義者和民主主義者團結起來，推舉並支持戈巴契夫的前心腹、後來的死敵葉爾欽，成功成為俄羅斯議會主席，之後又成為俄羅斯總統。葉爾欽的勝利是多次動員的結果，首先由民族主義者發起，然後得到大城市的民主派人士加入。此外，還有新成立工人組織的支持，他們因為不滿經濟環境惡化而發起罷工，希望俄羅斯當局能夠在蘇聯官員無法解決問題時，給予他們幫助。

到了一九九一年六月，莫斯科有了兩位總統，一位是俄羅斯的，另一位是蘇聯的。但與波羅的海共和國的情況不同，在俄羅斯，挑戰蘇聯中央政府的領導人是一位前黨領導人，而不是一位知識分子，就像在立陶宛那樣，由前音樂教授維陶塔斯·藍斯柏吉斯擔任了類似葉爾欽的角色。儘管葉爾欽公開退出共產黨，並停止了共產黨的活動，新興的俄羅斯菁英也沒有像波羅的海國家那樣與共產主義的過去完全切割。這是一個重要的差異。

烏克蘭的動員在一九八九年才真正開始，當時戈巴契夫成功地將共產黨領導人沃洛德米爾·謝爾比茨基，也就是布里茲涅夫的心腹和「聶伯羅彼得羅夫斯克集團」的關鍵人物，從位子上給拉下來。這場動員涵蓋了波羅的海和俄羅斯動員的各種要素。在根據《德蘇互不侵犯條約》而被蘇聯吞併的烏克蘭西部地區，這場動員遵循了波羅的海模式，聚焦在歷史、語言、文化和民族主權等議題上。一九九一年八月莫斯科政變失敗之後*，烏克蘭宣布脫離蘇聯獨立，這不僅是民族主義者、民主派和頓巴斯地區罷工工人的聯盟的結果，也得益於黨機構的支持，葉爾欽暫停共產黨活動的舉措讓他們備感威脅。[45]

一九九一年十二月一日，烏克蘭人以壓倒性多數投票贊成獨立，給了蘇聯最終的致命一擊。此時波羅的海國家已實質上退出了蘇聯，摩爾多瓦和高加索大部分地區也是如此。但白羅斯人和中亞人仰賴俄羅斯持續供應天然氣和石油的補貼，並無離開之意。即便是資源豐富的哈薩克也對獨立感到猶豫不決，部分原因是該國境內有大量俄羅斯人和其他斯拉夫民族。但俄羅斯領導層決定要解散蘇聯，因為他們不想在失去烏克蘭龐大的人力與經濟資源的情況下負擔聯盟的龐大開支。葉爾欽決定承認烏克蘭公投結果還有另一個理由：民族與文化。他曾多次向美國總統老布希表示，如果沒有烏克蘭，在一個以非斯拉夫的穆斯林共和國為主體的聯盟†中，俄羅斯將會處於劣勢。烏克蘭壓倒性的票數顯示了對獨立的強烈支持，俄羅斯也承認了這一事實，這意味著蘇聯的終結，也迫使白羅斯人和中亞人不得不跟隨其後，無論他們是否情願。[46]

一九九一年十二月二十五日，戈巴契夫宣布辭去蘇聯總統一職後，蘇聯的解體並沒有就此結束。相反的，它進入了這個過程中最艱難也最危險的階段。一九九一年十二月，蘇聯的政治接班人成立了獨立國家國協，提供了一個平臺來協調與蘇聯解體相關的各種問題。但事實證明，它卻無法處理最核心的問題，也就是俄羅斯在蘇聯瓦解後的角色，以及俄羅斯能夠容許其前屬國享有多少主權。

許多俄羅斯領導人將獨立國協視為暫時的妥協。就像葉爾欽在白羅斯峰會後向俄羅斯議會發表演說時所說的：「在當時的情況下，只有獨立國家國協才能保住我們幾世紀來所建立的但現在幾乎要消失的政治、法律和經濟空間。」甘納季·布爾布利斯是葉爾欽在白羅斯峰會上的重要顧問，他認為八月政變失敗後開啟了俄羅斯歷史上的一個新紀元，這是一個轉型期，在這段期間，俄羅斯將透過壟斷銷售石油和天然氣的利潤來重建俄羅斯，而不是和其他獨立國協成員共享。「我們必須挽救俄羅斯並強化其自主性，與其他國家劃清界線，」在政變失敗後不久，葉爾欽的顧問們如此主張，「等到

＊譯注：一場在一九九一年八月十九日至二十一日期間，由共產黨的強硬派所發動的企圖推翻蘇聯領導人戈巴契夫的失敗政變。

†編按：蘇聯中許多加盟共和國都以伊斯蘭為主要信仰，例如：烏茲別克、哈薩克、塔吉克、土庫曼、亞塞拜然、吉爾吉斯等人口多為穆斯林。

它（俄羅斯）恢復實力後，大家都會自然而然地聚集到它身邊，（聯盟的）問題就可以重新獲得解決。」[47]

在蘇聯正式解體後，它最大的兩個後繼國，俄羅斯和烏克蘭之間的緊張迅速加劇。獨立國家國協的成員國能否享有完整的主權，可自由地制定自己的內外政策，還是會受到某種程度的限制？俄羅斯始終沒有放棄自己在獨立國家國協中的領導地位，試圖將其打造成一個由俄羅斯主導的政治、經濟和軍事聯盟。而烏克蘭雖然是獨立國家國協的創始成員之一，卻從未正式加入，只是參與了部分計畫。俄羅斯和烏克蘭間的緊張關係在整個一九九〇年代持續惡化，導致了一場拉鋸戰，並在二十一世紀初演變成公開的武裝衝突。如果說蘇聯的垮臺是一場突如其來、幾乎是不流血的革命，那麼俄羅斯和烏克蘭之間日益加劇的對抗，則於二〇一四年在頓巴斯地區引發了局部戰爭，在二〇二二年升級成全面戰爭，造成了自二戰以來歐洲前所未見的大規模死傷、破壞和難民危機。

虛假的和平

俄羅斯和烏克蘭為何沒有在一九九一年開戰？在一九八〇年代末至九〇年代初，俄羅斯又為何沒有動用武力來挽救蘇聯的存亡？要回到十九和二十世紀，歐洲和亞洲的帝國強權為了守護自己的版圖而發動的驚心動魄和血腥鬥爭的歷史脈絡下，才能夠仔細回答這些問題。

正如本章一開始所提到的，當時的觀察家和參與者都認為，蘇聯的解體與歷史上其他世界帝國的衰落有很多相似之處。其中包括了戈巴契夫身邊的重要顧問阿納托利・切爾尼亞耶夫，也有葉爾欽的首席經濟顧問暨代理總理葉戈爾・蓋達爾。在俄羅斯之外，美國前駐蘇聯大使傑克・馬特洛克和美國蘇聯學權威喬治・肯楠也做了類似的對比。[48]

一九九五年，肯楠在評論馬特洛克的回憶錄《蘇聯解體親歷記》時寫道：「我很難想像還有什麼事件比這更奇異和驚人的，乍看之下也更難以理解的，那就是在一九八七年至一九九一年間，被稱為俄羅斯帝國和蘇聯的強國接連的突然且徹底的崩潰，並從國際舞臺上消失。」肯楠指出，過去帝國的衰落是逐步發生的，而蘇聯的解體卻不然。「那麼，要如何解釋偉大的蘇聯帝國在這四年裡是如何以這般迅速、短暫和幾乎不流血的方式結束，並帶走了它從早期俄羅斯帝國繼承下來的那些特質呢？」肯楠自問，也問他的讀者。[49]

蘇聯的經歷是否與眾不同？我們可以從大英帝國談起，這是現代時期最強盛的帝國組織，它向俄羅斯人展示了一種聯邦模式，讓他們有機會放棄傳統的帝國計畫。大英帝國的衰落確實是逐步漸進的。它的歷程可以追溯到十八世紀的美國革命，然後是十九和二十世紀加拿大、澳洲和紐西蘭等屬地，逐漸緩慢發展出了自治主義。第一次世界大戰後，英國試圖鎮壓南非和愛爾蘭的獨立運動，但都沒有成功；在第二次世界大戰後的幾十年裡，英國陸續從印度和非洲殖民地撤離。[50]

法蘭西帝國的結束速度更快，也因此更加殘暴。法國在一九四〇年被納粹德國打敗後不久，他們位於印度支那的殖民地幾乎立即就落入了日本之手。戰後，法國人為了恢復民族榮譽，想要收復他們的殖民地，於是在越南和印度支那展開了激烈殘酷的戰爭，但最終戰敗而撤退。他們從非洲撤離時

（特別是阿爾及利亞的獨立戰爭，也為法蘭西帝國的垮臺增添了血腥的一頁），幾乎導致法蘭西共和國的覆亡。它只能藉由放棄殖民地才得以延續。擁有東印度群島殖民地的荷蘭帝國，自十八世紀末就開始走向衰敗，直到最後崩潰。荷蘭從其殖民地撤離的歷程，以印度尼西亞、蘇利南和荷屬安地列斯在第二次世界大戰後獨立而告終，堪比大英帝國的衰落。比利時在剛果的殘酷統治，以及它在一九六〇年代初剛果國危機後的撤離，讓比利時帝國更接近法國而不是英國的範例。葡萄牙人是最早建立全球帝國的創始國之一，也是在一九七〇年代中期最後一批從非洲領土撤離的國家。他們在一場戰鬥後就撤離了，但他們的撤離卻引發了安哥拉內戰，這是非洲後殖民史上最慘烈和最持久的戰爭之一，從一九七五年延續到二〇〇二年，長達四分之一個世紀。[51]

最後還有鄂圖曼帝國，它的衰敗比其他帝國更早開始，因第一次世界大戰戰敗而以失去領土告終。土耳其人與奧匈帝國有相同的遭遇，後者也是俄羅斯在該區域的競爭對手。鄂圖曼帝國的案例似乎與蘇聯的解體更有可比性，因為它所引發的後果持續了很久。如果說一九一二年至一三年的巴爾幹戰爭，和第一次世界大戰標示了鄂圖曼帝國作為帝國強權的消亡，那麼它的前領地巴爾幹地區就成了一九九一年至二〇〇一年南斯拉夫戰爭的戰場，而這場戰爭與蘇聯的解體幾乎同時發生。

南斯拉夫是一個由南斯拉夫人所構成的聯邦國家，它於一九一八年在鄂圖曼帝國的廢墟上成立，並在二戰後於一九四五年重建，但在一九九〇年代因其重要共和國紛紛宣布獨立而解體。就像蘇聯的俄羅斯人一樣，南斯拉夫的塞爾維亞人是這個聯邦裡人口最多的民族，也統治著聯邦最大的共和國。他們的領導人，前共產黨幹部斯洛博丹·米洛舍維奇，起初試圖保持聯邦的完整，後來又試圖透過併吞前南斯拉夫其他地區當中由塞爾維亞控制的飛地，來建立大塞爾維亞，結果引發了漫長的毀滅性戰爭，其中涉及了戰爭罪和種族滅絕。這促使北約在一九九九年轟炸在這個已不存在的聯邦裡仍由塞爾維亞控制的地區。

南斯拉夫的軍事衝突始於一九九一年六月，當時斯洛維尼亞脫離聯邦並宣布獨立，受到塞爾維亞控制和指揮的南斯拉夫武裝部隊，試圖阻止斯洛維尼亞的獨立意志。到了八月，戰爭已經波及克羅埃西亞，南斯拉夫軍隊先是包圍了多瑙河畔的武科瓦爾市，然後是克羅埃西亞位於亞得里亞海岸的杜布羅夫尼克市。波士尼亞戰爭於一九九二年爆發，隨後在一九九八年發生了科索沃戰爭。最後一場衝突發生在二〇〇一年，是馬其頓的武裝部隊和當地阿爾巴尼亞人的武裝組織之間的交火，後者占了新馬其頓總人口的近四分之一。但前南斯拉夫直到二十一世紀的第一個十年才終於解體。蒙特內哥羅在二〇〇六年宣布獨立自早已不復存在的南斯拉夫聯邦共和國，但實際上是從塞爾維亞分離出去，科索沃在二〇〇八年也宣布獨立。鄂圖曼帝國在巴爾幹地區的遺產，在經歷了近一個世紀動盪的聯邦主義之後，終於徹底消失。

令許多人感到驚訝和欣慰的是，由葉爾欽領導的俄羅斯人並沒有追隨塞爾維亞人的腳步，塞爾維亞把前南斯拉夫軍隊變成了實現塞爾維亞擴張野心和種族屠殺的工具。俄羅斯人也沒有像法國人和比利時人對待他們的前殖民地那樣，執著的要抓住曾被俄羅斯主導的那些蘇聯共和國。相反的，俄羅斯人似乎從葡萄牙帝國的解體中吸取了教訓。這兩個帝國都是因為在他們的首都發生了相對和平的革命而消亡，這些革命者試圖推翻專制政府並實施政治、經濟和社會改革。在這兩個國家中，帝國的存在成了這些改革的絆腳石。[52]

葉爾欽和他的顧問們致力於在俄羅斯實施改革，而不是在蘇聯，因為控制大多數蘇聯共和國的保守派共產黨菁英抵制戈巴契夫的民主化改革。面對戈巴契夫那個猶豫不定、受到親改革和反改革派系拉扯的政治中心，葉爾欽為了讓他的俄羅斯改革者能夠擺脫束縛，他與波羅的海國家的民主改革派和中亞地區的維持現狀派結盟，共同削弱現有的蘇聯機構。葉爾欽並沒有打算在這個過程中摧毀蘇聯，但他引發的解體浪潮一發不可收拾，他就隨波逐流了。結果就是他的主要政治對手戈巴契夫和蘇聯本身，就此被掃入歷史的垃圾堆。

出於其他原因，以武力強制那些抱持分離主義的共和國置於俄羅斯的控制之下，成為一個不太可能的政策選擇。其中一個原因是美國在當時對蘇聯的政治、意識形態和經濟有著巨大的影響力，以及美國在從戈巴契夫到葉爾欽乃至之後的蘇聯時代改革者心中所占的地位。華府並不希望共和國之間發生戰爭，擔心出現「擁有核武器的南斯拉夫」的可能性，這是在戈巴契夫與老布希總統會談時經常提及的一種場景。俄羅斯總統準備對那些試圖從俄羅斯聯邦分離出去的自治團體動用武力，但不會反對像烏克蘭這樣的聯邦共和國追求獨立。此外，蘇聯軍隊資源匱乏，而且服役的俄羅斯士兵也不願意打仗。運氣不佳的葉爾欽在一九九一年秋天對車臣發動侵略，被徵召的俄羅斯部隊本來就士氣低落，最終被車臣反抗軍團團圍住，結果以慘敗收場。

造成蘇聯解體的一個重要因素是戈巴契夫和葉爾欽之間的競爭，前者代表了蘇聯中央，想要維持蘇聯帝國的統一，後者則背叛了戈巴契夫，進而背叛了他所代表的帝國。在車臣問題上，戈巴契夫拒絕使用武力，只要戈巴契夫仍掌控蘇聯武裝部隊的最高指揮權，葉爾欽也就無能為力。在戈巴契夫和葉爾欽爭奪蘇聯軍隊忠誠度的鬥爭中，沒有明確的贏家。除非兩位對手能夠協調一致，否則俄羅斯也無法在境外有效地展現自己的力量。隨著俄羅斯的改革派反抗帝國中央，不僅領導人之間陷入了僵局，支持他們的政治和社會力量之間也出現了膠著。如果改革派要取得勝利，帝國必須消亡。

在促成蘇聯解體的過程中，烏克蘭發揮了難以估量的作用。它不僅是推動蘇聯瓦解的關鍵政治力量，也有助於確保解體過程和平。烏克蘭透過宣布獨立，獲得了選民的壓倒性支持，而且堅持不妥協，不只扼殺了戈巴契夫想要改造蘇聯的方案，也讓葉爾欽想要在俄羅斯主導下建立一個共和國聯邦這個較為保守的方案胎死腹中。同時，烏克蘭境內的俄羅斯少數民族，是俄羅斯境外最大的俄羅斯族群，對於這些曾經在帝國邊緣地區＊占主導地位的俄羅斯族，烏克蘭特意採取了明顯的寬容態度，這讓葉爾欽更能夠忽視要去保護他們的壓力。生活在烏克蘭的俄羅斯人，對於烏克蘭的獨立並不感到恐慌或反感，他們大多數都支持烏克蘭獨立，這使得蘇聯的崩潰不僅成為必然，而且基本上過程保持和平。

＊譯注：帝國的邊緣地區，也就是指蘇聯的一些加盟共和國，例如烏克蘭、白羅斯、波羅的海三國等。這些地區與帝國的中心俄羅斯，有著不同的民族、語言和文化。

第二章 民主與專制

這是自一九一七年俄國革命爆發以來，莫斯科最大規模的一場街頭武裝衝突。一九九三年十月四日早上，俄羅斯精銳部隊塔曼近衛摩托化步兵師的六輛T－80坦克，占據了莫斯科河上的新阿爾巴特橋，橋的一端是被稱為「白宮」的俄羅斯議會大樓。早上九點過後，坦克朝議會領導層所在的辦公室樓層開火。首先被擊中的是會議室，然後是議長魯斯蘭・哈斯布拉托夫教授的辦公室，接著是反對葉爾欽並把叛亂議會當作新家的副總統亞歷山大・魯茨科伊將軍的辦公室。

「當砲彈穿過玻璃在右側一角爆炸時，我人在辦公室裡，」魯茨科伊後來回憶道，「幸好，我的辦公桌在房間的左邊。我嚇得驚慌失措地衝出辦公室。我不知道是什麼救了我。」坦克發射了十二發砲彈，引發了火災。有數十人當場喪命。「當我打開一扇剛被砲彈擊中的門時，我根本進不去，」一位在六樓的倖存者回憶說，「裡面血肉模糊，一片混亂。」[1]

約莫在中午時分，軍隊進入了議會大樓，一層接一層地占領了整棟建築。包括魯茨科伊和哈斯布拉托夫在內的倖存者，都遭到了拘留和逮捕。幾天前，議會的捍衛者和政府軍之間爆發了白宮爭奪戰，造成了一百多人死亡，其中有七十七位平民與二十四名軍人。根據官方報告，光是十月四日那一天，就有一百五十八人被送往醫院，其中有十九人死亡。俄羅斯議會在隨後的幾個月內停止運作，議會大樓被移交給由總統領導的政府行政部門。[2]

對於葉爾欽來說，這是他在兩年多來第二次參與白宮之戰。一九九一年八月，蘇聯共產黨內的強硬派成員對戈巴契夫發動政變，葉爾欽在政變期間領導捍衛這棟已成為俄羅斯民主象徵的議會大樓。但現在他卻率領政府軍隊攻擊同一棟議會大樓，而這裡曾在一九九一年八月時受到他的精銳副官們的保護。葉爾欽在兩次鬥爭中都占了上風；但俄羅斯的民主卻不然。它在一九九一年被蘇聯的坦克拯救而免於毀滅，卻在一九九三年十月幾乎被俄羅斯的坦克給摧毀。

一九九三年年底，葉爾欽發起了一場針對俄羅斯新憲法的公投，新憲法大幅強化了總統的權力。俄羅斯的選民用手中的選票支持總統。在為期兩年一個月又兩個星期的時間裡，俄羅斯幾乎終結了它的議會民主實驗，並為一個強勢的總統制奠定了憲法基礎。事實上，這種時間計算還高估了這場民主實驗維持的時間：實際上，在一九九二年和一九九三年的大部分時間裡，葉爾欽是用法令統治國家。[3]

俄羅斯的民主誕生於蘇聯解體的過程中，卻在俄羅斯國家主義的礁石上觸礁沉沒，成了它的致命傷。這讓許多曾在一九九〇年至九一年間，將俄羅斯視為民主燈塔的人感到失望。但戈巴契夫時代的民主實驗卻在前蘇聯的第二大共和國烏克蘭裡得以延續。對於俄羅斯和烏克蘭而言，一九九三年是相當艱困的一年，經濟衰退為兩國帶來了共產主義復辟的真實威脅。但烏克蘭在政治危機中找到了一條不同於俄羅斯的出路。[4]

一九九〇年代中期，俄羅斯和烏克蘭在政治發展上分道揚鑣：俄羅斯隨著時間的推移愈發專制，而烏克蘭則保持了民主，雖然總統辦公室曾多次試圖效仿俄羅斯的模式，想要讓議會服從於自己。許多因素造成了這些不同的結果，這些結果也強烈影響了這兩個曾為蘇聯計畫*的主要夥伴國之間的關係。

烏克蘭的民主體制不僅對俄羅斯的政權構成嚴重威脅，更因為它展示了一種擁有強大的議會的有效政治制度，從而鼓舞了俄國自由派反對日益專制的莫斯科中央政權。另外，烏克蘭的民主傳統和議會體制，也使得俄羅斯要收復對烏克蘭的控制權變得更加困難。此外，在西方堅持以民主統治作為與後蘇聯國家建立良好關係的前提下，這使烏克蘭在與歐洲和美國建立長期政治關係方面享有優勢。

烏克蘭的民主與俄羅斯的專制之間的衝突，在二〇〇四年烏克蘭橘色革命期間演變為一場國際危機，起因是俄羅斯支持的總統候選人維克多・亞努科維奇靠著選舉舞弊而勝出，烏克蘭選民拒絕接受這樣的結果。西方列強堅定支持烏克蘭的民主和最終被宣布勝出的候選人維克多・尤先科。橘色革命使得烏克蘭和俄羅斯，以及後來的俄羅斯和西方，走上了一條最終走向戰爭的對抗之路。[5]

改革與民主

俄羅斯的專制之路始於一九九三年九月二十一日，當民選總統葉爾欽簽署第一四〇〇法令，解散

---

*譯注：指蘇聯在二十世紀中期進行的一系列大規模建設計畫，包括了水利工程、核武器研發、運河建設、自然改造等領域。

了俄羅斯的兩個立法機構，一個是「人民代表大會」，它是一個超級議會，擁有修正憲法和彈劾總統的權利；另一個則是規模較小的議會「最高蘇維埃」，負責制定法律並有權否決總統法令。

根據現行憲法，葉爾欽根本無權解散兩個立法機構的任何一個，但這正是他在一九九三年九月所做的事。理由很簡單：在他看來，這些議會不僅挑戰他的權力，也讓他幾乎無法繼續他在一九九一年夏天當選總統後決心要達成的經濟改革。這些被稱為「休克療法」的改革政策在一九九二年一月二日開始實施。政府開放了價格管制，並削減了對國營企業的補貼，而當時整個俄羅斯經濟都是由國營企業構成的。物價急劇上漲，企業瀕臨破產，人民平均收入幾乎在一夜之間減半，而且還持續下降。若以每月收入低於二十一美元來定義貧窮線的話，那麼有幾乎一半的俄羅斯人口都在貧窮線之下。[6]

休克療法引爆了民間的強烈不滿，導致政局陷入動盪。一九九一年底，改革派和俄羅斯民族主義者在議會齊聚一堂，授予葉爾欽一年為期以法令治國的特別權力來「拯救俄羅斯」，避免迫在眉睫的經濟崩潰。然而，葉爾欽向議會許諾的經濟奇蹟並未成真。俄羅斯的國內生產毛額（ＧＤＰ），在一九九一年下滑了百分之五，到了一九九二年更暴跌了三倍。激進改革的擁護者節節敗退，而前共產黨人和民族主義者則發起攻勢。他們認為葉爾欽迷失方向，成了西方支持的自由派年輕經濟學家蓋達爾等人的人質，蓋達爾被葉爾欽任命為俄羅斯總理時年僅三十五歲。

一九九二年十二月，在葉爾欽為期一年的特別權力即將到期之際，俄羅斯議會拒絕延長他的緊急權力，也不同意他重新任命蓋達爾為總理。而從未用過其他方式來統治國家的葉爾欽，反而反抗議會。他想要一部新憲法。這場危機最終在雙方彼此妥協下解除：葉爾欽同意另外任命一位新總理，而議會同意將他的法令統治期限延長至一九九三年四月，屆時將舉行新憲法的公投。但是，由葉爾欽的反對者所控制的超級議會「人民代表大會」在三月修訂了憲法，廢除了葉爾欽的部分權力。葉爾欽予以反擊，宣布了一個「特別制度」，不僅延長了他的法令統治，還授予他更多的權力。

在完全獨立的十六個月後，一場憲法危機重創了俄羅斯。憲法法庭和總檢察長辦公室譴責葉爾欽的舉動違反憲法，人民代表大會也試圖彈劾葉爾欽，但未能獲得足夠的三分之二多數票迫使他下臺。關於支持總統及其改革的公投在四月底舉行，結果顯示大部分的選民支持總統，並要求提前舉行議會選舉。人民代表大會和最高蘇維埃都遭受挫敗，但危機還沒有結束。[7]

整個夏天，一場徒勞的法令之爭持續不斷，議會試圖透過發布外交政策的決議和承認地方政府選舉來恢復喪失的地位。一九九三年九月，葉爾欽決定解散人民代表大會和最高蘇維埃，並再次進行公投，以通過一部賦予總統更多權力的新憲法。他在九月二十一日簽署了一項解散這兩個立法機構的法令。這項法令直接違反了現行的憲法，憲法規定任何企圖解散「國家權力選舉機關」的總統，將立即失去合法性。按照法律，葉爾欽在簽署該法令後，就自動喪失了所有權力。不僅議會領導層這樣說，甚至連葉爾欽自己的副總統魯茨科伊也稱這項法令是一場政變。最高蘇維埃撤銷了這項法令，人民代表大會亦彈劾了總統。魯茨科伊接替葉爾欽成為臨時總統，並任命了自己的內閣，包括一位新的國防部長。支持議會的武裝分子企圖占領奧斯坦基諾電視中心，但被支持葉爾欽的政府軍所擊退。[8]

國防部長帕維爾．格拉契夫將軍和高級將領仍然忠於葉爾欽。他們向總統要求進入首都，在十月三日凌晨收到書面命令後，格拉契夫向他在莫斯科的部隊發出了命令。他親自向負責駐守在莫斯科河大橋上的一輛坦克內的上尉下達指令，將砲口瞄準議會議長哈斯布拉托夫的辦公室。「那一定是哈斯布拉托夫的辦公室，他們全都在那裡。你一定要打中那個窗戶。你做得到嗎？」格拉契夫問道。上尉向部長保證，他做得到。議會遭到砲擊，守衛被制伏，議會領袖被逮捕。葉爾欽接下來讓幾十個政治組織關門大吉，並禁止了許多報紙繼續發行，也包括共產黨的喉舌《真理報》等。[9]

隔天，葉爾欽與美國總統柯林頓通了電話，他把發生的事情描述為民主的勝利。他沿襲了蘇聯政治言論的傳統，將反對者稱作「法西斯分子」。「這些事件都過去了，俄羅斯的民主選舉和我們走向民主和市場經濟的轉型，將不再有任何阻礙，」葉爾欽向柯林頓保證，「那些活躍於這些事件的法西斯組織已經被取締了，我相信一切都會好轉的。」柯林頓迫不及待支持他的俄羅斯盟友，「你做的一切都是必要的，恭喜你處理得很好。」美國總統說道。[10]

這種攻擊民主的行動是在華盛頓全程目睹下發生的，並得到了美國公開的支持。一些美國官員私底下對於俄羅斯在競選活動期間缺乏言論自由，以及這種確保「總統手中的權力優勢」的「半成品憲法」提出了質疑。但在公開場合，美國政府的代表們則讚揚葉爾欽。對於柯林頓和美國、俄羅斯以及其他地方的許多人來說，葉爾欽不僅是俄羅斯民主的象徵，也是最後的希望。當時的想法是，對葉爾欽有利的事，對俄羅斯、美國和民主本身都有利。[11]

一九九三年十二月，俄羅斯公民投票表決由葉爾欽的助理們所起草的新憲法。「我不會否認，這份草案中總統的權力確實很大。」葉爾欽在一九九三年十一月對一位記者說道。「你想要什麼呢？在一個習慣了沙皇或領袖的國家；在一個沒有形成明確的利益集團和領導人的國家；在一個正常政黨還處於萌芽階段的國家；在一個極其缺乏行政紀律，普遍對法律完全否定的國家，在這樣一個國家，你能只依賴或主要依賴議會嗎？半年內，甚至更早，人民肯定會渴求一個獨裁者。我向你保證，這樣的獨裁者很快就會出現。也許就在那個議會之中。」[12]

葉爾欽其實是在宣稱，俄羅斯還沒有準備好要實行民主，而且把自己塑造成拯救俄羅斯的救世主，讓國家免於落入一個更邪惡的境地，即獨裁者之手。他以百分之五十八的支持率贏得了公投，通過了新憲法。這是一場對葉爾欽的信任投票，因為大多數支持新憲法的選民根本沒有讀過草案。與公投同時舉行的議會選舉顯示，俄羅斯人希望有個擁有強大權力的總統，而不是改革。蓋達爾的改革派在葉爾欽的支持下只得到了百分之十五的選票。而勝出者是激進的民族主義者，甚至可以說是新法西斯主義者，政治家弗拉基米爾．日里諾夫斯基，他領導的自由民主黨獲得百分之二十三的選票。而幾乎被禁止參政的共產黨則只得到了百分之十二。[13]

新憲法大幅削弱了立法部門的權力，並強化了總統和行政部門的權力，這對俄羅斯的政治發展產生了負面影響。在後蘇聯時代的政治中，議會一直沒有太大的影響力，因葉爾欽以法令方式執政，使得議會不只在事實上被邊緣化，在法律上也是如此。葉爾欽和他的副手們相信，透過加強總統權力，他們不僅能挽救改革計畫，也能捍衛民主自由，免於陷入葉爾欽所說的迫在眉睫的獨裁。然而，新憲法卻開創了一個專制統治的先例。[14]

民主與改革

俄羅斯走向專制主義，是在經濟急劇下滑的背景下發生的，箇中原因很多，包括與俄羅斯豐富的石油和天然氣資源相關的資源詛咒*，以及「超級總統」制的政府體制。15

從歷史的角度來看，俄羅斯的政治之所以變得更加威權，乃是受到了一九八〇年代末和一九九〇年代的帝國崩潰（即蘇聯解體）的影響，以及俄羅斯人民和菁英階層對於一個強大國家的長期偏好。因俄羅斯在美蘇冷戰對抗中實質上的失敗，從而失去了超級強權的地位，引發民間和菁英階層的強烈不滿，進而增加了俄羅斯走向專制的風險。此外，俄羅斯失去了帝國外圍的東歐，以及原蘇聯帝國內部的土地，又進一步加深了他們的屈辱感。原先駐紮在東歐的占領軍被召回，許多生活在前蘇聯共和國裡的俄羅斯人也逃往俄羅斯聯邦。最終，莫斯科當局為了阻止俄羅斯聯邦解體，發動了兩次對車臣的戰爭（一九九四年至九六，與一九九九年至二〇〇九），這造就了一個高度軍事化的俄羅斯國家，對俄羅斯的民主發展帶來了致命一擊。

經濟衰退在烏克蘭更為顯著，因為它並沒有像俄羅斯那樣擁有豐富的石油和天然氣資源，可以緩解經濟危機所帶來的衝擊。在一九九五年，有百分之六十二的烏克蘭人生活在每月二十一美元的貧窮線之下，而在一九九三年，俄羅斯的貧窮人口不到百分之五十。儘管面對著和其他後蘇聯國家、社會和經濟一樣的困境，但是民主在烏克蘭仍然存活下來。其中一個原因是烏克蘭的地區多元性和比較微弱的民族主義，在一九九〇年代時僅在部分地區具有吸引力，有些學者甚至稱之為「少數派的信仰」。[16]

「在後冷戰時代，烏克蘭成為了獨立國家國協中最具競爭力也最民主的國家，它經歷了四次選舉，政權更迭、擁有活躍的媒體，並多次發動群眾運動以爭取政治改革。」政治學家盧坎・魏在二〇一五年這樣寫道，他將烏克蘭的政治特徵稱為「默認的多元主義」。他認為，「烏克蘭令人意外的多元主義是建立在不成熟的執政黨、一個衰弱的專制國家，以及東西部烏克蘭之間的民族分歧之上。」「總的來說，」他接著寫道，「領導者們沒有足夠的能力來約束盟友、操縱選舉過程、剝奪對手的資源，或暴力鎮壓反對派的挑戰。」[17]

如果說俄羅斯民眾和大多數的菁英階層認為，蘇聯作為一個超級大國和帝國的衰落是俄國的損失，那麼在烏克蘭的菁英階層和許多民眾看來，這反而是他們的國家之福。在歷史上，烏克蘭數次受到外部政權的統治，因此烏克蘭民眾與菁英並不怎麼懷念先前與莫斯科的隸屬關係。由於沒有近代的民族國家傳統或歷史，這個國家不太可能在自己的政治中心周圍迅速地團結起來：相反的，強烈的地區主義使得烏克蘭的政治空間分裂，與在俄羅斯統治下的任何時期相比，都顯得更具競爭性。烏克蘭薄弱的民族主義，使其政治菁英無法接受單一的民族敘事（就像在俄羅斯發生的那樣）。然而，烏克蘭從未徹底分裂，因為地區菁英們在新獨立的國家裡爭奪主導地位，比在蘇聯統治下分配給他們的，

＊編按：此為一經濟學術語，又稱作「富足的矛盾」。意思是國家擁有大量某種不可再生的天然資源，卻反而形成工業化低落、產業難以轉型、過度依賴單一經濟結構的窘境。

他們在這裡可以扮演更重要的角色。[18]

列昂尼德·克拉夫丘克是葉爾欽在烏克蘭的同路人，他於一九九一年當選烏克蘭總統，也和葉爾欽一樣，都是從議會議長晉升到總統。克拉夫丘克有他自己和議會之間的問題，他曾把這個立法機關當作攀上國家最高職位的權力基礎。他的政治直覺與他那些俄羅斯同行十分類似。克拉夫丘克想要利用公投來擴充他的新職位的權力，不喜歡不受控制的烏克蘭議會「最高拉達」。但烏克蘭的政治菁英和社會基本上對這個劇本興趣缺缺。

和在俄羅斯一樣，在烏克蘭，經濟和民眾對蘇聯解體的反應是兩大關鍵，它們使得國家政治變成了一場沒完沒了的拖棚歹戲，讓總統和議會扮演對立的角色。但這些問題在烏克蘭有了不同的發展，最重要的是，烏克蘭的政治菁英強化了而不是削弱了那些從戈巴契夫的政治和經濟改革中誕生的民主制度。俄羅斯的「民主時刻」，在烏克蘭成了一個「民主時代」。

克拉夫丘克從來都不是像蘇聯晚期的葉爾欽那樣的革命者。如果說葉爾欽在他的黨職生涯裡，曾擔任斯維爾德洛夫斯克州（省）和莫斯科等這些大型的行政和經濟實體的最高共產黨領導人，那麼克拉夫丘克就是一個典型的共黨官僚，負責烏克蘭中央委員會的宣傳部門。但葉爾欽因抗議戈巴契夫改革的腳步太過緩慢，早早就離開了共產黨，而克拉夫丘克則始終對黨忠心不渝。如果說葉爾欽是在黨領導層的反對下當選議會議員，後來成為議長，那麼克拉夫丘克則是在黨內高幹的支持下得以接掌烏克蘭議會。此外，當葉爾欽與克里姆林宮所支持的共產黨候選人競選俄羅斯總統時，克拉夫丘克則成功打敗了一位支持民主、恰巧也曾是古拉格集中營囚犯的候選人*當選總統。

葉爾欽和克拉夫丘克之間的差異，也體現在兩人作為總統的領導風格上。如果說葉爾欽是個有魅力的民粹主義者，對權力有強烈的主觀意志，那麼克拉夫丘克就是一個狡猾的共黨官僚，擅長協調各方。他需要這方面的執政技巧，因為他領導的國家與俄羅斯大相徑庭，所要面對的議會也與俄羅斯截然不同。烏克蘭因歷史、文化和人民的政治取向與直覺而存有分歧，而俄羅斯從來就沒有這方面的問題。[19]

烏克蘭南部和東部曾是蘇聯的工業重鎮，在文化上高度俄羅斯化，擁有數百萬俄羅斯裔居民。烏克蘭中部主要是說烏克蘭語的農村地區，是一九二〇年代蘇維埃烏克蘭民族主義計畫的產物，這個計畫接受烏克蘭文化，但不允許其他政治認同。再來是烏克蘭西部，這裡長期以來一直是中歐國家和各個帝國的一部分。戰間期的民族主義運動，以及在一九四〇年代末至五〇年代初，由烏克蘭反抗軍所發動的反抗蘇聯統治的持久游擊戰，大大強化了這個地區充滿強烈排他性的國家認同。[20]

與俄羅斯相似，烏克蘭的「民主派」在蘇聯末期和後蘇聯初期成為最活躍的政治力量。他們最關心的不是經濟改革，而是建立國家制度和必要機構。及至一九九一年底，葉爾欽已經掌控了原來屬於蘇聯的管理幹部和機構，他們對於獨立國家的運作擁有豐富的經驗；而在烏克蘭，這些機構幾乎是從零開始，在蘇聯時代，這些原有部門只是負責將莫斯科的命令傳達到外圍地區，以確保及時完成生產

---

*譯注：這位候選人是維亞切斯拉夫．丘爾諾夫（Viacheslav Chornovil），他是烏克蘭的政治家、記者和人權活動家。他在一九六〇年代因為揭露蘇聯的鎮壓和迫害而被捕，並被關押在古拉格集中營裡十年。

配額和上級的指示。[21]

在市場改革方面，缺少一個有力的遊說團體向烏克蘭議會推動並要求通過改革議案，而民眾也還沒準備好要支持這些改革。經濟改革實屬艱鉅不易，很可能會造成國家分裂並危及其獨立性。一九九三年的一項民調顯示，只有百分之十九的烏克蘭人願意忍受經濟改革的代價，以鞏固和保持烏克蘭的獨立；但有百分之四十四的人不支持。前者大多住在烏西，而後者主要居住在烏東和烏南。因此，烏克蘭對經濟改革的態度起初是抗拒，然後是拖延，最後是追隨。[22]

經濟改革的延遲雖然延緩了烏克蘭經濟衰退的速度，但最終只是讓衰退的程度更加惡化。如果說俄羅斯在一九九二年的GDP下滑了百分之十五，一九九三年下滑了百分之九，一九九四年下滑了百分之十三，那麼在烏克蘭這些相應的數據在一九九二年是百分之十、在一九九三年是百分之十四、在一九九四年是百分之二十三。烏克蘭議會通過印鈔法案，只是讓幣值不斷貶值；葉爾欽則不允許議會這樣做。烏克蘭貨幣「庫邦（karbovanet）」一推出幾乎是立刻崩跌。一九九二年十月一日，庫邦的官方匯率是三百四十庫邦兌換一美元；兩個月後，變成七百一十五庫邦兌一美元。到了一九九三年，從七百四十庫邦崩跌至四萬庫邦兌一美元，通貨膨脹飆升到百分之一萬零二百五十六。國家預算則出現了百分之四十的赤字。[23]

烏克蘭的情況就和俄羅斯一樣，經濟危機引發或者加劇了政治危機。不同於葉爾欽，克拉夫丘克從未從議會奪取用法令統治國家的權利。相反的，議會暫時授權給總理，而他的去留取決於議會的信任投票。烏克蘭在政治上的主要緊張局勢不是出現在總統與議會之間，而是總統與總理之間緊繃的關係。這種對抗讓行政部門陷入癱瘓，也讓全國的經濟危機雪上加霜，更引發了頓巴斯礦工的大規模罷工，他們走上基輔街頭表達他們的訴求。

為了化解這場衝突，克拉夫丘克效法葉爾欽，提議用公投決定是否應該賦予總統領導政府的權力，並作為對現任內閣的信任投票。這場公投原定在一九九三年九月底舉行，也就是葉爾欽發動自我政變*來對付議會的那個月。但基輔的大規模示威迫使克拉夫丘克取消這次公投。反之，新的總統大選和議會選舉定於隔年舉行。[24]

烏克蘭憲法

克拉夫丘克竭盡全力地要把這次選舉轉變為一場關於烏克蘭獨立的公投，並宣稱自己是烏克蘭獨立的創始者和捍衛者。他的對手是列昂尼德．庫奇馬，他曾是歐洲最大導彈工廠的廠長和烏克蘭總理，他的競選綱領是主張恢復與俄羅斯的經貿關係。烏克蘭的選民沿著東西軸線分裂為二，烏克蘭西部和中部鄉村地區以說烏克蘭語為主的選民支持克拉夫丘克，而東部和南部都市地區以說俄語為主的選民則支持庫奇馬。在第一輪投票中，沒有候選人的得票數超過百分之五十。在第二輪投票中，庫奇

＊譯注：指一國家的領導者藉由合法方式執政或以不合法方式掌握政權後，解散立法機構及廢止原憲法，擴充立法機構在正常情況下不會同意的權力，而自我政變一般也意味著政府體制將轉變為獨裁政體。

馬以百分之五十二的支持率擊敗了只得到百分之四十五選票的克拉夫丘克。克拉夫丘克承認敗選，並未對結果提出異議。烏克蘭做到了一件俄羅斯始終未能達成的事情，那就是透過自由公正的選舉實現了總統權力的移交。[25]

烏克蘭議會選舉的結果與俄羅斯非常相似，共產黨候選人與盟友藉由人民對經濟危機的不滿浪潮，取得了實質上的勝利得以入主議會。新總統庫奇馬傾向經濟改革，包括了國營企業大規模的私有化：由於烏克蘭的經濟改革被長期延宕，導致它現在的經濟狀況比俄國更水深火熱。但左派主導的議會想要恢復國家對經濟的管制和干預。在俄羅斯，新憲法賦予了總統可以自行推動經濟改革的權力，但在烏克蘭，未經議會同意，總統幾乎是無能為力。

庫奇馬想要一部新憲法，但議會領袖想要保留舊憲法。庫奇馬追隨葉爾欽的腳步，向議會施壓，要求將自己起草的憲法草案交付公投。根據俄羅斯的經驗，議會知道這可能會造成什麼後果，於是決定妥協。一九九六年的俄羅斯總統大選讓烏克蘭議會的危機感向上堆疊，因為共產黨推出的候選人很有可能會擊敗葉爾欽。在基輔，大家開始擔心，如果俄羅斯將由共產黨領導人掌舵，而烏克蘭議會中最大的派系也是共產黨，那麼他們可能會試圖要讓蘇聯復活。

一九九六年六月，烏克蘭議會通過了庫奇馬起草的新憲法，建立了一個總統與議會混合的政府體制。在這種權力共享的安排中，總統獲得了推翻議會所通過之法律的否決權，甚至在特定情況下可以解散議會。但議會也掌握了任命總理與包括國家銀行總裁在內之重要閣員的決定權。議會也將派出自己的代表進入憲法法庭和國家銀行理事會。此外，議會也保留了修訂憲法和發動公投的權利。[26]

因此，烏克蘭議會作為一個獨立且握有強大實權的機構，在一九九〇年代中葉的經濟和政治危機中倖存下來，並能夠限制總統的特權。同樣重要的是，議會仍保持了政治代表的多元性。沒有任何一個政黨或地區勢力足以壟斷議會，或把自己的意志或政治理念強加於全國。妥協成了政治菁英們解決分歧和平衡利益唯一可行的途徑。這條烏克蘭政治的不成文規則，不因權力中心的更迭而改變。不論他們是共產黨領導人，或是從庫奇馬推動的企業私有化中受益的「紅色領導人」，還是新興的經濟菁英和寡頭集團的代表，這條政治規則都一體適用：他們必須尋找盟友並做好妥協的準備。

在烏克蘭的政治中，爭議的焦點不再是經濟改革，而是建立國家制度和處理與前帝國（蘇聯）霸主俄羅斯的關係。與俄羅斯不同的是，烏克蘭的共產黨人和民族主義者之間陷入了分歧和激烈衝突；民族主義者傾向西方並支持改革，而共產黨人則傾向於俄羅斯並反對改革。這個國家的地域和文化多樣性，承襲自長期受到外來帝國和國家統治的歷史，從而也促進了烏克蘭社會的政治多元化。

民族主義民主分子基本上以烏西為大本營，堅持不惜一切代價要盡快擺脫政治、經濟和文化上對俄羅斯的依賴。在烏東地區選出的前共產黨員或工業界大老們則致力於要與俄羅斯建立更密切的關係，這個地區的經濟仰賴俄羅斯的能源供應，而且烏東和烏南也有很大一部分的人口，與俄羅斯共享相同的語言和文化。中部地區則成了烏東和烏西這場隱而未宣的文化和經濟戰爭的戰場，使得雙方都不願訴諸極端、提倡妥協，有助於凝聚國家的團結。數百萬俄化的烏克蘭人也發揮了相同作用，在烏東和烏南說俄語的俄羅斯裔，以及烏西和烏中說烏克蘭語的烏克蘭裔之間，他們不僅是兩者的緩衝帶，也成了黏合劑。[27]

儘管烏克蘭在政治、經濟和文化上處於多元，但這個國家仍然保持團結。如果說蘇聯的垮臺為俄羅斯帶來了挫敗感和怨恨，烏克蘭的菁英們則認為自己是帝國崩潰的得利者，並有許多動機在烏克蘭主權的理念之下團結在一起，儘管他們對於烏克蘭的主權各有不同的想法。雖然烏克蘭的經濟表現奇差無比，但是基輔的權力核心卻比莫斯科當局更加樂觀。

俄羅斯總統

一九九六年的俄羅斯總統選舉嚇壞了烏克蘭的議員，促使烏克蘭議會通過了一部妥協的憲法，以阻止蘇聯共產黨的復辟。這場選舉讓俄羅斯走上了通往獨裁政府的路，這種形式後來被稱為「管理式」或「主權式」民主，指的是利用和濫用選舉制度來維持和鞏固其獨裁統治。

俄羅斯在一九九六年三月十五日踏出了走向獨裁的第一步，在前一年贏得議會選舉的俄羅斯共產黨在杜馬（俄羅斯議會下院）發起了一場投票，否認之前由俄羅斯、烏克蘭和白羅斯三方簽訂的《別洛韋日協議》，該協議在一九九一年十二月解散了蘇聯。共產黨的決議獲得了二百五十名議員的支持，只有九十八名議員投下反對票。這項決議不具法律約束力，且根據新憲法，議會無權執行該項決議，但這是對葉爾欽個人與其作為後蘇聯時代俄羅斯總統合法性的直接挑戰。葉爾欽立刻譴責這項投票是對俄羅斯的攻擊，「試圖消滅我們的國家」。[28]

無論杜馬的這些共產黨領導人是否真的打算恢復蘇聯，但是他們都毫無疑問地想要在即將舉行的總統大選中擊敗葉爾欽。葉爾欽在一九九四年憲法危機中的對手副總統魯茨科伊與議會議長哈斯布拉托夫，都在葉爾欽攻擊議會後遭到逮捕，後經杜馬投票贊成釋放他們，兩人如今都已獲釋恢復自由。但聲勢最強的總統候選人既不是魯茨科伊也不是哈斯布拉托夫，他們的光芒都被俄羅斯共產黨領導人根納季・久加諾夫給掩蓋了，他獲得了超過百分之二十俄羅斯選民的支持，而葉爾欽的支持率跌至百分之五到八的低點。[29]

葉爾欽的貼身侍衛亞歷山大・戈查科夫，既是總統核心圈裡的一員，也是總統的守門人，他表示葉爾欽應該禁止共產黨活動、解散杜馬、將大選推遲至一九九八年，並以法令統治國家。葉爾欽同意並下令他的助手備妥涵蓋了所有這些措施的法令。俄羅斯的民主即將再次遭到葉爾欽的重擊，而且他再次以維護民主這個看似冠冕堂皇的崇高目標為藉口。但葉爾欽政府裡的改革派分子在俄羅斯企業私有化的發起人阿納托利・丘拜斯的領導下，反對總統的安全侍衛團隊提出的方案。

丘拜斯得到了葉爾欽的女兒塔季揚娜・尤馬舍娃的支持，她說服了自己的父親接見丘拜斯。他幾乎是指責葉爾欽背離了他多年來所奮鬥的原則。根據葉爾欽自己的回憶錄，他對此感到羞愧。他取消了延遲總統大選的計畫。戈查科夫和他的團隊失去了權力，被逐出克里姆林宮。葉爾欽決定面對這場即將舉行的選舉，丘拜斯則成了他的競選總幹事。民主似乎抵抗了獨裁專制的傾向。

這是一場典型葉爾欽風格的賭博。就像在一九九一年一樣，他再度拿自己的事業生涯，甚至是自己的人生當作籌碼孤注一擲。他再次將自己描述為俄羅斯擺脫共產主義的救世主，這次則是要避免共產主義復興。葉爾欽將預算重點放在支付養老金和薪水上，同時動員政府官員為自己拉票。葉爾欽的休克療法雖讓他失去了大眾的支持，但是也創造了一個準備要支持他的新興超級富豪階級。一九九五年秋季和冬初，一群俄羅斯銀行家與總統辦公室達成了一項非正式協議，他們提供自己的媒體資源和金錢來支援他的選戰，並透過建設計畫來收買選民和地方菁英。而他們得到的回報是以優惠的價格取得國有企業的股份。[30]

葉爾欽投入激烈的選戰。他長期以來健康狀況不佳，並容易陷入憂鬱，因此他常常借酒澆愁。葉爾欽在選戰中途心臟病發，但仍堅持到最後。在國家機器和銀行家的支持下，他最終勝出。他的策略是把自己塑造成唯一能夠阻止共產主義重返執政的力量。葉爾欽最後領先共產黨的候選人久加諾夫，他在第一輪投票以百分之三十六的支持率領先久加諾夫的百分之三十二，並在第二輪投票中，以百分之五十四擊敗對手的百分之四十一。當時，在第一輪中得票第三名的亞歷山大・列別德將軍已經加入葉爾欽的政府團隊，被任命為安全會議主席。[31]

葉爾欽獲勝、共產黨人和民族主義分子被擊敗，民主只剩一些虛有其表的假象。那些資助葉爾欽選戰並掌控媒體的銀行家，如今又多了一個實業家頭銜。一個新的寡頭階級就此誕生。這個階級的成員既不期待共產黨人的復仇，也不期待俄羅斯會建立一個獨裁政體。對他們而言，保護他們資產最好的辦法，就是保持某種形式的選舉式民主。葉爾欽把他的勝利當作是人民授予他權力繼續推動市場改革，也確實加速了改革的腳步。但一九九七年爆發的亞洲金融危機，讓加速市場改革的希望破滅了，這導致俄羅斯在一九九八年八月無法償還以盧布計價的債券，造成一場違約危機。短短幾週，盧布幣值從一美元兌六・三盧布，重貶至一美元兌二十一盧布。通膨率很快就飆升到百分之八十七。[32]

一九九八年的金融危機成了俄羅斯政治體制的新挑戰。總統大選原定於二〇〇〇年舉行，但葉爾欽的健康狀況和俄羅斯的憲法都不允許他再次參選連任。誰將繼任總統成了一個懸而未決的問題。葉爾欽認為他有權利也有義務挑選他的接班人。剩下的就是沿用一九九六年選舉採用的方式，動用國家和親近的寡頭們的資源，這些人團結在葉爾欽的周圍，被稱為「家人」。總理職位是通往總統大位的進身之階。要像葉爾欽一樣從議長之位晉升為總統，現在已經不可能了，因為杜馬現在被掌控在總統的反對者手裡。[33]

將四十七歲的前內政部長謝爾蓋・斯捷帕申任命為總理，為這個名為「接班人」計畫的選拔計畫揭開序幕。他的任務是要證明他對葉爾欽的忠心，以取得葉爾欽的信任，還要證明他贏得選民支持。但斯捷帕申兩項任務都沒達成。在第一個方面，他試圖與葉爾欽的對手妥協，這暗示了一旦葉爾欽卸任，未來的總統不會採取任何措施來保護葉爾欽免受政敵的攻擊或清算。斯捷帕申也無法處理車臣內部與周邊地區的安全局勢，這是俄羅斯聯邦自一九九〇年代起的主要內部問題和持續無法癒合的傷口。

斯捷帕申在八月下臺，取代他的是政府安全部門派系的另一名代表，前聯邦安全局局長和聯邦安全會議主席弗拉基米爾・普丁。普丁是前蘇聯國家安全委員會（KGB）的官員，也是葉爾欽九〇年代初期的重要盟友聖彼得堡市長阿納托利・索布恰克的助手。索布恰克在一九九六年選舉中落敗後，普丁搬到了莫斯科。他進入了總統行政部門，之後被任命為聯邦安全局局長。普丁與改革派、寡頭和葉爾欽的官僚們建立了同樣良好的關係，尤其是接替丘拜斯成為總統府負責人的瓦倫丁・尤馬舍夫，他和葉爾欽一樣都是烏拉爾地區的人，後來還成了他的女婿。最後是葉爾欽的「家人」們挑選普丁擔任他的總理和接班人。[34]

和斯捷帕申一樣，普丁也被期望能夠保護葉爾欽免受政治對手的攻擊，並證明他有贏得選舉的能力。普丁在這兩項任務上都取得了成功。甚至在他被任命為總理之前，他就透過追擊葉爾欽的政敵證明了他對葉爾欽的忠誠。作為聯邦安全局局長，他拿出了葉爾欽的批評者，檢察總長尤里・斯庫拉托夫與妓女在莫斯科一間公寓裡會面的錄影帶。斯庫拉托夫曾替葉爾欽的政治對手暗中統籌安全部門。現在斯庫拉托夫的職業生涯幾乎告終，而普丁的前景卻一片光明：他迅速被任命為安全會議主席，並且即將成為總理。[35]

普丁，一個乏味無趣的共黨官僚，甚至連政府高官都對他的名字沒什麼印象，更遑論一般老百姓了，但他卻在被任命為總理後創造了奇蹟，在短短幾個月內就變成了最受歡迎的俄羅斯政治人物。八月，只有百分之二的俄羅斯選民有意支持他，但到了年底，他獲得了百分之五十一潛在選民的支持。這是怎麼發生的？普丁有兩個關鍵優勢，一是全面控制政府媒體，二是得到了親克里姆林宮寡頭及其媒體資源的支持。不過，更重要的是媒體向民眾傳播的新總理形象。他展現出年輕、富有活力和果決的領導人風範，能夠保護俄羅斯不受國內外敵人的攻擊。

一九九九年八月，也就是普丁被任命為總理的那個月，葉爾欽委派普丁針對侵入鄰國達吉斯坦並在那裡宣布建立達吉斯坦伊斯蘭國的車臣叛軍發動戰爭。普丁以最公開的方式主導了戰爭的進程，他頻繁地在電視上露臉，威脅叛軍，藉此展現他和俄羅斯鎮壓叛亂的決心。許多觀察家認為，車臣人對達吉斯坦的突襲，和指控車臣人對俄羅斯城市發動恐怖攻擊，這些事件實際上都是由俄羅斯的安全部門挑起或策劃的，目的是要展現俄羅斯最高安全官員應對危機的能力，並贏得公眾的信任，因為一年後他們將要投票選總統。

車臣戰爭

甚至早在蘇聯解體之前，車臣就已經成為俄羅斯政治的關鍵因素。由焦哈爾・杜達耶夫將軍領導的車臣人，在一九九一年八月的莫斯科政變中支持葉爾欽，希望新的俄羅斯民主領導層能夠承認他們的自決權，並實現車臣的獨立。但葉爾欽和他的顧問們卻採取了截然不同的態度，在面對前蘇聯的聯盟共和國，他們任由如烏克蘭和愛沙尼亞未經任何戰爭就能脫離蘇聯以實現獨立；然而在面對俄羅斯聯邦內部的自治共和國或地區，如車臣時，卻堅決要求要保留，把維護聯盟共和國邊界的不可侵犯性，視為俄羅斯國家主權的基本原則。

一九九一年秋天，葉爾欽派遣俄羅斯軍隊發兵車臣，但未能阻止車臣的獨立意圖。他的軍隊士氣低落，沒有做好戰鬥的準備，而且仍然掌管全聯盟軍隊的戈巴契夫也拒絕支持葉爾欽的行動。車臣在一九九一年十一月一日宣布獨立，並改名為伊奇克里亞，並在一九九〇年代初期莫斯科國內陷入動盪之際，趁亂實現了獨立的願望。

一九九四年十二月，葉爾欽再次命令俄軍出兵車臣，目標是要占領其首都格羅茲尼。但車臣的武裝分子在格羅茲尼街頭伏擊了俄羅斯的坦克和裝甲車，對俄軍造成了重大傷亡。這場城市戰一直持續到一九九五年三月，透過空中轟炸和砲火摧毀了格羅茲尼大部分建築後，俄軍才成功占領車臣首府。車臣反抗軍撤退到山區，即便在他們的領袖杜達耶夫將軍被俄羅斯的一枚飛彈殺死，他們仍舊對占領軍繼續發動攻擊。杜達耶夫的繼任者阿斯蘭・馬斯哈多夫於一九九六年八月收復了格羅茲尼。

同月，葉爾欽的國家安全會議主席列別德將軍與車臣領導人簽署停火協議，讓俄軍撤出車臣。儘管車臣已靠著自己達成了實質上的自治，但卻陷入了困境，不僅遭到俄羅斯孤立，也沒有得到國際社會的認可。一九九七年當選總統的馬斯哈多夫幾乎無法控制首都格羅茲尼以外的車臣領土，那些地區大多落入各路軍閥之手。綁架勒索成了他們充實自家金庫的方式之一。反抗軍中的極端派仍持續對俄羅斯境內發動恐怖攻擊。[36]

許多車臣軍事領導人和士兵拋棄了一九八〇年代末期的民族獨立理念，轉而接受激進的伊斯蘭思想和信仰。中東的伊斯蘭勢力是唯一願意承認這個自稱共和國的國際行動者*。車臣在一九九九年夏天入侵達吉斯坦，並宣布在那裡建立獨立的達吉斯坦伊斯蘭國，這些行動都受到了新興宗教狂熱和意識形態的驅使。他們的行動並未獲得車臣最高領導層的同意，因為領導階層對於挑釁俄羅斯進而發動新一輪進攻感到興趣缺缺。但車臣戰士闖入達吉斯坦的舉動製造了危機，並且招致了戰爭，因為這符合俄羅斯國內的政治利益。有些評論家甚至指出，這為俄羅斯帶來極大的好處，令人格外懷疑俄羅斯的安全部門是否涉入了這次攻擊。[37]

在普丁的指揮下，俄羅斯的攻勢在一九九九年八月底展開，對車臣發動的大規模空襲，導致超過十萬人逃離車臣，並在俄羅斯周邊地區造成了難民危機。九月，爆炸不僅震撼了車臣，也波及了包含莫斯科在內的多個俄羅斯城市。幾處公寓大樓，被事先裝置在地下室裡的炸藥給炸毀，造成三百多名平民喪生。普丁的權力基礎，也就是聯邦安全局（簡稱ＦＳＢ）將爆炸事件歸咎於車臣武裝分子，但證據卻指向為ＦＳＢ自己所為。距離莫斯科二百公里遠、擁有五十萬人口的東南部城市梁贊，當地警方發現了幾名ＦＳＢ特工正在一棟公寓大樓內埋設炸彈。但ＦＳＢ宣稱這只是一次反恐演習。雖然這次爆炸的責任歸屬至今仍未釐清，但恐怖行動在俄羅斯國內激起了民眾的怒火，也成了普丁發動對車臣全面入侵的民意基礎。[38]

在普丁宣稱車臣總統馬斯哈多夫為非法後，他於一九九九年十月下令攻擊車臣。他的公開目標是分裂車臣，在叛軍占領區和俄羅斯聯邦之間劃定一個北部緩衝區或安全區。馬斯哈多夫多次呼籲進行和平對話，但都被拒於門外。在空襲和砲火的掩護下，俄羅斯軍隊開始深入車臣境內，導致數十萬計的車臣平民流離失所。一九九九年十二月，俄國軍隊再次逼近車臣首府格羅茲尼。那些在一九九五年轟炸中倖存的，現在也全都被徹底夷為平地了。這座城市在二〇〇〇年二月淪陷，而且被聯合國評為世界上毀滅最嚴重的城市。到了二〇〇〇年五月，普丁在車臣扶持的魁儡政權已經就位，從而結束了第二次車臣戰爭中最激烈也最關鍵的階段。[39]

普丁當時已經是俄羅斯總統，他在二〇〇〇年五月七日正式就任總統。葉爾欽在一九九九年十二

＊譯注：國際行動者是指在國際舞臺上參與或影響國際事務的實體或組織，可以是國家、國際組織、非政府組織、跨國公司或非國家武裝組織。

月三十一日的新年談話中宣布了令人震驚的消息，辭去總統。該月稍早，普丁已經獲得超過百分之五十的選民支持，成為代理總統，不僅全面掌控政府和軍隊，也掌控了國有媒體和「行政資源」，這些是在俄羅斯式的總統選舉中取勝的關鍵。同月初，通過一條新的法律，規定總統候選人必須要有至少一百萬個有效連署才能參選。此外，這條法律還規範了選舉財務，讓政府支持的候選人占有優勢。只有普丁能享有這種優勢。

反對派原本預期在夏季舉行的總統選舉，現在被提前到了春季，讓反對派候選人措手不及，尤其是莫斯科市長尤里・盧日科夫，沒有足夠的準備時間。和葉夫根尼・普里馬科夫一樣，盧日科夫也選擇了退選，把俄羅斯政治中間派拱手讓給了普丁。二〇〇〇年三月，普丁在第一輪投票中就輕鬆贏得了總統大選，獲得百分之五十三的選票。共產黨領袖根納季・久加諾夫獲得了百分之二十二，自由派領袖格里戈里・亞夫林斯基則獲得了百分之六。內部人士所稱的「接班人」行動終於大功告成。普丁的第一項總統法令是保護葉爾欽，無論對他有任何指控，他都被授予免於刑事起訴的豁免權。[40]

俄羅斯政壇上的葉爾欽時代實質上落幕了，他留下了影響深遠的政治遺產。身為前共產黨官員，葉爾欽對民主的渴望是如此熱切，甚至不惜採取獨裁手段來實現民主。他不但在民主運動的浪潮中，帶領俄羅斯聯邦脫離了蘇聯，同時也將其建立為一個超級總統制的共和國，卻也同時限制了原本讓他上臺的民主力量。葉爾欽又創立了一個接班人制度，讓現任者能夠提前指定繼任的最高領導人。普丁在勝選後，充分發揮現有的政治體制，並將從超級總統制階段推向獨裁專政。這不僅對於俄羅斯國內政治，也將對其外交政策產生巨大影響。

橘色革命

一九九九年秋天，正當葉爾欽準備下臺並拔擢普丁繼任時，烏克蘭總統庫奇馬正在準備他的第二個總統任期的連任競選。庫奇馬在第一個任期裡實施了大規模的國營企業私有化，並與西方捐助者，尤其是國際貨幣基金會來往密切，促進了烏克蘭的經濟發展。

庫奇馬也通過了一部新憲法，在總統和議會之間達成權力分配的協議，為烏克蘭政治帶來了短暫的平衡。然而，這個制度卻帶來了政治上的動盪不安，因為兩大政治勢力對於國家的政治和經濟發展方向並不一致。一九九七年爆發的全球金融風暴和一九九八年的俄國債務危機損害了烏克蘭的經濟，這讓共產黨成為議會的最大黨。共產黨在一九九八年的議會選舉中拿下了百分之二十五的選票。而由前異議人士維亞切斯拉夫．喬爾諾維爾領銜的民族主義民主派組成的「運動」*則拿到了百分之十的選票。而庫奇馬支持的人民民主黨只有百分之五。[41]

庫奇馬在一九九九年的處境，與葉爾欽在一九九六年競選連任前夕時的情況相似。他決定效仿葉爾欽的競選策略，自我標榜為唯一能夠阻止共產黨重新掌權的力量。這個主張贏得了烏克蘭東部新興工業大亨們的支持，在庫奇馬對私有化政策的督導和協助下，他們成功地將國有企業收歸己用。西部

* 譯注：烏克蘭人民運動是烏克蘭的一個政黨，也是蘇維埃烏克蘭的第一個反對黨。通常它被簡稱為「運動」（烏克蘭語：Rukh）。

選民則珍視烏克蘭的獨立，並傾向於歐洲的價值觀，反對回歸蘇聯式的統治。

庫奇馬掌控了國營媒體，並且獲得了那些在他第一個任期內崛起的地方寡頭和富豪控制之媒體的支持，他成功拿下東部和西部，僅在中部失利，那裡的農村仍被集體農場的制度所束縛。他最終以百分之五十八對三十九的壓倒性優勢，打敗了對手，烏克蘭共產黨領袖彼得・西蒙年科＊。和葉爾欽一樣，庫奇馬決定利用自己贏得勝選擊敗共產黨的機會，繼續推動市場改革。他比俄羅斯領導人葉爾欽更幸運，因為沒有亞洲金融危機干擾他的計畫。[42]

在他連任後，庫奇馬開啟了一個新的方向，將烏克蘭融入歐洲的政治和經濟體系。得到國際貨幣基金會強力支持的年輕領導人尤先科，被任命為烏克蘭國家銀行的新總理。在新政府中擔任副總理的尤利婭・季莫申科是尤先科的盟友，他們在不到一年半的時間裡，成功扭轉了經濟衰退的局面，他們透過堵住大企業和新興寡頭集團的稅收漏洞，增加了政府收入，並清償了拖欠的工資、薪水和養老金。在冶金和礦業的帶動下，經濟開始快速復甦，這兩個產業的出口量增長了一倍。經濟成長持續到新千禧年的第一個十年。[43]

庫奇馬利用這次的勝選，開始重新協商他在一九九六年與議會達成的憲法協議。他首先迫使共產黨接受由支持總統的政黨組成的新議會領導層，然後發起了一場關於總統權力的公投。參與公投的選民占了百分之八十一，根據不同的問題，有百分之八十三到九十一的選民支持議會全面改組，包括將議會由單一院制改為兩院制、減少三分之一的議員數量、允許對議員進行刑事起訴，以及授權總統在新會期開始後一個月內，若未能建立穩定多數的情況下解散議會。[44]

庫奇馬想要仿效葉爾欽的做法，修改烏克蘭的憲法，卻遭到了反對派的抵制，他們的議會代表不承認公投結果。而庫奇馬也沒有足夠的票數來提出公投通過的憲法修正案。這個僵局在二〇〇〇年十一月底引發了一樁重大的政治醜聞，當時社會黨黨魁、前議長亞歷山大·莫洛茲公開了一些在庫奇馬辦公室錄下的祕密對話。這些錄音據說是由庫奇馬的一名侍衛錄下的，其中記錄了總統討論涉及貪汙的私有化計畫和追究政敵的手段。

錄音中最具爆炸性的內容，是庫奇馬向內政部長下令綁架一名反對派記者格奧爾基·貢加澤。貢加澤在當年九月失蹤，十一月在基輔附近的一處森林裡發現他的無頭屍體。這場政治醜聞動搖了庫奇馬的政權。總統否認他曾下令殺死這名記者，這可能是真的，但是錄音中透露了他強硬要求內政部長尤里·克拉夫琴科，綁架貢加澤並將他驅逐出境。後來證實克拉夫琴科的暗殺小組殺害了貢加澤，但是始終沒有揭露是誰下令綁架並殺死這名記者。克拉夫琴科最後身亡，但死因成謎，因為他不是開一槍，而是開了兩槍「自殺」。[45]

二〇〇〇年十二月，包括莫洛茲所領導的社會黨和季莫申科所領導的民粹主義者在內的反對派，走上基輔街頭遊行示威，他們要求總統下臺，並發起了一場以「沒有庫奇馬的烏克蘭」為口號的大規模運動。處境岌岌可危的總統放棄了他的改革路線。季莫申科被捕，獲得西方支持的改革派總理尤先科，也遭到撤換。面對歐美領導人要求公正調查這位總統在貢加澤綁架謀殺案中涉入的角色，庫奇馬

＊譯注：時任烏克蘭共產黨中央委員會總書記。

最終放棄了他追求與歐洲政治和經濟整合的野心，轉而向俄羅斯與其新總統普丁尋求支持。[46]

庫奇馬綁架並強制將貢加澤驅逐出境，幾乎是確鑿的事實，在錄音當中，他要求內政部長把這名記者送到車臣的對話就是證據，但是誰下令殺害貢加澤，以及為什麼要這麼做，卻一直不得而知。庫奇馬的一名安全侍衛米科拉・梅爾利尼琴科如何偷偷錄下總統的對話，至今仍然是個謎。不過，似乎可以確定的是，梅爾利尼琴科是受到烏克蘭安全部門高層的指示行動的，而且後來還與俄羅斯的安全人員合作。很明顯，庫奇馬門事件最大的受益者是普丁，普丁利用這個醜聞削弱了庫奇馬的政治權威，並惡化了他與美國的關係，從而迫使他做出了一些讓步。其中包括讓烏克蘭加入由俄羅斯所主導的歐亞組織和論壇，以推動後蘇聯地區的經濟再整合。庫奇馬也把加入北約的目標從烏克蘭的軍事準則中刪除。[47]

烏克蘭憲法規定總統任期不得超過兩屆，庫奇馬在經過幾番猶豫後，決定遵守這一規定，拒絕以第一次當選是在憲法頒布之前，因此不應該被計算在內為由，再次競選他的第三任期。庫奇馬再次借鑑俄羅斯，或者更準確地說，仿效葉爾欽的先例，尋找一位能夠保障他的人身安全和財產不受侵害的接班人。

庫奇馬選擇了烏克蘭最大的地區派系領導人，頓涅茨克州的州長維克多・亞努科維奇，他曾是議會裡親總統中最大派系的領袖。亞努科維奇在二〇〇二年十一月被任命為總理，並得到議會的批准。二〇〇四年的總統選戰，是由庫奇馬支持的亞努科維奇與前總理，也是議會最大派系領袖尤先科之間的對決，這是烏克蘭歷史上最骯髒的一次選舉。亞努科維奇陣營利用政府媒體、行政壓力、向最弱勢族群發放政府補助，以及頓涅茨克派系的財力來贏得選舉。他們還對尤先科發動了一次恐怖襲擊。[48]

二〇〇四年九月，五十歲的尤先科突然病倒，很快就被診斷出是戴奧辛中毒。涉嫌策劃下毒的人已經逃到俄羅斯，並在那裡獲得庇護。尤先科奇蹟般的從這次襲擊中生還，他儘管容貌毀損，但仍然繼續參加選戰。這次對反對派候選人的襲擊不但沒有擊倒尤先科，反而提高了他的聲望。當烏克蘭人在十月三十一日前往投票所時，大部分的選民都投給了尤先科，而不是亞努科維奇。[49]

這是選舉當天由多個烏克蘭機構所進行出口民調的結果，但受到庫奇馬和亞努科維奇控制的中央選舉委員會卻公布了不同的結果。根據中選會的公告，亞努科維奇以百分之四十九的得票率，勝過了尤先科的百分之四十七。尤先科的支持者拒絕接受這個偽造的結果，湧入基輔的主要廣場，也就是獨立廣場（邁丹），並在那裡建立了一個帳篷城市。基輔人很快就得到了來自各地支持者的加入。以尤先科競選活動的顏色所命名的橘色革命，就此展開。[50]

橘色革命的爆發由許多因素促成。其中包括總統與立法機關之間曠日持久且懸而未決的衝突；政治菁英內部的分裂，包括支持不同的陣營並擁有媒體資源的寡頭們；還有最後但也很重要的一點，庫奇馬對亞努科維奇的支持並不堅定，他並非庫奇馬心目中的頭號接班人，而是被形勢所迫而選擇的。最終，根植於政治和文化差異的烏克蘭區域主義，拯救了烏克蘭的民主。橘色革命的支持者們，其中許多是來自烏克蘭西部和中部的居民，他們認同烏克蘭的身分、語言和文化，也傾向西方自由主義的價值觀。[51]

面對持續不退的群眾抗議和菁英內部的分裂，庫奇馬決定把葉爾欽的先例放到一邊去。儘管亞努科維奇要求，但庫奇馬仍然拒絕動用軍隊來對付示威者並開槍，就像一九九三年在莫斯科曾發生過的那樣。相反的，他選擇了一個折衷方案。亞努科維奇陣營同意舉行新一輪的選舉，來換取尤先科承諾修改憲法以限制總統的特權。十二月二十六日，在第三輪總統選舉中，尤先科以百分之五十二的得票率，擊敗了亞努科維奇的百分之四十四。[52]

從二〇〇〇年四月開始，因庫奇馬試圖透過公投來強化總統權力而引發的這場危機，在二〇〇四年十二月隨著總統權力的削減而落幕。總統的一些特權被轉移給了總理，而總理的任命和政治命運取決於議會中不同政治力量的傾向。烏克蘭以一個權力分散的總統－議會制共和國的身分邁入了新的世紀。這並非是一個理想的結果，因為在新的體制下，無論是總統還是總理，都沒有足夠的權力能夠獨立執行政策。但正是這個結果拯救了烏克蘭的民主。

庫奇馬在總統任期的最後一年，出版了一本書名意味深長的回憶錄，書名是《烏克蘭不是俄羅斯》*。在多次嘗試俄羅斯的模式卻無法達到預期的效果後，他對此有著深刻的認識。這本回憶錄在莫斯科出版並發行，比其他烏克蘭文譯本可供基輔讀者閱讀之前還要更早。在俄羅斯，幾乎沒有人會認真看待這本回憶錄所要傳達的訊息，而克里姆林宮的人則完全不準備要接受。[53]

＊審訂注：該書於二〇〇三年以俄文出版，二〇〇四年以烏克蘭文出版。書中主要表達烏克蘭和俄羅斯有不同的歷史命運、不同的民族經歷、不同的感情、不同的文化和語言、不同的地理和地緣政治空間。

第三章　核爆炸

烏克蘭從蘇聯繼承了全世界第三大核武庫，成了一個在獨立之初就擁有核子武器的國家。蘇聯曾在烏克蘭境內部署了近一千九百枚核彈頭，和大約二千五百枚戰術核武。這些武器給美國帶來了一個重要問題：隨著蘇聯解體，華盛頓擔心，這些擁有核武器的前蘇聯共和國之間，可能會因蘇聯的崩潰而引發內戰，從而產生當時人們所稱的「有核武的南斯拉夫」的情勢。當俄羅斯議會宣稱克里米亞是被非法劃歸給烏克蘭，並聲稱塞瓦斯托波爾是俄羅斯聯邦的一部分時，俄烏之間爆發戰爭的可能性變得更加真實和迫切。[1]

俄羅斯希望烏克蘭能盡快將核武運抵俄羅斯領土，如此一來就能大幅鞏固俄羅斯在後蘇聯地區的專屬勢力範圍。烏克蘭卻不願意配合。它雖然擁有這些核武器的實體，卻沒有發射權，因為發射核導彈的密碼掌握在莫斯科手中。因此，在烏克蘭議會和政府裡有些官員認為，將核武器交給俄羅斯在政治上是無法接受的。原因一目瞭然，因為俄羅斯曾對克里米亞和意圖對其他可能的烏克蘭領土主張領土主權。

烏克蘭對核武的立場隨著時間的推移而改變。基輔於一九九〇年宣布主權，開始進入國際舞臺，並出於兩個主要原因堅持非核化。一個原因是一九八六年車諾比核事故的影響，這場事故造成了烏克蘭境內大面積的土地受到汙染，促使議會通過法律，規定烏克蘭必須暫停興建新的核電廠。另一個原因是，他們意識到與蘇聯中央爭奪核武的控制權，將是一段漫長而艱難的過程，可能會拖延烏克蘭邁向完全獨立的進程。用核武器作為籌碼，換取對烏克蘭獨立和擁有自己軍隊的權利，在當時被認為是明智的權宜之計。一九九〇年夏天，議會通過了一份主權宣言，承諾烏克蘭將致力成為非核國家。[2]

對這項承諾的質疑最早出現於一九九一年秋天，在烏克蘭議會投票通過獨立決議後，卻引起了俄羅斯的不滿。葉爾欽透過他的新聞祕書帕夫羅・沃夏諾夫發表聲明，表示只有與俄羅斯聯合，烏克蘭的邊界才能得到保障。基輔的許多人開始重新思考核武問題。弗拉基米爾・菲連科是位頗富影響力的國會議員，他在一九九一年九月接受一位英國記者的採訪時表示：「大多數國會議員都認為，我們不能只是把武器交給俄羅斯。那會讓俄羅斯在與烏克蘭的關係中占上風。」他又說：「我們怕俄羅斯，如果你不介意我這麼說的話。我們正在為擺脫俄羅斯的控制而奮戰。我們不能說有核武威脅，但他們最近確實對我們提出了領土要求。」[3]

烏克蘭的政治菁英面臨了一個兩難困境：要取得國際對烏克蘭獨立的認可和支持，最快速也可能是唯一可行的策略就是放棄核武。但若要讓國家長存最有效且可靠的方式是保留它們。一九九一年十月，為了贏得美國對烏克蘭獨立的支持，議會承諾烏克蘭將成為非核國家，但也聲稱有權決定如何處置它所擁有的核武器。「烏克蘭堅持它對其領土上的核武器有不使用的控制權」，議會決議如此寫道。一九九一年十二月，議會投票通過加入獨立國家國協的文件，但條件是烏克蘭必須在國際的監督下廢除其核武器，成為非核國家。[4]

克里米亞情結

領土爭端是帝國解體的標誌之一，而蘇聯的崩潰也不例外。俄羅斯政府甚至在烏克蘭合法正式宣布獨立並脫離蘇聯之前，就一直對烏克蘭的領土完整表示質疑。一九九一年八月二十四日，俄羅斯第一次對烏克蘭的邊界提出質疑，當時烏克蘭議會宣布該國獨立。兩天後，俄羅斯總統的發言人沃夏諾夫代表他的老闆發布了一份聲明。

「近日，多個聯盟共和國相繼宣布主權獨立，脫離蘇聯，」聲明寫道，「對此，我得到俄羅斯聯邦總統授權發表以下聲明。俄羅斯聯邦充分尊重每個國家和民族根據憲法所享有的自決權。但是，邊界問題仍然存在，這可能會導致未來的紛爭，只有在透過一個適當的條約來維護聯盟關係的情況下，這種情況才能被接受。如果這些關係被終止，俄羅斯聯邦將保留提出重新劃定邊界的權利。」[5]

這份聲明是針對任何可能宣布從蘇聯獨立的共和國。但當記者要求沃夏諾夫具體說明時，他特別提到了烏克蘭和哈薩克。「如果這些共和國與俄羅斯組成一個聯盟，就沒有問題，」他解釋說，「但是如果它們決定退出，我們就必須關心那裡居民的狀況，也不要忘記那些曾被俄羅斯殖民的土地。俄羅斯絕不會輕易放棄它們。」烏克蘭和哈薩克境內都有大量的俄羅斯人少數民族，他們分布於兩個共和國內，烏克蘭全境和哈薩克北部；重量級人物索忍尼辛將這些地區視為未來俄羅斯國家的一部分，他在前一年發表了一篇文章提倡創建這樣的國家，登上了多家蘇聯主流報紙。[6]

基輔和阿拉木圖對此表示抗議，迫使葉爾欽與沃夏諾夫的言論劃清界線。這位發言人被描繪成一個失控的人，他所表達的是他個人的看法，而不是葉爾欽政府的政策。但實際上，沃夏諾夫制定了俄羅斯聯邦未來數年的新政策。承認像是一九九〇年俄羅斯和烏克蘭簽署的那種關於前蘇聯共和國邊界的條約，只有當這些共和國（尤其是烏克蘭）與俄羅斯保持聯盟關係時才有效。這種聯盟的含義將隨著時間的推移而出現變化，從戈巴契夫的蘇聯，到葉爾欽的獨立國家國協，最後到普丁所推動的一系列歐亞計畫。雖然聯盟的形式和領導人改變了，但基本原則仍然不變，就是俄羅斯對後蘇聯國家的領土完整和主權的承認，取決於它們是否與莫斯科結盟。[7]

沃夏諾夫後來回憶說，頓巴斯和克里米亞是當時俄羅斯領導層最關注的烏克蘭領土。克里米亞半島是最後被劃歸烏克蘭的地區，一九五四年因經濟原因從俄羅斯聯邦轉讓給烏克蘭蘇維埃社會主義共和國，因為它的經濟需要與大陸地區的經濟密切配合，否則無法有效發展，而這個大陸地區恰巧就是烏克蘭。[8]

克里米亞是烏克蘭唯一一個俄羅斯人占多數的地區，一九八九年時，俄羅斯人約有一百六十三萬五千人，而烏克蘭人只有六十二萬五千人*，韃靼人則有三萬八千人。一九九一年十二月一日，克里米亞半島的人口有百分之五十四支持烏克蘭獨立。在頓巴斯的頓內茨克州，這個比例是百分之七十七，在鄰近的盧甘斯克州是百分之八十五。全國的獨立支持率超過百分之九十二。克里米亞之所以成為烏克蘭最不穩定的地區，不僅是因為支持獨立的人口比率較低，還因為在俄羅斯有很多人，不分黨派，從民主主義者到共產黨人或民族主義者，都認為俄羅斯對克里米亞有歷史上的主權，必須拿回來。[9]

一九九二年一月，俄羅斯議會對於將克里米亞從俄羅斯轉讓給烏克蘭的合法性提出質疑。為了讓烏克蘭在關於蘇聯黑海艦隊未來的爭端中讓步，俄羅斯議會通過了一項相關決議。基輔方面主張，艦隊是它所繼承的蘇聯軍事基礎設施的一部分，其餘的蘇聯海軍則歸俄羅斯所有。俄羅斯方面則聲稱，艦隊屬於其戰略力量，應該由俄烏聯合（實際上是俄羅斯）指揮。俄羅斯的這種主張不僅涉及這支艦隊，還涉及其基地，即塞瓦斯托波爾市。

雖然葉爾欽和他的政府不贊成議會的決議，卻同意他一些關鍵盟友的看法，例如當時是聖彼得堡市長也是普丁上司的索布恰克，他認為不管烏克蘭與其領導層怎麼想，黑海艦隊都應該屬於俄羅斯。在當月底之前，葉爾欽飛到俄羅斯的港口新羅西斯克，在巡洋艦莫斯科號上會見了黑海艦隊指揮官，海軍上將伊戈爾．卡薩托諾夫，這艘巡洋艦將在三十年後的俄烏戰爭中被烏克蘭飛彈擊沉。這次訪問的目的是要展現莫斯科保有黑海艦隊管轄權的決心。[10]

葉爾欽和他的顧問們採用了弗拉基米爾．盧金的方案，他是俄羅斯獨立後的首任駐美大使。在一九九二年前往華盛頓之前，盧金提議利用克里米亞主權問題來削弱烏克蘭未來在黑海艦隊談判中的立場。一九九二年四月，在總統克拉夫丘克接管了烏克蘭境內的前蘇聯部隊後，葉爾欽下令將黑海艦隊置於自己的指揮之下。葉爾欽的副總統魯茨科伊訪問了克里米亞，並支持俄羅斯議會的主張，認為一

＊譯注：原文寫 625,0000，應是誤植。

九五四年將克里米亞轉讓給烏克蘭的決定應該撤銷。魯茨科伊宣稱：「常識告訴我們，克里米亞應該屬於俄羅斯。那些簽署一九五四年轉讓決議的人，顯然是喝醉了或者中暑了。」他聲稱黑海艦隊過去是俄羅斯的，未來也永遠是俄羅斯的，而葉爾欽的顧問謝爾蓋・斯坦凱維奇則對一九五四年轉讓克里米亞的合法性提出質疑。[11]

這次的領土轉讓還伴隨著一場宣傳活動，這場活動是為了紀念「烏克蘭與俄羅斯重新統一」三百週年，這個詞是當時用來描述烏克蘭哥薩克的蓋特曼赫梅利尼茨基接受俄羅斯沙皇保護那段歷史。一六五四年一月，赫梅利尼茨基在烏克蘭的佩列亞斯拉夫市向沙皇阿列克謝・羅曼諾夫宣誓效忠。蘇聯的重新統一的範式是借鑑了帝國時代的觀點，在克里米亞，它使另一個也有著深厚帝國根源的悠久神話黯然失色；塞瓦斯托波爾是俄羅斯的榮耀之城，它的誕生是因為在一八五三年至一八五六年間的克里米亞戰爭中的英勇抗敵。在蘇聯時期占據主導地位的俄羅斯中心主義敘事中，這兩個神話相輔相成，但在烏克蘭擺脫俄羅斯的控制後就發生了衝突。[12]

在前一年，克里米亞州已成為烏克蘭的一個自治共和國，並擁有自己的議會。到了一九九二年五月，克里米亞的緊張局勢已經達到了危險關頭，因為克里米亞議會宣布該共和國是一個主權國家，在宣布克里米亞將按照一個聯盟條約與烏克蘭定義關係後，議會通過了一部憲法，並預定克里米亞舉行獨立公投的日期。這項倡議得到了俄羅斯民族主義勢力的支持，同月俄羅斯議會還加碼，宣稱一九五四年將半島劃歸烏克蘭是非法決議，並要求烏克蘭就克里米亞的地位進行談判。

基輔雙管齊下，在內外兩方面進行反擊。烏克蘭議會拒絕與莫斯科談判，譴責其提議是干預烏克蘭內政。與此同時，烏克蘭政府勸服了克里米亞當局修改了他們的憲法，並取消了原定的公投。這場法律衝突在沒有動用武力的情況下得到解決，這與鄰國摩爾多瓦的情況不同。在那裡，摩爾多瓦與其境內親俄分離主義者在德涅斯特河沿岸（又稱為外涅斯特里亞）發生了公開戰爭，俄羅斯軍隊介入，導致該飛地實際上從摩爾多瓦分離。但是在克里米亞及其周邊地區的緊張局勢並未減緩。在俄羅斯，這種緊張局勢成為了議會和總統間鬥爭的一部分。[13]

一九九三年七月，俄羅斯議會通過了一項決議，宣稱黑海艦隊基地塞瓦斯托波爾市是俄羅斯聯邦的領土和管轄範圍。「我對議會的決定感到羞恥，」葉爾欽如此回應，又說：「我們不能對烏克蘭發動戰爭，畢竟這樣做太過分了。」在隔月，葉爾欽在克里米亞的馬桑德拉度假勝地與克拉夫丘克會面，兩位總統討論了黑海艦隊的未來，以及烏克蘭因向俄羅斯購買天然氣而產生的龐大債務。俄方威脅要切斷烏方的天然氣供應，除非他們「出售」自己所擁有的部分艦隊給俄羅斯以償還債務。克拉夫丘克覺得自己別無選擇，只好接受俄方的「報價」，但是烏克蘭議會拒絕批准這項在強迫下達成的協議。[14]

就在葉爾欽下令坦克砲轟俄羅斯議會大樓前幾週，《馬桑德拉協議》讓葉爾欽從議會手中奪回了對黑海艦隊和克里米亞問題的主導權。但這項協議對於促成一個解決方案並沒有什麼幫助。在一九九三年秋天的選舉中，共產黨和民族主義勢力的勝利使他們在新成立的國家杜馬中的席次增加，也讓克里米亞的分離主義運動更加強勢。克里米亞在一九九四年選出了自己的總統，尤里．梅什科夫，他把克里米亞的獨立問題重新排進政治議程裡，提議舉行一次新的公投。同年稍晚，塞瓦斯托波爾市議會投票通過該市繼續作為黑海艦隊基地，並接受俄羅斯對該市有管轄權，而且由莫斯科支付其費用。

由於烏克蘭的民主體制在克里米亞危機中沒有崩潰，仍然持續運作，使這場危機才得以獲得解決。基輔在一九九四年的總統大選中，換上了克里米亞選民極力支持的候選人。庫奇馬在克里米亞獲得了百分之九十的支持率，在塞瓦斯托波爾市更是高達百分之九十二。說俄語的庫奇馬出身烏克蘭東南部工業區，他向克里米亞半島的俄羅斯人保證，中央政府會保障他們的語言和文化權益。烏克蘭官方與克里米亞議會的領導層達成了一項非正式的共治協議，後者廢除了克里米亞總統一職，同意將他們的憲法和法律與烏克蘭保持一致。[15]

克里米亞的緊張局勢之所以沒有爆發成內戰，還有另一個重要原因，那就是俄羅斯拒絕像在摩爾多瓦所做的那樣，利用黑海艦隊裡的效忠者，幫助分離主義者對抗烏克蘭政府。葉爾欽不願全力支持克里米亞的分離主義有幾個理由。克里米亞的脫離，會被視為向俄羅斯議會裡的民族主義者和共產黨人讓步，可能激發俄羅斯境內的自治共和國對於克里米亞的例子起而效尤，這在韃靼斯坦共和國的情況尤其危險。同樣重要的是，俄羅斯支持克里米亞獨立，並將其實際納入俄羅斯聯邦，將危及葉爾欽政府致力於加強與美國關係的努力。這涉及到了莫斯科和華盛頓共同說服烏克蘭放棄它繼承自前蘇聯的核武庫。[16]

《布達佩斯安全保障備忘錄》

自從宣布獨立以來，基輔願意接受烏克蘭的非核地位，但不願意將境內的核武器交給俄羅斯，除非俄羅斯保證會銷毀這些核武器，而且不會用它們對付烏克蘭。一九九二年三月，由於俄、烏對黑海艦隊的控制權爭端日益升高，克拉夫丘克總統命令暫停向俄羅斯移交戰術核武器，這讓莫斯科與華盛頓都感到震驚與憂慮。直到烏克蘭得以在俄羅斯領土上親自見證他們的核武器被銷毀，移交才重新進行。[17]

一九九二年五月，在美國強大的壓力下，克拉夫丘克簽署了《里斯本議定書》，承諾烏克蘭以非核國家身分加入《核不擴散條約》。該議定書也促使烏克蘭和其他三個擁有核武器的後蘇聯共和國：俄羅斯、白羅斯和哈薩克斯坦，成為《削減戰略武器條約－I》的締約國，這是蘇聯與美國在一九九一年簽定的削減核武庫條約。但是，簽署這項議定書之際，正值俄烏在克里米亞問題上的緊張關係再度升高，使得烏克蘭議會並不急於批准《里斯本議定書》。一九九三年七月，俄羅斯國家杜馬宣稱塞瓦斯托波爾是俄羅斯領土，使得《削減戰略武器條約－I》在烏克蘭議會裡也遇到困難。葉爾欽試圖以豁免烏克蘭對莫斯科的天然氣債務作為交換，要求烏克蘭放棄其核武器和對黑海艦隊的主張，但這項要求被烏克蘭議會拒絕了。隨著克里米亞的局勢愈來愈緊張，烏克蘭愈來愈捨不得放棄其核武器。[18]

在美國方面，老布希總統在他的任期最後一年（一九九二），堅持了他在蘇聯即將解體時所採取的路線：烏克蘭和其他後蘇聯共和國必須解除其核武器，並移交給俄羅斯，不論它們是否願意。但隨著柯林頓在一九九三年一月就任，這項政策有了重新檢視的機會，即使只是為了探究和理解烏克蘭抵制的原因，並最終克服它。

柯林頓上任後幾個月，著名政治學者暨國際關係專家約翰．米爾斯海默在《外交事務》期刊上發表了一篇文章，主張應該鼓勵烏克蘭保有其核武器，而不是施加壓力讓他們放棄。米爾斯海默認為，這是避免俄烏戰爭最有效的方式，他將這場戰爭稱為一場「災難」，可能會讓俄羅斯重新征服烏克蘭，並「危及整個歐洲的和平前景」。他指出：「核武是烏克蘭嚇阻俄羅斯對其發動侵略的唯一可靠力量。如果美國的目標是增進歐洲的穩定，那麼反對烏克蘭擁有核武器的理由就站不住腳。」[19]

柯林頓與他的顧問團隊雖然沒有採納米爾斯海默的建議，但對烏克蘭的憂慮則有了更多的體恤和理解。華盛頓承認烏克蘭對境內的核武擁有所有權，並同意與烏克蘭就其移除境內核武的補償金額進行協商。至於安全問題，柯林頓政府則研議是否可以給予烏克蘭安全保障。更重要的是，他們終於認清俄羅斯是烏克蘭安全的主要威脅，華盛頓也取代莫斯科主導烏克蘭去核武的三邊會談。這個新的運作方式奏效。一九九三年底前，華盛頓與基輔基本上就烏克蘭去核化的條件達成了協議。

根據新的協議，美國同意支付烏克蘭十億美元作為去核武的補償。美國和俄羅斯還承諾會把烏克蘭所拆除的核彈頭製成核燃料，提供給烏克蘭的核電廠使用。此外，他們還承諾會尊重並支持烏克蘭的主權和領土完整。這些承諾成為了一九九四年一月美俄烏三方所簽署有關烏克蘭去核化條約的基礎。一九九四年二月，烏克蘭議會批准了《里斯本議定書》，並在同年十一月投票通過以非核武國家身分加入《核不擴散條約》。[20]

一九九四年十二月，柯林頓與庫奇馬簽署了《布達佩斯安全保障備忘錄》，美國、俄羅斯和英國同意向烏克蘭提供安全保證。中國和法國後來也簽署了類似文件*。另外兩個後蘇聯共和國，白羅斯和哈薩克，也與保證國簽署了類似文件，同意放棄自己領土上的核武器。保證國承諾「尊重烏克蘭的獨立地位、主權和現有的邊界」以及「不會威脅使用或真的使用武力破壞烏克蘭領土的完整或政治獨立，也不會對烏克蘭發動攻擊」。

但問題是，萬一有保證國違反承諾，或是烏克蘭遭到攻擊，這份備忘錄並未做出保護烏克蘭的承諾。萬一烏克蘭遭到核武攻擊，保證國承諾會「立即要求聯合國安理會採取行動，援助烏克蘭」。它們也承諾「當有質疑這些承諾的情況發生時」，將會展開磋商。這些承諾與烏克蘭所要求的鐵一般的保證相去甚遠，但這是保證國經過曠日持久的協商後所能給出的最大讓步。[21]

烏克蘭總統庫奇馬和他的顧問團隊雖然對《布達佩斯安全保障備忘錄》所提供的安全保證抱有高度期望，但他們幾乎不抱任何幻想。「如果明天俄羅斯入侵克里米亞，也不會有人感到驚訝。」庫奇馬如此聲稱，他曾是歐洲最大導彈工廠的廠長，而且主張烏克蘭應該放棄《削減戰略武器條約－I》所要求的核武器數量，但保留其餘的核武器以保護烏克蘭的安全。但為什麼竟然是庫奇馬決定要接受

*譯注：中國與法國並沒有簽署《布達佩斯安全保障備忘錄》，而是發表了個別的聲明，同意為烏克蘭提供安全保證。

華盛頓所提出的新協議？原因很簡單：他回到了烏克蘭政治人物在獨立前所採取的立場。擺脫核武器再次成為確保烏克蘭獨立，並得到國際社會承認最可靠的方法。烏克蘭的獨立地位在一九九三年面臨了威脅，不僅是因為烏克蘭和俄羅斯之間持續的緊張關係，以及來自美國的壓力所致，還因為烏克蘭的經濟幾乎崩盤：一九九四年，也就是《布達佩斯安全保障備忘錄》簽署的那一年，烏克蘭的GDP幾乎下滑了四分之一。[22]

《布達佩斯安全保障備忘錄》透過核強權國家的承諾，填補了烏克蘭因為被迫進行核裁軍所產生的國家安全缺口。然而，這個缺口將隨著時間的推移而不斷擴大，直到三十年後，俄羅斯對烏克蘭發動全面入侵，這才暴露出《布達佩斯安全保障備忘錄》和其他相關條約所給予的保證是多麼空洞無效。但這些條約的簽署仍對烏克蘭發揮了一項重要功能，它們穩定了該國的經濟和國家地位。一九九四年一月，柯林頓、葉爾欽和克拉夫丘克簽署了關於核裁軍的三邊協議，沒多久後美國就開始金援烏克蘭*。核問題獲得解決，也有助於庫奇馬穩定克里米亞的局勢，因為葉爾欽現在沒有太大動機去支持那裡的俄羅斯分離主義，而且他也有了更大的權力和影響力，來阻止俄羅斯議會支持分離主義的企圖。[23]

一九九七年五月，庫奇馬和葉爾欽簽訂了俄烏《友好條約》，俄羅斯在條約中承認烏克蘭領土的完整性（按照後蘇聯時期的邊界）。這個條約還伴隨了一些協議，化解了雙方長期對於黑海艦隊及其在塞瓦斯托波爾的海軍基地前景的爭端。基輔方面同意將蘇聯所留下的大部分海軍艦艇轉移給俄羅斯，只留下了百分之十八的船艦，並把塞瓦斯托波爾海軍基地租給俄羅斯二十年。二〇一四年，利用控制塞瓦斯托波爾基地的優勢，普丁得以在短短幾天內占領整個克里米亞半島，而當時基輔方面沒有更好的條件去與俄羅斯談判。不利的情況不僅是因俄羅斯的領土主張，也因為烏克蘭持續依賴俄羅斯石油和天然氣。烏克蘭無法準時全額支付這些商品不斷上漲的價格。[24]

一九九四年的《布達佩斯安全保障備忘錄》，與一九九七年的《友好條約》，幫助了烏克蘭人得到俄羅斯與美國的書面承諾，同意遵守烏克蘭的主權與領土完整相關原則。但俄羅斯議會在民族主義與民粹主義勢力的強力反對下，花了兩年時間才批准《友好條約》。在烏克蘭政府中，只有少數官員認為這兩個條約中的任何一個或者兩約一起，都足以充分保障烏克蘭的安全。隨著最後一批核彈頭在一九九六年運出烏克蘭，烏克蘭人開始尋找保護他們主權和領土完整的替代方案。[25]

他們所能提出的唯一替代方案，是加入北大西洋公約組織（簡稱北約）。就在烏克蘭終於與俄羅斯簽署了《友好條約》後的短短幾個月內，烏克蘭的兩個西方鄰國波蘭與捷克，受邀加入了北約，解決了威脅它們的「俄羅斯問題」。[26]

＊審訂注：到了一九九四年十二月烏、美、俄、英簽訂《核不擴散條約》，終結烏克蘭在國際上孤立狀態，成為美國外援第三大的國家，僅次於以色列和埃及。

和平夥伴

一九九三年四月二十一日晚上，柯林頓總統受邀在美國大屠殺紀念館開幕式的招待會上發表演說，但他遲到了。他不是唯一讓當晚嘉賓等待的人。幾位跟他一起出席的東歐領袖也遲到了。「我花了許多時間和這些世界領袖談到了一些關乎我們所有人的事情，這些事和今天把諸位聚集在這裡的場合深刻相關。」柯林頓解釋道。這個場合是為了紀念納粹大屠殺的受害者；「關乎我們所有人的事情」就是東歐國家請求北約向他們的國家開放。[27]

其中一位領袖是波蘭總統萊赫．華勒沙，他也是該國團結運動的前領導人。他致力於讓自己的國家成為北約的一員。「經過蘇聯數十年的統治後，我們都對俄羅斯感到恐懼，」華勒斯對柯林頓說道，「如果俄羅斯再次採取侵略外交政策，這次它將針對烏克蘭和波蘭。我們需要美國來阻止這種情況發生。」華勒沙所說的不僅只是他自己國家的處境，也是維謝格拉德集團＊。另外三個成員國匈牙利、捷克和斯洛伐克的處境，它們已經同意協調彼此的行動或策略以加入西方的組織。另外一個反共異議分子，時任捷克共和國†總統的瓦茨拉夫．哈維爾，在另外一個場合告訴柯林頓，他的國家是「生活在一個真空裡」，還說：「這是為什麼我們要加入北約的理由。」[28]

東歐國家從一九九〇年初就開始向北約扣門，當時正在進行東西德統一的談判，北約向東擴張的問題浮上檯面。在談判期間，美國國務卿詹姆斯．貝克曾問戈巴契夫：「你寧願看到一個不加入北約、獨立而且沒有美國軍隊駐紮的統一德國，還是一個與北約結盟、並保證北約的管轄範圍不會向東移動一吋的統一德國？」戈巴契夫反對「北約地區」有任何擴張。結果這個協議僅限於德國的統一。而最終協議在一九九〇年九月簽訂，允許新統一的德國加入北約，並且不讓北約的基礎設施進入德國東部。[29]

一九九〇年三月，捷克斯洛伐克、波蘭和匈牙利的代表批評克里姆林宮反對北約東擴，五月時，戈巴契夫警告美國，他知道美國支持莫斯科前衛星國加入北約的渴望。老布希總統確實拒絕支持貝克在德國統一協商期間所採取的立場，但他也沒有向蘇聯或它的前盟國的要求做任何讓步。戈巴契夫後來承認，貝克在談判期間所做的聲明僅針對德國。但這並沒有阻止包括普丁在內的俄羅斯領導人利用貝克的話作為「證據」，說明北約曾同意不會擴張到東德以外的地區。[30]

雖然老布希在冷戰結束後堅持繼續保留該組織，不過蘇聯和之後的俄羅斯反對東歐國家加入北約的心情，讓老布希總統不願意考慮北約擴張到德國東部邊界以外。這也是柯林頓政府中的許多成員拒絕東歐領導人加入北約的一個主要理由。到了一九九三年，質疑北約東擴的理由又多了一個。這個理由就是烏克蘭，更準確具體地說，是它的去核化問題。柯林頓的國務卿，華倫·克里斯多福這樣闡述

＊譯注：這個組織成立於一九九一年二月十五日，成員國包含了捷克、匈牙利、波蘭、斯洛伐克，該組織的名稱命名自匈牙利的城市維謝格拉德，四國的前身曾於中世紀在這裡舉行重要會議。其成立宗旨是促進這四個國家之間的合作和對話，以及推動它們在歐洲和國際上的利益和發展。

†譯注：捷克斯洛伐克在一九九二年十二月三十一日正式分裂為捷克共和國和斯洛伐克共和國，而柯林頓演講是在分裂後的第四個月。

烏克蘭問題：「（我們）實在看不出烏克蘭會接受成為北約、歐洲和俄羅斯之間的緩衝區。這會妨礙我們說服烏克蘭放棄核武的努力。」31

核武器和東歐國家加入北約的誘因之間的直接關係，在一九九二年得到了證明，當時一些波蘭官員向他們的美國同行暗示，如果不允許他們加入北約，他們就會發展核武器。一個擁有核武器的波蘭，在面對一個最近變得更具侵略性的俄羅斯的前景，讓華盛頓的許多人感到恐慌，有些人甚至願意以北約成員資格作為誘餌，讓烏克蘭放棄他們的核武庫。由於害怕在失去武器的同時，又陷入北約和俄羅斯之間的灰色地帶，烏克蘭外交官效仿東歐國家的做法，加入北約。烏克蘭外交部副部長鮑里斯．塔拉修克表示，「如果不讓烏克蘭成為正式成員，北約的擴張對我們來說是無法接受的。」32

一九九三年四月，柯林頓在華盛頓會見了華勒沙和哈維爾，兩位國家領導人都提出了加入北約的問題，美國總統開始重新思考他的前任在這方面所採取的謹慎政策。但要加入這個聯盟，東歐國家面臨了兩大障礙。一個是俄羅斯的反對；另一個則是對烏克蘭的擔憂，它當時仍然擁有核武器，並且對於可能陷入北約和俄羅斯之間的孤立地帶深感不安。

俄羅斯反對北約的擴張成了一個問題，但柯林頓政府也擔心不論葉爾欽對北約擴張的立場是什麼，都會激化他在國內的反對聲浪。「如果北約以反俄為理由接納新成員，這可能會打破俄羅斯各種政治勢力之間的平衡，並朝我們最不希望看到的方向傾斜。」柯林頓在俄羅斯和東歐政策上的核心幕僚斯特羅布．塔爾博特寫道。一九九三年八月，俄羅斯問題取得突破，華勒沙和葉爾欽達成一個非正式協議，即以放棄烏克蘭的利益，換取波蘭加入北約的保證。協議的內容是，俄羅斯不會反對波蘭申請加入北約，作為交換，除非烏克蘭發生軍事危機，否則波蘭不會干涉烏克蘭事務。儘管這個協議非常不正式，但它還是得到了維持：俄羅斯沒有反對東歐國家加入北約，但他們在烏克蘭邊境畫了一條紅線。[33]

當俄羅斯的問題似乎得到緩解之後，華盛頓的主要問題就變成了烏克蘭本身。塔爾博特這樣闡述華盛頓針對烏克蘭的任務：「（我們）必須小心完成這件事（即東歐國家加入北約），不要讓烏克蘭覺得自己被遺棄在寒冷的北方，孤立無援地面對它那毛茸茸的鄰國。」華盛頓所面臨的烏克蘭問題，很快就隨著北約和平夥伴計畫的推出而獲得了解決，這項計畫向所有東歐國家開放，也包括了烏克蘭和俄羅斯。當葉爾欽在與華勒沙達成協議後不久，他便在一九九三年九月提筆寫信給柯林頓提議，如果俄羅斯可以參與北約擴大的進程，俄羅斯會同意北約擴張，而這就是柯林頓給葉爾欽那封信的回應。這項計畫也是給烏克蘭的一個安慰獎，一九九四年一月，柯林頓正要前往莫斯科簽署關於烏克蘭移交核武器給俄羅斯的美俄烏三邊協議，這就是他在基輔給克拉夫丘克總統的獎勵。在柯林頓抵達基輔的前一天於布魯塞爾宣布了這個和平夥伴計畫。[34]

這個新計畫對東歐國家而言，是它們通往成為北約正式成員國途中的過渡階段。但對於無望加入北約的俄羅斯與烏克蘭而言，它卻發揮了不同的作用。對俄羅斯而言，參與這項計畫，意謂布魯塞爾對俄羅斯保證北約不是在密謀對付它。對基輔而言，這項計畫確保了烏克蘭不會被遺棄，與一個不悅、富有侵略性的俄羅斯進行一對一的對抗。如果說東歐國家與俄羅斯還在猶豫不決，那麼烏克蘭則迅速抓住了機會。在北約宣布和平夥伴計畫後不到一個月，烏克蘭就成為第一個加入這項計畫的國家。與北約建立夥伴關係，是它抵禦俄羅斯的唯一途徑。[35]

和平夥伴計畫甚是短暫。一九九七年七月，以柯林頓為首的北約成員國領導人在馬德里會面，決定邀請波蘭、捷克和匈牙利加入北約。同時，他們向俄羅斯與烏克蘭提出了兩份單獨的協議。給俄羅斯的文件名為《北約－俄羅斯關於相互關係、合作與安全的基本文件》，給烏克蘭的文件則是《獨特夥伴關係憲章》。這兩份協議的宗旨與和平夥伴計畫相同，讓俄羅斯相信北約不是在密謀對付它，並向烏克蘭保證，北約將會抵擋俄羅斯的威脅。

俄羅斯也受邀加入由全球最大的民主經濟體所組成的七大工業國組織（Ｇ７），儘管它在一九九三年砲擊議會後，其民主資格受到質疑，而且它的經濟規模確實很小。柯林頓後來向庫奇馬總統解釋，他之所以讓俄羅斯加入Ｇ７（後來變成Ｇ８）理事會，是為了烏克蘭的利益。「我因為讓俄羅斯加入Ｇ８和ＡＰＥＣ（亞太經濟合作會議）而受到批評，」柯林頓對庫奇馬說，「但我希望它們能從與烏克蘭和其他國家的合作當中看見好處，這比起支配它要來得更有利益。」葉爾欽接受了Ｇ７的邀請，但試圖在《北約－俄羅斯關於相互關係、合作與安全的基本文件》中加入一條條款，賦予俄羅斯對於北約未來擴張的否決權。他的要求遭到拒絕，但他卻向國內聲稱俄羅斯已經獲得了這個權力。[36]

一九九九年春天，在捷克、波蘭與匈牙利正式加入北約後不久，俄羅斯與北約的關係卻急轉直下。直接的原因與北約擴張無關，而是由於北約決定對塞爾維亞展開轟炸，塞爾維亞與蒙特內哥羅共同組成了南斯拉夫解體後的殘存國家＊。北約展開轟炸行動，是為了要阻止南斯拉夫軍隊對科索沃人民所犯下的屠殺暴行，科索沃是一個在塞爾維亞境內穆斯林人口占多數的地區。柯林頓和其他西方領導人認為，他們必須阻止種族滅絕，但聯合國安理會由於俄羅斯和中國的反對，拒絕批准空襲的決議。因此，北約自行承擔了這項軍事行動的責任。一夕之間，北約從一個防禦性的聯盟，變成了一個進攻性的聯盟，這種變化引起了俄羅斯人的警覺。[37]

無論是在一九九八年金融危機後，由俄羅斯對外情報局前局長葉夫根尼．普里馬科夫所領導的俄羅斯政府，還是支持普里馬科夫的共產黨人和民族主義者，都無法容忍在塞爾維亞境內發生的事情。雖然葉爾欽不像塞爾維亞總統斯洛波丹．米洛塞維奇那樣，動用軍隊來強行維持蘇聯的統一，把它變成一個「有核武器的南斯拉夫」，但俄羅斯與塞爾維亞在一九九〇年代後期建立了友好關係。大家早就遺忘了一九四〇年代末，史達林與狄托†的分裂所引發的敵對時期，以及因米洛塞維奇支持一九九一年八月的莫斯科政變而造成的不信任時期。共同的斯拉夫根源、東正教傳統，以及俄羅斯帝國在十九世紀協助南斯拉夫對抗鄂圖曼帝國的悠久歷史關係，使得雙方的關係重新恢復了。泛斯拉夫主義、民族主義和宗教，取代了過時的馬克斯意識形態和搖搖欲墜的自由民主主義，成為俄羅斯新政策的重要要素。對俄羅斯的民族主義者而言，塞爾維亞是他們的「兄弟」，因為他們都承受著自己帝國崩潰

＊譯注：即「塞爾維亞與蒙特內哥羅國家聯盟」，這個國家只存在了三年，在二〇〇六年分裂為蒙特內哥羅與塞爾維亞共和國。

†編按：狄托（一八九二至一九八〇），南斯拉夫社會主義聯邦共和國總統、總理，南斯拉夫元帥，在南斯拉夫執政三十六年。他的個人形象通常被視為南斯拉夫聯邦內各民族統一的象徵。

的衝擊。

一九九九年三月二十四日，普里馬科夫在飛往美國的途中得知北約已經開始轟炸塞爾維亞。他認為這是美國主導的一個不友善舉動，令他大為震怒，於是在大西洋上空下令他的專機駕駛掉頭返回莫斯科。俄國隨後與北約斷絕外交關係，抗議美國對其利益範圍內事務的干預。隨著時間的推移，這個事件成為了一個象徵，用來比喻俄羅斯對美國的合作外交政策的重大急遽轉變。這次的轟炸行動持續了七十八天，造成數千名塞爾維亞軍人和平民的傷亡，以及大規模的南斯拉夫基礎設施被摧毀。轟炸停止後，俄國的軍隊開進科索沃的首都普里什蒂納，遇上了從馬其頓進駐的北約軍隊，俄軍堅持與北約軍隊共同占領該市。在普里什蒂納，俄羅斯與北約既合又分，名義上是盟友，實際上卻是競爭對手。[38]

第四章 新東歐

新千禧年伊始，俄羅斯、美國與整個西方世界之間的關係有了改善的希望，這也意謂俄羅斯與北約之間的關係有可能獲得改善。這個希望來自二〇〇一年九月九日普丁致電美國總統小布希，普丁當時已就任俄羅斯總統一年多，而小布希則就任美國總統還不到十個月。就在不久前，塔利班暗殺了莫斯科在阿富汗的一個重要盟友，而普丁根據他從阿富汗獲得的一項情報，向小布希發出警告：有一件「籌劃已久的大事」即將發生。兩天後，蓋達（或基地）組織發動了恐怖襲擊，九一一事件徹底改變了小布希的總統任期內的外交政策重點，也重新定義了美國未來幾年外交政策的走向。

普丁抓住了這個機會，趁機向小布希與其執政團隊提出與美國建立夥伴關係，共同應對來自阿富汗和激進伊斯蘭的威脅，超越了區域合作的範疇。「我確信，今天是我們的『命運再次與歷史時刻交會時』，我們不僅只是夥伴，也很可能會是朋友。」普丁在二〇〇一年十一月訪問華盛頓期間，這樣說道。普丁的願景包含了俄羅斯要恢復在蘇聯時代的世界政治地位、終止北約持續擴張，以及主張前蘇聯的領土屬於俄羅斯的勢力範圍。普丁在訪美期間也提供了美國更多有關阿富汗的情報，這也是當時白宮首要關切的問題。[1]

小布希政府對普丁的建議表示感謝，但並不準備按照他的建議採取行動。為了要回報莫斯科提供的阿富汗情報和其他的善意舉動，華盛頓願意分享他們自己所收集到的「反恐戰爭」情報，對於俄羅斯對車臣的殘酷鎮壓（俄羅斯將車臣視為恐怖組織）不公開發表意見，以及協助俄羅斯加入世界貿易組織。美俄的夥伴關係短暫地發揮了作用，但即便在對抗塔利班這個雙方共同關心的議題上，都可以明顯看出美俄雙邊的關係緊張。美國需要在中亞設立美軍基地，但是普丁並不樂見美國進入他的專屬勢力範圍。在經過一番猶豫後，普丁同意美國在中亞設立兩個軍事基地，一個在烏茲別克，另一個在吉爾吉斯。[2]

然而，那只是美俄之間關係惡化的開始。二〇〇二年六月，小布希退出一九七二年的《反彈道飛彈條約》，他表示有必要發展反導彈防禦系統，以因應像伊朗等流氓國家的威脅。普丁認為布希的真正目標是俄羅斯，於是宣布退出一九九三年由老布希和葉爾欽簽訂的《削減戰略武器條約－II》。普丁試圖透過在二〇〇二年五月成立的北約－俄羅斯理事會來左右北約，但收效甚微：同年的十一月，北約決定接受新的東歐成員國，其中最引人矚目的是波羅的海三國（一九四〇年曾被蘇聯強行吞併），從而進一步侵犯了被普丁視為勢力範圍的地區。二〇〇三年，小布希決定攻打伊拉克，這成為了華盛頓與莫斯科之間的另一個爭端。[3]

然而，正是布希的「民主聖戰」，亦即旨在全球範圍內促進和支持民主的政策，讓華盛頓和莫斯科之間不可避免地走向衝突。普丁政權將促進民主視為對俄羅斯國內政局的穩定和對外政策目標的威脅。蘇聯解體後，原本屬於蘇聯的西方共和國形成了一個新東歐，美俄在這裡為了爭奪利益而引起的衝突規模，與它們在冷戰期間在「舊」東歐地區所爆發的衝突不相上下。而現在，美俄競爭的焦點轉向了烏克蘭，二〇〇四年秋天在烏克蘭國內爆發的橘色革命最終取得了勝利。就在幾個月前，也就是二〇〇四年三月，七個東歐國家正式成為北約成員國，其中包括了波羅的海三國（都是民主國家）。烏克蘭會是下一個嗎？

民主聖戰

對俄羅斯而言，二〇〇四年烏克蘭橘色革命的勝利，對克里姆林宮在國內外的利益是一大打擊。「那是我們的九一一事件。」與克里姆林宮關係密切的俄羅斯政治顧問葛萊博．帕羅夫斯基如此說道。帕羅夫斯基出身烏克蘭，他前往基輔為總理亞努科維奇及其競選團隊提供諮詢。橘色革命也是對普丁個人的挫敗，因為這場革命得到了鮑里斯．別列佐夫斯基的支持，此人曾是普丁的金主，後來變成了他的死敵，最終流亡海外。在親西方的總統亞努科維奇的領導下，克里姆林宮擔憂烏克蘭會永遠脫離俄羅斯的勢力範圍，投入西方陣營。[4]

隨著共產主義垮臺，對於渴望加入西方機構（例如歐盟這樣的政治組織，和某些軍事組織，尤其是北約）的後共產主義及後蘇聯國家而言，民主制度成為先決條件。烏克蘭的民主發展雖然混亂但卻活躍，使它有望加入歐盟和北約，但俄羅斯卻因為在民主的考驗上屢戰屢敗，並不具備加入的條件，最終走上了獨裁統治的道路。烏克蘭在民主上的成功和持續發展，對普丁政權構成了威脅，因為它鼓舞了俄羅斯國內支持民主的剩餘勢力，且從地緣政治的角度來看，這會讓民主制度更接近俄羅斯邊界。在普丁看來，這不僅是不受歡迎的，也是不能接受的。

到了二〇〇四年，普丁已經為其日後建立一個專制政權奠定了基礎。他控制了二〇〇三年十二月國家杜馬的選舉，他所領導的統一俄羅斯黨大獲全勝，得票是共產黨的三倍之多，成為國會最大黨。接著，他利用了二〇〇四年九月車臣激進武裝分子襲擊貝斯蘭一所學校所引發的人質危機。俄羅斯安全部門處理失當，對學校發動攻擊，導致三百一十四名人質死亡，包含一百八十六名學童。這讓普丁有了干預並削弱俄羅斯殘餘民主力量的機會：州長選舉被廢除，並制定新的法律限制政黨和非營利組織的活動。[5]

普丁急於在烏克蘭建立一個與俄羅斯相似的政治體制，因此他為亞努科維奇競選總統公開造勢，同時也暗中敦促庫奇馬使用武力鎮壓抗議。但他的兩手策略並沒有奏效。二〇〇五年初，大規模的群眾示威運動也撼動了其他後蘇聯國家，包括烏茲別克和吉爾吉斯，後者的「鬱金香革命」（Tulip Revolution）推翻了自蘇聯時代末期就開始執政的總統阿斯卡爾・阿卡耶夫。在橘色革命的前一年，喬治亞的「玫瑰革命」（Revolution of Roses）讓一位年輕、有魅力、親西方的改革派領導人米哈伊爾・薩卡什維利上臺。在俄羅斯，這些示威運動都被貼上了「橘色革命」的標籤。莫斯科發覺自己處於守勢，便開始仿效橘色革命期間反對派所採用的策略，創立並資助了許多親政府的青年組織，其中最臭名昭著的就是「我們的」（Nashi）。這個青年組織宣稱要捍衛總統，使其免受外國勢力煽動之革命騷亂的威脅。烏克蘭在這方面特別受到俄羅斯的指責，但莫斯科的思想家看見了烏克蘭背後西方威脅性的陰影。6

的確，如同莫斯科所預料的那樣，橘色革命在基輔引發了一個重大的地緣政治轉變。總統尤先科恢復了庫奇馬在二〇〇一年梅利尼先科錄音醜聞爆發前所推行的親歐政策，包括逐步融入歐盟和北約等歐洲組織。尤先科希望能以「成員行動計畫」（MAP）的形式受邀加入北約。布魯塞爾並沒有對他的請求置若罔聞，北約官員邀請了烏克蘭就可能成為北約成員展開了「密集對話」＊。在一九九〇年代，捷克、斯洛伐克、匈牙利和波蘭，這些烏克蘭的西方鄰國曾經不願因與烏克蘭有關連而危及它們加入北約的努力；但現在全都對於烏克蘭期盼成為北約成員的願望給予支持。他們非常樂意將自己在北約東翼的位置讓給烏克蘭，也就是容易受到俄羅斯攻擊的位置。7

二〇〇五年二月，就職典禮幾星期後，尤先科就參加了在布魯塞爾舉行的北約成員國領袖會議。他在會議上公開表示，他希望大家把烏克蘭視為北約的未來成員國。他是以他所領導的橘色革命和選舉他為總統的人民的名義這麼說的。「親愛的朋友們，我非常確信，」尤先科開始說道，「那些走上基輔的廣場和街道的人們之所以走出來，是因為他們期盼烏克蘭能夠加入歐洲，而不是只想當歐洲的鄰居，因為我們的國家正位居歐洲的中心。我們希望能夠看到烏克蘭被納入歐盟和北約。」在離開講

＊譯注：密集對話（Intensified Dialogue）是北約與非會員國家進行合作的一種流程，旨在幫助這些國家達到加入北約的標準和準備。這個流程不等於承諾或保證會員資格，卻是一個重要的步驟，表明北約對這些國家的興趣和支持。

臺前，尤先科特別向俄羅斯保證，他和他的國家期盼能夠加入北約的願望，並非針對俄羅斯。「俄羅斯是我們的戰略夥伴，」尤先科聲明道，「而且烏克蘭對北約的政策絕不會損害包括俄羅斯在內其他國家的利益。」[8]

烏克蘭政府正努力解決自己的安全困境。在一九九〇年代，由於北約已經與俄羅斯建立了戰略夥伴關係，因此烏克蘭在不觸怒俄羅斯的情況下加入北約的想法在理論上是可行的。但在橘色革命之後，基輔面臨了一個艱難的抉擇：要不就是向莫斯科讓步，因俄羅斯一直對烏克蘭有領土要求，並且直接干預了烏克蘭的總統選舉；或者是尋求一個能夠保障其領土完整和主權的軍事聯盟的庇護。俄羅斯的威脅是真實而迫切的，而加入北約卻是一個假設性的、遙遙無期的願望。在猶豫了許久後，基輔果斷選擇了加入北約。[9]

俄羅斯密切關注尤先科的外交政策動向，但並未就基輔想要加入北約的願望發表任何公開意見。相反的，莫斯科利用烏克蘭對俄羅斯天然氣的依賴，以及它作為天然氣出口歐洲的中轉國地位，來阻撓烏克蘭向西方靠攏。二〇〇五年三月，尤先科訪問布魯塞爾，在提出了加入成員行動計畫的要求後不久，俄羅斯就提高了對烏克蘭的天然氣價格。這是俄羅斯削減對前蘇聯共和國補貼政策的一部分，但這充其量是一種選擇性待遇，因為對俄羅斯友好的白羅斯享有更為優惠的條件。隨後發生了一系列的天然氣危機，俄羅斯以烏克蘭無力支付高昂的價格為由，切斷了對它的天然氣供應，烏克蘭要支付的價格最終高過了中歐客戶支付給俄羅斯的價格。

這些危機也被稱為「天然氣戰爭」，俄羅斯故意在冬天發動，迫使烏克蘭從中抽取部分俄羅斯運往中歐客戶的天然氣。莫斯科指責基輔竊取歐洲的天然氣，並威脅要完全切斷對歐洲的供應。這就是二〇〇六年一月發生的事，俄羅斯對匈牙利的天然氣供應減少了百分之四十，對法國和奧地利減少了百分之三十，對義大利減少了百分之二十四。這讓烏克蘭在歐洲的形象嚴重受損，也讓歐盟直接捲入了俄烏的天然氣戰爭中，但這不僅沒有動搖尤先科政府堅持親西方政策的決心，事實上，這反而更加強了他們的決心。[10]

布加勒斯特峰會

二〇〇七年二月，俄羅斯與美國及其盟友之間的關係陷入危機，當時普丁選擇在慕尼黑安全論壇，公然質疑美國作為世界政治領袖的地位。由於伊拉克戰爭大幅削弱了華盛頓在世界上的地位，俄羅斯總統準備充分利用這個機會來挑戰美國。他指責華盛頓單方面入侵伊拉克的行動摧毀了國際秩序的基石。他也反對北約的擴張。「我認為北約的擴張顯然與北約自身的現代化或歐洲的安全無關，」普丁如此宣稱，「相反的，這是一種嚴重的挑釁，削弱了彼此的信任。」他隨後提到了北約領導人在一九九〇年所做的承諾，即不會將北約擴張到德國之外。[11]

北約祕書長亞普．德霍普．斯海弗對於普丁的言論感到不滿，他批評普丁的慕尼黑演講「令人失望而且毫無幫助」。美國的回應則以共和黨重量級參議員約翰．馬侃為代表，訴諸於民主，而不是互信或安全等問題。「莫斯科必須了解，只要它在國內與海外的行動與歐洲和大西洋的民主核心價值有著根本上的衝突，它就無法與西方建立真正的夥伴關係。」馬侃說道。[12]

尤先科與烏克蘭其他領袖在二〇〇八年一月寫給布魯塞爾（北約總部）請求讓烏克蘭加入成員的行動計畫中，訴求的主題就是民主。尤先科在信中寫道，「我們完全擁抱歐洲的民主價值，我們的國家自視為歐洲和大西洋安全區域的一分子，我們願意和北約與其夥伴在平等的條件下共同應對安全威脅。」這封信要求北約考慮在二〇〇八年四月即將召開的布勒斯特峰會上，批准烏克蘭的成員行動計畫申請。

這讓莫斯科大為光火。普丁威脅烏克蘭，如果他們同意部署北約的飛彈，就會發動飛彈攻擊。「一想到或提到俄羅斯可能將它的飛彈系統瞄準烏克蘭，作為對這類武器部署在烏克蘭的回應，就令我毛骨悚然，」尤先科表示，「想像一下這種情況。這正是我所擔心的。」尤先科也發揮了自己的想像力，試圖平息莫斯科的怒火，「有人能想像在塞瓦斯托波爾設立一個北約基地？當然不會，永遠都不會。」他在一次場合中這樣說道。他仍然希望俄羅斯能夠改變反對烏克蘭加入北約的態度。

但莫斯科認為，如果烏克蘭加入北約，將會損害俄烏的友好關係。俄羅斯外交部對烏克蘭申請加入北約的新聞，發表了聲明，「顯然，今天烏克蘭的領導層把與北約建立更密切的關係，視為與俄羅斯聯邦保持睦鄰友好關係的替代方案。」同月，俄羅斯公布了「外交政策理念」，將北約的擴張行動，包括可能允許烏克蘭和喬治亞加入，以及將「北約軍事基礎設施」東移，視為違反了「對等安全原則」，導致「歐洲形成新的分界線」。「我們將不得不採取適當的對策。」這份聲明如此寫道。[13]

俄羅斯決心阻止烏克蘭和喬治亞加入北約，喬治亞是另一個反抗俄羅斯的後蘇聯共和國，它的民主資歷源於二〇〇三年的玫瑰革命。有鑑於與北約的關係惡劣，俄羅斯威脅要讓這種關係更加惡化。「由於我們現在與北約的關係面臨極大的挑戰，我不確定北約是否會邀請烏克蘭加入。」俄羅斯駐聯合國代表德米特里・羅戈津如此表示。[14]

當北約成員國的領袖在二〇〇八年四月二日抵達布加勒斯特峰會時，俄羅斯對烏克蘭和喬治亞加入北約的強烈抗議，牽動著他們的心弦。普丁親自來到羅馬尼亞首都參加俄羅斯－北約峰會，並警告北約成員國不要向這兩個後蘇聯共和國提出加入的邀請。「在我們的邊境附近出現一個強大的軍事集團，將會被看作是對俄羅斯安全的直接威脅。」普丁這樣告訴小布希總統。小布希並不太在乎普丁的這番話。在前往布加勒斯特的途中，布希在基輔短暫停留，他告訴烏克蘭人，「你們的國家做了一個大膽的決定，美國強烈支持你們的要求。」[15]

但由美國提倡並得到新加入的東歐成員國支持的決定，即授予烏克蘭和喬治亞「成員行動計畫」的資格，被北約的主要成員國，尤其是法國和德國給阻止了。「我們今天一致同意這些國家將成為北約成員。」北約在聲明中如此說道，之後又清楚表明短期內不會讓這些國家加入。儘管北約承諾要給予兩國行動計畫的資格，但其實並未兌現，因為這兩個潛在申請國仍需滿足一些特定的標準。「（我們）現在將開始與兩國高層政治人物進行密集接觸，以解決他們的成員行動計畫申請中仍然懸而未決的問題。」[16]

這件事遭到擱置，而且不會在接下來的兩次峰會上被提上議程。大家對此心知肚明，不給予這兩個後蘇聯共和國成員行動計畫的資格，是對他們曾經的宗主國俄羅斯的讓步。否則無法解釋為什麼布加勒斯特峰會邀請克羅埃西亞和阿爾巴尼亞加入北約。對於現在被俄羅斯視為威脅的這兩個國家來說，北約對它們的會員資格並未做出決定，是這次峰會最糟糕的結果：它們的申請被無限期推遲，沒有得到它們公開表示想要加入的聯盟的保障。雖然俄羅斯不敢對北約動手，卻可以輕易地攻擊那些渴望加入北約的國家，而它也的確這麼做了。

二〇〇八年八月八日，就在布加勒斯特峰會結束後幾個月，俄羅斯對喬治亞發動戰爭，表面上是要保衛喬治亞的飛地南奧塞提亞，這個地區在一九九〇年代初就脫離喬治亞。俄羅斯聲稱，攻擊是為了要回應喬治亞軍隊的行動，後者受命進駐南奧塞提亞，但這場戰爭顯然與布加勒斯特峰會的結果直接相關。在普丁從布加勒斯特回國後不久，俄羅斯幾乎是立刻就與南奧塞提亞和阿布哈茲建立了正式關係，而這兩個地區都是喬治亞的一部分，也是俄羅斯現在所「保衛」的地區。總統薩卡什維利曾在烏克蘭和美國接受教育，喬治亞人在他的領導下展開反擊，但規模和實力都遠勝於喬治亞軍隊的俄羅斯軍隊，深入喬治亞境內並威脅要攻占該國的首都提比里斯。

八月十二日，尤先科偕同波蘭和波羅的海三國的領導人一起飛往提比里斯，以展現他們對薩卡什維利與其國家的支持。就在那一天，法國總統尼古拉．薩科吉透過協商達成了停火協議，阻止了俄羅斯的進攻。俄羅斯軍隊最終從占領的地區大舉撤退，但仍有部分留守在南奧塞提亞和阿布哈茲，表面上看起來，是為了保護從喬治亞獨立出來兩個省，但實際上是讓喬治亞領土的分裂永遠持續下去。這降低了喬治亞有朝一日加入北約的機會，因為北約不願意接受有領土爭議的國家加入。俄羅斯對喬治亞的戰爭，成為俄羅斯首次在境外發動大規模戰爭的例子。這向西方國家傳遞了一個明確的訊息，那就是俄羅斯準備用武力來阻止北約的任何擴張。同時，也是在向其他後蘇聯共和國表明，如果俄羅斯發動攻擊，北約將不會派兵馳援它們。[17]

布加勒斯特峰會的決定，再加上俄喬戰爭的結果，對於烏克蘭加入北約的願望造成了毀滅性的打擊。二〇〇九年一月，華盛頓政權的更迭和歐巴馬就任美國總統，這讓美國得以全面檢視其外交政策，並試圖「重新設定」美俄關係。二〇一〇年一月，尤先科在第一輪的總統大選中落敗，將總統大位讓給普丁的舊寵亞努科維奇。這位新總統立即將加入北約從烏克蘭的外交政策議程中刪除，他還簽署了一項對烏克蘭的國家安全具有毀滅性的協議，同意將俄羅斯黑海艦隊在塞瓦斯托波爾的基地租期延長到二〇四二年。[18]

北約布加勒斯特峰會讓烏克蘭處於自其宣布獨立以來最危險的境地。由於沒有核武器和北約成員資格的保護，烏克蘭發現自己正任由俄羅斯擺布；在俄羅斯看來，北約對烏克蘭做出模稜兩可的入盟邀請，是北約想要擴張到烏克蘭的野心之舉，這威脅了俄羅斯的安全。烏克蘭成了一個在曠野上被敵人追殺的孤獨戰士，一路奔跑至一個安全的堡壘尋求庇護，卻發現大門緊閉，因為堡壘裡的守衛意見分歧。

歐亞聯盟

普丁對俄羅斯國家安全的看法，與沙皇和蘇聯的領導人一樣：為了保障俄羅斯的安全，他們建立並維持了一個周邊緩衝區。普丁想要將大多數的前蘇聯共和國納入莫斯科的控制之下，雖然不是以恢復蘇聯的形式，而是以一個涉及政治、軍事和最重要的經濟集團的形式，一個名為「歐亞聯盟」的組織。有鑑於規模和經濟重要性，烏克蘭理應成為新聯盟的基石。

後蘇聯地區的重新整合，在莫斯科被重新命名為「歐亞」，也是全世界通用的名稱。這個過程始於一九九〇年代，當時葉爾欽發起了一些關於俄羅斯、白羅斯和某些中亞國家之間建立共同市場的協議。普丁則透過建立歐亞經濟共同體，為重新整合的進程增添了動力；這也等於默認了葉爾欽成立的獨立國家國協，並未如莫斯科在一九九〇年代初所期望的那樣，將後蘇聯地區納入俄羅斯的控制之下。

普丁的整合化努力在二〇〇三年取得了成果，在拒絕加入自己曾協助創建的獨立國家國協後，烏克蘭與俄羅斯、白羅斯和哈薩克簽署了建立共同經濟空間的協議。這是在梅利尼先科錄音帶醜聞削弱了烏克蘭總統庫奇馬的權力後，其遠歐親俄政策轉向的一部分。但二〇〇四年的橘色革命讓烏克蘭中止參與俄羅斯所領導的歐亞整合計畫。尤先科總統更期待烏克蘭與歐洲的整合。而亞努科維奇於二〇一〇年成為烏克蘭總統後，某種形式的歐亞合作變得更有可能性。

二〇〇八年，為了要遵循俄羅斯憲法禁止總統連任超過兩屆的規定，普丁與他的前任總理德米特里．梅德韋傑夫交換了職務。二〇一一年十月，普丁以總理身分在一篇備受矚目的文章中闡述了他的歐亞整合願景。二〇一二年一月一日，他宣布在俄羅斯、白羅斯和哈薩克之間建立一個共同經濟空間的計畫。為要建立一個以俄羅斯為首的歐亞聯盟，這項計畫被認為只是一個開端。「我們提出了一種強大的跨國聯盟模式，能夠成為當今世界的極點之一，並在歐洲和充滿活力的亞太地區之間，以此身分發揮有效的『連結』作用。」普丁寫道。他設想俄羅斯將領導一個強而有力的聯盟，能夠與西方的歐盟和東方正在崛起中的中國分庭抗禮。[19]

這篇文章不僅僅向俄羅斯公眾發表：普丁也在試圖為他的歐亞聯盟招募新的成員。在這方面他面臨了競爭，因為許多後蘇聯國家都在考慮加入歐盟的可能性。「我們的一些鄰國解釋說，他們之所以不願意參與後蘇聯地區的先進整合計畫，理由是歐亞聯盟和其歐洲選擇相衝突。」普丁寫道。他對這個問題有一個解決方案：「我認為這是一種錯誤的二分法。我們不會把自己與任何人隔絕或反對任何人。歐亞聯盟將建立在普遍的整合主義原則的基礎之上，作為大歐洲不可分割的一部分，並與歐洲共享自由、民主和市場原則等價值。」[20]

這篇文章是普丁競選計畫的一部分：在發表這篇文章之前，他就已經宣布了自己重返總統之位的計畫。當他在二〇一二年五月達成目標後，歐亞的重新整合成為他的關鍵目標之一。從意識形態的角度來看，歐亞聯盟很大程度上是歐亞主義和新歐亞主義思想的產物，因為它試圖在跨國的基礎上重新整合那些以前屬於俄羅斯帝國和蘇聯的國家或地區。在經濟上，歐亞聯盟是一種試圖保障俄羅斯工業市場的計畫，因為俄羅斯工業在全球缺乏競爭力，必須設法避免未來的經濟衝擊和危機。為了要與歐盟和崛起中的中國進行有效的競爭，俄羅斯需要新技術，而這些技術只能從西方獲得。為此，莫斯科自己與歐盟進行了談判，起初它並未干涉烏克蘭和其他後蘇聯國家與歐盟進行類似的談判。[21]

但到了二〇一三年年中，情況已經很明顯，雖然歐盟和俄羅斯之間的談判並沒有取得什麼成果，但歐盟準備提供給後蘇聯國家的聯合協定，卻與它們未來可能加入歐亞聯盟的機會不相容。當普丁向那些有興趣與歐盟簽署聯合協定的後蘇聯國家施壓，要求它們放棄自己的計畫時，由於亞美尼亞在與鄰國亞塞拜然的戰爭中仰賴俄羅斯的支持，只好順從俄羅斯，但喬治亞和摩爾多瓦並未就範。烏克蘭則在莫斯科和布魯塞爾之間搖擺不定。對普丁來說，烏克蘭就是關鍵，如果沒有這個後蘇聯第二大共和國，歐亞聯盟就無法像他所說的那樣發揮當今世界「極點」之一的功能。

新當選的烏克蘭總統亞努科維奇，推翻了前任的許多政策。他利用他在議會中的盟友和追隨者修改了憲法，廢除了在尤先科當選時所通過對總統權力的限制。這些都強化了總統的權力，進而讓亞努科維奇得以開始建立起一些專制統治的要素，隨後又建立了一個高度腐敗的政府體系，將國家預算中的數十億美元轉到總統、他的家人和親密顧問及夥伴的祕密帳戶中。在外交政策方面，亞努科維奇公開宣布，他的國家放棄了加入北約的願望，恢復不結盟地位。亞努科維奇將俄羅斯在塞瓦斯托波爾海軍基地的租約延長了二十五年，這也是新政府從布魯塞爾轉向莫斯科靠攏的另一個跡象。[22]

尤先科過去與歐盟建立密切的經濟和貿易關係的政策，是少數幾項在亞努科維奇的議程中保留下來的，烏克蘭冶金業和其他出口導向產業的核心位於亞努科維奇的故鄉頓巴斯地區，對這些產業來說，歐盟是一個巨大的市場。支持他的寡頭們擔心來自俄羅斯同行的競爭，希望能為他們的產品打開歐洲市場。他們也不介意讓歐盟成為抑制基輔專制傾向的力量，亞努科維奇日益擴大的權力和侵吞他人財產的慾望，對他們的商業利益構成了威脅。[23]

亞努科維奇對民主和法治的侵犯，令歐盟感到憂慮，但歐盟仍準備與烏克蘭簽署一項聯合協定，以烏克蘭釋放政治犯為交換條件，尤其是前總理季莫申科。諷刺的是，她因與俄羅斯簽訂了一項不利烏克蘭經濟的天然氣協議，而被亞努科維奇監禁。歐盟的主要訴求是繼續推動市場改革。這對亞努科維奇來說是個燙手山芋，他不想要任何改革，而且正在建立一個貪腐的政府租賃剝削制度。但他和他的隨從希望透過裝模作樣的改革，保護他們的商業利益不受到俄羅斯的威脅，並打入歐洲市場。民意調查顯示，如果他能履行讓烏克蘭與歐盟簽署聯合協定的承諾，那麼他將在預定於二〇一五年舉行的總統大選中勝出。支持民主和自由的選民會忽略他的其他過錯。[24]

亞努科維奇猶豫不決。歐盟要求他釋放季莫申科和進行改革，但莫斯科卻沒有這樣的要求。但莫斯科揚言，如果亞努科維奇與歐盟簽署了聯合協定，將會對烏克蘭實施經濟封鎖。普丁為了表明自己所言不虛，發動了一場局部貿易戰，禁止烏克蘭產品輸入俄羅斯，導致烏克蘭的出口下降了百分之十。根據估計，因俄羅斯「收緊」的海關規定，使烏克蘭損失了十四億美元的貿易收入。莫斯科的武器庫裡既有大棒，也有胡蘿蔔。如果烏克蘭不簽訂歐盟所提出的聯合協定，普丁將提供金援：後來確定的金額為一百五十億美元，這是亞努科維奇的救命稻草，他的貪汙統治已使烏克蘭處於金融崩潰的邊緣。亞努科維奇最終做出了自己的選擇。[25]

二〇一三年十一月，亞努科維奇接受了歐盟維爾紐斯峰會的邀請，原本預計將在那裡簽署聯合協定，但他卻臨時變卦了。他告訴隨行的幕僚，他之所以改變主意，是因與普丁交涉的結果，據說普丁告訴他，他絕不容許歐盟或北約與俄羅斯的邊界接壤。如果亞努科維奇簽訂了歐盟協議，普丁威脅將要占領克里米亞，和包括頓巴斯在內的烏克蘭東南部大片土地。亞努科維奇顯然嚇壞了，決定放棄歐盟聯合協定。[26]

亞努科維奇沒有向他的歐洲同行透露，他從俄羅斯那裡獲得了資金。幾星期後，他到莫斯科拜訪普丁，俄羅斯總統兌現了他的承諾。他向他的烏克蘭同行提供了優惠的俄羅斯天然氣價格，和一百五十億美元的貸款。普丁聲稱，「烏克蘭無疑是我們名副其實的戰略夥伴和盟友。」歐亞整合計畫活躍而成功，至少當時看起來是這樣。[27]

尊嚴革命

當亞努科維奇在莫斯科拿到他的金錢報酬時，他在基輔已經深陷困境。當烏克蘭政府宣布歐盟在維爾紐斯峰會對烏克蘭的決定，基輔的年輕人立刻聚集在獨立廣場邁丹，抗議亞努科維奇拒絕簽署聯合協定。他們就和大多數烏克蘭人一樣，把他們對於引進歐洲的法律和商業實踐到烏克蘭的期望，寄託在總統承諾過的這份協定上。學生們迅速加入他們的行列，並在邁丹廣場上紮營。廣場起義於焉誕生，譴責亞努科維奇背棄了要讓他的人民更接近歐洲的承諾。

十一月三十日清晨，廣場起義情勢升高，發展為後來被稱為「尊嚴革命」的事件，當時鎮暴警察以暴力試圖驅離廣場上的學生。十二月一日，超過五十萬的基輔人湧入市中心抗議警察的暴行。市民們來到廣場保護學生，也捍衛社會不受到嚴重的獨裁主義侵蝕。十二月十一日，政府警察開始突襲邁丹的帳棚區。守護者成功抵抗了壓力，迫使警察撤退。政府對抗議者的攻擊正值美國助理國務卿盧嵐和歐盟代表凱瑟琳·艾希頓訪問基輔期間，他們希望能夠協助解決這場危機。他們來到邁丹表達對抗議者的支持。[28]

警察行動的時機並非巧合。它首先是要向華盛頓傳達一個訊息：烏克蘭不歡迎美國的干預。普丁後來在提到盧嵐前往邁丹向示威者致意時，將此事當作是美國在背後煽動這場抗議行動的證據。不到一週後，亞努科維奇飛往莫斯科接受普丁的賄賂，因他承諾不會與歐盟簽署聯合協定。二〇一四年一月八日，在東正教聖誕節後隔天，亞努科維奇再次飛往莫斯科會見普丁。根據後來的報導，俄羅斯將暫緩支付一百五十億美元貸款的下一筆分期款項，直到廣場上的示威運動被鎮壓。一月中旬，由亞努科維奇支持者占多數的烏克蘭議會，通過了所謂的獨裁法律，禁止西方資助的非營利組織的活動和取締某些抗議行動。[29]

但烏克蘭不是俄羅斯。新的法律不但沒有嚇阻反對派和讓抗議者屈服的效果，反而激起了民眾的反抗。在基輔，數萬名抗議者湧上街頭，其中一些最激進的示威者打破了和平抗議的傳統，攻擊政府的建築物。烏克蘭西部各州，絕大多數的人都支持尊嚴革命，抗議者開始占領政府大樓。亞努科維奇在基輔動用警力鎮壓示威者，但對西部的抗議態勢幾乎無力處理，因為連地方政府都站在示威者這一邊。

到了月底，亞努科維奇開始採取戰術性撤退。議會撤回了一些「獨裁法令」，亞努科維奇也解僱了他長期任用的總理米克拉．阿札洛夫，他在俄羅斯出生和接受教育，因他不會也不願學習烏克蘭語而受到強烈批評。二月中旬，政府釋放了超過二百三十多名先前被逮捕的抗議者，抗議者則從部分被占領的政府大樓撤出。一個妥協方案正在制定中，其短期目標是組建一個新政府，中期目標則是起草一部新憲法。

但政府和示威者之間的休戰在二〇一四年二月十八日破裂，因為當時有數千名示威者向國會大樓進發。他們襲擊並縱火燒毀了由亞努科維奇領導的執政黨「地區黨」總部。鎮暴警察對示威者發動了全面攻擊，開槍射擊、投擲催淚彈、將人群驅逐回獨立廣場。示威者的指揮總部——工會大樓被安全局的特工放火燒毀，警察也占領了一部分的廣場。至少有十一名平民和七名警察在衝突和火災中喪生。政府還僱用了一批打手來恐嚇示威者。[30]

二月十八日的暴力事件，改變了尊嚴革命和烏克蘭政治進程的走向。一九九〇年代的和平抗議、二〇〇四年的橘色革命和尊嚴革命最初的幾個月，已經走入歷史。隨後幾天，暴力手段更加激烈，因為示威者試圖奪回獨立廣場，但遭到特警部隊和身分不明的狙擊手射殺。在那天被槍殺的人中，有十三名是警察，人數遠遠不及一〇八位被槍殺的示威者。[31]

在二月二十日晚上，法國、德國和波蘭的外長飛往基輔調解這場危機。在他們的見證下，亞努科維奇與反對派領導人達成了一項協議，內容包括成立新政府、提前舉行總統大選，以及恢復二〇〇四年削減總統權力的憲法。俄羅斯的代表盧金也出席了會談。盧金是俄羅斯前駐美大使，現任俄羅斯的人權監察員。他拒絕在基輔達成的協議上簽字，這顯示普丁並未同意這項協議。在危機發生之初，俄羅斯的代表曾要求亞努科維奇鎮壓示威，否則俄羅斯將根據《布達佩斯安全保障備忘錄》的條款，以維護烏克蘭主權為藉口，對烏克蘭進行干預。[32]

亞努科維奇與反對派協商的同時，烏克蘭議會通過了一項禁止警察對示威者使用暴力的決議。該決議一經通過，即於二月二十一日早晨生效。到了中午，警察部隊陸續撤出基輔市區。亞努科維奇也隨後放棄了他在基輔近郊梅日希里亞的豪華別墅。他對他的一位密友表示：「他的生命受到威脅；基輔有很多武裝分子和暴民，所以他不得不逃離基輔。」一些廣場上的示威者不願接受亞努科維奇和反對派領導人所達成的協議，而且如果示威者想要衝進總統府或梅日希里亞的別墅，已經沒有警察能夠保護他了。33

在亞努科維奇離開基輔的第二天，也就是二月二十二日，由反對派掌控的議會以失職和違背職責為由，投票罷免了亞努科維奇。反對派和獨立廣場抗議活動的領導人之一亞歷山大・圖爾奇諾夫被選為臨時總統。另一位反對派領導人阿爾謝尼・亞岑紐克則出任新總理。由於彈劾程序需要三分之二多數票，但因法定人數不足，議會並沒有依此程序，而是以簡單的多數決罷免了亞努科維奇。亞努科維奇不願辭職，也不打算返回基輔。幾天後，他逃離了這個國家。

在獨立廣場上，人們為死者哀悼，也為勝利歡呼：革命已經取得了成果，新政府也已經組建，並且承諾要簽署歐盟聯合協定，而那個企圖成為獨裁者的人已經逃亡到俄羅斯這個一直支持他的歐亞專制國家。廣場上的眾人不知道的是，亞努科維奇在二〇一四年二月二十一日夜晚離開基輔的舉動，觸發了一系列的事件，這些事件在幾天後使得俄羅斯併吞克里米亞，進而又引發了俄烏之間的軍事衝突，這是全面俄烏戰爭的第一階段。34

第五章 克里米亞的險棋

俄羅斯的領土範圍從哪裡開始，又終於何處，以及歷史上的「俄羅斯土地聚攏」應該包含哪些地區，這些老問題已經困擾了好幾個世代的俄羅斯思想家和政治家。蘇聯解體，使這些問題以空前的緊迫性重新回到了政治議程上。前蘇聯共和國的新國界，使得約三千萬名俄羅斯族和其他說俄語的民族被排除在俄羅斯聯邦的邊界之外，而他們的主要認同是俄羅斯。在冷戰期間流亡美國的俄羅斯重要民族主義作家索忍尼辛，在一九九二年返回俄羅斯後，譴責後蘇聯邊界分裂了「俄羅斯人民」，並將其視為新俄羅斯問題的核心。出於同樣的原因，普丁將蘇聯的崩潰稱為二十世紀最大的地緣政治悲劇。[1]

葉爾欽和他的顧問團隊面臨了一個重大挑戰，他們要按照法國大革命及其後繼革命者在過去兩個世紀所建立的模式，將後蘇聯時期的俄羅斯轉變為一個歐洲民族國家。這個模式是基於英國捷克裔哲學家艾尼斯特．葛爾納對民族主義的定義，他把民族主義定義為一種「政治原則，主張政治單位和民族單位應該一致」。*考慮到俄羅斯聯邦境內有數百萬非俄羅斯人和非斯拉夫人，在境外還有數千萬

*譯注：也就是說，一個國家應該由一個民族組成，或者一個民族應該有自己的國家。

「俄羅斯人」和不同類型的前蘇聯人*，要完成俄羅斯的民族建構幾乎是不可能的任務，除非發動一場重大戰爭，這是創造歐洲民族國家體系的主要手段。在一九九〇年代，最近的例子是米洛塞維奇的大塞爾維亞計畫。†2

對於這樣的戰爭，葉爾欽與他的政府既無力負擔，也沒有意願去發動。事實上，車臣既非斯拉夫民族也非信仰基督教，而莫斯科與之開戰，是為了捍衛一個與民族國家不同的原則，即車臣分離主義挑戰了俄羅斯聯邦邊界的不可侵犯性。兩次殘酷的車臣戰爭使得俄羅斯的政治和社會變得野蠻起來，並強化了俄羅斯跨越民族或文化限制的帝國認同模式。他們之所以這樣做，有部分是基於共產主義時代所發展出來的蘇聯認同，但也是以蘇聯認同為代價而實現的。莫斯科的新領導人，他們是靠著反對共產主義，並大力促成蘇聯解體而起家的，現在卻面臨著共產黨對其統治的反對。他們拒絕將蘇聯認同作為俄羅斯的民族建構工具，或是作為維持俄羅斯對後蘇聯地區控制的工具。相反的，他們在尋找一種替代方案，葉爾欽甚至呼籲要創造出一種新的俄羅斯理念。3

在一九九〇年代，俄羅斯出現了許多並非以蘇聯模式為基礎的政治、文化和意識形態概念。為了要統一俄羅斯聯邦的內部，和已脫離莫斯科控制的後蘇聯共和國，這些新的意識形態與蘇聯模式競相成為可能達成目標的手段。其中一個概念是「歐亞主義」，後蘇聯地區裡一些旨在重新整合的計畫或機構‡，常以此命名。歐亞主義源自俄羅斯知識分子的著作，包括在布爾什維克革命後流亡國外的尼古拉．特魯貝茨科伊大公和彼得．薩維茨基等，他們試圖在俄羅斯的帝國遺緒、俄羅斯文化和東正教的基礎上，重建前俄羅斯帝國和現在的後蘇聯地區，並將前帝國的非俄羅斯部分納入現今的俄羅斯聯邦。

流亡國外的俄羅斯知識分子所提出的舊歐亞主義吸引了一些知識菁英，他們對於葉爾欽顧問團隊所推崇的自由民主論述感到相當不滿。其中一些舊歐亞主義的支持者和詮釋者，在普丁上臺後進入了克里姆林宮的權力圈。亞歷山大．杜金是一個新歐亞主義的倡導者，他主張建立一個歐亞帝國，被視為是俄羅斯法西斯主義的鼓吹者，他成了謝爾蓋．納雷什金的顧問。後者當時是總統辦公室主任，後來成為國家杜馬主席，之後成為外國情報局局長，這是普丁以前任職的機構。[4]

普丁將傳統和復興的歐亞主義的諸多元素納入了他的世界觀。他的正式發言一再強調俄羅斯是一個獨特的多民族文明，不僅與西方不同，在歷史、文化和價值觀上也與西方對立。但他同時以同樣，甚至是更大的熱情擁抱了另一群俄羅斯思想家的觀點，而他們主要將俄羅斯視為一個歐亞斯拉夫文明或俄羅斯文明，來與西方進行比較。這種思潮以阿列克謝．霍米亞科夫、伊凡．基里耶夫斯基和康斯坦丁．阿克薩科夫等人為代表，這個思潮早於歐亞主義，可追溯到十九世紀初期的頭幾十年，引發了俄羅斯知識界史上最具影響力的分裂事件之一，即西化派和斯拉夫派之間的分歧。前者堅稱俄羅斯的

＊譯注：意指在一九九一年蘇聯解體後，居住在前蘇聯各加盟共和國的人，包括了俄羅斯人、烏克蘭人、白羅斯人、哈薩克人、亞美尼亞人、喬治亞人等，他們可能有不同的民族、語言、宗教和文化背景，但都曾是蘇聯公民。

†譯注：這是一個由塞爾維亞民族主義者提出的政治理念，主張將塞爾維亞與其他南斯拉夫國家或地區中的塞爾維亞人聯合成一個大塞爾維亞國家，以實現塞爾維亞民族的統一和利益。

‡譯注：例如：歐亞經濟聯盟、歐亞發展銀行、歐亞人權法院和歐亞大學聯盟等等。

命運與西方相關，而後者強調俄羅斯這種源於歷史、語言、文化和民族性的獨特性。

斯拉夫派所認定的俄羅斯民族實際上是東斯拉夫民族。在帝國時期的俄羅斯術語中，俄羅斯民族包括了大俄羅斯人或俄羅斯人本身，小俄羅斯人或烏克蘭人，和白羅斯人。這種三位一體的俄羅斯民族模式，被俄羅斯歷史學家阿列克謝．米勒稱之為「大俄羅斯民族」，在十九世紀下半葉被帝國菁英所接受，並成為該國許多政治、宗教和軍事領導人的意識形態信條、個人信念，以及身分認同的一部分。俄羅斯革命終結了三位一體民族論在俄羅斯政治和民族思想中的優勢地位。一九二二年，史達林企圖將非俄羅斯共和國納入俄羅斯聯邦，列寧予以抵制並堅持創建一個聯盟國家，在這個聯盟國家中，這些共和國將作為獨立政治實體，並與俄羅斯享有平等的權利。5

大俄羅斯民族的理念，隨著被布爾什維克紅軍打敗的白衛軍（或白軍）將領，和支持他們對一個一體不可分割的俄羅斯的願景的知識分子一起流亡海外。在這些流亡者中有安東．鄧尼金將軍，他的回憶錄對普丁產生了深刻的影響，還有哲學家伊凡．伊林，他是法西斯主義的擁護者，他的文章〈俄羅斯的解體對世界的影響〉成為普丁和其他俄羅斯官員演講和發言中經常引用的資料。伊林認為，有一天俄羅斯將收復它的領土，重新納入保護之下。6

將昔日的帝國思維，與一個應對後蘇聯時期俄羅斯所面臨的挑戰和現實的計畫相結合的關鍵人物是索忍尼辛。他在一九九〇年的文章〈重建俄羅斯：反思與初步建議〉中，主張將東斯拉夫人（指俄羅斯人、烏克蘭人和白羅斯人）與蘇聯的非斯拉夫共和國分離，並組成一個由俄羅斯、烏克蘭、白羅斯和北哈薩克組成的「俄羅斯聯盟」。如果按照葛爾納對民族主義的定義，即確立政治和民族邊界的一致性，那麼索忍尼辛所「重建」的俄羅斯將由四個部分組成。但他的計畫從未實現，幾年後索忍尼辛甚至開始質疑烏克蘭邊界的合法性。在他一九九八年的文章〈俄羅斯崩潰中〉，索忍尼辛主張併吞烏克蘭的東部和南部，譴責烏克蘭「過度擴張到從來不屬於它的領土上，直到列寧將其劃歸烏克蘭，這些土地包含：頓涅茨河流經的兩個州（頓涅茨克州和盧甘斯克州），以及整個新俄羅斯南部一帶（梅利托波爾－赫爾松－敖德薩）和克里米亞」。[7]

普丁敬仰所有這些作家，並吸收了他們的許多觀點。二〇〇九年五月，在入侵喬治亞後不到一年，他公開表達了對於帝俄思想家的景仰之情。儘管天氣陰雨，他還是帶著許多記者出現在莫斯科頓斯科伊修道院的墓園，在鄧尼金將軍及其妻子的墓前、伊凡·伊林和伊凡·舒梅列夫等流亡作家（他們的遺體已被運回俄羅斯）以及前一年在莫斯科去世的索忍尼辛的墓前獻花。[8]

在談到他首先致敬的鄧尼金將軍時，普丁鼓勵一位隨行的記者閱讀鄧尼金的回憶錄。「鄧尼金闡述了大、小俄羅斯、烏克蘭」，普丁說，「他寫道，任何人都不可以干涉我們之間的關係；這一直是俄羅斯自己的事情。」鄧尼金實際上是在仿效亞歷山大·普希金。一八三〇年在波蘭反抗帝國的統治後，普希金曾對於西方批評俄羅斯入侵波蘭展開抨擊，如果普希金是指俄羅斯與波蘭的關係，那麼鄧尼金就是指俄羅斯和烏克蘭之間的關係。在普丁看來，俄羅斯要如何處理自己與一個弱勢鄰國的關係，取決於俄羅斯。這兩個民族的斯拉夫根源，成為他譴責西方支持烏克蘭的理由。[9]

據傳，莫斯科一家修道院的院長吉洪是普丁的精神導師，他向採訪他的記者們透露，普丁親自支付了鄧尼金、伊林和舒梅列夫的墓碑費用。吉洪還說，普丁對索忍尼辛十分敬佩，他說索忍尼辛是

「一個天生且堅定的國家主義者」。[10]索忍尼辛不僅堅信俄羅斯是個強大的國家，還主張俄羅斯是一個基於帝國時期的泛俄羅斯民族模式而建立的東斯拉夫國家，包括了俄羅斯、烏克蘭和白羅斯。這是在蘇聯和帝國，對俄羅斯的民族認同觀點之間尋求的一種折衷方案，但這並不是一個完美的解決方案。根據蘇聯傳統，本身具有烏克蘭血統的索忍尼辛，將烏克蘭人視為一個獨立的民族，但按照帝國傳統，他認為他們與俄羅斯人是同一個民族。

普丁與索忍尼辛一樣，認為烏克蘭的東部和南部並非其歷史領土，而是如他在二〇〇八年對小布希總統所說的，是俄羅斯布爾什維克的贈予。至於索忍尼辛的折衷方案，對普丁來說並不是什麼大問題，只要能促成俄羅斯和烏克蘭的統一，以及實現帝國模式下的三位一體泛俄羅斯民族的政治目標。普丁和索忍尼辛一樣，接受了蘇聯將俄羅斯民族分為俄羅斯人、烏克蘭人和白羅斯人，但仍然認為他們基本上是同一民族。對於俄羅斯的願景，在帝國觀念下的俄羅斯語言、文化和身分認同，以及普丁入主克里姆林宮後在俄羅斯政壇盛行的這些觀點，索忍尼辛在它們中間搭建了一座橋梁。

在自身定位和與鄰國關係的願景上，俄羅斯準備擺脫蘇聯的遺毒，但卻與歷史的洪流逆向。普丁成了這股逆流的領導者。他可以利用的思想有：歐亞主義者的理念，這為俄羅斯控制前帝國版圖提供了理由；主張大俄羅斯民族的人士，他們渴望建立一個東斯拉夫聯合國家；還有那些在其他整合計畫失敗後，願意接受一個併吞了歷史或民族上屬於俄羅斯飛地的大俄羅斯。

爭奪克里米亞

普丁後來聲稱，他是在二月二十三日晚上與國防部和情報部門的首長等少數人諮商過後，親自做出了併吞克里米亞的決定。「我召集了我們的情報部門和國防部的負責人來到克里姆林宮。」他回憶到，並補充說，除了他之外，只有四個人在場。會議一直持續到第二天早上七點。最後，根據普丁的說法，「我們不得不開始展開行動，將克里米亞重新納入俄羅斯的版圖。」這是獨裁者獨自做出的決定。他並沒有徵詢任何部長、議員，甚至是聯邦安全會議成員的意見。[11]

克里米亞是烏克蘭唯一一個俄羅斯族占多數的地區，也是自蘇聯晚期以來俄羅斯和烏克蘭之間的爭端所在，長期以來一直是克里姆林宮整合的目標。早在一九九四年，當烏克蘭選民投票選出據稱親俄的庫奇馬總統，並在烏克蘭政治家與克里米亞菁英商討他們的關係時，葉爾欽就決定不干涉烏克蘭的內政。而現在，普丁失去了在基輔的盟友（亞努科維奇），烏克蘭與歐盟簽署聯合協定幾乎是板上釘釘的事，再加上他打算將烏克蘭納入俄羅斯所領導的關稅同盟和歐亞聯盟的計畫徹底失敗，普丁決定動用武力強行占領半島。

就像一九九四年那樣，儘管並沒有分離主義運動的跡象，但普丁試圖利用其他因素為自己謀利。這些因素包括了基輔的權力空缺、對議會罷免亞努科維奇權力合法性的質疑、他的繼任者的資格同樣令人存疑，以及新的執政當局無法獲得烏克蘭安全部門的信任，畢竟就在幾天前，甚至在幾個小時前，這些部門還在用摩洛托夫雞尾酒（一種自製的汽油彈或燃燒彈）與他們對抗。沒多久，烏克蘭議會笨拙地通過了一項支持使用烏克蘭語的新法律，這無疑是送給普丁的一份政治禮物，因為烏克蘭的親俄政治家將這項法律說成是對俄羅斯少數民族權利的侵犯。克里姆林宮利用這項法律來煽動烏克蘭俄羅斯族的民族主義和分離主義，從而為俄羅斯吞併克里米亞半島的行動提供了一個看似合理的藉口。

在獨立廣場起義抗爭最激烈、情勢最險峻的階段，普丁一直與亞努科維奇保持聯繫，在二月十八日基輔開始發生槍擊事件，到二月二十日對抗最血腥的一天，期間他們共通了十一次電話。波蘭外交部長拉多斯瓦夫．西科爾斯基回憶說，在二月二十日晚上，當他和其他歐洲代表與亞努科維奇商討危機解決方案時，烏克蘭總統離開了會議室與普丁通電話，而且只有在獲得普丁的首肯後，才答應提前舉行總統選舉。[12]

普丁後來回憶說，他還與美國總統歐巴馬通了電話。「我們討論了這些問題。我們談到了會如何推動這些協議的落實。俄羅斯承擔了一定的履行責任。我聽到我的美國同行也願意承擔某些責任。」曾多次與普丁會面的俄羅斯報社老闆康斯坦丁．雷姆丘科夫表示：「歐巴馬應該有指示要引導抗議者離開獨立廣場，而普丁則應該是要求亞努科維奇將武裝警察撤回軍營。烏克蘭新總統選舉將於二〇一四年秋季舉行。」

根據歐巴馬白宮副國家安全顧問，負責戰略傳播與演講撰稿的班．羅茲的說法，兩位總統確實「就一個方案達成了共識，該方案包括加快烏克蘭選舉的進程……但亞努科維奇逃離了這個國家，而抗議者占領了基輔。」根據雷姆丘科夫的說法，普丁指責歐巴馬，據說，他「沒有回電普丁。他甚至沒有道歉，連說句『一切都搞砸了，對不起，老友』都沒有。他從未回電，就讓這事情這樣結束了。」羅茲回憶說，兩位總統在接下來的幾天和幾週裡，就烏克蘭問題進行了多次談話。普丁指責美國煽動抗議活動，並稱基輔的事件是一場政變。[13]

對於亞努科維奇拒絕使用大規模武力，甚至可能動用軍隊鎮壓抗議者，普丁從未掩飾他的不滿。普丁記得亞努科維奇曾告訴他：「我不能簽署下令開火的命令。我沒辦法做這種事。」普丁評論道：「這能怪他嗎？我不知道……不論好壞，無所作為的後果都是嚴重的。」普丁顯然曾試圖勸阻亞努科維奇不要在二月二十一日晚上離開基輔，但亞努科維奇堅持要這麼做，並再次打電話給普丁告知他自己的決定。「至少，不要解散執法機關。」普丁建議他的盟友。「哦，是，是的，我完全明白這一點。」他這樣回答。事實上，在議會投票通過撤退決議後，鎮暴警察部隊已經撤出了基輔以回應議會的投票。亞努科維奇對此無能為力。[14]

第二天，也就是二月二十二日，亞努科維奇未能出席烏克蘭東部和南部的地方議會代表大會，這次大會的發起者原本打算宣布要將烏克蘭首都遷至哈爾科夫，並讓亞努科維奇在那裡統治國家。相反的，亞努科維奇要求與普丁會面，普丁同意在靠近烏克蘭邊境的頓河畔羅斯托夫市舉行會面。但是，烏克蘭邊防部隊遵照基輔的命令，阻止亞努科維奇的飛機從他的故鄉頓涅茨克飛往俄羅斯。就在那天下午晚些時候，如前所述，烏克蘭議會投票罷免了亞努科維奇。亞努科維奇再次打電話向普丁求助：他正前往克里米亞，試圖要在那裡建立一個基地。[15]

普丁在克里姆林宮與他的國安部門首長討論變化迅速的局勢時，他下達的第一個指令是將亞努科維維奇祕密地送到俄羅斯。「我……給了他們一個任務，就是要救烏克蘭總統的命；他們（烏克蘭人）肯定會殺了他，」普丁回憶說，「我們安排了透過陸海空的方式直接從頓涅茨克把他帶走。」普丁命令他的安全部隊闖入主權國家烏克蘭，而他們服從了他的命令。直升機受命越過邊界，俄羅斯軍方利用無線電監聽設施來追蹤從頓涅茨克機場出發的亞努科維奇車隊，他喪失了飛往克里米亞的機會。[16]

與此同時，普丁已經決定要從烏克蘭手中奪走克里米亞。而唯一的問題是，他要如何為這種行為披上合法性的外衣，因為俄羅斯憲法禁止併吞其他主權國家的領土。根據克里姆林宮一位知情人士透露，大多數人支持一種在二〇〇八年俄羅斯入侵南奧塞提亞後測試過的方案，當時這個位於喬治亞的飛地宣布獨立，並獲得俄羅斯承認。同樣的手法也適用於克里米亞，接著是進行併吞。據說，普丁駁斥了所有反對這種方案的意見，還說他的副手們有責任要擬定好行動的細節。[17]

據稱，普丁對他的顧問們說，為什麼他們別無選擇，只能將克里米亞「歸還」給俄羅斯，原因是烏克蘭的極端民族主義者對於半島居民構成威脅：「（我們）不能拋棄那片土地和那裡的人民，讓他們聽天由命，這將意味著會被民族主義者碾壓。」其實這樣的威脅並不存在，但如果亞努科維奇把克里米亞當作他試圖以合法總統的身分重返基輔的基地，那麼普丁併吞克里米亞的終極目標就會落空。因此，他必須阻止亞努科維奇在克里米亞抵抗鬧事，或者更好的做法是在他進入半島前就攔住他。在亞努科維奇前往克里米亞的途中，俄羅斯情報部門聯繫上他的保鏢並告訴他前頭有埋伏在等著他。亞努科維奇要在半島外面短暫停留，等待俄羅斯的直升機來接他。

「實際上，我們的無線電追蹤行動開始引導他的車隊，」普丁回憶起那天晚上的事件，「我們不斷掌握他沿途的位置。但當他們給我看地圖時，我清楚地意識到，他即將遭遇埋伏。而且，根據我們的情報，那裡安裝了大口徑的機槍，可以快速殲滅他。」但除了俄羅斯政府以外，沒有任何證據顯示還有其他人試圖要在亞努科維奇前往克里米亞的途中攔截他。當時烏克蘭安全部門混亂不堪，即使有計畫要暗殺亞努科維奇也是力有未逮。但亞努科維奇按照來自莫斯科的電話指示停下了他的車隊，然後迅速被三架俄羅斯軍用直升機給接走了。讓他大吃一驚的是，他並沒有被帶到他要去的克里米亞，而是被送到了俄羅斯，飛行員說是要去加油。[18]

在俄羅斯的領土上，普丁並沒有在那裡等著他，亞努科維奇要求把他送回烏克蘭，更具體地說是克里米亞。根據亞努科維奇一名保鏢的說法，他被飛機送往黑海沿岸的俄羅斯小城鎮阿納帕，隨後又飛往在克里米亞的一個俄羅斯海軍基地。在半島的一間療養院裡，亞努科維奇會見了他的總統辦公廳主任安德烈·克柳伊耶夫和其他政治盟友。情況並不明朗。新任命的烏克蘭安全局局長瓦連廷·納利瓦伊琴科和內政部長阿爾森·阿瓦科夫已經開始在克里米亞追捕亞努科維奇。由於他們曾是獨立廣場起義的領導人，這兩位官員並不確定如果他們下令逮捕亞努科維奇，烏克蘭安全部門和內政部官員是否會聽從命令，因為亞努科維奇的隨扈仍然忠於他。但亞努科維奇決定不再碰運氣，只好離開克里米亞。「在這種情況下，我意識到如果選擇留在烏克蘭，我的生命會有危險，於是我決定離開烏克蘭。」亞努科維奇後來這樣告訴一名記者。[19]

普丁則有不同的故事版本。「因為基輔的局勢變化迅速而激烈，在這種情況下，他回基輔已經沒有意義了。」普丁說道。與此同時，克里米亞人「看到事態的發展，幾乎立刻拿起武器，並呼籲我們同意他們打算採取的行動。」普丁如此聲稱。換句話說，按照普丁的說法，亞努科維奇在基輔已經沒有未來，反而成了克里米亞情勢進展的障礙，這些情勢發展據稱是受到當地人的煽動，但卻導致了普丁下令「將克里米亞歸還」給俄羅斯。[20]

亞努科維奇在二月二十三日晚上離開了烏克蘭，先抵達俄羅斯海軍基地塞瓦斯托波爾，然後從那裡乘船前往俄羅斯。俄羅斯占領半島的一個重要政治障礙，因著他的離開而被除去了。二月二十三日在過去曾是蘇聯的紅軍節，身為前蘇聯國家安全委員會（KGB）官員，普丁仍然在慶祝這個節日。在那一天，他沉浸在舉辦冬季奧運的榮耀中。俄羅斯重返世界舞臺，證明了自己籌辦重大國際體育賽事的能力，就像蘇聯在一九八〇年所做的那樣。俄羅斯接下來要面臨的挑戰是，證明它能夠避免墜入陷阱、重蹈蘇聯在一九八〇年奧運會的前幾個月入侵阿富汗的覆轍。

亞努科維奇在基輔被趕下臺，隨後成立了一個致力於與歐盟達成聯合協定的新烏克蘭政府，對於普丁試圖將歐亞聯盟打造成新世界秩序極點之一的計畫來說，這是個重大挫敗。更令他憂心的是，他希望能將俄羅斯和烏克蘭組成一個斯拉夫聯盟的願景陷入了危機。由於無法將整個烏克蘭納入其勢力範圍，普丁選擇併吞其部分領土，以發展他的大俄羅斯計畫，目的是要將俄羅斯族占多數的領土納入俄羅斯聯邦。他期望能透過大俄羅斯的建置，來拯救自己的泛俄羅斯和歐亞整合計畫。

併吞

俄羅斯在二月二十七日清晨發動了軍事占領行動，一群裝備精良、身穿沒有任何標誌軍服的武裝分子，闖入克里米亞半島首府辛菲羅波爾的議會大樓，並奪取了大樓的控制權。曾擔任烏克蘭內政部長，由亞努科維奇任命的克里米亞總理阿納托里・莫吉廖夫，花了幾分鐘才意識到這些人是專業的特種部隊。他們嚴格按照手冊規定行動，占據大樓四周的戰略位置。面對這種占領情況，莫吉廖夫立刻致電基輔，但並未得到明確指示。烏克蘭新政府尚未全面掌控軍隊和安全部門。[21]

當這群沒有佩戴任何標誌的武裝分子占領了克里米亞內閣和議會所在的大樓時，另一群武裝分子則在市區穿梭，四處尋找議員，把他們帶到被占領的大樓裡，迫使他們投票通過一項已經草擬好的決議，該決議批准罷免莫吉廖夫，並任命四十二歲的議員謝爾蓋・阿克肖諾夫為克里米亞總理。阿克肖諾夫在黑道上有著「哥布林」*的綽號，是克里米亞半島黑幫的要角。他是俄羅斯統一黨的領導人，該黨受到俄羅斯安全部門的支持。在危機爆發前的幾個月，克里米亞公路沿線的廣告牌上只有亞努科維奇和阿克肖諾夫的肖像。亞努科維奇別無選擇，只能容忍這種競爭。阿克肖諾夫的政黨在克里米亞議會選舉中只得到了百分之四的選票，但這已經不重要了：手持卡拉什尼科夫步槍的武裝分子正在糾正選民的意志。[22]

＊譯注：一種在故事中出現的小而醜陋的怪物，通常對人類有害或懷有惡意。

驚恐萬分的克里米亞議員聽從了他們的指示，讓阿克肖諾夫成為新任克里米亞總理。這些議員也投票通過要舉行一場憲法公投，提議在基輔與辛菲羅波爾之間建立聯邦制，並賦予克里米亞在烏克蘭境內享有更廣泛的自治權。克里姆林宮尚未把克里米亞的獨立議題排進議會日程，因為俄羅斯當局想要先觀察外界對於半島與其周圍情勢發展的反應。在辛菲羅波爾，克里米亞韃靼人聚集在議會大樓牆外四周，高喊：「榮耀歸於烏克蘭！」*而由俄羅斯特工動員和資助的親莫斯科示威者，則高呼：「俄羅斯！」

烏克蘭安全部門竊聽到普丁的助手謝爾蓋·格拉澤夫在電話中抱怨說，阿克肖諾夫和其他長期受到俄羅斯「資助」的親俄政客沒有參加示威。克里米亞議會議長弗拉基米爾·康斯坦丁諾夫則稱，議會想要投票贊成獨立的傳聞是一種「挑釁」。但俄羅斯情報部門策劃了一場從民間發起的爭取獨立運動。俄羅斯特工在塞瓦斯托波爾發動示威，要求將塞瓦斯托波爾歸還給俄羅斯。而在刻赤市的另一場示威活動，則主張烏克蘭聯邦化，這項主張也獲得了議會的認可，並威脅說如果這一要求不被接受，將會脫離烏克蘭。[23]

二月二十八日，烏克蘭代理總統圖爾奇諾夫召開了安全會議，討論國家的領土完整，並透露俄羅斯當局有意併吞克里米亞半島。當天，一群沒有佩戴任何標誌的俄羅斯特種部隊奪下辛菲羅波爾和塞瓦斯托波爾的機場。圖爾奇諾夫坦言，新政府的部分成員還未能適應在極端環境下工作，但他也強調烏克蘭人民迫切要求採取行動。

安全局局長納利瓦伊琴科向上層報告了烏克蘭在克里米亞的權力已全面崩潰。不僅是新任總理阿克肖諾夫，和俄羅斯襲擊前原本的議會議長康斯坦丁諾夫，都與俄羅斯軍方和海軍指揮官勾結。在基輔的「尊嚴革命」取得勝利後，警察部隊，尤其是返回的鎮暴警察，已經投向了分離主義者的陣營。軍隊士氣低迷。海軍的情況更慘，指揮官已經請辭。納利瓦伊琴科警告說，可能會發生挑釁事件，甚至會引發槍擊和平民死亡，這可能會成為俄羅斯全面占領半島的藉口。[24]

代理國防部長、海軍上將伊戈爾．特紐赫向領導高層匯報了俄羅斯軍隊正準備從東部邊境侵入烏克蘭的情況。俄羅斯以演習為藉口，將四萬名官兵轉移到烏克蘭東部邊境的附近。「我就坦白說了，」他接著說，「我們現在沒有軍隊。軍隊早在俄羅斯安全部門的指令下，被亞努科維奇和他的小圈子有條不紊地給逐步摧毀了。」他報告說，俄羅斯正將做好戰鬥準備的二萬人部隊調往克里米亞。烏克蘭在克里米亞有一萬五千名士兵，但其忠誠度令人存疑，因為他們大部分是來自半島本土的新兵。能夠執行命令和軍事任務的士官兵，特紐赫能夠指望的不超過五千名。他唯一的希望是當時部署在黑海的一艘美國護衛艦。特紐赫希望這艘軍艦能夠進入烏克蘭領海，以展示美國對烏克蘭的支持。

＊審訂注：「榮耀歸於烏克蘭！」源自烏克蘭詩人塔拉斯．舍甫琴科於一八四〇年出版的詩作〈前往奧斯諾維揚科〉。使用該詞句，後來成為烏克蘭民族主義者和烏克蘭獨立運動人士的口號。在俄烏戰爭時，「榮耀歸於烏克蘭！」口號在全球各地抗議的活動中隨處可見，烏克蘭總統澤倫斯基在演講中常使用該口號。在郝明義策劃下收集澤倫斯基自二〇一九年五月二十日的就職總統演說，至二〇二二年八月三日後的五十篇演說，其中多篇到他國的演說。在演說末尾以「榮耀歸於烏克蘭」的有三十九篇，對英國和日本國會的演說，除了以該句結尾外，另加上「榮耀歸於英國」、「榮耀歸於日本」。該書名為《澤倫斯基：我們如此相信》，二〇二二年九月出版。

圖爾奇諾夫想出了一個主意：北約會不會同意讓烏克蘭成為它的「準」成員國呢？這是烏克蘭在一九九〇年代首次提出的想法，但北約並沒有這種類別的成員國。才剛從亞努科維奇政權的監獄中獲釋的前總理季莫申科，也不贊成這個主意。「我們現在不應該談論馬上加入北約成員國，因為這會激化俄羅斯的侵略行為。」新任總理阿爾謝尼·亞岑紐克則解釋說，俄羅斯在二〇〇八年對喬治亞發動攻擊，是因為喬治亞加入北約成員行動計畫，現在又對烏克蘭採取同樣的行動。西方當時就拒絕給烏克蘭成員行動計畫的資格，現在更是「絕對不切實際」。

而《布達佩斯安全保障備忘錄》的簽署國，也就是美國、英國、法國和中國，亞岑紐克也不指望他們能提供什麼幫助。「我們只能完全靠自己來解決這個問題。」亞岑紐克建議。他將當時的局勢歸納如下：俄羅斯政府清楚知道烏克蘭無力進行軍事對抗，而試圖透過與克里米亞新領導層進行協商並讓步來化解危機的做法，則會招致俄羅斯的阻撓。烏克蘭唯一的希望是爭取國際支持。亞岑紐克建議把俄羅斯違反國際協議的行為記錄下來，並召開聯合國安理會來阻止俄羅斯的侵略行動。

會議進行到一半，圖爾奇諾夫被叫到了另一個房間接了一通電話。電話線另一邊是俄羅斯國家杜馬主席納雷什金，是普丁的密友。他轉達了普丁的話，實際上是個明目張膽的威脅：只要有一個俄羅斯人在克里米亞喪命，俄羅斯就會正式將烏克蘭的新領導層列為戰犯，即使他們逃到天涯海角都會將他們緝拿歸案。納雷什金還警告說：對俄羅斯人和說俄語的烏克蘭人的迫害，俄羅斯將不會容忍。圖爾奇諾夫則將他的話視為一種威脅，只要基輔膽敢在克里米亞做出反抗，俄羅斯就要侵略烏克蘭的其他地區。圖爾奇諾夫反駁納雷什金，表示俄羅斯領導層對於烏克蘭的侵犯已經使他們成為了戰犯，他們必須在國際法庭上受審。

普丁的威脅沒有奏效。但烏克蘭既沒有核子武器，也沒有北約成員國的身分，更沒有一支堪用的軍隊，根本無法抵抗俄羅斯的侵略。烏克蘭國安局局長納利瓦伊琴科報告說，美國和德國官員勸告烏克蘭不要在克里米亞與俄羅斯對抗：根據他們的情報，莫斯科將以此為由，對烏克蘭發動全面侵略。向國際社會求助，並在聯合國譴責俄羅斯，成了烏克蘭政府維護國家領土完整的唯一手段。[25]

三月一日，克里米亞的新任總理阿克肖諾夫向普丁喊話，「請提供協助，以確保和平與穩定。」普丁在同一天要求聯邦委員會，也就是國會上議院，同意在烏克蘭領土部署俄羅斯武裝部隊。當聯合國安理會指出，克里米亞總理無權呼籲其他國家干預烏克蘭事務時，俄羅斯駐聯合國大使維塔利・丘爾金拿出了一份當時已流亡俄國的亞努科維奇所簽署的文件。亞努科維奇此時已完全受俄羅斯的控制，在向普丁求援的文件當中，他請求俄羅斯總統動用俄羅斯的國家武力部隊恢復秩序，保護烏克蘭人免受獨立廣場起義所造成的威脅。不僅在克里米亞，據稱烏克蘭東部和南部也面臨了威脅。[26]

要求介入並授權俄羅斯武裝部隊在烏克蘭行動，只不過是一種拖延的手段，為進行中的克里米亞軍事占領行動披上合法性外衣。三月四日，普丁舉行記者會，他在會上稱尊嚴革命為一場政變，並否認俄羅斯軍隊參與了占領克里米亞的行動，暗示那是當地自衛隊所為。他隨後談到如果烏克蘭武裝部隊有任何反抗行動，俄羅斯軍隊將準備採取的策略，「讓任何一個軍人試試向他們自己的人民開火，我們會站在他們的背後。」普丁說道。他接著又重申說：「不是站在前面，而是站在後面。讓他們試試向婦女和兒童開槍。」他說的話無異是一種戰爭罪行。[27]

普丁否認他有併吞克里米亞的計畫，但兩天後，在俄羅斯完全控制之下的克里米亞議會改變了先前的決定，並修改了三月十六日即將舉行之公投的議題。新的問題主要涉及克里米亞與俄羅斯的「重新統一」。為了避免負面的宣傳，俄羅斯當局禁止記者報導公投的新聞，但一些來自塞爾維亞和部分歐洲國家的親俄羅斯右翼盟友的友好代表除外。根據獨立第三方的估計，這次公投的投票率只有百分之三十到五十。同樣的估計顯示，參與投票的人中有百分之五十到八十投票支持「重新統一」。這對普丁的目的來說已經足夠了，但莫斯科需要一個壓倒性的勝利。當公投的官方結果公布時，許多人聯想到蘇聯時代的選舉：據稱有百分之九十六．七七的人投票贊成重新統一。投票率則被宣稱為百分之八十三。[28]

隔天，也就是三月十七日「計票」完成，克里米亞議會要求俄羅斯當局將半島納入其領土。在公投前夕發表的一篇文章中，莫斯科國際關係學院的教授、歷史學家安德烈．祖波夫，將俄羅斯計畫的併吞行動與希特勒在一九三八年對奧地利的吞併（Anschluss）相提並論。他指出了希特勒的大德意志和俄羅斯的重統言論之間的相似之處，兩者都以要保護所謂受迫害的少數民族為由，向公眾合理化他們的行為，第一個案例是指德國要保護在捷克斯洛伐克的德國人，在第二個例子裡，則是指俄羅斯要保護在克里米亞的俄羅斯人，並提到了精心安排的公投是一場騙局，目的是要為強制併吞提供法律遮羞布。祖波夫被火速開除，失去了他在俄羅斯頂尖外交學府享有盛譽的職位。但他沒有輸掉這場辯論。[29]

克里米亞的「重新統一」和奧地利的吞併之間有許多相似之處，而激勵他們的大德意志和大俄羅斯的願景也是異曲同工。公眾對這兩種行為的看法也有一些雷同。一九三八年的吞併，在倫敦和莫斯科沒有引起太大的關注，因為大家以為希特勒的擴張慾望只限於日耳曼民族的領土。而德國對於普丁併吞克里米亞的反應也相當冷靜，有將近百分之四十的德國民眾並不反對他的行動。在這兩種情況下，大家都希望侵略者會止步。但結果證明，這只是最糟糕的一廂情願而已。[30]

第六章　新俄羅斯的興起與衰落

二〇一四年三月十八日，普丁在俄羅斯議會上下兩院的聯席會議上發表了他職業生涯中最重要的一次演講。除了國家杜馬的代表和聯邦委員會的成員之外，地區領導人和克里姆林宮控制的民間組織的代表也出席了會議。普丁要求議會通過一項法律，將烏克蘭的克里米亞和塞瓦斯托波爾市併入俄羅斯聯邦。在公投結束後的兩天，普丁以併吞這塊半島終結了克里米亞短暫的獨立，這是自第二次世界大戰以來，首度在歐洲發生外國國家併吞一個主權國家領土的事件。[1]

普丁在演講中宣稱，是克里米亞的自衛隊率先發起了與俄羅斯重新統一的行動，而克里米亞人也決定了自己的命運，阻止塞瓦斯托波爾成為北約的軍事基地。他趁機提醒北約和西方世界，指責他們從轟炸塞爾維亞到承認科索沃獨立，都是對國際法和俄羅斯的侵犯與不公，並以此作為俄羅斯併吞克里米亞的正當理由，他還譴責「顏色革命」是西方策劃的政變。

普丁還發出了一個空前的呼籲來挑動聽眾的俄羅斯民族主義。這場演講與他先前的言論或主張大相逕庭，他以前的主要受眾和參考標準，是由俄羅斯聯邦公民所組成的一個多民族俄羅斯政治民族，他們被稱為俄羅斯人（rossiiane）而不是俄羅斯族（russkie）*。但現在，他聲稱俄羅斯和俄羅斯人是世界上最大的分裂民族†。普丁說，在蘇聯解體後，當「克里米亞成為了另一個國家的領土時……俄羅斯意識到，它不僅僅只是被搶奪了，更是被掠奪了。」「這些年來，」他宣稱，「許多俄羅斯公民和公眾人物重新關注這個問題，認為克里米亞在歷史上是俄羅斯的領土，而塞瓦斯托波爾是俄羅斯的城市。」

儘管普丁對烏克蘭發動了攻擊，且併吞了它的部分領土，但他在演講中也有一些呼籲俄烏團結的內容。普丁聲稱：「東正教預先決定了俄羅斯、烏克蘭和白羅斯人民共同的文化、文明和人類價值的基礎。」他甚至宣稱，俄羅斯是代表俄羅斯人和烏克蘭人收回克里米亞，以防它被第三方奪走。普丁接著說：「克里米亞是我們共同的歷史遺產，也是區域穩定的一個重要因素。這塊戰略性領土應該歸屬於一個強大而穩定的主權，而今天這個主權只能是俄羅斯。否則，親愛的朋友們（我指的是烏克蘭和俄羅斯），你們和我們，也就是俄羅斯人和烏克蘭人，可能會完全失去克里米亞，而從近期的歷史角度來看，這很可能會在不久的將來發生。」

普丁為併吞克里米亞提出了一個複合論據：他一方面訴諸於俄羅斯的歷史、領土和認同，援引帝國的遺緒，在俄羅斯民族主義的旗幟下，宣稱克里米亞屬於俄羅斯；另一方面，他又聲稱俄羅斯人和烏克蘭人是斯拉夫兄弟。而後者是為了要利用許多俄羅斯和烏克蘭公民所認同的俄烏團結意識。普丁向烏克蘭人保證，克里米亞是一個特例，它在歷史、文化和民族上都歸屬於俄羅斯。而烏克蘭其他領土則是安全無虞的。「不要相信那些大喊其他地區也會步上克里米亞後塵的人，他們只是想要讓你們害怕俄羅斯，」普丁宣稱，「我們並不想分裂烏克蘭；我們不需要那樣做。」但事實上，分裂烏克蘭正是普丁在他發表克里米亞演說後的接下來幾週和幾個月裡正著手進行的事。2

在演講結束時，普丁要求俄羅斯的議員批准條約‡，並在俄羅斯聯邦內新增兩個成員實體，一個是克里米亞，而另一個是塞瓦斯托波爾市。§議會同意了，普丁隨即在三月二十一日簽署了將克里米亞和塞瓦斯托波爾納入俄羅斯聯邦的法律。克里米亞的併吞現在已成為既成事實，雖然符合俄羅斯的憲法，但卻公然違反了國際法和俄羅斯所簽署的條約，包括一九九四年的《布達佩斯安全保障備忘錄》和一九九七年的《俄烏友好協定》。3

---

*審訂注：俄羅斯人（rossiiane），泛指俄羅斯聯邦境內的所有國民；俄羅斯族（russkie）意涵較狹隘，指東斯拉夫人其後演變為俄羅斯人、烏克蘭人、白羅斯人。

†審訂注：意指俄羅斯和俄羅斯人在地理上的分散，有很多俄羅斯人生活在俄羅斯以外的國家或地區，例如烏克蘭、白羅斯、哈薩克斯坦、波羅的海國家等。

‡譯注：普丁要求議員批准的條約是《俄羅斯聯邦和克里米亞共和國及塞瓦斯托波爾市加入俄羅斯聯邦條約》，宣布克里米亞和塞瓦斯托波爾脫離烏克蘭，加入俄羅斯。此舉遭國際社會反對，引發衝突和制裁。

§審訂注：克里米亞是烏克蘭唯一的自治共和國，塞瓦斯托波爾市則是該共和國唯一的自治市，故分別以兩個成員實體加入俄羅斯聯邦。其後克里米亞自治共和國易名為「克里米亞共和國」，與俄羅斯聯邦其他共和國享有同等權利與義務，塞瓦斯托波爾市成為聯邦第三個直轄市。另外兩個是莫斯科和聖彼得堡。

新俄羅斯

併吞克里米亞，使得帝國主義和民族主義成為了俄羅斯外交政策的核心要素和推動力量。併吞暗示著一件事，那就是普丁把大俄羅斯計畫，即吞併那些由俄羅斯族居住或被認為在歷史或文化上屬於俄羅斯的領土，置於俄烏合作和歐亞整合計畫之上。事實上，普丁試圖兼顧兩者，甚至想要藉由併吞克里米亞使其他的烏克蘭地區留在莫斯科的勢力範圍內。這樣的目標，他要如何去實現呢？

二〇一四年三月十七日，也就是克里米亞公投的隔日和普丁發表克里米亞演講的前一天，刊登在俄羅斯外交部官網上的一份提案提供了解答。據稱，這份提案已經在一星期前知會了美國和歐洲國家。它要求亞努科維奇以烏克蘭總統的身分返回烏克蘭，由議會頒布法令召集一個代表「所有烏克蘭地區」的制憲會議，並通過一部新憲法，將烏克蘭改為「聯邦制」國家，而烏克蘭將宣布在「政治和軍事」上保持中立。俄語將成為烏克蘭的第二官方語言。各地區將管理自己的經濟、文化和教育事務，並建立「外部的跨區域連結」，終結中央壟斷外交政策的制定和執行。[4]

儘管這項提案談到聯邦化，但這實際上會把烏克蘭變成一個由半獨立地區所組成的邦聯，這些地區有權制定自己的國際政策。烏克蘭將不再是一個主權國家，使得在基輔的中央政府無法與歐盟談判聯合協定，而這正是獨立廣場抗議者的關鍵訴求。基輔的新烏克蘭政府拒絕了採用新憲法或聯邦化的想法。然而，新政府準備改革地方政府，因此必須對烏克蘭憲法進行相應的修訂，這是四月時烏克蘭與俄羅斯、美國和歐盟在日內瓦舉行的會談當中所做出的讓步。不出所料，俄羅斯對此並不滿意，事情很快就釐清了，如果基輔拒絕讓烏克蘭成為一個讓俄羅斯可以隨意操縱、幾乎無法實質統治的國家，那麼莫斯科則有另一個解決「烏克蘭問題」的辦法：分裂。5

三月的下半，在俄羅斯併吞克里米亞後不久，波蘭、羅馬尼亞和匈牙利政府收到了一份由弗拉基米爾．日里諾夫斯基署名的提案，他是俄羅斯議會中的派系領袖，是一個極端民族主義政黨「自由民主黨」的黨魁。這三個國家在戰間期或第二次世界大戰期間都曾控制或占領烏克蘭部分地區，日里諾夫斯基邀請這些政府，針對這些地區是否要「歸還」給它們進行公投。他提議要重建歐洲邊界，恢復納粹德國與蘇聯在一九三九年簽訂《莫洛托夫－里賓特洛甫條約》之前的疆界。「修正歷史的錯誤，永不嫌遲。」他在信中寫道。目前尚不清楚，日里諾夫斯基是否代表克里姆林宮發出這份提案。6

波蘭外交部一位發言人將日里諾夫斯基的提案駁斥為「荒誕離譜」，但是他的上司、時任外交部長的西科爾斯基，則透露了在幾個月前，他親耳聽到了普丁本人提出相同的提議。這項提議是在波蘭官方代表團於二〇〇八年二月訪問莫斯科期間所發出的，適逢烏克蘭向北約申請加入成員行動計畫之際。波蘭和其他中歐國家都對俄羅斯的提議不予理會。但如果他們有興趣的話，會發生什麼事呢？大約和普丁向波蘭代表提出這個方案的同時，「一些在莫斯科的非學術性團體」（引述自該報導的來源，俄羅斯政治學家德米特里．特列寧的說法）早就曾討論過在烏克蘭南部和摩爾多瓦建立一個名為「新俄羅斯」的緩衝國的可能性。這個國名借用自凱薩琳二世於十八世紀末在黑海北部地區所建立的一個帝俄省分的名稱。7

在二〇〇八年的莫斯科討論期間，有人提議讓摩爾多瓦的分離主義飛地德涅斯特河沿岸成為新國家的一部分，但到了二〇一四年春天，這個想像中之地區的地理範圍已經改變了。四月初，一位英國記者在頓涅茨克市聽到反基輔抗議者高喊「新俄羅斯」，而這個城市距離凱薩琳二世所建立的那個歷史上的省份相當遙遠。四月中旬，普丁親自定義了這個他稱之為「新俄羅斯」地區的地理範圍。在一場馬拉松式電話訪談電視直播中，普丁將「新俄羅斯」定義為烏克蘭的哈爾科夫、盧甘斯克、頓涅茨克、赫爾松、尼古拉耶夫和敖德薩等州，也就是烏克蘭的整個東部和南部。「這些都是在一九二〇年代被蘇聯政府劃歸給烏克蘭的領土。天知道他們為什麼要這麼做。這一切都發生在波將金和凱薩琳二世在以新俄羅斯為中心的著名戰爭*中取得相應勝利之後。因此（俄語名稱）是新俄羅斯（Novorossiia）。然後，基於各種原因，這些領土離開了（蘇聯），但人民仍然留在那裡。」8

普丁對於「新俄羅斯」的地理定義與歷史並不相符，因為十八世紀的新俄羅斯省分只限於黑海以北的東歐大草原，並未涵蓋哈爾科夫、盧甘斯克或頓涅茨克。但這個定義與索忍尼辛根據歷史和語言所列出的俄羅斯土地相符，其中包含了一些被納入烏克蘭但實際上不適合屬於烏克蘭的領土。索忍尼辛的歷史論述和普丁一樣都是錯誤的：布爾什維克革命之後，在凱薩琳二世劃定的省分裡，俄羅斯人只占總人口的百分之十七，而普丁現在卻以歷史為由，主張「新俄羅斯」省是俄羅斯聯邦的領土。這些地區以烏克蘭人為多數，而這正是在一九二〇年代被劃歸至烏克蘭蘇維埃社會主義共和國的原因。就普丁而言，他現在援引帝俄在十八世紀末吞併克里米亞和烏克蘭南部地區的事實，不僅是為了訴求俄羅斯對它們的歷史權利，也是為了要讓俄羅斯成為一個領土更廣大的民族國家。9

就在普丁描述「新俄羅斯」的地理範圍之際，該地區已成了受到俄羅斯聯邦煽動、策劃和資助的集會和暴動的現場。四月七日，在克里米亞軍事行動結束後，從那裡遷移到烏克蘭本土的俄羅斯民族主義者組織群眾，宣布成立以頓涅茨克市為中心的頓涅茨克人民共和國。在四月底前夕，盧甘斯克人民共和國也在頓巴斯的另一個重要城市盧甘斯克宣告成立。同樣的情況也在哈爾科夫發生，暴徒占領政府大樓。烏克蘭部隊反擊，奪回了哈爾科夫市政廳。敖德薩這個在歷史上屬於新俄羅斯的核心地區，親基輔和親俄羅斯的活動分子也於五月二日在此發生衝突。這場對抗最終以悲劇收場：四十二名反基輔人士在與親烏克蘭勢力發生衝突後撤退到一棟大樓裡，最後在一場火災中死亡。[10]

五月初，基輔政府在當地活動分子和商業領袖的支持下，成功鎮壓了在哈爾科夫、敖德薩、扎波羅熱、聶伯羅彼得羅夫斯克，和其他烏克蘭東南部重要城市中受到俄羅斯煽動和資助的暴動，這個地區正是普丁曾在四月中旬描述為「新俄羅斯」的地區。但基輔失去了大部分頓巴斯工業區的控制權，也就是頓涅茨克州和盧甘斯克州。在多重原因下，俄羅斯傭兵因著當地分離主義勢力的支持，能夠輕易地捉捕和挾持大多數仍想要留在烏克蘭的烏克蘭頓巴斯居民。

其中一個原因是基輔臨時政府的軟弱無力，和無法贏得安全部隊的忠誠：在尊嚴革命期間，加入反邁丹政治陣營的警察部隊並不信任新政府。頓巴斯也是被罷免的總統亞努科維奇的大本營，而當地菁英和大多數民眾都認為，自己是在基輔成功的歐洲廣場革命中的輸家。在與歐盟的新協議下，當地機械製造廠的管理者尤其擔心他們企業的未來，並指望能將產品銷售到俄羅斯市場。頓巴斯作為烏克

＊譯注：指一七六八至一七七四年的俄土戰爭。

蘭和整個蘇聯工業樞紐，其起源可以追溯到十九世紀末冶金業和礦業的繁榮，但它卻從未把自己重新改造為後工業的經濟重鎮，而是退化成了一個典型的鏽帶，難以為當地居民創造經濟機會。

頓涅茨克州和盧甘斯克州是全國生活水準墊底的州之一，當地居民多年來被政客煽動，這些政客為贏得選票，在俄語選民中挑撥對西部烏克蘭語區的仇恨。當地最大城市頓涅茨克市，俄羅斯人占了人口的百分之四十八，該地區的民族組成有助於這種宣傳。二〇一四年四月，這兩個州的民調顯示，有百分之三十的人支持與俄羅斯統一，這如何都不是多數，但這足以讓進入該地區的俄羅斯傭兵和民族主義者獲得支持。[11]

現在，普丁和俄羅斯民族主義者的「新俄羅斯」在烏克蘭的頓巴斯找到了新的地理邊界。俄羅斯和分離主義者利用五月初在敖德薩發生的慘劇作為宣傳手段，動員大家投票支持頓涅茨克州和盧甘斯克州的獨立。該月舉行的公投比克里米亞的公投還更加倉促草率，不出所料，主辦者宣布了支持獨立的一方勝出。參與投票的選民支持的並非普丁所提倡的「新俄羅斯」，而是各自成立了「人民共和國」的頓涅茨克和盧甘斯克。這種共和國的構想並非源自帝國時代，而是源自蘇聯早期，尤其是在俄國革命期間曾短暫存在過、由布爾什維克所控制的頓涅茨克－克里沃羅格共和國。比起模糊的帝國記憶，蘇聯神話更能引發當地人的共鳴。

許多俄羅斯歐亞主義者、俄羅斯民族主義者、東正教君主主義者和新納粹主義者湧向頓巴斯，期望能夠建立他們夢想中的政權，對他們而言，「新俄羅斯」成了身分認同的象徵和戰鬥的口號。「新俄羅斯」的重要支持者，也是新歐亞主義的領導人杜金，甚至為此調整他的理論，以容許一個「大俄羅斯」作為歐亞大陸的一部分而存在，由此產生了一種奇異的歐亞和俄羅斯民族主義思想混合體。在俄羅斯的資助和俄羅斯情報部門的指揮和控制下，俄羅斯的民族主義者和歐亞主義者很快就控制了新近宣布獨立的共和國。[12]

在頓巴斯地區的所有新來者中，最引人注目的當屬俄羅斯政治顧問亞歷山大．博羅代，他在這裡取得了最驚人的生涯成就，成為了剛宣布成立的頓涅茨克人民共和國的總理。但目前掌控烏克蘭頓巴斯地區的莫斯科人中，最出名的是伊戈爾．吉爾金，他是俄羅斯安全部門的前任官員，以「射手」（Strelkov）這個綽號聞名，並擔任頓涅茨克人民共和國的國防部長。他們兩人都是俄羅斯民族主義者，吉爾金更是一個虔誠的君主主義者，曾參與過從摩爾多瓦到車臣等多個後蘇聯地區的衝突。吉爾金還曾參與過南斯拉夫戰爭。在破壞頓巴斯地區的穩定，並將其轉變為一個分離主義者飛地，俄羅斯特工的重要性不容小覷。例如，吉爾金率領一支俄羅斯傭兵團奪取了頓涅茨克州內一個重要的交通樞紐斯拉夫揚斯克市。他還在頓巴斯引發了槍戰，向烏克蘭安全官員開火，並擊斃其中一人。[13]

《明斯克協議》

從亞努科維奇在二月下旬被罷免，直到彼得．波羅申科在二〇一四年五月下旬當選新總統的這段時間，俄羅斯利用烏克蘭的空位期併吞了克里米亞並實質控制了頓巴斯。從歷史角度來看，空位期是國家最危險的時期，會激發鄰國的掠奪行為，這些國家利用缺乏普遍認可相關規範的機會，奪取對手的領土。這些故事在中世紀和近代的歷史學家眼中司空見慣，而二〇一四年春天，莫斯科在頓巴斯的行動又讓這個故事復活了。

但隨著波羅申科在五月二十五日當選總統，烏克蘭的空位期宣告結束，波羅申科是個政治人物也是個商人，他是普丁在二〇一三年夏天為了阻止烏克蘭與歐盟簽訂聯合協定，而對烏克蘭發動的貿易戰中的受害者。臨時總統圖爾奇諾夫辭職下臺，並出任由新總統領導的國家安全與國防事務委員會的祕書長。波羅申科在競選期間，多次表示他作為總統的目標是要恢復基輔對頓巴斯兩個州的控制權。

六月初，波羅申科上任，俄羅斯併吞克里米亞和實質上失去了頓巴斯所帶來的震驚，讓基輔當局下定決心抵抗。第一批志願部隊由內政部組建，並得到烏克蘭寡頭們的資助，其中包括了尊嚴革命的一些活躍分子。最知名的寡頭是伊戈爾．柯羅莫伊斯基，他也被任命為與頓巴斯毗鄰的聶伯羅彼得羅夫斯克州的州長。五月時，志願部隊控制了頓巴斯一些鄉村地區，而他們的戰力證明了俄羅斯傭兵和他們的支持者是可以擊退的。由於長期被忽視，烏軍士氣低落，一些部隊甚至不知道如何應對分離主義者發動的抗議，而在二〇一四年四月繳械投降，但他們最終還是做好了戰鬥的準備。烏克蘭的企業不僅資助和裝備志願部隊，也支援軍隊本身，數以萬計的志願者熱切地前往前線作戰，竭盡所能貢獻一己之力。[14]

自四月中起，基輔政府高舉反恐行動的大旗，開始打擊分離主義者的叛亂，諷刺的是，在獨立廣場起義期間，這套法律也曾被亞努科維奇拿來對抗尊嚴革命的活躍分子。只是，現在的反恐主義行動從防守轉變為進攻。五月二十六日，就在波羅申科當選後，政府軍取得了首次勝利，烏克蘭國民警衛隊在空軍的協助下，襲擊了占領頓涅茨克機場的分離主義民兵，收復了這個重要的交通樞紐。分離主義者損失慘重，數十人喪命；大多數死者被確認是來自俄羅斯的傭兵。六月中又取得更大的勝利，當時亞速營志願部隊和內政部部隊聯手，在歷時六小時的戰鬥後收復了這個亞速海沿岸的重要工業中心和港口馬里烏波爾市。[15]

七月五日，烏克蘭在頓巴斯的反攻行動出現了一個重大發展，在烏克蘭軍隊的進攻下，自封為頓涅茨克人民共和國國防部長的吉爾金，棄守了他在斯拉夫揚斯克的據點，率領部隊逃往頓涅茨克。與克里姆林宮有關聯的宣傳網站，對於吉爾金棄守斯拉夫揚斯克的舉動大加譴責。但莫斯科也意識到，它提供給分離主義者部隊的輕型武器和肩扛式飛彈並無法阻擋烏克蘭的進攻。要存續下去，要脫離烏克蘭的共和國需要重型火砲、自走式火箭發射器、地對空飛彈，可能還需要俄羅斯的地面部隊。俄羅斯準備好要供應這一切，但只差一個藉口。七月十三日，俄羅斯媒體宣稱一枚烏克蘭砲彈擊中了俄羅斯邊界的一個城市。在同一天，俄羅斯用多管旋風火箭砲對烏克蘭陣地發動大規模攻擊作為報復。[16]

戰爭隨後進入了一個新階段。七月十四日，一架烏克蘭飛機被地對空飛彈擊落。四天後，即七月十七日，烏克蘭的無線電監控攔截到兩個分離主義者指揮官的對話，談到剛剛擊落了另一架烏克蘭飛機。原來是馬來西亞航空ＭＨ17航班，從荷蘭阿姆斯特丹機場飛往馬來西亞吉隆坡，在一萬公尺（相當於三萬三千英尺左右）的飛行高度被擊落。一枚俄製山毛櫸自走式地對空飛彈發射器發射了一枚飛彈擊落了該班機，造成二百八十三名乘客和十五名機組員全數罹難。後來證實，該發射器與其操作人員都來自俄羅斯，隸屬於駐紮在靠近烏克蘭邊界的俄羅斯城市庫斯克的第五十三防空飛彈旅。馬航班機失事的慘劇，喚醒了全世界對這場發生在烏克蘭境內正在進行之戰爭的關注，這場戰爭早已從克里米亞轉移到烏克蘭大陸本土。美國、歐盟和西方盟國的回應是對俄羅斯發動制裁措施。但從長遠來看，它們的制裁力道並不足以影響俄羅斯的行為，從短期來看，也無法發揮什麼作用。[17]

莫斯科否認涉入馬航班機攻擊事件，並指責烏克蘭。為避免再次發生攻擊平民事件，並逃避對戰爭後續行為的直接責任，俄羅斯召回了自稱為共和國總理的博羅代和自稱為國防部長的吉爾金，並用當地人取而代之。一旦頓巴斯傀儡政權中最明顯的俄羅斯參與跡象被消除，普丁就派遣俄羅斯軍隊進入該地區，試圖拯救分離主義者的飛地免受烏克蘭軍隊的毀滅性打擊。到了八月初，烏克蘭軍隊已將分離主義者控制的領土一分為二，抵達了俄羅斯邊界，並在那裡遭到了俄羅斯火砲的轟擊。[18]

俄羅斯於二〇一四年八月二十四日，也就是烏克蘭獨立日那天，開始直接入侵烏克蘭東部，距離撤換自稱為國防部長的吉爾金不到十天。數百輛俄羅斯坦克、裝甲車、火砲、卡車，以及數千名俄羅斯正規軍從多個地點越過烏克蘭邊境。到了八月二十六日，烏克蘭人已經掌握了俄羅斯正規軍也參與進攻的證據：十名俄羅斯傘兵被俘虜並在電視鏡頭前被展示。俄羅斯方面表示，那些在距離俄羅斯邊境二十公里（十二英里）處被俘的士兵，只是走迷了路。進攻繼續。

向前挺進的俄羅斯部隊圍困了駐紮在重要鐵路樞紐伊洛瓦伊斯克的烏軍。當一支烏克蘭部隊投降，並在試圖與俄軍談判要求有權安全通過時，俄軍朝他們開火，殲滅了整個部隊。烏克蘭軍隊遭受了空前的慘重損失：三百六十六人戰死，四百二十九人受傷，一百二十八人被俘。烏軍的戰敗證明了俄軍實力之強大，並暴露出烏克蘭軍隊並無能力阻擋俄軍新一波的進攻。[19]

波羅申科總統收復頓巴斯地區的軍事行動現在已經結束了。他被迫在極端不利的情況下進行談判。二〇一四年九月五日，波羅申科接受《明斯克協議》的條件，烏克蘭、俄羅斯、歐洲安全與合作組織（ＯＳＣＥ）的代表，和兩個頓巴斯「共和國」的領導人於當天齊聚於白羅斯的首府明斯克，簽署了這項協議。這項協議要求停止敵對行動、非法武裝分子和傭兵撤離烏克蘭的領土，並由歐洲安全暨合作組織派遣觀察團，監督俄烏邊境的人員和物資流動情況，這個措施的目的是要阻止新的俄羅斯部隊湧入烏克蘭。表面上，這些條件有利於烏克蘭，但這項協議也承認了在烏克蘭的領土上存在著不受基輔控制的新實體。烏克蘭政府承諾，將會針對分離主義者所占領的地區的特殊地位，制定一項相關法案。那正是俄羅斯原始計畫中的一部分，讓烏克蘭「聯邦化」。烏克蘭政府先前已同意改革地方政府，現在別無選擇，只能接受俄羅斯與其代理人強加的條件。[20]

在簽署《明斯克協議》後不久，由於ＯＳＣＥ無法有效監督邊界，或是選擇忽視觀察團對於俄羅斯部隊持續湧入的警告，俄羅斯幾乎是立刻就違反了這項協議。二〇一五年一月，俄羅斯為了要試圖改善其傀儡政權在前線的局勢，並強制執行《明斯克協議》中對烏克蘭不公平的條件，而重新發動了一場大規模軍事行動。當月，分離主義者部隊成功占領了原本由烏克蘭人控制，而現在已成為廢墟的頓涅茨克機場。（這些堅守機場數個月的英勇士兵，被大家暱稱為「賽博格英雄」，這成了烏克蘭一個重要的軍事神話。）在同一個月，大多數為職業雇傭兵的八千名俄羅斯士兵，在俄羅斯軍官所組織的當地分離主義者部隊的支援之下，對烏克蘭所控制的城市杰巴利采沃發動了一場大規模攻擊行動，杰巴利采沃是位於分離主義者所控制的盧甘斯克和頓涅茨克兩個共和國之間的重要交通樞紐。但事實證明，俄羅斯的部隊這次無法像在伊洛瓦伊斯克那樣，再度圍困烏克蘭部隊，烏克蘭部隊從該區成功撤退。21

二〇一五年二月中旬，當杰巴利采沃戰役仍在白雪皚皚的東烏克蘭土地上持續進行時，普丁會見了烏克蘭總統波羅申科、德國總理梅克爾以及法國總統歐蘭德，共同就一項新的協定展開談判。由於這場會面在明斯克舉行，因此這份新協定被稱為《明斯克二號協議》。談判結束後，烏克蘭人仍然繼續戰鬥了很久，由於波羅申科在前一年九月的伊洛瓦伊斯克戰役中慘敗，普丁對他施加的壓力也隨之減弱，但普丁對烏克蘭的攻勢仍舊持續，並成功地提升了他在烏克蘭問題上的地位。烏克蘭不僅承諾會針對脫離的共和國的地位制定一項相關法律，也會修改憲法以配合該法律。

新的協議明確提到了烏克蘭恢復對俄羅斯邊界的控制權，但規定基輔必須先在頓巴斯分離地區舉行地方選舉，然後才能控制邊界。這項條款表明選舉將會在俄羅斯的控制下舉行，而烏克蘭需要與俄羅斯所委任的地方當局官員打交道，根據修訂後的憲法，他們被賦予了足夠的實質權力能夠阻礙烏克蘭向歐盟靠攏。但究竟哪個先實行，是烏克蘭控制邊界還是選舉？這個問題將會成為實施《明斯克協議》的一個障礙。但目前這份協議為烏克蘭帶來了期待已久的和平承諾。在此之後的幾年裡，俄烏邊界仍不時發生戰鬥和砲擊，及至二〇二二年初，頓巴斯地區的戰爭累計傷亡人數達到了一萬四千人。但與同年二月俄烏戰爭再度爆發後所造成的傷亡相比，這些數字相形見絀。22

隨著《明斯克協議》簽署完成，「新俄羅斯」運動已經從莫斯科的官方詞彙中消失了，普丁最後一次提到這個詞是在二〇一四年八月下旬，當時伊洛瓦伊斯克戰役正在進行。俄羅斯總統暫時擱置了新俄羅斯計畫，轉而推動部分「聯邦化」的烏克蘭。根據新計畫，兩個頓巴斯傀儡國家將依舊維持其分離狀態，隨後它們將按照俄羅斯的解讀來執行《明斯克協議》，將其重新併入烏克蘭。烏克蘭人擔心，一旦頓涅茨克和盧甘斯克這兩個自稱獨立的小國成為烏克蘭的一部分，它們將利用本身的特殊地位來阻礙烏克蘭加入歐洲的政治和經濟架構，使得基輔加入歐盟的願望畫下休止符。

併吞克里米亞和在頓巴斯地區發動俄羅斯戰爭，展現了普丁在地緣政治和意識形態上的投機主義和靈活性。既然無法奪取整個烏克蘭以實現其歐亞聯盟計畫，普丁決定只占領一部分的烏克蘭，並暫緩對其他剩餘地區的占領計畫。二〇一四年夏天，隨著博羅代和伊爾金被解職下臺，普丁的民族主義者盟友失去了對頓巴斯地區局勢的影響力，他們覺得自己遭到了普丁的背叛。但他們仍執迷於他們想像中但卻永遠不會實現的新俄羅斯願景。吉爾金將使用俄羅斯聯邦安全局簽發的護照，以謝爾蓋·魯諾夫的假名在世界各地通行。他還會在之後的一段很長時間裡，打著一個不存在的新俄羅斯國的旗幟，製作網路短影片來談論烏克蘭的發展，直到二〇二二年二月爆發的新俄羅斯戰爭。[23]

新烏克蘭

被《明斯克協議》分割的頓巴斯地區，在與俄羅斯打了八年的混合戰爭後，使烏克蘭變成了一個與二〇一四年不同的國家和社會。當克里米亞被併吞時，這個國家因歷史、文化和認同等問題而分裂；現在則是出於捍衛國家主權、民主秩序和生活方式的渴望，讓烏克蘭人幾乎不惜任何代價地緊密團結在一起。

戰爭改變了烏克蘭的選舉版圖。在二〇一四年五月舉行的第一次戰時總統選舉創造了史無前例的紀錄：波羅申科在第一輪就贏得了百分之五十五的選票，這是自一九九一年以來首次出現的情況。更重要的是，波羅申科在一百八十八個仍在烏克蘭控制下的選區中，贏得了其中一百八十七個選區。在上屆烏克蘭總統大選中，將候選人分裂成親歐派和親俄派兩個陣營的分界線，在這次大選中消失了。這場戰爭讓烏克蘭變成了一個同質性更高的國家。[24]

俄羅斯併吞克里米亞以及占領烏克蘭頓巴斯的一些重要地區，使得在傳統上最親俄的地區，也就是烏克蘭境內俄羅斯族和俄語人口最多的地區，從烏克蘭的政治和文化空間被剔除出去。這些地區也曾是親俄政黨的大票倉。俄羅斯全力支持被罷免的總統亞努科維奇的前盟友們，但他們在失去了很大一部分選民基礎後，變得分崩離析和無力抵抗。與普丁關係密切的烏克蘭企業家暨政治人物維克多·梅德維丘克即便有俄羅斯資助的電視頻道和報紙的支持，其所領導的勢力仍然孱弱無力。[25]

對烏克蘭的政治認同的成長，始於拋棄昔日的蘇聯象徵。二〇一四年的廣場起義，在烏克蘭各地引發了一波拆毀列寧紀念碑或雕像的浪潮，這是共產黨的主要象徵，在許多人眼中，也是俄羅斯統治烏克蘭的象徵。二〇一四年上半年，有超過五百個這類紀念碑或雕像，被反共產黨激進分子推倒或破壞，主要集中在烏克蘭中部地區。在基輔控制的烏克蘭東南部地區，仍保留了一千五百個剩餘的紀念碑和雕像，但在議會通過了禁止公開展示共產主義符號的法律，也就是一系列所謂的「去共產主義化法律」後，將在接下來的幾年裡被逐一拆除。[26]

在二〇一四至一五年間這場戰爭的第一階段，烏克蘭人跨越了種族、語言、宗教和文化的界線團結一致，在俄羅斯的猛攻下倖存。戰爭本身也促進了烏克蘭人對自己語言和文化的認同。由於普丁入侵烏克蘭的官方理由是要保護說俄語的人，因此許多懂烏克蘭語但卻偏好使用俄語的烏克蘭人和俄羅斯人，現在開始改用烏克蘭語來表達他們的反抗。在二〇一四至一五年間，自稱在家裡和工作場所使用烏克蘭語的人數急劇上升。在全面入侵的危機解除後，這個數字回到了先前的標準，但大家仍然有意願採用烏克蘭語作為政府和教育的主要語言。二〇一九年，議會通過了一項新法律，規定政府官員和公共部門員工必須使用烏克蘭語。俄羅斯外交部對此表示抗議，聲稱這項法律將會加深烏克蘭社會的分裂。但事實證明並非如此。[27]

不分城鄉，書店裡充斥著烏克蘭文書籍，使得俄文出版品黯然失色。關於烏克蘭歷史和文化的著作開始登上暢銷書榜的榜首。在戰爭爆發前，政府幾乎沒有投入經費在海外推廣烏克蘭文化；但現在，在外交部的支持下，成立了一個專門的烏克蘭學院。它的任務是仿效德國的歌德學院和其他國家的類似機構，讓外國人熟悉烏克蘭的語言和文化。在國內，烏克蘭文化基金會和烏克蘭圖書學院負責支持文化活動和推廣烏克蘭出版品。[28]

二〇一八年，政府大力支持兩個從莫斯科牧首教區獨立出來的烏克蘭正教會分支*合而為一，莫斯科牧首教區則仍然控制著烏克蘭的東正教會，同時也努力避免它們之間的競爭。烏克蘭總統波羅申科出席了兩個正教會的合一大會，†這兩個教會都將由君士坦丁堡牧首管轄，這對於俄羅斯正教會要繼續保持其霸權的前景造成了重大打擊。莫斯科表示抗議，並與君士坦丁堡牧首斷絕關係，但對於維持其地位仍無能為力。新統一的烏克蘭正教會（OCU）獲得了烏克蘭人的普遍支持，考慮到與俄羅斯的未宣戰戰爭持續進行中，許多信仰東正教的烏克蘭人更偏好與莫斯科無關的教會。這種從莫斯科牧首教區轉換到烏克蘭正教會的過程，開始於二〇一九年的最初幾個月。[29]

烏克蘭政府積極涉入語言、記憶政策和宗教等事務，不僅招致傳統親俄派政治勢力的大力抨擊，也引起部分烏克蘭開明建制派人士的不滿。儘管如此，絕大部分的烏克蘭人對於政府所推行的這類措施表示支持或接受。在俄羅斯於二〇一四至二〇一五年間入侵烏克蘭，並將文化和歷史問題武器化後，許多烏克蘭人都同意有必要制訂涵蓋民族建構要素的新法律和政策，以阻止俄羅斯進一步的侵略。[30]

烏克蘭新政府履行了尊嚴革命所要求的承諾，更加向歐盟和包括北約在內的其他一些歐美組織靠攏。引發二〇一三年獨立廣場起義的歐盟聯合協定在二〇一四年六月簽署。二〇一七年三月，歐盟理事會授予烏克蘭人到歐盟國家旅遊免簽證的待遇。歐盟成員國為烏克蘭提供了亟需的財務援助，總計一百四十億美元，以協助烏克蘭處理領土、人口和經濟資產方面的損失。美國又額外資助了二十二億美元。美國成了烏克蘭改革其安全部門的主要援助國家，撥出了十六億美元供烏克蘭專門進行這方面的改革。烏克蘭迅速組建了一支嶄新的職業軍隊，政府重新把加入北約成員國放上議程，並將其寫入憲法。在克里姆林宮裡的人，他們並不喜歡所看到的這一切。[31]

*譯注：分別是烏克蘭正教會—基輔牧首教區、烏克蘭自主正教會。

†審訂注：二〇一九年一月九日烏克蘭東正教會提升為牧首層級，脫離了莫斯科牧首教區的控制，波羅申科說：這是一個神聖的日子，我們建立了烏克蘭獨立的正教會，一個脫離俄羅斯，遠離普丁的影響。他把此事與烏克蘭一九九一年十二月一日獨立公投相比。

第七章　普丁的戰爭

二〇〇八年秋天，時任俄羅斯總理、剛卸任總統的普丁，他問了莫斯科回聲廣播電臺總編阿列克謝．維涅季克托夫一個問題，該電臺雖然是個自由派，但仍然得到當局的寬容，普丁問說，在他的兩個總統任期中，有哪些事蹟足以寫進學校的歷史教科書裡。

維涅季克托夫曾是歷史教師，那是他職業生涯的起點，他回答普丁，會被記錄在歷史教科書裡的，是發起並促成了莫斯科牧首教區與海外俄羅斯東正教重歸於一；後者是一個流亡機構，自一九一七年革命後，就一直反對布爾什維克，並忠於羅曼諾夫王朝。普丁驚訝地問道：「就這些嗎？」二〇一五年，在他們最初對話的七年後，也是俄羅斯併吞克里米亞後一年，普丁又問了維涅季克托夫同樣的問題。「普丁很清楚，」維涅季克托夫後來有次在受訪時說道，「俄羅斯和烏克蘭的歷史教科書都會寫上：『赫魯雪夫把克里米亞給了烏克蘭，而普丁又把它收了回來』。」[1]

普丁不僅把自己與赫魯雪夫等蘇聯領導人相提並論，也將自己與彼得一世、凱薩琳二世和亞歷山大二世等俄羅斯皇帝相比較。他們的半身像和畫像都被陳列在克里姆林宮的前廳，普丁的新聞祕書德米特里．佩斯可夫證實了他的上司對歷史的興趣。「普丁一直都在閱讀，」佩斯可夫在一次場合中透露：「主要是俄羅斯歷史。他閱讀回憶錄、閱讀俄羅斯歷史政治人物的回憶錄。」普丁在二〇二〇年至二〇二一年新冠肺炎封鎖期間，顯然更加沉浸於閱讀歷史。這一次，他不僅閱讀，還提筆寫作。[2]

二〇二一年七月，普丁發表了一篇長篇歷史文章，令全世界的俄羅斯觀察家驚訝不已，這篇文章似乎是他親自撰寫的，再輔以少許協助。這篇文章的標題是〈論俄羅斯人和烏克蘭人的歷史統一〉，反映了他已經眾所周知的觀點，並以深入的歷史探究來闡述。在基輔的歐亞整合計畫失敗，並透過併吞克里米亞實現他的大俄羅斯計畫後，普丁回歸至他的大俄羅斯民族帝國願景，這是一個獲得索忍尼辛等人支持的泛俄羅斯計畫。「我認為俄羅斯人和烏克蘭人是一個民族，一個整體，」普丁在這篇長文的開頭如此寫道，「這些話不是出於任何短期的考量，或是受到當前政治情勢的刺激。這是我在許多場合都重申過，也是我堅定不移的信念。」[3]

他接下來進行了有關俄羅斯和烏克蘭歷史的廣泛討論，其基本前提依循了十九世紀由謝爾蓋·烏瓦羅夫伯爵與他最喜愛並受其委託撰寫俄羅斯歷史教科書的歷史學家尼古拉·烏斯里亞洛夫所建立的觀點。和烏斯里亞洛夫一樣，普丁的論述強調，他認為在中世紀時期就已經形成的大俄羅斯民族的最初統一，當時的俄羅斯人不僅由同一批親王統治，也信奉同一個東正教，據說還使用同一種語言。然而，基輔羅斯實際上是一個領土橫跨數千里的多民族政體。但普丁和烏斯里亞洛夫，以及許多沿用這位歷史學家的思路的人認為，無能的統治者和外來的敵人使得這個設想中統一的俄羅斯走向消亡。[4]

「近年來，在俄羅斯與烏克蘭之間，在這兩個本質上擁有相同歷史和宗教的地理空間之間出現了一道隔牆，在我看來，這道牆是我們共同的巨大不幸和悲劇。」普丁寫道，「首先，這些是我們自己在不同時期所犯下的錯誤所導致的後果。但這也是那些一直試圖破壞我們團結的勢力蓄意造成的結果。」在提到「我們的錯誤」時，普丁首先指責了那些據稱是布爾什維克，尤其是列寧所犯下的錯誤。至於俄羅斯歷史上的敵人，普丁列出了一長串名單，從十三世紀的蒙古人到十五和十六世紀的波蘭人，再到十九世紀的奧匈帝國和再次出現的波蘭人，以及二十世紀的德國人。

在所有俄羅斯帝國的敘事中，波蘭人一如既往地在俄羅斯民族分裂解體的過程中扮演著特殊的角色，普丁的敘事版本也沒有偏離這個悠久的傳統。「烏克蘭人作為一個獨立於俄羅斯民族之外的想法，是在波蘭的菁英階層和部分小俄羅斯人（帝俄時期對烏克蘭人的稱呼）知識分子中開始形成並流行起來的，」普丁寫道，這幾乎完全套用了一八六三年帝國當局禁止烏克蘭文出版品的藉口。他藉著再次怪罪波蘭人，設法為俄羅斯帝國控訴烏克蘭社會運動領導人的行為開脫，尤其是對烏克蘭文出版品的禁令。「這些決定是在波蘭發生重大事件的背景下做出的，同時也反映了波蘭民族運動的領導人想要利用『烏克蘭問題』來獲得自己利益的意圖。」普丁寫道。[5]

對其前任們所提出的歷史架構，普丁的貢獻是把烏克蘭視為一個反俄羅斯的勢力，或者用他的話說，烏克蘭是「歐洲和俄羅斯之間的障礙、一個對抗俄羅斯的跳板」。他聲稱，烏克蘭反俄羅斯的觀念，是邪惡的西方勢力製造出來的謊言。「不可避免的，當『烏克蘭不屬於俄羅斯』的觀念不再適用時，」普丁寫道，「就出現了一種我們永遠無法接受的『反俄羅斯』觀念。這個計畫的發起者以波蘭和奧地利一些思想家的老舊理念為基礎，創建了一個『反莫斯科的俄羅斯』。」普丁誓言要展開行動：「我們絕不會讓我們的歷史領土，和住在那裡且與我們有血緣關係的人民，被利用來對抗俄羅斯。」

普丁顯然對烏克蘭的民主制度感到不滿，因為這種制度不斷地選出致力於烏克蘭獨立的政治領導人。他曾抱怨「無論是總統、議員還是部長都會更迭，但是那種脫離和敵視俄羅斯的態度卻始終不變。」他聲稱，這都是「西方反俄羅斯計畫的策劃者」所建立的政治體制所造成的後果。普丁並沒有對烏克蘭新總統弗拉迪米爾．澤倫斯基*指名道姓，而是指責他欺騙了選民。「實現和平是現任總統主要的競選口號，」普丁寫道，「他因此得以上位。但結果證明他的承諾只是謊言。什麼都沒有改變。在某些方面，烏克蘭和頓巴斯周邊的局勢甚至更加惡化。」6

人民公僕

澤倫斯基是一個四十一歲的喜劇演員、企業家和電視名人，在二〇一九年春天贏得了烏克蘭總統大選。幾年前，他曾在一部名為《人民公僕》的電視影集裡，扮演過一位誠實而果決的總統。澤倫斯基所飾演的這個電視人物深受喜愛，許多人支持他競選總統。其他人，尤其是年輕選民，對於老派的政治和政治人物感到厭倦，渴望改變。現任總統波羅申科以親歐洲和反俄羅斯的候選人自居，希望選民把澤倫斯基視為像亞努科維奇那樣的親俄派。但這種試圖把選民分化成親俄羅斯和親烏克蘭陣營的做法已不再奏效。烏克蘭現在相當團結，澤倫斯基以反貪腐作為他的競選主張，輕鬆擊敗了另一位被視為是經濟寡頭利益代表的候選人。澤倫斯基在第二輪的投票中，獲得了超過百分之七十三的選票，除了一個選區之外，他在每個選區都獲勝。[7]

烏克蘭社會雖然團結支持政府，擁抱了自己的語言和文化認同，並建立了一支專業軍隊，但大多數烏克蘭公民卻無法容忍政府持續的貪腐。在總統波羅申科的領導下，貪腐問題得到了一定程度的遏制，但仍然是國內外關注的主要問題。波羅申科本人就是這個體制無法擺脫寡頭勢力影響的印證。他在二〇一二年就已經是個億萬富豪了，隨著戰爭爆發，他失去了這個身分，但在擔任總統期間又成了億萬富翁。更重要的是，烏克蘭的反貪腐社運分子認為波羅申科對於仍然盛行的貪腐現象感到自滿，並對貪汙的政府官員過於寬容。[8]

波羅申科的支持者曾擔心澤倫斯基會把烏克蘭出賣給俄羅斯，或是無力抵抗普丁的壓力，但他們的擔憂並未成為現實。在澤倫斯基的領導下，烏克蘭仍然堅持加入北約的目標，而波羅申科所推行的民族建構計畫和文化政策也得到了延續。澤倫斯基善於解讀民意，深刻了解戰爭對烏克蘭社會所造成的改變。他不僅迅速精通烏克蘭語†，也熟諳駕馭政治的藝術。澤倫斯基身為一位來自烏克蘭東部、以俄語為母語的猶太人，他贏得了大部分以烏克蘭族為主且通常使用烏克蘭語選民的支持，與其他任何前任相比，他在任內都保有更高的民望。[9]

澤倫斯基憑藉著為烏克蘭帶來持久和平的承諾而當選總統。「我們將繼續遵循明斯克（和平）會

＊編按：澤倫斯基名字的翻譯，以發音來說譯為「澤連斯基」為佳，但國內媒體常出現的是「澤倫斯基」，故維持。

†審訂注：澤倫斯基因為拍片需要而在二〇一七年才開始學習烏克蘭語。

談的方針，並努力達成停火協議。」他在當選時如此宣布。澤倫斯基對和平的期待是建立在與普丁的一次私人會晤上。他們確實曾於二〇一九年十二月，在德國總理梅克爾和擔任東道主的法國總統馬克宏的陪同下，在巴黎會面。他們商定了新的停火協議，以打破現有的僵局：多年來，雙方一直在頓巴斯境內的分界線上斷斷續續地互相砲轟，戰俘交換也只是零星進行。但雙方對於《明斯克協議》中最關鍵的問題仍然沒有達成共識，也就是到底應該先舉行頓巴斯的地方選舉，還是俄羅斯要先撤軍？「有必要按照《明斯克協議》的設想，使實現停火協議的進程與烏克蘭政治改革同步進行。」普丁對談判結果如此評論道。一些與莫斯科保持良好聯繫的俄羅斯僑民後來表示，普丁覺得被自己的助手們給出賣了，尤其是弗拉迪斯拉夫・蘇爾科夫，他曾向普丁保證澤倫斯基將會接受俄羅斯的要求。據說在巴黎的會談後，普丁不僅撤換了蘇爾科夫，還開始考慮對烏克蘭發動戰爭。[10]

澤倫斯基一再重申，他不會以烏克蘭的領土換取和平。但他在落實普丁所期望的憲法改革問題上，態度卻猶豫不決。這項改革將會賦予頓巴斯特殊地位，並且如果俄羅斯在頓巴斯負責舉行地方選舉，那裡將會變成俄羅斯的飛地。波羅申科曾試圖在烏克蘭議會通過相關法律，但卻引發了大規模的抗議。二〇一九年十月，當澤倫斯基同意接受俄羅斯、德國和法國共同提出關於頓巴斯重新歸屬的方案時，他也面臨了一樣的困境。大規模的群眾抗議幾乎是立刻在烏克蘭各地爆發，高舉著「反對投降」的標語。面對內外夾攻的困境，澤倫斯基最終選擇在巴黎對普丁說不。現在，別無選擇的他只能向西方尋求幫助，除了北約之外，無處敲門求援。[11]

二〇一九年十二月，也就是澤倫斯基在巴黎會晤普丁的那個月，由澤倫斯基領導的「人民公僕黨」占絕對多數的議會通過了一項決議，重申烏克蘭加入北約的目標。澤倫斯基遵循憲法承諾，使烏克蘭成為北約一員，並實施一系列措施，包括通過最新的《國家安全戰略》，向北約靠攏。二〇二〇年十二月，由於頓巴斯地區的衝突毫無緩和之勢，烏克蘭國防部長安德烈．塔蘭在向北約成員國駐基輔大使與武官發表演說時，提出了北約成員國行動計畫的問題。「請向你們的首都報告，我們期待你們在二〇二一年的下一屆北約峰會上，在政治和軍事上全力支持這樣的決定（授予烏克蘭北約成員國行動計畫的資格）。這將是一個實際的行動，也是對二〇〇八年布加勒斯特峰會決議的體現。」部長如此呼籲道。[12]

由於俄羅斯透過莫斯科支持的電視頻道持續干涉烏克蘭事務，澤倫斯基在不滿之下，迅速開闢了一條對抗俄羅斯的新戰線，打壓俄羅斯資助的電視頻道與它們的實際控制者梅維楚克。梅維楚克是個與普丁關係密切的烏克蘭政治人物兼企業家，也曾在波羅申科總統與克里姆林宮交涉時，擔任幕後中間人。二〇二一年二月，澤倫斯基依照國家安全與國防事務委員會的權限，關閉了多個梅維楚克旗下的電視臺。「烏克蘭強烈支持言論自由，」澤倫斯基在推特（X）上向他的追隨者表示，「但不是侵略者所資助的宣傳，試圖阻撓烏克蘭走向歐盟和歐洲－大西洋整合*的道路。為獨立而戰是一場為真理和歐洲價值而戰的資訊戰。」[13]

---

*譯注：歐洲－大西洋整合是指歐洲和大西洋兩岸國家之間的政治、經濟、安全和價值觀的整合，主要是透過歐盟和北約這兩個跨國組織來推動和實現的。

美國對澤倫斯基的這項舉動表示支持，卻惹惱了普丁：俄羅斯在烏克蘭公眾空間的存在感逐漸減弱，從而限縮了俄羅斯對烏克蘭民眾的影響力，和對政治菁英的恫嚇力。普丁一如既往的在基輔此舉背後看見了西方的影響力。「看吧，在烏克蘭，他們就這樣關閉了三家主要電視臺！大筆一揮，就把它們封殺了。而且每個人都保持沉默！甚至有些人還對這樣的做法拍手稱快。對此，我們還能說什麼呢？除了說這是某人在利用這些工具來達成自己的地緣政治目的之外，別無他言。」在澤倫斯基及其國家安全與國防事務委員會採取行動後不久，俄羅斯總統普丁在二〇二一年二月如此宣稱。[14]

幾週後，也就是二〇二一年四月，俄羅斯將規模空前的軍隊調動到烏克蘭邊境，這是自二〇一四年至二〇一五年間發生熱戰以來，最大規模的人員和武器部署。西方各國首都警鐘大作，同時澤倫斯基呼籲北約審核烏克蘭加入該聯盟的申請。俄羅斯毫無預警地升高俄烏的緊張局勢，並沒有人能夠立刻看出俄羅斯行動背後的原因。一位烏克蘭分析家認為，俄羅斯的部署行動是對澤倫斯基政府提出加入北約成員行動計畫的回應，目的是要警告美國新當選的總統拜登，因為烏克蘭的這些入盟請求最終都要得到他的回覆。

澤倫斯基對俄羅斯突然增兵的情況感到擔憂，他再次呼籲北約加快烏克蘭的入盟進程。拜登致電向他保證美國對烏克蘭主權的支持，並與其他北約盟國協商當前的情勢。二〇二一年四月的危機，隨著莫斯科在五月將其大部分部署於烏克蘭邊境的部隊撤走而平息下來，但他們在這些地區遺留了部分基礎設施和裝備，這是一個清楚的信號，表明他們很有可能會再回來。[15]

國際危機

美國和英國的情報部門共同合作，在二〇二一年春季注意到俄羅斯正在準備對烏克蘭發動入侵，當時的衛星影像顯示俄羅斯部隊正在烏克蘭邊界集結。拜登總統與普丁於二〇二一年六月在日內瓦會面，兩人在網路安全方面取得了一些進展，網路安全是這些年來美俄兩國關係的一個棘手問題，因為美國指責俄羅斯以勒索軟體攻擊美國企業，並對美國政府部門發動網路攻擊。烏克蘭問題也被排進這次會晤的議程裡，但雙方未能就解決頓巴斯地區的持續危機達成任何共識。[16]

在拜登與普丁會面的同時，美英兩國的情報部門收到了第一份報告，顯示俄羅斯的軍事戰略家已經開始規劃對烏克蘭的全面入侵。到了十月，美國情報部門判斷，普丁已下定決心入侵並占領大部分的烏克蘭領土。「我們評估他們計劃從多個方向同時對烏克蘭發動一次重大的戰略性攻擊，」美國參謀長聯席會議主席馬克・米利將軍向拜登報告，還補充說：「他們的版本是『震撼與威懾』＊。」這次的攻擊行動計畫在冬天展開，包括要「除掉」總統澤倫斯基。[17]

有愈來愈多的證據顯示俄羅斯正準備全面入侵烏克蘭，而白宮決定不能坐視不理。在冒著可能暴露情報來源和蒐集方法的風險下，美英兩國政府採取了一個前所未有的舉動，開始與盟友分享情報，

＊譯注：震撼與威懾（shock and awe）一個常見的軍事術語，意指一種透過使用大規模和強大武力以迅速打擊敵人心理和意志的戰略。

試圖建立一個能夠阻止普丁的聯盟。十一月初，美國中央情報局局長威廉・伯恩斯飛往莫斯科，告訴他的俄羅斯同行們，他們的計畫已經暴露了。普丁並沒有對美國情報的真實性提出疑問。相反的，他對北約的擴張表示不滿。到了十二月初，《華盛頓郵報》報導了一項涉及十七萬五千名俄羅斯軍隊的入侵計畫。[18]

二〇二一年十二月十七日，當全世界進入聖誕節假期前的最後一個週末時，俄羅斯當局突然向西方政府下了最後通牒。俄羅斯提出了一長串要求清單，包括了要求北約做出書面承諾停止任何進一步的擴張，以及北約的多國部隊從波蘭和波羅的海三國撤出，甚至還要求裁撤美國部署在歐洲的核子武器。最重要的一項則是要求北約做出正式承諾，保證絕不會允許烏克蘭加入北約。在俄羅斯提出這些要求的脈絡下，尤其是近二十萬人的俄羅斯部隊在烏克蘭邊界的攻擊距離內集結，這暗示了如果西方不屈從，那麼俄羅斯將會對烏克蘭發動大規模軍事進攻，二〇一四年爆發的戰火將被重新點燃。[19]

米利將軍如此歸納了拜登與其顧問團隊正在努力解決的關鍵任務，在對抗一個擁有強大核能力的國家「你要如何在不會引發第三次世界大戰為前提之下，維護和執行以規則為基礎的國際秩序？」他在記事卡上寫下了以下答覆：「一、美國軍隊和北約以及俄羅斯之間不要發生軍事衝突。二、把戰爭限制在烏克蘭境內。三、強化並維持北約的團結。四、幫助烏克蘭增強能力並提供他們所需的軍事援助。」[20]

在入侵前的數月和數星期裡，拜登總統針對俄羅斯可能進攻烏克蘭一事，採取了雙軌策略。一方面，拜登總統與其政府不斷警告全世界普丁的侵略意圖和計畫，並向任何願意傾聽關於俄羅斯部隊接近烏克蘭邊界的情況的人分享情報資料。這些情報資料中還包含了俄羅斯發動入侵的可能日期。另一方面，美方一再強調他們與北約夥伴不會派兵到烏克蘭境內作戰，從而排除了檯面上軍事選項的可能性，並向普丁保證無論他在烏克蘭境內做什麼，都不會引起美國和北約的軍事回應。

拜登聲明，即使是為了援救美國公民，美國也不會派遣部隊到烏克蘭。許多人認為，消除軍事干預所帶來的威脅是一個錯誤，因為這等於是給了普丁一張空白支票，讓他可以毫無顧忌地入侵烏克蘭，而不用擔心遭遇強敵。但拜登顯然是想要安撫自己本國的人民和西方的廣大民眾，讓他們相信美國反對俄羅斯對烏克蘭發動新的戰爭，並不會引發全球性甚至有可能是核武的衝突。普丁入侵的阻嚇力量，是美國與其西方盟友將團結一致地對俄羅斯的經濟實施個人和個別產業方面的制裁。西方媒體也開始了一場宣傳活動，目的是不讓普丁從對烏克蘭發動突襲中得到好處，甚至可能要讓他感到羞愧而取消或延遲他的入侵行動。[21]

如果所有這些因應措施都失敗了，美國威脅普丁，若烏克蘭為對抗俄羅斯的占領部隊發動暴動，美國會支持他們。因為在華盛頓、倫敦和其他西方國家首都，沒有人認為在俄軍的進攻下，烏克蘭的武裝部隊能夠撐得了幾天。因此，如果戰爭持續下去的話，美國並沒有計畫提供大量武器給烏克蘭。美國擔心這些武器遲早會落入俄軍之手。美國與其盟友只援助了少量武器給烏克蘭，包含了標槍和刺針飛彈、強大的反坦克和地對空飛彈，可以由少數游擊隊操作，對占領部隊造成人員傷亡，就像阿富汗反抗軍在冷戰末期用刺針飛彈對付蘇聯部隊那樣。[22]

俄羅斯在二〇二一年十二月向北約提出最後通牒，要求北約將其邊界退回到一九九七年的狀態，拜登與普丁在十二月三十日舉行了視訊會議。儘管兩人都同意繼續對話，但這次的會談毫無進展。俄羅斯人只在乎表現出談判的姿態而非取得實質進展。隨後美國、俄羅斯、北約代表，以及身為歐洲安全與合作組織的成員國之一的烏克蘭的會談，也同樣未取得任何成果。華盛頓方面認為，俄羅斯的要求根本不可能被接受，北約所有成員國也不會接受，在一個經常因為在俄羅斯問題上出現分歧而陷入緊張的聯盟中，這是罕見的一致意見。所有成員國都同意，沒有任何外部力量可以下令哪個國家可以加入北約。[23]

談判失敗成為駭客攻擊烏克蘭官方網站的序曲，烏克蘭政府將此攻擊歸咎於俄羅斯。美國國會開始審議對俄羅斯金融部門和高層官員，包括普丁總統本人在內的嚴厲制裁法案。當俄羅斯以「不對稱反擊」威脅美國和北約，華盛頓開始流傳核導彈可能被部署在美國海岸附近的謠言。在俄羅斯官員暗示要派兵至古巴和委內瑞拉後，大家擔心這些導彈不僅可以搭載在潛艇上，也可能部署在陸地上。普丁在過去幾個月發出、有關重演一九六二年古巴導彈危機的威脅，突然變得具有新的意義，且更加緊迫。[24]

現在輪到西方從歷史中學習，從過去汲取教訓，也許從中獲得啟發。烏克蘭的緊張局勢，與西方民主國家在一九三八年面對希特勒領導下的納粹德國對捷克斯洛伐克發動侵略時的態度，存在著相似之處。而浮現在每個人心中的疑問是，是否會出現另一個慕尼黑，這裡指的是西方對待侵略強權的綏靖（或姑息）政策。＊一月份，由網飛（Netflix）發行、德英合拍的電視劇《慕尼黑交鋒》引起了全世界的關注。《紐約時報》將這部電影描述為試圖美化內維爾．張伯倫的長片，他是在第二次世界大戰爭爆發前夕的英國首相，採取了備受爭議的綏靖外交策略。[25]

無論法國和德國有什麼想法，美國方面絕不會對俄羅斯讓步。美國國務卿安東尼・布林肯在十一月初就向烏克蘭總統澤倫斯基通報了美國所得到的即將爆發的戰爭的情報。幾星期後，一位美國國務院資深官員對訪美的烏克蘭外交部長德米特羅・庫列巴說：「挖好戰壕。」中央情報局局長伯恩斯在二〇二二年一月十二日訪問基輔時，向澤倫斯基透露了俄羅斯計畫要空降烏克蘭首都附近的戈斯托梅利機場，以占領基輔的計畫。他還告訴總統要重視自己和家人的人身安全。幾天後，布林肯訪問基輔時又發出了更多警告，並從澤倫斯基那裡得知他並不打算逃離首都。[26]

澤倫斯基似乎對美國的警告毫不在意。他後來這樣解釋他當時的態度：「你可以說一百萬遍，『聽著，可能會有入侵。』那好吧，可能會有入侵，那你們會給我們飛機嗎？你們會給我們防空武器嗎？『嗯，你們不是北約成員。』哦，這樣啊，那我們到底在談什麼呢？」當拜登總統在一月底打電話給澤倫斯基，告訴他俄羅斯極有可能會在下個月發動攻擊時，澤倫斯基要求他的美國同行「冷靜一點」。他後來告訴記者說，不斷發出「明天就要打仗」的信號，引發了「市場和金融部門的恐慌」。他估計烏克蘭因為公開宣布即將發生的戰爭而造成的損失，高達一百五十五億美元。[27]

面對美國接連發出警告、經濟損失，以及沒有任何跡象顯示西方國家可能會介入即將發生的軍事

＊譯注：慕尼黑是指一九三八年英法德義四國在德國慕尼黑簽訂的協定，允許納粹德國吞併捷克斯洛伐克的蘇臺德地區，以換取和平。這被視為西方對納粹德國的綏靖政策，但未能阻止第二次世界大戰的爆發。

衝突，烏克蘭加緊了與俄羅斯的談判。澤倫斯基的總統辦公室主任安德烈．葉爾馬克與普丁信任的盟友德米特里．柯扎克會面，他是出生在烏克蘭的俄羅斯人，也是普丁總統辦公室副主任，兩人試圖協商出解決頓巴斯衝突的方案。媒體報導了他們未能達成協議，但非正式的磋商仍然持續進行，最終達成了一份協議草案，要求烏克蘭透過向克里姆林宮保證不會加入北約，來阻止俄羅斯可能的侵略。[28]

與此同時，烏克蘭人表現得很堅強，似乎完全否認日益嚴重的局勢。一月底，隨著美國和其他西方國家的大使館撤離基輔，以及華盛頓和倫敦不斷發出俄羅斯即將發動攻擊的警告，烏克蘭國防部長奧列克西．列茲尼科夫向烏克蘭議會和民眾保證，他說：「到目前為止，沒有任何理由讓人相信（俄羅斯會入侵）」，而且「別擔心，睡個好覺。不用收拾行李。」但在幕後，烏克蘭政府正在向它的盟友尋求武器援助。國家安全與國防事務委員會祕書奧列克西．達尼洛夫對西方夥伴發出了一個訊息：「別這麼大聲。你們看到威脅了嗎？每天給我們十架飛機。不是一架，而是十架，這樣威脅就會消失。」[29]

這是澤倫斯基在俄羅斯入侵前三天，也就是二月十九日的立場，當時他離開基輔去參加慕尼黑安全會議，出乎所有人的意料。「不管發生什麼事，我們都會捍衛我們美麗的土地，不管出現在我們邊境上的軍隊是有五萬、十五萬或一百萬，還是其他任何數量的士兵。」澤倫斯基宣稱，「如果真的要幫助烏克蘭，不需要說他們有多少人，士兵和裝備。需要說的是我們有多少。如果真的要幫助烏克蘭，不需要一直談論可能入侵的日期。不管是二月十六日、三月一日還是十二月三十一日，我們都會捍衛我們的土地。我們更迫切需要的是另外的日期。而且大家都很清楚是哪些日期。」他指的是武器運送交付的日期。[30]

澤倫斯基還提醒與會者，這些大國在一九九四年簽署《布達佩斯安全保障備忘錄》並從烏克蘭撤走核武器時所承擔的責任。「烏克蘭因為放棄了世界第三大核能力而獲得了安全保證，」澤倫斯基說，「我們沒有那種武器了。我們也沒有安全了。我們也失去了我們國家的一部分領土，它的面積比瑞士、荷蘭或比利時都大。更重要的是，我們失去了數百萬的公民。這一切我們都沒有了。而我們有一樣東西。那就是我們有權利要求從綏靖政策轉變為確保安全與和平的保證。」[31]

根據參加慕尼黑會議的一個烏克蘭代表團成員的說法，有些西方領導人建議澤倫斯基不要回到烏克蘭，因為烏克蘭即將面臨俄羅斯入侵，而是應該要組建一個海外流亡政府。他們向澤倫斯基提議，可以選擇前往倫敦或華沙，這兩個城市是烏克蘭在歐洲最忠實盟友的首都。據說，澤倫斯基拒絕了這個建議。「我今天早上在烏克蘭吃了早餐，我也會在烏克蘭吃晚餐。」這位烏克蘭總統這樣回答。沒有多少人會期待從一個沒有任何政治經驗的前喜劇演員口中聽到這樣的回答，而他現在是一個陷入困境的國家的總統，並且承諾要盡快結束與俄羅斯的持續衝突。[32]

宣戰

二〇二一年底，隨著普丁健康惡化的謠言在俄羅斯國內和國外傳得沸沸揚揚，觀察家開始注意到普丁外貌的變化，包括浮腫的臉，這可能是藥物的副作用。另外，普丁為了保護自己不受新冠病毒和其他傳染病的感染，他在接見外國政要時，讓外賓坐在一張長得離譜的桌子另一端，彼此遙遙相對，也令人無法忽略。這引發了俄羅斯政治評論家們開始關注普丁的政治遺產問題，其中克里米亞和烏克蘭占了顯著的位置。與克里姆林宮關係密切的政治顧問暨烏克蘭專家謝爾蓋．馬爾科夫表示，「普丁不可能在烏克蘭被占領的情況下下臺，因為那裡的俄羅斯人正被恐怖手段轉變成反俄派。」他接著從泛俄羅斯計畫的角度解釋了他的想法：「因為烏克蘭實際上是羅斯的一部分。」[33]

普丁在二〇一三年夏天訪問基輔期間，第一次公開支持大俄羅斯民族的帝國主義理念，並宣稱俄羅斯人和烏克蘭人是同一個民族。他當時與俄羅斯東正教牧首基里爾一起出席了據稱是基輔羅斯受洗一千〇二十五週年紀念活動。「我們了解今天的現實，」普丁說，他在一場題為〈東正教的斯拉夫價值：烏克蘭文明選擇的基礎〉的演講中，向友好的與會者們發表了自己的看法，「我們有烏克蘭人、白羅斯人和其他人民，我們對整個遺產表示尊重，但毫無疑問的，在這個基礎上，我們共同的精神價值使我們成為一個民族。」[34]

普丁一再重申他對俄羅斯人和烏克蘭人是同一個民族的信條，但馬爾科夫認為，現在是普丁付諸行動的時候了。然而，在俄羅斯的民族主義陣營裡，也有人不認為俄烏之間發生戰爭是明智之舉。全俄軍官大會主席列昂尼德．伊瓦紹夫大將發表了一封致普丁的公開信，他基於俄羅斯的國家利益和斯拉夫民族的團結，反對這場戰爭。「首先，如果俄羅斯對烏克蘭使用武力，那麼俄羅斯作為一個國家的存在會受到質疑。」伊瓦紹夫寫道，「其次，這會讓烏克蘭人和俄羅斯人永遠成為不共戴天的敵人。第三，兩國數以千計（甚至是數萬名）健康的年輕人將死於戰場上，這無疑會影響我們國家正在凋零的人口情況。」[35]

普丁在戰爭爆發前的幾星期、幾個月，甚至幾天，都公開否認他有發動戰爭的意圖。二月十二日，也就是離入侵不到兩星期，他公開否認有任何發動入侵烏克蘭的計畫，儘管美國不斷報導俄軍持續在烏克蘭邊境集結，人數已達到十萬人，後來更增加到十五萬人。根據美國的估計，到了入侵行動展開時，克里姆林宮已經動員了一百二十個營級戰術群，整體兵力在十五萬到十九萬之間。「事實是，美國人故意在製造恐慌，聲稱俄羅斯有入侵烏克蘭的計畫，甚至指出了進攻日期。」俄羅斯總統聲稱。[36]

普丁在二月二十一日的俄羅斯國家安全委員會中做了開戰的正式決定，這場會議實質廢棄了《明斯克協議》，並支持承認烏克蘭頓巴斯境內的兩個傀儡小國「獨立」的提議。正如普丁在鏡頭前暗示的，他並沒有事先與該委員會的成員討論他廢棄《明斯克協議》和承認頓巴斯兩個「共和國」獨立的決定。他只是想聽聽他們的意見。經過大幅剪輯的會議電視畫面顯示，幾乎沒有人表達自己的意見。絕大多數的成員竭力提供支持這個決定的論點，對外情報局局長納雷什金，甚至招致了普丁的當場訓斥，他先是對承認兩個「人民共和國」猶豫不決，接著又提出了躁進的建議，要求將它們併入俄羅斯。[37]

電視畫面強烈顯示，開戰的決定是普丁個人的決定。其他與會成員只是在那裡表示支持。根據調查記者克里斯托．格羅澤夫的說法，普丁從未和與會成員之一的外交部長謝爾蓋．拉夫羅夫商討過與烏克蘭開戰的議題。根據西方觀察家所分享的一則軼事，當拉夫羅夫被問到普丁的顧問是誰時，他的回答據稱是：彼得大帝、凱薩琳大帝和亞歷山大二世，全是俄羅斯十八和十九世紀時期的皇帝。[38]

俄羅斯電視臺播出國家安全會議的畫面後，又播出了普丁的一段冗長談話，為他廢棄了二〇一五年簽署的《明斯克協議》提出解釋。這段談話顯示，普丁並不打算把自己的野心局限於頓巴斯，不論這兩個小國是否被俄羅斯正式宣布獨立，或者像納雷什金所提議的那樣將它們直接併吞。普丁所追求的目標是併吞整個烏克蘭。他重提了他在二〇二一年七月所發表那篇歷史文章的主題，試圖否定烏克蘭作為一個國家和民族存在的合法性。

「現代烏克蘭是由俄羅斯創造出來的，或者更準確地說，是由布爾什維克的共產主義俄羅斯創造出來的，」這位俄羅斯總統宣稱，「這個過程幾乎就在一九一七年革命後立即開始了，列寧和他的同夥以一種對俄羅斯極其殘酷的方式做了這件事，把歷史上屬於俄羅斯的土地給割裂出去。」這個主題深植於像鄧尼金將軍這些流亡海外的俄羅斯白衛軍作家的著作中，也是索忍尼辛思想和寫作的一條重要主線。普丁還決定藉由指出他是基於檔案文件來研究這個主題，以增加自己論點的權威性。[39]

在烏克蘭的社群媒體上，普丁的言論遭到了嘲諷。短短幾個小時內，臉書就充斥著各種列寧驚訝地發現自己竟然是烏克蘭創始人的圖片。還有一張合成圖，將列寧加入了基輔的傳奇創建者紀念碑中，他和基伊與其兩個弟弟謝克、霍里夫，以及妹妹蕾比季一起乘坐著開往烏克蘭首都的船。列寧取代了原本蕾比季在船頭的位置。這座紀念碑體現了烏克蘭人的普遍信念，即認為他們的國家可以追溯到中世紀。普丁對烏克蘭人的反應毫不在意，他的決定早已定案。[40]

二月二十一日，就在聯合國安理會開會的同一天，普丁錄製了另一段談話，準備在俄羅斯發動攻擊的當天早上公布。他在這段談話裡為即將展開的侵略行動辯解，認為這是對他所指稱之「種族滅絕」的回應，也就是二〇一四年在烏克蘭發起政變的勢力，對於數百萬頓巴斯居民所實施的暴行。他主張基輔政府的作為讓俄羅斯別無選擇，只能採取行動。「在這種情況下，」普丁宣布，「我們必須採取大膽而迅速的行動。頓巴斯人民共和國已經向俄羅斯求救。」這裡指的是最近被莫斯科承認為獨立國家、位於俄羅斯占領區之傀儡政權的領導人所提出的請求。他們的請求為普丁提供了一個正式的開戰理由，同時也設定了俄羅斯侵略行動的最低目標，即占領整個頓巴斯，並讓烏克蘭方面誤以為這場戰爭可能只會局限在頓巴斯地區。

這段講話的其他部分，暗示了頓巴斯只是一個藉口。雖然普丁把他的侵略行動稱為是「特別的軍事行動」，但他卻將其描述為一場沿襲史達林的偉大衛國戰爭*傳統的全球性抗爭，對抗敵對的西方與其支持的烏克蘭法西斯勢力。「北約主要成員國只為了自己的目標，而支持烏克蘭的極右翼民族主義者和新納粹主義者，這些人永遠不會原諒克里米亞和塞瓦斯托波爾市民自由地選擇了與俄羅斯重新統一，」普丁聲稱，「他們必定會像在頓巴斯那樣，想盡辦法把戰火帶到克里米亞，殺害無辜的人民，就像烏克蘭民族主義者的刑罰部隊†和希特勒的幫凶，在衛國戰爭期間所做的那樣。他們還公然

---

*審訂注：指一九四一年六月二十二日納粹德軍入侵蘇聯，史達林率領人民抗敵的戰爭，稱之為「偉大的衛國戰爭」（一九四一年六月二十二日至一九四五年五月九日）。

†譯注：這是指一個由烏克蘭民族主義組織OUN－B建立的武裝組織，曾在第二次世界大戰期間參與了對波蘭人和猶太人的大屠殺，也與納粹德國和蘇聯軍隊發生過衝突。

對俄羅斯其他幾個地區提出領土要求。」[41]

普丁將他的「特別軍事行動」的目標定義為：「讓烏克蘭去軍事化和去納粹化，並將那些對平民，包括俄羅斯聯邦公民，實施了無數血腥罪行的人繩之以法。」去軍事化的意思很明確：烏克蘭將失去防禦能力，任由莫斯科擺布。而「去納粹化」又是什麼意思呢？普丁的宣傳機器多年來一直把烏克蘭二〇一四年的一些志願軍組織描繪成納粹分子。但除了那些志願營之外，還有更多的人和事將危在旦夕。就在幾天前，美國已向聯合國發出警告，俄羅斯的情報部門正在製作「要殺害或要關進集中營」的人員名單。名單上包括了「在烏克蘭流亡的俄羅斯和白羅斯異議分子、記者和反貪腐社運人士，以及像是少數宗教、少數族裔，以及 LGBTQI+ 人士等弱勢族群。」毫無疑問，任何抵抗入侵的人都會被殺害或送上法庭。普丁呼籲烏克蘭軍隊「立即放下武器，回到家中」。[42]

入侵

普丁的談話於二月二十四日凌晨在俄羅斯電視臺播出，適逢他二〇一四年決定啟動克里米亞併吞行動的八週年。他期待結果能像當時一樣迅速、明確並有利於俄羅斯。

普丁在談話結束時呼籲俄羅斯民眾：「我相信，你們的支持和不可戰勝的力量源自於對祖國的愛。」他談話中的主題，包括對烏克蘭的去納粹化，將在接下來的幾天和幾星期內，被俄羅斯媒體報導並大力宣揚，儘管要立即改變宣傳路線並不容易。俄羅斯國家杜馬外交委員會主席列昂尼德·斯盧茨基，甚至在入侵開始的當天還否認這一行動。「我們不打算發動任何戰爭。我們不會入侵烏克蘭，就像我們在烏克蘭和其他地方被指責的那樣。」他對記者說。當他說這些話的時候，俄羅斯部隊已經向烏克蘭的首都進發。[43]

二〇二二年二月二十四日，基輔時間凌晨四點前後，俄羅斯從多條戰線上對烏克蘭發動攻擊。基輔、哈爾科夫、敖德薩、扎波羅熱、日托米爾、尼古拉耶夫和赫爾松等主要地區中心的居民被爆炸聲驚醒，俄羅斯的飛機和飛彈正襲擊全國各地的機場和軍事基地。廣播電臺和電視臺根據來自烏克蘭各地社群媒體的發文報導了這個消息。還有報導指稱俄羅斯在黑海的敖德薩和亞速海的馬里烏波爾進行了水陸兩棲登陸，但後來證實這些報導都是假新聞。[44]

俄羅斯的武裝部隊從空中和海上發射一百多枚短程彈道飛彈，轟炸烏克蘭的指揮和控制中心、防空系統和重要基礎設施。俄羅斯的坦克和運兵車縱隊開始越過烏克蘭邊界：從白羅斯向基輔方向前進，從俄羅斯向哈爾科夫方向前進，以及從被占領的克里米亞半島向赫爾松和南部的新卡科夫卡方向前進。數萬名士兵驟然發動攻擊。烏克蘭政府和民眾都不相信俄羅斯會發動大規模侵略，但他們現在猛然驚醒。[45]

整個軍事行動，是基於普丁不承認烏克蘭民族的存在，以及認為烏克蘭人渴望歸屬俄羅斯的信念，並仿效俄羅斯占領克里米亞的模式。在空降傘兵部隊之後，向基輔前進的第一批地面部隊是鎮暴警察，而在被焚毀的坦克和車輛中，烏克蘭人會發現俄羅斯的閱兵禮服，這些是為了要在基輔主要大道赫雷夏蒂克舉行勝利遊行而準備的。這些士兵只有兩至三天的糧食，因為他們被告知他們在烏克蘭的行動不會超過這個時間。由於入侵行動被包裝為一項解放任務，所以官兵們被指示不要對當地居民表現出任何敵意。他們被告知，這次軍事行動是為了阻止北約在烏克蘭建立基地。[46]

「俄羅斯軍隊接獲命令，不得對城市或居民發動攻擊。俄羅斯國防部的領導層強調，與俄羅斯有著兄弟情誼之國家的人民不必畏懼俄羅斯軍隊。」俄羅斯政治顧問馬爾科夫在入侵的第二天，也就是二〇二二年二月二十五日向一名記者透露道。關於行動的後續計畫，馬爾科夫建議：「所有烏克蘭的武裝部隊都將被包圍（主要是從空中），並被下達最後通牒。他們必須交出武器。如果一切順利，將開始解除武裝的過程。任何不服從的部隊，都將被摧毀。我認為大部分的烏克蘭武裝部隊都會投降繳械。只有少部分會繼續抵抗。這些人就是新納粹的武裝分子。」[47]

這不只是馬爾科夫的計畫，也是普丁的計畫。在戰爭開始時，普丁曾呼籲烏克蘭軍隊放下武器。但烏克蘭的軍隊繼續戰鬥。沒有一個部隊投降，更不用說變節倒戈了。普丁和他的宣傳者們，如馬爾科夫，面對著一個令他們驀然醒悟的結果。

第八章　基輔的門戶

對於俄羅斯的全面入侵，其中最驚訝的人莫過於烏克蘭總統弗拉迪米爾・澤倫斯基。在入侵發生的前幾個星期當中，他一直試圖向自己和烏克蘭人民保證入侵不會發生。「他的臉上流露的不是恐懼，」烏克蘭議會議長魯斯蘭・斯特凡楚克說道，他還記得那天早上見到澤倫斯基的情景，「而是一臉疑惑，好像在問：這怎麼可能？」這種震驚也是斯特凡楚克和這個國家其他領導高層的共同感受。「我們感覺到世界的秩序正在崩潰。」斯特凡楚克在幾星期之後回想道。

總統夫人歐蓮娜那天一大早就醒了，發現丈夫不在床上。她在隔壁房間找到他，他已經穿好了衣服了。「開始了。」澤倫斯基對她說。他不用解釋是什麼開始了，不可思議的事情已經發生了。弗拉迪米爾和歐蓮娜趕緊叫醒了他們十七歲的女兒和九歲的兒子。沒多久，總統官邸就傳來了爆炸聲。兩天前，澤倫斯基已經收到情報部門的警告，俄羅斯打算要暗殺他。他當時還不予理會，以諷刺的方式回應。但現在情況完全不同了：他的家人必須離開，而總統則要留下來。1

「那就戰鬥吧！」當國家安全與國防事務委員會祕書達尼洛夫出現在總統的辦公室時，澤倫斯基如此迎接他。「很明顯，總統沒打算逃走，他會留在烏克蘭，即使冒著被殺的危險。」達尼洛夫回憶道。達尼洛夫向澤倫斯基匯報最新的情況。根據在凌晨三點四十分之後送到他辦公室的第一批報告，俄羅斯已經發動入侵，首先攻擊了頓巴斯邊境城鎮米洛韋，那裡是俄羅斯和烏克蘭控制區的分界處。現在已經是凌晨五點左右。到了五點半，國家安全與國防事務委員會的成員投票決定宣布戒嚴。[2]

在那天早上的某個時刻，澤倫斯基一定意識到，他試圖透過承諾不加入北約來安撫克里姆林宮的努力是徒勞無功的。前一天，他在會見烏克蘭重要企業家的時候，還向他們保證他正在盡一切努力避免戰爭發生。其中一位與莫斯科牧首關係密切的企業家瓦迪姆·諾維斯基，向總統保證會全力支持他。直到最後一刻，澤倫斯基的辦公室主任葉爾馬克與普丁的助理柯扎克仍在進行談判，都還有希望可以避免戰爭。但柯札克無法說服普丁接受烏克蘭不加入北約的保證，並致電給葉爾馬克要求烏克蘭投降。葉爾馬克咒罵了一聲，隨即掛斷電話。談判就此結束。[3]

在與國安會的會議結束後，澤倫斯基錄了一段向全國發表談話的影片，呼籲烏克蘭人保持冷靜，並向國人保證他和政府以及軍隊正堅守崗位、履行職責。他在最後向全民承諾，將會持續以影片報告近況。澤倫斯基的下一段影片，於早上七點四十八分發布，將這次的入侵行動稱為普丁對烏克蘭的戰爭，目的是要摧毀烏克蘭這個國家。他呼籲烏克蘭人民盡其所能地協助烏克蘭軍隊，並呼籲海外的烏克蘭人協助建立一個反普丁的國際聯盟，以拯救烏克蘭和整個民主。澤倫斯基報告說，他已經和美國總統拜登、英國首相強生、波蘭總統安傑伊·杜達和其他國家的領導人通過電話。他希望能得到他們的支持並「關閉烏克蘭領空」。[4]

俄羅斯的空中優勢，是澤倫斯基和他的軍隊最主要的憂慮，而且這個問題將會持續幾個星期甚至幾個月。但是，他在那一天確立了兩個最重要的目標：與人民保持不間斷的溝通，並讓他們相信總統還在基輔，無論如何都會堅守陣地。這些目標實際上改變了戰爭的進程。入侵的第一天就發生了兩個大驚奇。第一個驚奇令基輔震驚，俄羅斯對烏克蘭發動全面攻擊，並轟炸了它的首都。第二個驚奇則讓莫斯科感到錯愕，因為澤倫斯基沒有像亞努科維奇那樣逃走，而且全國各地的烏克蘭人也沒有像克里米亞和頓巴斯的許多人那樣躲在家裡。他們挺身反擊了。

基輔戰役

俄羅斯全面入侵不只讓烏克蘭的政治人物和一般老百姓感到震驚，軍隊也一樣。「我們還以為，或者你可以說，我們仍然認為並期望對手會從盧甘斯克州和頓涅茨克州的占領區開始他的軍事行動。」烏克蘭北方作戰司令部指揮官，德米特羅．克拉西爾尼科夫將軍回憶道。「他們又再次利用『盧甘斯克和頓涅茨克人民共和國』的非法武裝分子，來掩護他們的主力部隊，那些被派遣的軍隊、志願軍和傭兵，雖然有些混雜了正規軍隊，也許還有遠程多管火箭發射器和飛機的支援。也許。我們自始至終都相信我們的敵人不會跨越邊界發動大規模的全面入侵。」[5]

烏克蘭軍隊一直在為上一場戰爭，或者更確切地說，是自二〇一四年起便在為頓巴斯地區進行的戰爭做準備。儘管邊境的情勢日益緊張，但烏克蘭並未按照戰時標準補足兵力。事實證明了西方情報機構的預測是正確的，他們一再警告俄羅斯的攻擊行動並不會只局限在頓巴斯。事實上，俄羅斯的一個進攻主力是針對戰線東北部的基輔，也就是克拉西爾尼科夫將軍所指揮的戰區。在入侵的第二天，與克里姆林宮關係密切的政治顧問馬爾科夫告訴記者，「基輔勢必得要攻下，因為在那裡不應該有下令殺害俄羅斯士兵的人。現在，這道命令被發布了。我們需要有人在基輔發布不同的命令。這就是為什麼基輔必須被占領的原因。」[6]

烏克蘭下達軍事命令的官員是烏克蘭武裝部隊總司令瓦萊里．扎盧日尼中將。這位四十八歲的將領有張圓臉、外表看起來像一隻泰迪熊，從未在蘇聯陸軍服過一天役。他代表了新一代的烏克蘭軍官，他們接受的是北約標準的軍事訓練，他們在和俄羅斯與其在烏東的傀儡國家的戰鬥中，展現了自己的實力。扎盧日尼與負責保衛基輔的陸軍總司令亞歷山大．西爾斯基大將，共同把指揮部從平日的地點移防到更靠近俄羅斯邊界的地方。他也把戰機和直升機移到次要機場，以防被偵測而毀於突襲。西爾斯基則在基輔周圍築起兩道防線，並把基輔市劃分成幾個防衛區，由基輔軍事學校的指揮官們負起保衛的責任。這些行動不僅保存了軍隊，也保存了基輔這座城市。[7]

俄羅斯部隊要直達基輔的最直接路徑，就是經過車諾比禁區，這裡是全球最嚴重核災的發生地。在入侵前，人數近三萬名的俄羅斯部隊參與了「二〇二二年聯合決心」軍事演習。二月二十四日，其中一部分部隊占領了車諾比核電廠與周邊核禁區，與其拱形防護結構（又稱石棺），這是一個造價十五億歐元的巨大鋼筋混凝土結構，用來覆蓋受損的四號核反應爐與核燃料儲存設施。防衛電廠的烏克蘭輕武裝衛兵不戰而降，因為他們並沒有準備好要在一個有核設施的土地上對抗強大的敵軍。

烏克蘭內政部顧問安東．格拉先科在他的臉書上發文表示，烏克蘭的衛兵在核禁區遭到襲擊。他發出了一個廣泛的警告，表示砲擊可能會損壞核儲存設施，導致核輻射雲霧飄到烏克蘭、白羅斯和歐盟大部分地區。他的擔憂並沒有發生，因為烏克蘭的衛兵面對壓倒性的俄軍，沒有抵抗就投降了，但從白羅斯邊界向基輔挺進的俄羅斯坦克與重機械穿過了車諾比禁區，掀起了一九八六年核電廠爆炸所留下的輻射落塵。[8]

到了晚上八點半，烏克蘭的國家核監管局失去了對車諾比地區所有設施的控制權。當地的烏克蘭衛兵被一支數量和裝備都遠勝於他們的俄羅斯入侵部隊所俘虜，石棺和其他車諾比設施的操作員也被扣留為人質。基輔向總部在維也納的國際原子能總署（ＩＡＥＡ）報告了核電廠遭到外國軍隊攻擊的情況。澤倫斯基在推特上，把俄羅斯對車諾比的攻擊稱為「向全歐洲宣戰」，但國際原子能總署這個聯合國轄下的國際組織，並無力阻止這座核電廠被聯合國安理會一個常任理事國的軍隊占領。ＩＡＥＡ的官員在他們首次就這場危機所發表的聲明中，甚至都沒有提到俄羅斯。侵略者就這樣逍遙法外。他們把這場在前線醞釀中的核危機留給了烏克蘭人去處理。[9]

這場新戰爭的第一場重大戰役，發生在基輔市中心西北方三十五公里（二十二英里）位於戈斯托梅利鎮的安東諾夫國際機場。這裡是全球最大貨機安東諾夫二二五的基地，這個機場不只靠近基輔，也能夠容納俄羅斯空軍所使用的各類型飛機。俄羅斯的軍事指揮部計畫用一支規模相對較小的空降部隊和特種部隊奪下安東諾夫國際機場。只要成功攻占機場，就可以讓一支規模更大的空降部隊在基輔附近降落，奪取橫跨聶伯河的橋梁，並限制烏克蘭武裝部隊在基輔交通樞紐的調動和移動能力。據傳要捉拿或斬首總統澤倫斯基的行動也要從這裡展開。效忠於受到俄羅斯支持的強人拉姆贊・卡德羅夫的車臣戰士，後來也會從陸路被派到戈斯托梅利，據說就是為了執行這個任務。[10]

二月二十四日上午十點半左右，一支運載俄羅斯KA52攻擊直升機（又稱為鱷魚）和載有傘兵的MI8運輸直升機的機隊，在戰機的護航下，接近了戈斯托梅利機場。在當時，俄羅斯的攻勢已經成功摧毀了機場周圍的烏克蘭防空系統。儘管美國中情局局長伯恩斯曾警告過澤倫斯基總統，俄羅斯人將在戈斯托梅利空降，但這個戰略要地並未部署任何烏克蘭陸軍部隊，只有一支輕裝備的國民衛隊快速反應旅分隊。雖然這個旅的大部分人員已經被調往頓巴斯，但留在機場包括志願役士兵在內的約三百人，仍舊頑強抵抗。他們擊落了大約三十五架俄羅斯直升機中的三架，並且擊中了另外三架。剩下的MI8直升機雖然成功讓部隊降落，但卻讓他們在敵人的火力下失去了空中支援。

對於俄羅斯人而言，事情並沒有按照他們的計畫進行。他們雖然控制了機場，但烏克蘭的砲火對準機場跑道轟炸，使得重型運輸機無法降落。烏克蘭第九十五傘兵旅乘坐他們自己的直升機飛抵機場，第七十二機動旅的士兵，也是防衛首都的主要部隊，也將在未來幾天與俄軍爭奪戈斯托梅利的控制權。他們的努力拯救了烏克蘭首都免於一場突襲，也拯救了澤倫斯基和他的政府免於被俘虜，甚至被殺的命運。由於烏克蘭的武力部隊炸毀了伊爾平河上的水壩，切斷了在戈斯托梅利的俄軍與基輔的聯繫，使得對基輔的進攻行動受阻。戈斯托梅利與其機場在這場戰爭的初始階段，成了兩軍第一次交戰，也是為時最久的一場戰鬥的發生地，這場戰事將持續到四月。[11]

幾天後，俄羅斯又試圖占領位於基輔市中心南方約四十公里（二十五英里）的瓦西里基夫市的另一個戰略機場，但也因為烏克蘭防空部隊的有效作戰而失敗了。一支順利降落在機場的俄羅斯小分隊，被烏克蘭的地面部隊殲滅。由於戈斯托梅利機場的爭奪戰仍在進行，而試圖占領瓦西里基夫的行動又告失敗，俄羅斯對基輔的進攻於三月中旬在基輔東北方靠近莫遜的地方暫時停止。[12]

俄羅斯的部隊不只從白羅斯經過車諾比區域向基輔挺進，也從俄羅斯領土穿過蘇梅和切爾尼戈夫地區，從烏克蘭首都的東邊進攻。駐守在當地的烏克蘭步兵和坦克旅在俄羅斯展開攻擊前就已經撤離，因而躲過了空襲，並在後備役的增援下，開始與向基輔推進的俄羅斯部隊交戰。「敵人針對我們的撤退區所發動的第一次攻擊，事實證明並沒有成功，我們保存了我們的基本戰力，」烏克蘭北方防線指揮官克拉西爾尼科夫將軍回憶道：「在接下來的作戰中，我們讓他們損失慘重。」切爾尼戈夫市位於基輔東北方不到一百五十公里（九十三英里）處，人口超過二十五萬，而蘇梅市則位於基輔東方超過三百五十公里（二百二十七英里）處，是一個人口規模與前者相近的地區中心，現在烏克蘭人把切爾尼戈夫市和蘇梅市變成了他們的堡壘。[13]

在挺進基輔的北方路線上，俄羅斯的指揮官擁有十二比一的兵力優勢，但因缺乏戰術能力，他們無法把這個優勢轉化為勝利。俄羅斯的部隊不得不繞過城市；在狹窄的森林道路上，他們的人員、車輛、武器和裝備都成了烏克蘭機動小組明顯的攻擊目標。烏克蘭機動小組使用美製的反戰車標槍飛彈以及烏克蘭和蘇聯時代的類似武器，並在當地人的協助下，摧毀了俄羅斯的坦克和裝甲運兵車，從而阻止了俄羅斯從東邊進攻基輔。在這個地區（蘇梅和切爾尼戈夫市）拍攝的影片中，可以看見一排排被火砲、無人機和輕裝備的烏克蘭機動小組燒毀的俄羅斯坦克。俄羅斯的軍官和士兵拋棄了他們的車輛和裝備，其中大部分要不是故障了，不然就是沒有油了。入侵者只有幾天的燃料和食物可用。[14]

向基輔進攻的俄羅斯部隊只獲得有限的空中支援。而西方專家曾預測俄羅斯將完全掌握制空權，但這樣的情況從未實現。俄羅斯人倉促行事：他們並沒有像美國在伊拉克的行動那樣先進行長時間的空中轟炸，而是把空中轟炸和地面進攻合併成一個階段。英國的情報專家們在評論俄羅斯在烏克蘭北部進攻停滯的原因時，如此寫道：「俄羅斯在衝突的最初幾天無法壓制或摧毀烏克蘭的戰略防空系統，大大限制了利用戰術空中支援協助地面軍事行動的能力，導致俄羅斯對基輔的進攻失敗。」[15]

抗拒

二月二十五日，入侵第二天，克里姆林宮的新聞處發布了普丁對烏克蘭軍隊的新一輪呼籲：「我再次向烏克蘭武裝部隊的軍人們發出呼籲。不要讓新納粹和班德拉分子把你們的孩子、妻子和老人當作人肉盾牌。把權力掌握在自己手中。比起那些已經在基輔安頓下來，並且挾持了整個烏克蘭人民的毒蟲和新納粹分子，我們可能更容易和你們達成協議。」這個呼籲也出現在俄羅斯的軍事指揮官向他們的烏克蘭對手發送了同樣性質的個人訊息，以及寄發給烏克蘭武裝部隊中幾乎每一位上校的匿名信裡。據後來的報導，俄羅斯的情報機構曾經策劃了一場反烏克蘭政府的軍事政變，但是它的參與者據稱在俄羅斯試圖快速占領戈斯托梅利失敗之後，就放棄了行動。[16]

普丁一再呼籲烏軍反叛，但沒有得到回應。烏克蘭的軍隊士氣高昂，奮勇抵抗。在俄羅斯入侵後不到兩星期，美國情報總監埃夫麗爾・海恩斯在三月初向美國國會報告：「我們判斷莫斯科低估了烏克蘭的抵抗力量，也低估了我們所觀察到的內部軍事挑戰程度，其中包括了一個思慮不周的計畫、士氣問題和龐大的後勤問題。」這個評估正確無誤。普丁和他的「特別軍事行動」受害於俄羅斯總統扭曲的史觀，以及對烏克蘭的社會與其民主根基的完全缺乏了解。

俄羅斯間諜，尤其是負責在烏克蘭進行祕密行動的聯邦安全局，針對烏克蘭人民對自己政府和俄羅斯的態度，他們正向普丁灌輸符合其歷史幻想的描述。他們報告說，烏克蘭人將會迎接他們的俄羅斯解放者。俄羅斯在烏克蘭建立了一個龐大的間諜網絡，他們不僅要監視烏克蘭的政府、軍隊和人民，還要策動大規模的示威活動，支持俄羅斯解放部隊的到來，並在他們接近烏克蘭的重要政府機構時，協助占領這些機構。這是仿效他們在二〇一四年春季占領克里米亞和頓巴斯時的作法。[17]

普丁期待烏克蘭人會用鮮花歡迎這些受命把他們從納粹主義和民族主義解放出來的俄羅斯部隊。然而，與他的期望相反，他們用美製的標槍和刺針飛彈，以及烏克蘭自製的斯基夫（斯基泰）或斯圖納反坦克導彈，對入侵的俄羅斯部隊迎頭痛擊。在烏克蘭軍隊的頑強抵抗下，「解放軍」感到恐懼、困惑和迷茫。如果普丁是他自己錯覺（不論是歷史還是其他方面的）的受害者，那麼他的部隊則成了他政治宣傳的受害者。普丁宣稱俄羅斯人和烏克蘭人是不可分割的同一個民族，這讓他的士兵在面對一場全民反抗入侵軍隊、支持本國武裝力量的戰爭時毫無準備。

令普丁和他的追隨者感到驚訝的是，烏克蘭的政府和人民居然團結一致，與二〇一四年亞努科維奇被趕下臺時，政府陷入癱瘓，社會撕裂的景況一點也不像。澤倫斯基拒絕逃跑。當美國人提出要將他從基輔祕密撤離時，據傳澤倫斯基回答說：「戰鬥就在這裡；我需要的是彈藥，不是搭便車。」一段在基輔一棟大樓前的街道上拍攝的影片中，他對烏克蘭人民說：「我在這裡。我們不會放下武器。我們將捍衛我們的國家，因為我們的武器就是真理，而我們的真理是這是我們的土地、我們的國家、我們的孩子，我們將捍衛這一切。」[18]

澤倫斯基決定留在基輔（有人聲稱這有部分是受到他的死對頭波羅申科決定不離開首都的影響）這對政府人員產生了重大的影響，據國家安全與國防委員會祕書長達尼洛夫的說法，許多人在攻擊發生後的第一個小時就準備要離開這座城市。同樣重要的是，澤倫斯基的影片也鼓舞了人民抵抗侵略。在入侵前一天，也就是二月二十三日，烏克蘭公布的數據顯示，澤倫斯基是該國最受歡迎的政治人物，支持率為百分之四十二。現在他充分利用了這份信任，並展現了人民對他的信任並非毫無根據。

許多人曾對澤倫斯基早期淡化俄羅斯侵略威脅的言論感到失望，他們現在開始把他當作是他們的領導人。這位前演員擁有許多職業政治家夢寐以求的天賦。他能夠與觀眾建立良好的關係和溝通，而且知道大家在特定時刻想要什麼。無論在和平或戰爭時期，他都能夠放大他們的聲音。絕大多數的烏克蘭人不相信會發生戰爭，而澤倫斯基也表達了這種懷疑。但當入侵發生時，烏克蘭人在平息了最初的震撼後，就做好了要戰鬥的準備，而澤倫斯基也向國內外的觀眾放大並傳達了這個訊息。[19]

在戰爭的第三天和第四天，也就是二月二十六日至二十七日所做的一項電話民調顯示，有百分之七十九的烏克蘭人相信他們能獲勝，有百分之九十的男性表示願意拿起武器捍衛自己的國家，有百分之七十的女性也做出了同樣的回應。在東部，受到俄羅斯進攻的威脅，百分之六十的人準備加入軍隊；在南部，這個數字是百分之八十。在全國，有百分之八十六的烏克蘭人希望能加入歐盟，百分之七十六的人支持加入北約的計畫。三月初，當俄羅斯的「閃電戰」失利，但烏克蘭也同樣看不到勝利的希望，但相信他們能獲勝的人數暴增到百分之八十八。只要能夠按照烏克蘭的條件實現和平，有百分之九十八的人支持烏克蘭武裝部隊，有百分之四十四的人準備忍受戰爭的艱辛。[20]

澤倫斯基的支持率飆升到了空前的百分之九十三。其次是對地方行政首長的支持率則高達百分之八十四。這在烏克蘭歷史上是前所未有的。能夠解釋這種高支持率現象的部分原因是，人民必須團結在國家權力之下。更重要的是政府官員在面對俄羅斯入侵時的表現，不僅是澤倫斯基，地方行政首長也沒有逃跑，而是與人民站在一起，而且幾乎沒有例外。烏克蘭一直在進行地方政府改革，將更多的權利和資源從中央下放到地方。諷刺的是，這項改革是烏克蘭對於俄羅斯要求將這個國家「聯邦化」的回應。這項改革增強了人民對烏克蘭國家機構的信任，在戰爭的最初幾天和幾星期被俄羅斯部隊攻陷的城市、鄉鎮和村莊中，充分展現了這一點。大家手舉烏克蘭國旗，捍衛被占領者綁架的市長。[21]

在基輔市，夜晚槍聲四起，不僅來自與戈斯托梅利相鄰的機場，那裡的機場戰鬥仍在進行，還有在市區內的俄羅斯突擊隊企圖攻入政府大樓以及軍事和關鍵基礎設施要地，但被守衛者擋下。居民開始紛紛逃離這座城市，但最長的隊伍卻是在軍事徵兵處前面的男性，他們自願報名參加地方防衛部隊。即使沒有軍事經驗的人經常被拒絕，但志願參戰者的數量仍然超過了徵兵處能夠容納和提供武器裝備的人數。[22]

拜登指責普丁違反了對烏克蘭不發動戰爭的承諾，然而普丁的持續公開回應卻讓許多軍官和士兵感到困惑。他直到最後一刻所做的宣傳工作，試圖要讓士兵相信這場戰爭是為了解放同為手足的當地俄羅斯人和其他說俄語的烏克蘭人，這也是有問題的。在俄羅斯軍隊未能占領基輔的失敗行動中，有三萬五千名至四萬名俄羅斯軍官和士兵參與。到了三月底，莫斯科宣布在烏克蘭所造成的死亡人數超過一千三百人。北約估計實際死亡人數接近一萬人，而烏克蘭方面則聲稱殺死了多達二萬名俄羅斯人。時任美國國家安全委員會發言人約翰．柯比宣稱：「俄羅斯沒有達成占領基輔的目標。它也沒有實現征服烏克蘭的目標。」[23]

面對他的計畫失敗，普丁把罪怪在其他人頭上，尤其是那些間諜們，只告訴他那些他想聽到的話。由謝爾蓋．貝塞達將軍領導的俄羅斯聯邦安全局，花了數百萬美元招募特工和培養臥底網絡，為這次的特殊行動做準備，但當入侵真的發生時，他們的工作卻一事無成，甚至可能連間諜們自己都沒想到普丁會真的發動入侵。對烏克蘭的現狀和即將崩潰的預測，都是來自亞努科維奇充滿偏見的前助理們，他們早在二〇一四年就隨他們的老闆逃出烏克蘭。

三月份，莫斯科傳出謠言，稱普丁下令逮捕了一些俄羅斯將軍和軍官，他們顯然不僅向他報告了錯誤情報，還挪用了數百萬美元，聲稱是用來支持一些虛構的間諜和網絡，但實際上卻是花在買公寓、豪宅、汽車和度假上頭。這些謠言，如果一定要說的話，反映了俄羅斯權力核心裡的內部鬥爭愈演愈烈，安全部門的首長們相互拆臺。[24]

占領

儘管普丁對於他在烏克蘭的「解放」任務存有幻想，並且用宣傳手段把烏克蘭政府描繪成納粹分子，但許多烏克蘭人卻把俄羅斯入侵者視為真正的納粹。俄羅斯占領烏克蘭的城鎮和村莊，令人聯想到二戰時期納粹占領烏克蘭的情景。它們深深烙印在烏克蘭的記憶中，一代又一代地傳承下來。「他們召集了村民，要求他們選出村長（starosty）。村長！村民們互相交換了意味深長的眼神，立刻想起了那個來自德國占領時期的詞彙。」知名的烏克蘭律師斯薇特拉娜·穆西延科回憶她在毗鄰車諾比區域的小村莊奧布霍維奇被俄羅斯占領時的經歷。

一位俄羅斯政治軍官對當地人發表的演說，也讓他們聯想到烏克蘭在二戰期間的情況。這位名叫葉夫根尼的軍官告訴他們：「總的來說，我們是維和部隊。但是只要有一根頭髮從俄羅斯士兵的頭上掉下來，你們就會全都完蛋。除此之外，隨你們的便。我們不會打擾你們，所以也別來打擾我們。只是不要超出村子的範圍，出門時戴上白色臂章，不要擅自穿越花園，並且在每棟建築的大門上掛上住戶名單，我們會檢查的。」於是，就像戰爭中被迫戴上大衛星的隔離區猶太人一般，當地居民不得不戴上白色的臂章，並在他們的前門上掛上住戶名單。穆西延科有部分猶太血統，她把自己戴著白色臂章、站在她於占領期間居住的居民清單旁的照片保存下來。[25]

在被俄羅斯軍隊占領的烏克蘭村莊裡，當地領導人成了箭靶，而且被敦促要與軍事當局合作。那些拒絕的人可能會被綁架甚或被殺害。戰爭第一場重大戰役的發生地戈斯托梅利鎮，鎮長尤里·普里利普科在開車送食物和物資給鎮民時，遭俄軍的機槍掃射而身亡。他的屍體還被設置為誘殺陷阱，目標是那些可能想要幫助他或埋葬他的人。一名俄羅斯士兵在看到一位東正教神父走近，準備埋葬死去的鎮長時，他拆除了誘殺裝置。距離基輔西邊四十五公里（二十八英里）的莫季任村，俄羅斯部隊逮捕了鎮長奧爾哈．蘇亨科和她的丈夫與兒子。他們三人都遭到占領者的處決，並葬在一個淺墳墓裡。[26]

在戈斯托梅利附近的布查鎮鎮長阿納托利．費多魯克之所以倖免於難，是因為占領者編制的當地官員和社運人士名單上將他的名字拼錯了。布查位於戈斯托梅利南邊，是個居民超過三萬五千人的城鎮，因為當地遭遇了平民大屠殺而聲名狼藉。二月二十七日，布查遭遇了一場慘烈的戰鬥。當天，從戈斯托梅利向基輔方向行駛的俄羅斯坦克和裝甲運兵車隊伍，被烏克蘭的火砲摧毀了。在戰鬥結束後不久，費多魯克就抵達了那裡，並以被燒毀的俄羅斯裝甲車為背景，錄製了一段影片演說向鎮民發表，承諾將會重建所有因戰鬥而被摧毀的一切。

四天後，也就是三月三日，俄羅斯再次占領了這個小鎮。費多魯克在準備離開布查的途中，返家要拿一些私人物品時，卻發現一個俄羅斯軍官一手拿著機槍，另一手拿著布查官員的名單。俄羅斯人正在找他。費多魯克假裝自己是鎮長的鄰居，聲稱鎮長已經離開鎮上，他是在幫鎮長照管房子。當軍官要求他出示護照時，費多魯克說他的護照留在家裡了。當他們一起走向費多魯克所說的家時，軍官接到了一個無線電通知，就放走了費多魯克：他本來得要帶著護照回來，但從未這樣做。[27]

麗娜．奇切尼娜是一位藝術評論家，她在布查被俄軍占領的最初幾天，記錄了占領者對當地居民態度的轉變。一開始，他們表現得很友好，顯然認為受到民族主義者壓迫的烏克蘭人，正在等待俄羅斯軍隊的解放。當奇切尼娜住的房子裡的一個老人向一個俄羅斯士兵套近乎時，士兵建議讓平民們躲進地下室裡待幾天，因為他預估這個城鎮很快就會成為戰場。當他被問到俄羅斯人打算要在這個鎮上做什麼時，他回答說：「我不知道。我們根本不知道這裡發生了什麼事。」

幾天後，有兩個俄羅斯士兵來到她的房子，搜查護照和手機。奇切尼娜陪著其中一個士兵下到地下室，他顯然是在搜尋有沒有藏匿的役齡男子。但是，裡面沒有。她回憶說：「在這個過程中，他突然變得出奇坦率，他抱怨普丁和指揮官：『他們跟我們說我們只會在這裡停留三天，但是已經過了一個半星期了。』缺乏食物，六個人只有一包口糧，而且還過期了。沒有地方睡覺。」在俄軍進駐鎮上的第一天，奇切尼娜就看到餓壞了的俄羅斯士兵闖進一家當地的食品店。「他們從裡面拿出薯片和一些麵包皮之類的東西，邊走邊吃，」她回憶道。「很明顯，他們餓壞了。」這些士兵也對自己的任務感到困惑迷惘。「他們也不清楚這裡究竟發生了什麼事，而他們的任務又是什麼。」奇切尼娜說，她這樣總結了她和那些搜查她家地下室的士兵的對話。[28]

但士兵們的友好態度很快就變成了憤怒和暴力。三月四日，俄軍占領布查的第二天，住在基輔的斯薇特拉娜．基茲洛娃，得知她的公公瓦拉利在布查被殺害。他和妻子剛剛裝修完在布查的房子，他們本來打算在那裡安享退休生活。他們拒絕撤離，說：「這裡是我們的房子和土地；我們要保衛屬於我們的東西。」瓦拉利剛從新冠肺炎中康復。當俄羅斯士兵朝他的頭射擊的時候，他人在後院，顯然是在毫無預警下被射殺。然後，他們強行闖入屋內，找到了一把老舊的獵槍，就說七十歲的瓦拉利是個軍人。他們把他的妻子關在地下室，並占據房子充當指揮所。他們從那裡可以清楚看到連接布查和伊爾平的橋梁，伊爾平是通往基輔途中的最後一個城鎮。[29]

瓦拉利在能夠清楚看到亞布倫斯卡街街角的房子裡被殺害，衛星拍到了平民在那裡被射殺的影像。一個騎著腳踏車的男人被射殺了，其他人則雙手被反綁遭到冷血槍決。第一批拍到街頭屍體的衛星照片，拍攝日期在三月十一日。這些屍體一直被遺棄在他們倒下的地方，直到俄軍在三月三十一日離開。沒有人被允許移走這些屍體。布查鎮長費多魯克與朋友藏匿在附近，他回憶道：「在那段時間裡，每天晚上都能聽到自動武器和機槍的射擊聲。」他不知道俄軍的態度為什麼會改變，但他提出了一個似乎合理的假設。「我自己的結論是，之所以會有這樣的轉變，是因為他們意識到他們無法攻占基輔。」奇切尼娜則有不同的解釋：「他們在布查愈待愈久，就變得愈來愈憤怒。對他們的長官和我們都感到憤怒。但既然他們對自己的上級無能為力，除了開始解決『烏克蘭問題』外別無他法。他們很快就明白，並沒有人會拿鮮花歡迎他們。顯然，原因是因為他們的猜測落空了。」[30]

七十二歲的歷史學家弗拉季斯拉夫．維爾斯丘克，是烏克蘭研究一九一七年俄國革命史的權威，他三月的時候幾乎都住在沃爾澤利鎮亞布倫斯卡街。這條長街貫穿沃爾澤利鎮和布查鎮，在布查被收復後，被殘忍殺害的烏克蘭平民屍體就是在這裡被發現的。突然爆發的戰爭讓當時人在戈斯托梅利的維爾斯丘克、他的妻子伊琳娜，以及伊琳娜的老父親（大家都用他父親的名字丹尼洛維奇稱呼他）措手不及。幾天後，他們設法逃到了一個當時看似比較安全的地方，也就是維爾斯丘克的兒子博丹在沃爾澤利的房子。但沒多久，戰爭也來到了沃爾澤利。

三月十一日，就在衛星拍到亞布倫斯卡街上屍體的同一天，維爾斯丘克看到了一輛俄羅斯裝甲車停在他兒子的房子門前。「士兵們從車上下來，在草地上散開後，開始搜查附近的院子，包括我們的在內。他們朝天空開槍。」維爾斯丘克寫道，他在日記裡記錄了遭遇占領者的情景。「博丹跟他們交涉了一陣子，氣氛很緊張，」維爾斯丘克接著寫道，「他們顯然相當緊張不安。他們說他們的食物和汽油都沒了。他們是從阿爾泰山區來的。」不可思議的是，這次的遭遇並沒有發生暴力衝突。「他們開車走了。這次又逃過一劫，」維爾斯丘克繼續說，「但下一次呢（毫無疑問，這遲早還會發生）？」維爾斯丘克和家人於三月十四日離開了他們在亞布倫斯卡街的房子，返回基輔。[31]

由於烏克蘭在三月二十二日發起成功的反攻，俄軍在三月底撤離布查。當占領者從基輔郊區以及切爾尼戈夫和蘇梅附近地區撤退時，他們也棄守了車諾比核事故禁區。三月三十一日，他們逼迫烏克蘭的禁區管理人員在一份文件上簽名，聲明他們對俄軍的行動沒有任何抱怨，還聲稱俄軍是在保護該地區。管理人員覺得自己別無選擇，只好簽署了這份文件。事實上，俄軍的占領幾乎造成了核災，因為在這個地區的軍事行動損壞了輸電管線，導致車諾比核廢料冷卻所需的電力中斷。

電力線路的損毀使得車諾比核電廠的水泵無法運作，這些水泵負責冷卻池的供水，冷卻池裡放著自二〇〇〇年便停用的三號反應爐的燃料組件。這些燃料組件仍然非常熱，需要持續進行水冷卻來防止過熱，否則可能會爆裂並向環境釋放輻射。幸虧有柴油發電機和從白羅斯的電力供應，才讓車諾比和全世界免於再次發生核事故。俄軍撤離後，烏克蘭人在現場發現的情況表明，車諾比的汙染問題遠遠還沒結束。占領電廠之後，俄羅斯士兵在仍然有輻射的紅色森林附近挖了壕溝。這樣一來，他們的健康可能會在未來數年內受到輻射的影響。[32]

四月一日，烏克蘭部隊收復了布查和基輔其他郊區。第二天，布查鎮長費多魯克宣布，俄羅斯占領者至少殺害了三百名他的同胞。街頭平民的屍體照片在全球社交媒體上流傳，引發了世人對於俄軍野蠻行徑的憤慨，他們犯下了拜登總統所說的種族滅絕戰爭罪。到了四月四日，布查被殺害的平民數量估計增加到三百四十人。五月，在占領滿一個月後，死亡人數推估上升到了一千人，其中有超過六百五十人是被俄羅斯士兵近距離射殺；其餘則是死於雙方的砲火之下。基輔地區警方在七月宣布，他們的人員已經找到並確認了一千三百四十六名被侵略者殺害平民的身分。還有大約三百人下落不明。[33]

四月十八日，就在拜登總統指控俄軍犯下種族滅絕罪幾天後，普丁簽署了一項法令，表彰一支在大屠殺發生之時駐守在布查的部隊，授予他們「衛隊旅」的榮譽稱號。同月，第二三四空降團指揮官阿爾喬姆．戈羅季洛夫中校獲得晉升官拜上校，而他麾下的士兵用他們殺死的烏克蘭受害者的手機打電話回家。[34]

來自布查的消息終止了俄烏的談判，最後一輪談判是在三月二十九日在伊斯坦堡結束的。烏克蘭提議停火，但莫斯科並不感興趣。基輔心灰意冷，在沮喪之餘準備達成協議，放棄加入北約的計畫，並接受中立國的地位作為交換條件，以換取包括美國和土耳其在內多個國家的安全保證。普丁和澤倫斯基應該要來協商最終的文件。但幾天後，澤倫斯基到訪布查，宣稱俄軍所犯下的罪行使他們與莫斯科的談判變得更加困難。隨著俄軍的攻勢陷入僵局，烏克蘭收復了基輔和切爾尼戈夫周邊的地區，談判也停滯不前。基輔意識到，烏克蘭要維護獨立和恢復領土完整，最好的機會是在戰場上，而不是在談判桌上。35

逃離

俄羅斯入侵烏克蘭，引爆了自第二次世界大戰結束以來歐洲最嚴重的難民危機。大多數被迫離開家園的烏克蘭人仍然留在自己的國家裡，從東部、北部和南部，遷移到中部和西部地區。五月中旬，國內流離失所者的數量估計超過八百萬人。截至二〇二二年八月下旬，超過七百萬名烏克蘭公民逃到國外尋求臨時庇護。其中，波蘭收容了將近三百五十萬人，並為他們提供住宿和食物；羅馬尼亞則收容了九千多人；德國有七十萬人；匈牙利有六十二萬人；摩爾多瓦有四十六萬六千人，這些是按人口比例收容烏克蘭難民最多的國家。斯洛伐克有四十三萬人，捷克有三十五萬人。

由於男人留下來戰鬥，或因如果他們不到六十歲就被禁止離開國家，因而在歐洲的烏克蘭的戰爭難民，其性別和年齡結構與二戰結束後的任何其他難民潮都截然不同。他們主要以婦女和兒童為主，後者占了總數的百分之四十。他們的行為也與先前的難民潮不同。歐盟國家幫助兒童入學，並允許他們的父母留下來工作。許多人抓住了這個機會，但大多數人一聽到他們的城鎮或村莊被解放，前線遠離了他們的家鄉，或者危險已經消退的消息就想回國。到五月中旬，已有一百八十萬烏克蘭人返鄉，每天大約有三萬人越過烏克蘭邊境，他們不是向西，而是向東返回家園。到了二〇二二年八月底，波蘭原本收容的三百五十萬烏克蘭難民只剩下一百三十六萬，其餘的人在烏克蘭軍隊阻止了俄羅斯的進攻後，就回到了烏克蘭。[36]

每個難民的故事都是既獨一無二又具有代表性。他們為了逃避俄羅斯的入侵和破壞，放棄了他們所有的財產，只想保住性命。他們之所以離開自己的家園，不是因為戰爭的困苦，而是因為死亡的恐懼，他們在逃亡途中經常冒著生命危險。「他們摧毀了一切……每棟建築物都受到了損害，到處都是火光……我很害怕我們在離開城市的時候會被殺死；我們看到一輛車裡躺著兩個平民的屍體。」這是一位名叫亞歷山大的烏克蘭難民，在三月二十四日於布魯塞爾舉行的記者會上的證詞。他和他的家人，包括兩個小孩，逃出了布查，那時這個地方只是烏克蘭地圖上鮮為人知的陌生地名。不到一星期後，隨著布查的照片在網路上引發了轟動，所有人都清楚了解到亞歷山大所逃避和恐懼的是什麼。

「砲彈和炸彈的爆炸震得我們渾身發抖。在防空洞裡的第一晚，是我一生中最冷的一個夜晚。我無法入睡，不敢閉上眼睛……炸彈一直不停地落下。」一位來自哈爾科夫的學生戴安娜在同一場記者會上作證。「我的同事就在大樓裡面。」一位來自馬里烏波爾的難民瑪麗亞，回憶起她的一位男性朋友在俄軍轟炸該市劇院時的經歷。儘管前面的廣場上畫著一個巨大的「兒童」字樣，劇院還是被擊中了。包括兒童在內的六百人在爆炸中喪生。「他對我說，他聽到了那些被埋在廢墟下的孩子們的尖叫聲，」瑪麗亞回憶道，「由於轟炸一直沒有停止，救援人員根本無法到達。」瑪麗亞只能用幾瓶伏特加和幾包香煙來賄賂俄軍的檢查哨，這才勉強從被圍困的馬里烏波爾逃出來。[37]

那些從俄羅斯的占領區或砲火中逃出來的難民，在烏克蘭與波蘭、斯洛伐克、匈牙利、羅馬尼亞和摩爾多瓦等西部國家的邊界上，排著令人難以忍受的長長人龍。「我們在這裡已經等了大概六、七個小時了，」來自基輔西邊的大城市日托米爾的難民塔瑪拉．庫爾曼，在戰爭爆發第二天在波蘭邊界接受採訪時告訴一個西方記者，「我不知道該怎麼離開我的祖國，」塔瑪拉接著說道，她可能說出了在這個看似沒有盡頭的隊伍裡每個人的心情，「我其實並不想離開我的祖國，但因為入侵者，我必須要盡快離開。」[38]

在未來的幾天和幾星期裡，排隊的人群愈來愈多，難民在邊境過關的時間也從二十四小時延長到了幾天幾夜。但讓他們感到一絲安慰的是，他們在邊界另一側受到了波蘭、羅馬尼亞和其他志工們的熱情款待。幾年前，在敘利亞難民問題上，東歐是向敘利亞難民關閉的「歐洲堡壘」，現在卻成了向烏克蘭難民敞開的「歐洲旅館」，一個沒有邊界的歐洲。雖然物理上的邊界還在，但文化和情感的邊界卻已經消失了。東歐人曾經目睹俄羅斯的坦克壓境，所以他們比任何人都更能理解烏克蘭人正在經歷什麼。他們鼓勵烏克蘭男人去奮戰，並且願意照顧他們的婦孺。現在，他們都在同一條船上，這是一支共同抵抗俄羅斯侵略風暴威脅的船隊。

二〇二二年五月，聯合國宣布烏克蘭的難民，使得全球流離失所者的數量增加，共超過了十億人。「這是一個不應該被創造的紀錄。」聯合國難民事務高級專員菲利普．格蘭迪說。《紐約時報》的編輯委員會在名為〈普丁對烏克蘭難民的做法別有用心。這是對世界的一個重大考驗〉的社論中，呼籲全球公眾關注這個問題。這篇文章呼籲全球要團結起來，支持收容難民的國家。編輯群主要擔心的是，在反對俄羅斯的侵略和支持烏克蘭爭取獨立的過程中，西方國家缺乏了統一的立場和行動。他們也看到了全球不穩定的跡象，並且開始擔心敘利亞和其他地區的難民。「隨著世界進入一個更加不穩定的時期，」這篇呼籲寫道，「對於那些逃離戰爭和其他絕境的人們，各國領導人不能再忽視必須提供協調有序且人道的回應。」[39]

第九章　烏東戰線

由於俄軍無法攻下基輔，莫斯科把進攻重點轉向了東部，準備在高度城市化的烏克蘭頓巴斯地區展開大規模戰鬥。占領頓涅茨克與盧甘斯克地區不僅是「特別軍事行動」所宣示的目標，也很可能是莫斯科在三月底的伊斯坦堡會談中拒絕基輔所提出停火呼籲的原因。莫斯科本來有機會在那次會談中以對自己有利的條件，換取基輔的接受，從而終止戰爭。但克里姆林宮卻拒絕了，從而錯過了這個千載難逢的良機。

戰爭的前幾個月當中，展現了俄羅斯對烏克蘭的戰爭即將進入新階段的若干特點。其中之一是俄羅斯轟炸軍事目標的空中武力有限，主要仰賴飛彈，但其中許多飛彈根本不準確，時常誤擊民用設施。與某些人的期待和擔心相反，俄羅斯空軍從未能在烏克蘭領空建立優勢。受到可能是來自烏克蘭西方盟友的情報警告，烏克蘭人在二月二十四日清晨俄羅斯飛彈攻擊烏國機場之前，早已及時將大部分飛機轉移到安全地點。儘管這些飛機數量不多且老舊不堪，但它們都免於被摧毀，而且可以在空中跟俄軍對抗。

事實也證明了烏克蘭擁有堅韌的防空能力。西方盟友在入侵前的幾個星期內提供給烏克蘭的刺針飛彈，這種美國製的便攜式防空系統，增強了烏克蘭的防空資源。隨著俄羅斯損失的飛機和直升機愈來愈多，他們轉而倚賴飛彈，有一些甚至是從裏海的船艦上發射的。這些飛彈常常無法擊中軍事目標，而是射到民用設施。烏軍盡其所能地擊落俄羅斯的巡弋飛彈，全力保衛他們的城市。[1]

俄軍之所以對烏克蘭城市施行無差別轟炸，有其不同的目的。他們用火砲摧毀城市的基礎設施，也阻止烏克蘭軍隊占據防禦陣地，這是他們在攻擊馬里烏波爾和頓巴斯地區的幾個烏克蘭城市時，曾經充分運用過的戰略。他們也用火砲和飛彈作為恐怖武器，試圖摧毀烏克蘭人的抵抗意志。恐怖轟炸最嚴重的地區是烏克蘭東部城市，這裡是戰爭的主戰場，那裡的俄語使用者和俄羅斯族在全國占比最高。結果，這些俄羅斯血統和使用俄語的烏克蘭人，也就是俄羅斯軍隊聲稱要來解放的對象，卻成了這場消耗戰的主要受害者。

第一個首都

哈爾科夫是烏克蘭第一波遭到俄羅斯軍隊直接攻擊的城市之一，它是烏克蘭第二大都市，也是蘇聯時期的第一個首都*。擁有一百五十萬人口的哈爾科夫是一個重要的行政和文化中心，距離俄羅斯邊境僅五十公里（三十英里）之遙。哈爾科夫先是遭到地面部隊攻擊，接著又遭到持續不斷的無情砲轟。

自十七世紀中葉建城以來，哈爾科夫就是斯洛博達烏克蘭地區哥薩克人聚居的中心。在十九世紀之交，羅曼諾夫王朝統治時期，在俄羅斯統治下的烏克蘭，其第一所大學在哈爾科夫建立。一八三〇年代，這座城市成為烏克蘭文學浪漫主義的中心，其追隨者奠定了現代烏克蘭計畫†的文化基礎。一九二〇年代，哈爾科夫成為蘇維埃烏克蘭的首都，見證了一場烏克蘭文化復興，留下了政府中心的結構主義建築傑作和現代主義作家的作品傳承給後代。然而這場文化復興只是曇花一現，被稱為「被處決的復興」，一九三〇年代，不少哈爾科夫作家要不是自殺，就是被史達林的恐怖機器‡給殺害。一九九一年烏克蘭宣布獨立後，哈爾科夫成為烏克蘭的出版之都，也是一些該國重要文化人物的故鄉，如詩人、小說家暨表演者謝里．扎丹。[2]

俄羅斯人之所以跳過烏克蘭東部其他主要城市，急於控制哈爾科夫是出於以下幾個原因。首先，哈爾科夫是一個重要交通樞紐，對軍事行動至關重要。其次，它是個幾乎全說俄語的城市，它不僅是許多烏克蘭人，也是俄羅斯作家、詩人和演員的故鄉。這讓莫斯科滿懷期待，相信俄羅斯軍隊會受到當地人的歡迎，而這符合這場戰爭的意識形態口號，也就是保護被基輔迫害的說俄語人民。最近的歷

＊譯注：後來被莫斯科取代。

†譯注：現代烏克蘭計畫是指烏克蘭在俄羅斯侵略的戰爭中，為了保衛自己的主權和領土完整，以及實現歐盟成員國的目標，而進行的一系列復興、重建和現代化的努力。

‡譯注：恐怖機器是指他在一九三〇年代所發動的一場大規模政治整肅，透過祕密警察、審判和處決，消滅了他認為是敵人或具威脅性的人，包括共產黨員、軍官、知識分子、農民等。

史也發揮了作用。在二〇一四年，這座城市差點被俄羅斯支持的分離主義者攻占，就像頓巴斯地區的其他城市和鎮區一樣。第三，哈爾科夫離俄羅斯邊境很近，俄羅斯軍隊可以在不過度延伸補給線的情況下抵達，這正是他們攻擊基輔時所遭遇的一大困難。

基於上述種種原因，在莫斯科的戰爭策劃者肯定認為哈爾科夫不僅是理想的攻擊目標，而且也應該易如反掌。但就和其他許多情況一樣，戰事並未按照原定計畫進行。烏克蘭沿著白羅斯邊境的基輔北部領土，其防守基本上是門戶洞開，但這裡卻大不相同，烏克蘭軍隊在哈爾科夫附近早就做好了迎戰俄羅斯進攻的準備，並從一開始就抵抗了俄軍的推進。俄羅斯的地面部隊在二月二十四日清晨發動攻勢，越過邊境並用火砲轟擊哈爾科夫附近的烏克蘭防禦陣地。他們也轟炸了哈爾科夫本身，俄羅斯的砲彈造成了第一批平民的傷亡，其中包括兒童。

二月二十五日，俄羅斯先鋒部隊已經挺進到哈爾科夫郊區。烏克蘭展開反擊，但在接下來的幾天裡，俄軍攻入城中，俄羅斯國防部宣布他們在市中心接受烏克蘭軍隊投降。但這項聲明充其量還言之過早：當天接近尾聲之前，烏軍擊退了俄軍。哈爾科夫仍然屬於烏克蘭。[3]

二月二十七日，戰爭第四天，反抗持續，俄軍開始猛烈轟炸他們無法攻克的哈爾科夫，造成數十名平民傷亡。但這只是開始。隔天他們發動了更多致命的空襲，而且主要是針對住宅區，造成更多人喪生。俄軍使用集束炸彈，它會在空中分裂成數百枚子炸彈，任意散落在廣大區域內，殺死在幾個足球場大小的範圍內的所有人。一百多個國家曾在二〇〇八年簽署了《集束炸彈公約》，明文禁止使用這種炸彈。俄羅斯並不是簽署國，現在，它的軍隊正在使用集束炸彈來攻擊一個擁有一百五十萬人口的城市。[4]

CNN的一則新聞調查報導，統計了二月二十七日和二十八日兩天裡，俄羅斯軍隊對哈爾科夫共發動了十一次集束炸彈攻擊。這些攻擊都是由俄羅斯武裝部隊第七十九飛彈砲兵旅的龍捲風多管火箭砲所發射的。由於哈爾科夫靠近俄羅斯邊境，這些火箭砲都是從俄羅斯領土發射的。調查記者得出的結論是，唯一可能下令發射的人，是俄羅斯西部軍區司令亞歷山大·朱拉夫列夫大將，他是敘利亞殘酷戰爭的老將，曾兩次擔任俄羅斯特遣部隊的指揮官。二月二十八日，朱拉夫列夫的火箭砲奪走了許多哈爾科夫市民的性命，其中包括三名兒童。[5]

「克洛奇夫斯卡街。哈爾科夫。已經在收屍，是哈爾科夫市民的屍體。」卡特琳娜·諾瓦克在二月二十八日的臉書貼文上寫道，她是哈爾科夫市民，也是一位書籍編輯。在二〇一四年戰爭開始後，她引領了烏克蘭歷史非小說類書籍的復興。卡特琳娜在貼文中附上了一個現場錄製的影片連結：血跡、人體碎片，以及一枚集束炸彈的彈殼半嵌進公寓大樓入口附近的柏油路上。她又寫道：「剩下的只有血和這個，」這個指的是人體殘骸。

卡特琳娜的丈夫加入了哈爾科夫的領土防衛部隊。她與年邁的母親和女兒留在家裡，她無法像她的一些同事和鄰居一樣，離開他們躲進防空洞，或是逃離哈爾科夫以尋求安全的避難之處。卡特琳娜待在公寓裡，每次聽到防空警報響起，她都會擔心公寓會被飛彈擊中，這已經成了日常。在二月二十八日之前，卡特琳娜都是轉貼別人的照片、影片和貼文；現在，她開始用臉書寫日記，記錄被圍困的生活。[6]

「占領者連續兩天以極其殘忍的手段恐嚇我的哈爾科夫：空襲和火箭砲幾乎沒有間斷，最多只會停止幾個小時，」卡特琳娜在三月一日寫道，「我現在正在寫作，警報聲不斷響起。炸彈已經連續兩天轟炸城中的住宅區，到處都是屍體和血跡。郊區正在燃燒，看起來很可怕。市中心也發生了爆炸。就在離我很近的地方：保羅運動場、克洛奇夫斯卡街……一間肉店門前的一棵椴樹上卡著一枚我不知道名稱的彈殼，肉店的玻璃全都被炸飛了。『解放者』殺害了兒童，摧毀了民用建築，攻擊了我們城市的命脈設施……他們轟炸、轟炸、轟炸，不斷地轟炸我們，想要把我們消滅！占領者無法占領這座城市，所以他們決心要毀滅我們，把我們從生活中『解放』出來，抹去我們的存在！我在家裡。我的家人和我在一起。我的丈夫在戰鬥。榮耀歸於烏克蘭！*」

卡特琳娜開始記錄戰爭的天數。三月二日，她寫道：「第七天。現在我知道一架飛機在低空飛行，準備發動空襲時，會發出什麼聲音。它好像要直接撞向你的頭，甚至不是撞進你的頭，而是穿過你的頭。我也知道空襲會讓建築物震動得多厲害。我也知道當你使用臉書 Messenger 跟躲在地鐵裡的同事們聯絡時的感覺：別出來！馬上還有下一波！昨天發生了很強烈的空襲，可怕又殘忍。然後，我們在文化街的槍聲中入睡。我們的部隊正在清除敵方的破壞和偵察小組。早上他們（俄羅斯人）又轟炸了國家警察局和卡拉津大學……恐怖的爆炸和煙霧。他們在恐嚇我們！但我的丈夫今天早上打電話來，說他沒事。榮耀歸於烏克蘭！」

三月三日，戰爭第八天。卡特琳娜繼續寫她的日記：「哈爾科夫還在堅持。驚恐持續。郊區被摧毀。他們屠殺平民。他們破壞這座城市。我的同事們已經在地鐵裡躲了好幾天。又是冰雹火箭彈。飛機又在頭頂上飛過。我開始把天空視為敵人，視為一種潛在的威脅。我開始討厭它！這不正常。關閉天空吧。用任何方法都行。我在呼籲那些支持我們的國家。請支援我們某種類型的現代化防空武力、飛機……什麼都好。但要快一點！」卡特琳娜用德文和烏克蘭文發文，希望能跟她在歐洲的朋友們聯繫。她最初的貼文裡，有一條非常簡潔明瞭的回覆：「我們需要第二戰線。」但沒有第二戰線，烏克蘭的西方夥伴拒絕提供飛機或防空系統。這些東西終究是來了，但要晚得多了。

卡特琳娜持續記錄她自己的生活和他人的死亡。「看著殘破的廢墟令人心碎，但知道有孩子們不斷地死在那些廢墟下，更是撕裂心扉！」她接著列舉了俄羅斯近期對哈爾科夫及其周邊地區的攻擊：「對哈爾科夫州雅科夫利夫卡村的空襲所造成的影響。」三月三日深夜，轟炸摧毀了村裡所有的四十五棟建築，其中二十一棟全毀。有兩人喪生，兩人失蹤，十一人受傷。「對哈爾科夫市中心的攻擊造成的影響，」卡特琳娜繼續寫道：「勞動宮。」在三月二日那天，一枚俄羅斯巡弋飛彈命中了市政廳大樓。一架飛機投下了一枚炸彈，把哈爾科夫這座地標建築摧毀了大半，該建築建於一九一六年，並自蘇聯時代以來就被稱為「勞動宮」。[7]

俄羅斯從三月開始，一直到五月中下旬，對哈爾科夫及其周邊地區進行持續的轟炸。俄羅斯的砲兵部隊距離哈爾科夫非常近，可以砲擊全市的各個角落。截至四月底，已有近二千棟房屋遭到破壞或

＊譯注：這個口號起源於烏克蘭人民共和國時期（一九一七年至一九二一年），曾被游擊隊作為口號使用，後來在蘇聯時代被禁止。在烏克蘭獨立後，這個口號重新流行起來，成為烏克蘭主權和抵抗的象徵。

全毀，數百名市民身亡。然而，這座城市和它的防衛者並沒有屈服於攻擊。到了五月中旬，西方的觀察者宣稱烏克蘭的武裝部隊在哈爾科夫的戰鬥中取得了勝利。英國的情報機構還報導了一個消息，俄羅斯在該地區的重要指揮官，也就是第一近衛坦克軍團的指揮官謝爾蓋·基塞爾被解職，據說是因為他未能攻占哈爾科夫。[8]

哈爾科夫市長伊戈爾·捷列霍夫公開表示，該市市民對俄羅斯的態度變得極度反感，程度甚至超過了被普丁認為是烏克蘭民族主義溫床的西烏克蘭。轟炸哈爾科夫，是俄羅斯第一起以解放之名大規模殺害烏克蘭俄語使用者的事件。[9]

亞速鋼鐵廠

馬里烏波爾（也被稱為瑪麗亞市）擁有超過四十三萬人口、兩家大型冶金企業和亞速海最大的港口，是俄羅斯入侵的主要目標之一。早在二〇一四年五月，這個占了烏克蘭國內生產毛額（ＧＤＰ）百分之七的城市，就曾被俄羅斯支持的分離主義民兵給占領了。但同年六月，烏克蘭人成功收復該城，這主要歸功於內政部組建的兩個志願軍團。一個是聶伯河第一營，由鄰近的聶伯羅彼得羅夫斯克州的地方政府招募組織的。另一個是亞速營，成員包含了尊嚴革命的前社運分子，其中一支是安德烈·比利茨基所領導的激進民族主義分子，他後來成了亞速營的第一任指揮官。[10]

二〇一五年二月，現隸屬於烏克蘭國民衛隊的亞速營，從親俄的反叛軍手裡奪回了馬里烏波爾東部的五個村鎮，從而把前線推離了這個已經成為他們的基地的城市。那時候，比利茨基已經離開了亞速營，他麾下一些具有民族主義傾向的中尉軍官也離開了。在接下來幾年，亞速營的成員出現了徹底變化。它切斷了與極右團體和意識形態的聯結，但仍然是俄羅斯政治宣傳的主要攻擊目標，俄羅斯把尊嚴革命與其催生出的烏克蘭政府，描述成是「法西斯分子」，並把亞速營戰士稱為納粹。[11]

二月二十四日早上，亞速營的官兵與烏克蘭的軍事編隊，在馬里烏波爾戰役會師。這個城市在戰事第一天就受到猛烈轟炸，亞速營在二〇一五年所建立的分界線到東部僅有四十公里（二十五英里）。二月二十四日早上，俄羅斯展開對馬里烏波爾的地面進攻，但被防守的烏軍擊退，隨後俄羅斯在該市西部展開兩棲登陸。他們的目標是占領馬里烏波爾，並切斷它與該地區烏克蘭武裝部隊的聯繫。二月二十七日，從克里米亞突圍的俄羅斯軍隊攻陷了別爾江斯克，隨後烏克蘭陸軍失去了馬里烏波爾北方的一個重要防禦陣地沃爾諾瓦哈，這幾乎決定了馬里烏波爾自身的命運。[12]

三月二日，俄羅斯軍隊從他們控制的頓巴斯地區向西推進，並從最近占領的別爾江斯克向東進攻，從而完全包圍了馬里烏波爾。這座城市的所有出口都被封鎖了。在馬里烏波爾內部，俄羅斯有正規軍和在頓巴斯「共和國」招募的部隊，還有由俄羅斯任命的車臣領導人卡德羅夫的車臣分遣隊增援。這些部隊都由米哈伊爾・米津采夫將軍指揮，他曾因在敘利亞摧毀古城阿勒坡而聲名大噪，現在他打算在馬里烏波爾再來一次。[13]

該市守軍讓俄羅斯進攻部隊傷亡慘重，並在三月中旬擊斃了俄羅斯第一五一機動步兵師指揮官奧列格・米捷耶夫。但雙方的軍事實力實在是過於懸殊。亞速營由三十歲的丹尼斯・普羅科申科中校領導，他的祖父是一位芬蘭士兵，曾在一九三九至四〇年的冬季戰爭*中與俄羅斯作戰。亞速營發現自己連同其他幾個部隊被包圍了，包括由弗拉基米爾·巴拉紐克上校指揮的第三十六獨立海軍陸戰隊，由丹尼斯·施萊加上校指揮的烏克蘭國民衛隊第十二作戰旅，以及邊防部隊和當地警察分隊。

由於無法將馬里烏波爾的守軍逐出他們的防禦陣地，俄軍從戰爭第一天開始就加強轟炸。他們出動戰機、火砲和飛彈攻擊馬里烏波爾，有計畫地摧毀一個街區接著一個街區，不分軍民一律無差別攻擊，市民不斷遭受轟炸。民眾飽受饑饉，但最難以忍受的還是寒風刺骨的冷冽天氣，在開始圍城之後的幾天內，暖氣和電力都被切斷了。

俄羅斯違反了三月五日達成的讓平民安全撤離的停火協議，仍持續轟炸馬里烏波爾。那將會成為一種常態。雖然為了撤離平民而設的所謂「綠色廊道」會開放，但不時會關閉，撤離前或撤離中都可能被關閉，使得居民難以離城逃往其他烏克蘭控制的地區。同時，俄羅斯占領部隊鼓勵（在烏克蘭看來，是強迫）二萬到三萬名的馬里烏波爾市民疏散到俄羅斯控制的地區。[14]

俄羅斯的飛機使用非引導炸彈空襲這座城市，而即使是針對軍事目標，火砲和飛彈的射擊一點也不精準。三月九日，俄羅斯轟炸了馬里烏波爾一家婦產科醫院，造成數十人喪生。孕婦從半毀的建築物中逃離的照片震驚了全世界。七天後，也就是三月十六日，更加駭人的畫面出現在全世界的媒體上：一次空襲炸毀了充作市民避難所的馬里烏波爾劇院。當局因時間和資源不足，開始把死者埋葬在萬人塚裡。到了四月初，屍體被扔在大街上，市政府沒有人力或資源來收屍，而且這樣做也太危險了，因為戰事早已延燒到城裡。在俄軍所占領的一些城區，移動式焚化爐被用來焚燒屍體。維塔利·

柳博米爾斯基在四月七日逃出馬里烏波爾，他後來告訴一位美國記者：「你可能知道腐肉的味道，但這種味道更濃濁。腐爛的屍臭味和焚化爐燒屍體的味道無處不在。」市長瓦季姆・博伊琴科估計死亡人數超過二萬一千人。[15]

三月，烏克蘭軍隊試圖解除馬里烏波爾的封鎖，但他們的裝甲部隊實力不足，無法達成這個目標，只好撤退。在三月最後一週，烏克蘭的軍事情報部門從自己控制的領土上派出直升機隊伍，支援在馬里烏波爾被圍困的烏克蘭武裝部隊。從三月底至四月底，十六架MI8直升機參與了七次任務，協助救出了七十二名亞速營志願軍，補給武器和藥品，並撤離傷員。這次大膽的行動在失去三架直升機後終告結束。在四月第一個星期，由於烏克蘭部隊無法提供空中或火砲支援，而防守部隊的彈藥、藥品和食物也所剩無幾，俄軍成功占領市中心，並把烏克蘭部隊逼退到港區和亞速鋼鐵廠。[16]

四月十一日晚上，巴拉紐克上校帶領他的海軍陸戰隊，試圖拚死突破俄軍的包圍，但出擊失敗，部隊損失慘重，包括巴拉紐克本人在內的倖存者被迫投降。剩下的海軍陸戰隊撤離了他們在伊里奇冶金廠的陣地，這是該市第二大的鋼鐵廠，並與普羅科申科的亞速營在亞速鋼鐵廠會合。他們在那裡也得到了國民衛隊、剩餘的警察部隊和從港區撤退的邊防隊的支援，使得亞速鋼鐵廠成為烏克蘭在馬里烏波爾的最後一塊據點。在廠區的地下設施裡，烏克蘭軍隊和他們的家屬以及其他逃離城市轟炸的平

＊編按：冬季戰爭為蘇聯與芬蘭在第二次世界大戰初期爆發的戰爭，一九三九年十一月三十日蘇聯因國界爭議入侵芬蘭，隔年三月十三日蘇聯戰勝，本次戰爭中蘇聯投入大量兵力損失慘重卻只取得芬蘭小部分的領土，蘇聯的國際聲譽因而受損。

民一起躲避在此。[17]

四月最後一星期，聯合國祕書長安東尼奧・古特雷斯在克里姆林宮與普丁會面，為了避免訪客的細菌感染這位俄羅斯領導人，兩人之間隔著一張極長的桌子進行談判，最終讓普丁同意開設一條人道通道，讓平民從亞速鋼鐵廠撤離。第一批二十人在四月三十日離開了這座城市。接下來的一星期，趁著鋼鐵廠受到猛烈轟炸和攻擊的片刻間隙，撤離行動繼續進行。撤離行動在五月七日結束，有將近五百人成功逃離了鋼鐵廠地獄般的地下空間。[18]

隨著平民的撤離，剩下的烏克蘭部隊仍然繼續抵抗，儘管他們深知自己來日不多了。總統澤倫斯基多次公開聲明，他正竭盡一切努力救出他們。土耳其總統雷傑普・塔伊普・艾爾段顯然提出要將烏克蘭的防守部隊撤到他的國家，並在戰爭結束前將他們拘留。瑞士也提出了類似的提議。五月十一日，二十七歲的卡特琳娜・普羅科申科，亞速營指揮官普羅科申科的妻子，以及亞速鋼鐵廠另一名守衛的妻子與教宗方濟各會面，請求他直接與普丁交涉，為他們的丈夫求情。卡特琳娜堅決表示「不願意被俄羅斯俘虜」。他們想要的是澤倫斯基和其他歐洲領導人曾討論過的那種「緊急撤離」。

普丁拒絕了所有由中間人提出的方案。烏克蘭政府別無選擇，只能與俄羅斯協商達成協議，根據這項協議，亞速鋼鐵廠的防守部隊將向俄軍投降，但條件是日後能以他們交換在烏克蘭手中的俄羅斯戰俘。澤倫斯基宣布，他正在與法國、土耳其、以色列、瑞士和聯合國等方進行談判，試圖促成這項協定。他還透露，他曾向西方夥伴求援，希望能獲得武器支援讓烏克蘭突破馬里烏波爾的封鎖，但沒有得到回應後，才開始了這些談判。[19]

五月十六日，亞速鋼鐵廠首批五十三名受傷的守衛投降，並被送到俄軍占領的地區。烏克蘭總參謀部授權了他們的投降，並發表聲明讚揚這些即將成為戰俘的軍官和士兵們的英雄行為。聲明中說：「馬里烏波爾的捍衛者是我們時代的英雄。他們將永存青史。」他們因為牽制了俄軍，阻止了「俄方迅速攻占扎波羅熱的計畫」而受到表揚。[20]

五月二十日，俄羅斯軍事當局宣布亞速鋼鐵廠最後一批烏克蘭守軍投降，聲稱俘獲了二千四百三十九名軍官。當時有些觀察家認為這個聲明誇大了烏克蘭被俘士兵的數量，而且這個聲明還把亞速營的官兵貶為「納粹分子」，這引發了一個疑問：俄方是否會遵守協議，允許將普羅科申科上校和他的戰友與在烏克蘭手中的俄羅斯戰俘進行交換。俄羅斯議會議長隨後發表聲明，表示議會將考慮通過一項法律，禁止交換亞速營成員。[21]

在亞速鋼鐵廠保衛戰的最後一天，也就是五月二十日，放棄了在烏克蘭最古老的高等學府奧斯特羅學院的學業，加入亞速營的新聞官德米特羅．科扎茨基，他在推特上發了他最後一則貼文：「就這樣了，感謝亞速鋼鐵廠給了我一個避難所，這裡是我的生死之地。」他還附上了自己拍下的一些現場照片。其中有幾張已經在烏克蘭的社群網絡上廣為流傳，包括一張寫著「光明必勝」的照片，照片裡一個士兵站在從被炸毀的屋頂透下來的光束裡。但也有一些新的圖片。在發照片的同時，科扎茨基還寫道：「順便說一句，在我被俘之前，我會留給你們一些高品質的照片；請拿去參加各種新聞和攝影的獎項和比賽；如果我能贏得什麼，那將是我重獲自由後最大的樂趣。感謝你們所有人的支持。再會了。」[22]

九月份，科扎茨基回到家鄉，才得知他拍的照片在巴黎的一個國際展覽上分別獲得了金牌和銀牌。他還獲得了波蘭新聞攝影大獎。科扎茨基是在一次戰俘交換的條件下獲釋的，這次交換中，烏克蘭釋放了俄羅斯在烏克蘭的遊說團體領袖梅德維丘克，據說他是普丁的私人朋友，以及五十四名在烏克蘭戰場上被俘的俄軍，換取了二百一十五名烏克蘭戰俘，其中包括一百〇八名亞速營戰士。雖然亞速營的指揮官普羅科申科上校也被釋放了，但大部分的亞速營戰士仍然被關在俄羅斯。他們被關押在由俄羅斯占領的頓巴斯的奧列尼夫卡戰俘營，七月底囚舍發生了一場精心布置的爆炸，造成四十多名亞速營戰士喪命。[23]

對普丁來說，攻陷亞速鋼鐵廠是他在戰爭初期就期待的勝利：奪下烏克蘭在頓巴斯的堡壘，並俘虜亞速營的「納粹分子」。但這個勝利充其量只是得不償失，因為它是在進攻發動後近三個月才達成的。它只是把一個大城市變成了一片瓦礫廢墟：馬里烏波爾的建築物有九成受到損毀，住房有四成被完全摧毀。俄羅斯的猛攻造成了數以萬計的平民死亡，迫使數十萬人流離失所。這一切都發生在一個在戰前有四成四的俄羅斯族人口，而且俄語是生活中主要語言的城市。[24]

頓巴斯戰役

占領馬里烏波爾之後，俄羅斯軍方將目標轉向了莫斯科視為新戰爭階段的主要目的：占領頓巴斯的其餘地區。這個任務是由俄羅斯國防部長謝爾蓋・紹伊古在三月底制定的，當時他下令從烏克蘭北部撤回部隊，並堅持要把「主要的注意力和行動放在實現最重要的目標上，那就是解放頓巴斯」。幾週後，紹伊古的同事外交部長拉夫羅夫澄清說，當他們提到頓巴斯時，俄羅斯政府和軍方所指的，是烏克蘭盧甘斯克州和頓涅茨克州全境，而不只是他們所扶植的當地傀儡政權所掌控的區域。「因為在二〇一四年舉行公投時，公投問題涵蓋了那些原本屬於州級行政區劃的整個地域。」拉夫羅夫說，他所指的是在頓巴斯舉行的公投，但這些公投並沒有得到國際社會的承認。[25]

俄羅斯在四月最後一星期展開了真正的攻勢，沿著二〇一四年確定的分界線，在廣闊的前線上推進。俄羅斯從基輔和烏克蘭北部撤走部隊，並把馬里烏波爾的防守部隊逼入亞速鋼鐵廠的地下通道，從而釋放出大量軍隊後，俄羅斯指揮部動員了多達六萬名士兵，也就是六十七個營級戰術群（BTG），發動了他們新一輪大規模進攻。當時烏克蘭總參謀部表示，在整個烏克蘭境內有八十七個俄羅斯營級戰術群，也就是說有四分之三的俄羅斯駐烏部隊都在朝同一個方向前進。澤倫斯基總統說，以旅級單位作戰的烏克蘭武裝部隊，在頓巴斯有將近四萬四千人，而西方則估計有四萬到五萬人。大家普遍認為，頓巴斯之戰，或者說戰爭的第二階段，將決定整場俄烏衝突的結果。[26]

烏克蘭在頓巴斯的部隊駐守在頓涅茨克市附近和盧甘斯克東部的二〇一四年分界線上，他們花了八年的時間來加固這條防線。事實上，俄羅斯部隊要想突破這條防線非常困難。俄軍首次成功突破發生在五月的第二個星期，當時他們占領了位於盧甘斯克東部的烏克蘭防線中央的波帕斯納和魯比日內兩個鎮。波帕斯納被俄羅斯的砲火轟成廢墟，火力之強大遠超過了烏克蘭的還擊能力。烏克蘭官員對自己部隊的撤退給出了一個既簡單又恐怖的理由，那裡已經沒有什麼可守的了，防禦陣地已經被夷為平地了。[27]

烏克蘭預料俄軍會採用鉗形戰術，就像第二次世界大戰期間在東方戰場上常見的那樣，在烏克蘭部隊周圍製造包圍圈，形成袋地。雖然俄軍試圖要這麼做，他們從北部的伊久姆向南，和從亞速海北岸向北發動的鉗形攻勢，企圖創造一個大型包圍區，卻因為烏克蘭在伊久姆附近的反攻而失敗，阻止了俄羅斯的前進。俄羅斯又試圖用鉗形戰術製造一個小型包圍區，但也在試圖跨過北頓涅茨河時失敗了。五月十一日，烏克蘭的火力在比洛戈里夫卡村附近摧毀了的俄羅斯第七十四機動步兵旅的整個營。試圖渡河的五百五十名俄羅斯官兵當中，有四百八十五人陣亡或受傷，八十輛車輛和裝備被毀。[28]

俄軍在發動攻勢近一個月後仍未能對烏克蘭部隊形成包圍圈，只好展開在馬里烏波爾一樣的城市戰。五月底，俄羅斯部隊突破了烏軍的防線，占領了盧甘斯克州東部的北頓涅茨克市。隨後爆發了激烈的巷戰，俄羅斯再次動用了空中和地面火力來摧毀烏克蘭的防禦工事。城鎮戰是一種既漫長又殘酷但卻有效的戰爭方式，但攻擊方也付出了巨大代價；俄羅斯又一次取得了勝利。烏克蘭部隊在六月二十四日撤出了北頓涅茨克，並在鄰近的利西昌斯克市占據了新的防禦陣地。[29]

利西昌斯克是北頓涅茨克的雙子城，位於一條河流的高岸上，易守難攻。但這一次，俄軍對利西昌斯克發動了真正的包圍威脅。他們突破了烏克蘭的防線，並在吉爾斯克和佐洛特等村莊附近圍困了烏克蘭的部隊，迫使他們沿著小路撤退。當俄羅斯部隊幾乎把利西昌斯克包圍時，烏克蘭人別無選擇，只能棄守這座城市。利西昌斯克是盧甘斯克州最後一個仍由烏克蘭控制的主要城市，它在七月二日落入了俄羅斯部隊和名義上屬盧甘斯克人民共和國的部隊之手，這距離烏克蘭部隊棄守北頓涅茨克還不到十天。[30]

據後來估計，在頓巴斯的戰鬥中，俄羅斯的火砲火力是烏克蘭的十倍之多。從入侵一開始，烏克蘭的彈藥庫就是俄羅斯飛彈襲擊的主要目標，這使得烏克蘭的彈藥所剩無幾，無法與俄羅斯進行火力對抗。烏克蘭部隊的傷亡也不斷攀升，每天有一百到二百名士兵陣亡，多達八百人受傷。現在是烏克蘭步兵在對抗俄羅斯火砲。烏克蘭總統澤倫斯基和官員連續數星期發出了求援的聲音，但同為前蘇聯集團的烏克蘭西方盟友，幾乎沒有蘇式彈藥可以提供，而北約國家提供的火砲和多管火箭系統還在運往烏克蘭前線的路上。[31]

在莫斯科，國防部長紹伊古向普丁報告了「解放」盧甘斯克人民共和國的成果。普丁看起來很高興，他頒發了俄羅斯聯邦英雄勳章給中央集團軍的指揮官和他的一名副手。他吩咐部隊稍作歇息。這是自四月底發動頓巴斯作戰以來，第一次進行如此高規格的表揚儀式，也是俄羅斯部隊第一次得到喘息的機會。雖然占領北頓涅茨克和盧甘斯克被稱為一次重大的勝利，但幾乎沒有一個獨立觀察家認為這次攻勢達到了它的目標。只有盧甘斯克州算是被「解放」了，在二〇二二年二月以前，俄羅斯就已經掌控了該州大部分地區。在相鄰的「頓涅茨克人民共和國」，沒有取得什麼明顯的進展，更別提要控制烏克蘭南部和控制通往德涅斯特河岸的橋梁了。[32]

頓巴斯戰役並未像許多人所期待或擔心的那樣，成為這場戰爭的轉捩點。七月下半月，英國軍情六處（ＭＩ６）的局長理查．摩爾說，俄羅斯的進展「微不足道」，並表示俄軍快要「力竭」了。

「我們的評估是，」摩爾接著說，「俄羅斯在接下來的幾星期裡會愈來愈難找到足夠的人力和物資……他們將不得不暫停進攻，這將讓烏克蘭有機會反擊。」事實上，到了七月中旬，頓巴斯前線的情況已經穩定下來。西方提供的火砲裝備，包括M777、一五五毫米榴彈砲及其彈藥，在幾星期前已經運抵烏克蘭。[33]

在這些火炮當中，最主要的火力增援當屬美國的高機動性多管火箭系統「海馬斯」（HIMARS），它是一種精準打擊的重型火箭系統，其準確度和射程都遠勝於俄羅斯的類似武器。配備了海馬斯的烏克蘭人現在可以攻擊半徑五十英里（約八十公里）以內的目標，終於在戰場上占了上風。雖然起初提供給烏克蘭的海馬斯系統並不多，但在短短幾星期內，僅十多個系統就摧毀了多達一百個重要目標，轟炸了俄羅斯後方深處的彈藥庫和指揮所。英國皇家三軍聯合國防研究所的專家們寫道：「因此，烏克蘭武裝部隊引進了海馬斯和M270多管火箭系統發射導引式多管火箭彈（GMLRS），可以說是俄羅斯對頓巴斯地區攻勢停止，戰爭進入新階段的關鍵時刻。」[34]

海馬斯系統對俄羅斯的防禦和進攻能力造成了重大打擊，俄羅斯媒體在七月十八日報導，國防部長紹伊古命令俄羅斯部隊想辦法摧毀這些系統。四天後，紹伊古的部門聲稱摧毀了四套海馬斯，但就在同一天，美國參謀長聯席會議主席米利將軍在五角大廈的新聞發布會上否認了這一說法。米利對記者們說：「到目前為止，這些系統還沒有被俄羅斯給消滅。」他幾天前還告訴記者們，海馬斯的攻擊正在「持續削弱俄羅斯補給、指揮和控制部隊，以及發動非法侵略戰爭的能力」。米利承諾將再向烏克蘭提供四套海馬斯系統。[35]

俄羅斯烏托邦之死

俄羅斯的入侵，徹底粉碎了烏克蘭人和俄羅斯人同為兄弟之邦的最後一點期望，更遑論他們是同一民族的想法了。就連普丁在他的文章和演講中所提及的那些共同遺產，如歷史淵源、宗教傳承和共同反抗納粹占領，也都被烏克蘭人給否定了。

在基輔地區的佩列亞斯拉夫市，這是蓋特曼赫梅利尼茨基曾在一六五四年向沙皇效忠的地方，市府當局拆除了「俄羅斯與烏克蘭重新統一」的紀念碑，這是俄烏統一宣傳的核心。在基輔，那座紀念「祖國」保衛城市抵抗納粹侵略的雕像，仍然屹立不倒，它手持劍和盾牌，這是蘇聯人在一九八〇年代建造的，也是基輔最具代表性的象徵之一。但它的含義現在已經改變了，成了反抗俄羅斯入侵的象徵。烏克蘭人對一首蘇聯時期最受歡迎的歌曲也有了新的看法，在蘇聯時代每個學童都會唱這首歌的開頭：「六月二十二日／凌晨四點整／基輔被轟炸／我們被告知戰爭開始了」。這段歌詞原本是指德國在一九四一年六月對基輔發動空襲，但現在轟炸這座城市的卻是俄羅斯人。36

七月中，聯合國教科文組織公布了一百六十三個在俄羅斯對烏克蘭開戰後遭到破壞或毀損的文化遺址。說來令人難過，但諷刺的是，俄羅斯的轟炸正在殺死說俄語的烏克蘭人，而且摧毀了被帝俄和蘇聯時代視為屬於自己的文化地標和場所。哈爾科夫大學教授、作家安德烈．克拉斯尼亞什希赫，他用俄語寫作並出版了多部作品，則譴責俄羅斯對哈爾科夫的轟炸，是那些自稱是來保護它們的人對在烏克蘭的前蘇聯和蘇聯時期俄羅斯文化的毀滅。37

「貝爾涅斯，」克拉斯尼亞什希赫提到了那位蘇聯知名演員及歌手馬克・貝爾涅斯，「他的家在哈爾科夫。不知道他還在不在。就在神學院街旁邊，那裡遭到炸彈轟炸。」貝爾涅斯是猶太人，在切爾尼戈夫州的尼任出生，是蘇聯時期俄羅斯文化界最家喻戶曉的人物之一，他唱過很多二戰時期的熱門歌曲，也是一九六一年蘇聯反戰歌曲〈俄羅斯人要戰爭嗎？〉的共同作詞者和演唱者。根據這首歌，俄羅斯人在第二次世界大戰中犧牲了這麼多，他們不想要戰爭。「去問問士兵們／誰躺在白樺樹下，」歌詞這麼唱，「他們的兒子會告訴你／俄羅斯人要不要戰爭！」二〇二二年三月初，這首歌在德國的政治諷刺節目《ＺＤＦ皇家雜誌》上演出，抗議俄羅斯對烏克蘭發動攻擊。[38]

「我不知道舒爾岑科、布寧和赫列勃尼科夫的家怎麼樣了。」克拉斯尼亞什希赫繼續寫道，列出了其他哈爾科夫著名居民的名字，蘇聯歌手克勞迪婭・舒爾岑科、俄羅斯作家伊凡・布寧和維利米爾・赫列勃尼科夫。「他的房子，」克拉斯尼亞什希赫寫到了赫列勃尼科夫的故居，「就在州警局旁邊的一棟公寓裡，這裡在三月二日遭到轟炸，一枚炸彈落在展出艾瓦佐夫斯基、列賓和列維坦作品的藝術博物館上。」克拉斯尼亞什希赫所提到的這三位畫家，都被認為是俄羅斯文化的驕傲。「伊薩克・杜納耶夫斯基的家，」他繼續寫道，提到了著名的蘇聯作曲家暨指揮家，「在智者雅羅斯拉夫街，這裡也被轟炸了。他們到處轟炸。二千零五十五棟建築物。美麗的大學校園到處是破碎的窗戶。我們的系在對面的六樓。」克拉斯尼亞什希赫接著提到了來自布查的消息：「在一名被殺的俄羅斯士兵的背包裡，他們發現了一本布爾加科夫寫的書、一個金色的十字架、小孩戴的瓢蟲耳環和金牙。」他把這篇文章的標題訂為：〈俄羅斯文化在轟炸下被焚毀〉。[39]

在五月的第一個星期，一枚俄羅斯飛彈摧毀了格里戈里・斯科沃羅達博物館，斯科沃羅達是著名的十八世紀哲學家，他不僅被認為是烏克蘭哲學，也是俄羅斯宗教哲學的創始者，對弗拉基米爾・索洛維約夫*和尼古拉・別爾嘉耶夫†產生重大影響。這間博物館坐落在哈爾科夫東北方五十公里（三十英里）遠的伊萬尼夫卡村，這裡後來以他的名字命名為斯科沃羅達尼夫卡，以紀念這位在此逝世的哲學家。烏克蘭文化部長亞歷山大・特卡琴科相信，這間博物館被毀是一次蓄意攻擊。「斯科沃羅達尼夫卡與其他村落和基礎設施都有一段距離，」這位部長說道，「我毫不懷疑他們是刻意針對斯科沃羅達。我想到他曾經說過：『不要與心存邪念者交往』。」[40]

基輔王朝時期的紀念碑也同樣遭到了攻擊，普丁和各派俄羅斯民族主義者都將這視為他們自己的遺產。這發生在切爾尼戈夫市，這裡是基輔羅斯王朝的首都之一，被各種立場或派別的俄羅斯作家、思想家和政治家聲稱是他們文明的搖籃。在西元九〇七年的《基輔編年史》中，切爾尼戈夫首次被提及，這裡有許多中世紀的建築紀念碑，包括十一世紀的聖救主大教堂和聖母升天大教堂，以及十二世紀的耶列茨修道院和聖以利亞教堂。這裡還有一些近代的建築，它們是以烏克蘭人所稱為的哥薩克巴洛克風格的建築方式建造的。[41]

切爾尼戈夫是一個人口近三十萬的城市，離俄羅斯邊境以南不到九十公里（五十六英里），位於

---

*譯注：一八五三—一九〇〇，俄羅斯東正教神學家、詩人和思想家，被認為是俄羅斯哲學的奠基人之一。

†譯注：一八七四—一九四八，俄羅斯哲學家、神學家和基督教存在主義者，他強調人類自由和人格的存在意義。

基輔東北方一百五十五公里（九十六英里），正好在俄羅斯軍隊沿著聶伯河左岸向基輔推進的路線上。俄軍在戰爭的第一天就到達了這座城市，但被烏克蘭的防守部隊擊退，甚至一些俄羅斯軍人還被俘虜了。俄羅斯的指揮官決定繞過這座城市，直接繼續向基輔進發。他們並沒有襲擊切爾尼戈夫，而是從戰爭的第二天，也就是二月二十五日起開始對它進行轟炸。兩天後，在切爾尼戈夫的歷史中心就可以聽到爆炸聲。[42]

三月六日，俄羅斯轟炸的砲火格外猛烈。四十七人喪生，砲彈擊中了文學和藝術博物館的建築，建於十二世紀的耶列茨修道院在隔天的砲火中受損。俄軍轟炸持續被圍困的切爾尼戈夫，直到三月結束，造成了數百位平民的死亡，有更多該市的博物館、圖書館和大學建築被毀。圍城行動在三月三十一日結束，烏克蘭軍隊收復了連結基輔和切爾尼戈夫的戰略高速公路。這座部分成了廢墟、一半的人口流離失所的城市，開始恢復了一些正常的面貌，並開始清點這段時間裡包含人員、物質和情感上的損失或傷痛。[43]

六十一歲的歷史教授謝爾蓋·列皮亞夫科，他寫了多本關於切爾尼戈夫與其周邊地區歷史的書籍，這次他與兩個兒子都加入了該市的國土防衛隊，他接受了當地媒體的訪問。「身為一個切爾尼戈夫人，留守在我所珍愛城市的街道上防衛這座城市，對我來說非常重要。」列皮亞夫科說明了他決定挺身戰鬥的原因。他隨即透露了他的最大恐懼，不是死亡而是害怕失去這個城市的建築珍寶：「我害怕會在聖凱薩琳教堂或聖救主教堂的廢墟中戰鬥。但我確信我絕不會離開。這將是我生命中的最後一戰。」[44]

俄羅斯的轟炸不僅摧毀了教堂，也動搖了莫斯科牧首的權威。隸屬莫斯科的烏克蘭東正教會反抗莫斯科牧首基里爾的領導，他在戰爭爆發之初便發表聲明，呼籲「衝突雙方要盡一切可能，避免平民受害」，並援引十世紀基輔羅斯的洗禮，這個大公國是烏克蘭人和俄羅斯人的起源國家，作為一個傳統的一部分，應該有助於消弭在俄烏之間「出現並導致這場衝突的分裂和矛盾」。[45]

隸屬莫斯科牧首管轄的烏克蘭東正教會首領，奧努弗里大主教，是莫斯科牧首基里爾在烏克蘭的正式下屬和盟友，他對於上級未能指明並譴責侵略者的態度大感不滿。他在向信眾發表講話時表示：「俄羅斯對烏克蘭發動了軍事行動，在這個危急時刻，我呼籲你們不要驚慌，要堅強，要對你們的祖國和彼此表現出愛心。」這位大主教曾被認為是擁護烏克蘭與莫斯科維持友好關係的堅定支持者。奧努弗里隨後向俄羅斯總統呼籲，其實是指責他犯了「該隱之罪」，因為他對九八八年弗拉基米爾大公所領導的基輔羅斯全民洗禮，提出了一種與莫斯科牧首所暗示的說法截然不同的解釋。

「為了捍衛烏克蘭的主權和領土完整，」奧努弗里繼續說道，「我們呼籲俄羅斯總統並要求他立刻停止這場兄弟之間的戰爭。烏克蘭和俄羅斯人民都是從聶伯河的洗禮池接受洗禮的，這場兩國人民的戰爭就像重蹈了該隱的覆轍，他因為忌妒殺死了自己的弟弟。這樣的戰爭既沒有上帝的認可，也沒有人民的支持。」在俄羅斯發動攻擊之後，基輔和其他烏克蘭城市也都發布了許多類似公開或私人聲明，奧努弗里大主教的只是其中之一。六月，與奧努弗里關係親密的隆尼主教，在一次教會禮拜中，挑戰基里爾，為他所支持的血腥殺戮「感謝」他。「牧首陛下，我們感謝您的祝福。為人們正在死去、鮮血淋漓感謝您。為炸彈轟炸我們的修道院、我們的教堂感謝您。為我們的僧侶、我們的神父持續被殺害感謝您。我們感謝您，牧首陛下，感謝您賜福這場流血殺戮。」[46]

隸屬莫斯科牧首管轄的烏克蘭東正教會在二〇二二年五月底召開了一次會議，會上表明了它對牧首基里爾的「不滿」，並向脫離莫斯科邁出了一步，准許它的信眾不必為牧首祈禱，並讓它的教會使用基輔而非莫斯科提供的聖油——這是按照東正教的傳統，走向完全自主的重要一步。當它在「頓涅茨克人民共和國」的一個主教區拒絕為奧努弗里大主教祈禱時，莫斯科牧首區做出回應。儘管戰爭持續，基輔仍然對其在頓涅茨克和盧甘斯克「共和國」領土上原屬於它的主教區保有正式的控制權。但現在，由於這些傀儡政權被莫斯科視為獨立國家，加上基輔的主教們反對牧首基里爾對這場戰爭的支持，一切都變得不可預測。莫斯科牧首在烏克蘭的教區也在分裂之中。到了十二月，總統澤倫斯基提出了一項法案，禁止與俄羅斯聯邦的「影響力中心」有關的宗教組織在烏克蘭進行活動。[47]

烏克蘭政府和人民對於西方所提出的俄羅斯即將入侵的警告，最初抱持著不信的態度，有一部分原因是基於他們相信，在歷史和文化上，俄羅斯與烏克蘭關係密切，俄羅斯也許會發動新一輪的混合戰，但不敢冒險對烏克蘭發動大規模的戰爭。而且，可以肯定的是俄羅斯絕不會攻擊基輔，這個被普丁與其許多前任稱為「俄羅斯城市之母」的城市。這樣的稱謂或定義來自中世紀的基輔編年史。但這場戰爭非但沒有讓烏克蘭人民對俄羅斯所謂的「兄弟援助」產生任何感激之情，反而有助於打破了許多俄羅斯帝國和蘇聯對於烏克蘭歷史和文化的扭曲和篡改。俄羅斯的全面入侵，尤其是對基輔的攻擊，不僅沒有阻止烏克蘭民族的發展和破壞它對主權的維護，反而強化了烏克蘭人民的認同感和團結一致，並賦予了烏克蘭一個新的存在理由、新的敘事和新的英雄與烈士。[48]

第十章 黑海

二〇二二年四月十五日，對於一個處在飛彈轟炸威脅下的城市而言，記者在基輔市中心拍到了一幕不尋常的景象：數十人排成的長龍從赫雷夏蒂克大道開始，向左轉向獨立廣場邁丹，然後消失在市郵局的門口。

有人說，這條隊伍比搶購最新款 iPhone 的隊伍還要長。的確，由於警報隨時可能響起，宣告又有飛彈向烏克蘭首都發射，但這些排隊的人並不是冒著生命危險去買一支新 iPhone。他們也不是在等待領取包裹或匯款。而是為了買一枚價值二十三格里夫納（約八美分）的郵票而來的。這張郵票三天前就已經發行了，但在網路上買不到。在當地一個網路商城裡，五千套郵票在三分鐘內就賣光了，每秒鐘就有二千五百個顧客搶購。要得到這張郵票，現在只能排隊等候。[1]

這枚郵票的設計別具巧思。（參前折口）郵票上畫了一名士兵背對著觀者，左手持著自動步槍，右手舉起。這名士兵站在黃色的沙灘上，與海洋的藍色相映成趣，呈現出烏克蘭國旗的顏色。烏克蘭國徽也印在郵票右上角。但是吸引觀者目光的並不是這些顏色或國徽。只要仔細看士兵舉起的手，就會發現他正對著海上一艘重武裝巡洋艦豎起中指。排隊的人都知道那艘巡洋艦是俄羅斯軍艦。他們也知道當巡洋艦艦長命令郵票上的士兵和他的烏克蘭同袍投降時，他是怎麼回答的。「俄羅斯戰艦，去你媽的！」就是印在這張新發行的郵票上的不朽之言。

烏克蘭每個人都想擁有這枚「根據真實故事改編」的郵票。它所描繪的事件發生在戰爭第一天，也就是二月二十四日，當俄羅斯黑海艦隊的旗艦「莫斯科號」駛近蛇島，這是一塊只有〇．四英里長、不到〇．三英里寬，距離烏克蘭黑海岸約三十五公里（二十二英里）的小岩礁。這個島嶼在古希臘被稱為阿基里斯島。希臘人把黑海本身稱為歐克西諾斯．蓬托斯*，而羅馬人則簡稱為蓬托斯，以希臘海神的名字命名。具有重要戰略性的蛇島由十三名烏克蘭防衛隊士兵保衛。俄羅斯對島嶼的進逼成了新時代蓬托斯戰爭的第一幕，這場戰爭在黑海和它北邊的蓬托斯草原上展開。[2]

莫斯科號艦長用無線電向島上士兵自我介紹說：「這是一艘俄羅斯軍艦」並要求他們投降。一位名叫羅曼．格里博夫的烏克蘭邊境防衛隊士兵回了他這句話，在岸上一支烏克蘭無線電監聽部隊攔截了這次對話後，這句話迅速在媒體上廣為流傳。烏克蘭無線電操作員沒多久就與這支邊防部隊失去了聯繫。根據推測，他們應該是遭到了攻擊和殺害。後來，關於此一事件的最早報導被證實都是錯的：蛇島士兵被俄羅斯海軍俘虜，後來在與俄羅斯進行的換俘行動中獲釋。格里博夫從俄羅斯獲釋返鄉後成了英雄。[3]

對烏克蘭人來說，這個事件、這句話和這枚郵票，成了他們在面對幾無勝算的劣勢時，展現出奮勇抗敵和不屈服的象徵。烏克蘭根本沒有海軍可以抵抗俄羅斯對黑海和亞速海的猛烈攻擊。開戰不到幾天，亞速海沿岸地區幾乎全被俄羅斯占領。俄羅斯之所以要奪取蛇島，乃是他們為了要在烏克蘭本土進行兩棲登陸而做的準備之一，目的是要占領或協助地面部隊占領敖德薩市，這是烏克蘭第三大城市，人口超過一百萬。

塔烏里達陷落

俄羅斯在二月二十四日對烏克蘭發動攻擊，其首要目標是澤倫斯基總統在基輔的總部和基輔市本身。但俄羅斯同時也沿著二〇一四年在頓巴斯地區的舊戰線展開攻擊。俄羅斯人和他們的代理人，也就是兩個傀儡國家的軍隊，發現烏克蘭的防禦難以突破。烏克蘭人花了將近八年的時間加固他們的陣地，並在當地部署訓練和裝備最精良的部隊。俄羅斯人在南部則取得了更大的成功，他們最精銳的部隊從克里米亞突圍，深入烏克蘭本土，也就是在聶伯河和莫洛奇那河之間的地區，這裡在歷史上被稱為塔烏里達（古希臘人稱之為托里斯），因為它靠近克里米亞。[4]

在戰爭的第一天，烏克蘭就遭到重大挫敗，戰場不是在北方的車諾比核電廠，而是在烏克蘭南部橫跨聶伯河的卡霍夫卡大壩。俄羅斯的部隊在二月二十四日接近中午時分攻陷這座水壩，這支部隊駕駛坦克、裝甲運兵車和卡車，沿著主要公路朝這裡進攻，他們在卡車的前後左右都塗上了白色的字母

＊譯注：意思是「好客的海」或「友好的海」。它是古希臘人對黑海的稱呼，因為他們認為黑海是一個富饒的開放地區，適合航海和定居。

Z，以便與烏克蘭的武裝部隊區分。他們從克里米亞出發一路順暢，幾乎沒有遇到烏克蘭的任何抵抗，就輕鬆駛進了烏克蘭。烏克蘭部隊在其他地方駐守，而且這個城市的地方防衛部隊大約只有八十人，還沒有配備武器。俄軍在上午十一點左右抵達，並在城市的上空升起他們的旗幟。「沒有標示任何識別徽章的坦克出現在水力發電站。」那天基輔的能源部如此報告。[5]

塔夫里斯克是新卡霍夫卡的衛星城市，也是北克里米亞運河總局的所在地，這條運河的興建目的是把聶伯河的水輸送至克里米亞。塔夫里斯克市長米科拉·里札克無法進入運河行政總局，因為一輛坦克正把砲口對準他的車子。他打電話給赫爾松當局，但他們不相信他的話。「我告訴他們這件事，他們不相信。但我有個疑問：俄羅斯的坦克、「冰雹」火箭砲和裝甲運兵車是如何在四小時內從（克里米亞）亞美尼亞斯庫鎮到達塔夫里斯克的？我們的第一和第二防守梯隊在哪裡？」里札克對一個烏克蘭記者問道。這也是許多塔夫里斯克和新卡霍夫卡市民心中的疑惑，但他們無法從赫爾松或基輔得到即時的回答。[6]

在俄羅斯併吞了克里米亞後，烏克蘭便關閉了這條將聶伯河河水引入半島的北克里米亞運河。克里米亞的經濟，尤其是農業部門，立即受到影響。占領當局設法另覓水源，都未能成功，但這個問題逐年惡化。俄羅斯的政界人士曾公開談論興建一條通道，由俄羅斯控制的頓巴斯地區，沿著亞速海北岸延伸到克里米亞，而俄羅斯指派的克里米亞新領導人們也毫不掩飾他們想要控制聶伯河水流入半島的渴望。[7]

烏克蘭當局很清楚俄羅斯軍事行動對卡霍夫卡大壩和塔夫里斯克運河所造成的危險。但烏克蘭當局應對俄羅斯在當地的攻勢，就像俄羅斯人試圖占領基輔時一樣，是在為上一場戰爭而不是為即將到來的戰爭做準備。俄羅斯人預期烏克蘭人幾乎不會對他們展開軍事反抗，並期待當地居民會把他們當作「解放者」來歡迎，這是俄羅斯情報部門在克里米亞策劃的情節。烏克蘭方面則準備在烏克蘭南部阻止克里米亞的情節重演，也就是俄羅斯試圖先在該地區製造混亂，然後發動有限的軍事行動。俄羅斯的代理人會以「人民市長（或村鎮長）」的身分，請求俄羅斯武裝部隊進駐該地區。

在二月中旬，當全球媒體充斥著預測俄羅斯可能對烏克蘭發動攻擊的新聞時，澤倫斯基總統在一大群烏克蘭和外國記者的陪同下，訪問了位於克里米亞地峽北部的烏克蘭村落，觀摩由一千三百名警官、邊防衛隊和急救人員進行的共同演習。他們要應對的情境是：「在被占領區和烏克蘭大陸地區的電子和社群媒體上進行一場資訊心理戰。在邊境城鎮的居民之間正在散布有關能源部門出現問題的虛假或誤導性的訊息，引發了大規模混亂，並試圖轟炸北克里米亞運河上的水壩，以恢復對克里米亞自治共和國的水源供應，並占領政府行政大樓。」[8]

烏克蘭人只準備了警務演練，而不是軍事行動。在這場演習不到兩週後，也就是二月二十四日早上，他們遭遇的是俄羅斯對烏克蘭大陸發動全面性軍事侵略。攻擊行動在凌晨四點展開，俄軍猛烈轟炸烏克蘭在克里米亞地峽的三個檢查哨，瓊加爾、卡蘭恰克和查普林卡。烏克蘭早在俄羅斯入侵之前，就已經在半島的入口和道路上布下地雷。但沒有一座橋梁在俄羅斯的坦克、武器、裝備和士兵渡橋時爆炸。地雷沒有發揮作用。烏克蘭專家在後來對此提出了一些可能的理由：負責引爆的軍官在攻擊中被殺害；俄羅斯特種部隊在進攻前就拆除了引爆系統；或者有人向俄羅斯方面洩漏了布雷的位置，或是沒有遵循在面對攻擊時的引爆指令。9

通過烏克蘭檢查哨，並朝新卡霍夫卡和烏克蘭大陸上其他城鎮前進的俄羅斯部隊，隸屬第四十九和第五十八集團軍，他們的部隊原本就駐紮在克里米亞，或是在入侵前移防到此。他們突破了半島，幾乎沒有遇到烏克蘭的抵抗，烏克蘭總參謀部後來宣稱，他們在當地的武力部隊處於十五比一的懸殊劣勢，寡不敵眾。這些部隊利用現有的公路和鐵路網，迅速抵達克里米亞西北部的新卡霍夫卡和東北部的梅利托波爾市。俄羅斯傘兵將搭乘直升機，在地面部隊推進之前，先行占領橋梁。他們通常身穿沒有配戴任何標幟的制服，甚至在制服外面套上平民衣服，讓烏克蘭軍隊無法分辨。10

跨越北克里米亞運河的橋梁眾多，但最重要的一座是橫跨聶伯河的橋梁。安東尼夫斯基大橋連結河的左岸和右岸以及擁有三十萬人口的該區首府赫爾松市，俄羅斯入侵烏克蘭大陸就是從左岸這裡開始的。為了要進入赫爾松，前進尼古拉耶夫市，並繼續挺進至敖德薩，入侵者必須奪取並控制安東尼夫斯基大橋。這成了第四十九集團軍的任務，該集團軍由俄羅斯在敘利亞戰爭中的老將、四十八歲的雅科夫．列贊采夫中將指揮。

烏克蘭武裝部隊預期會在克里米亞北部展開戰鬥，但因為俄羅斯的部隊沿著主要道路快速前進，而從後方威脅烏克蘭軍隊，因此部隊接到的命令是撤退並避免被包圍。二十三歲的烏克蘭第五十九旅坦克連指揮官葉夫根．帕爾琴科，當時駐防在北克里米亞的該旅營地中，他在凌晨四點半被爆炸聲驚醒。儘管看起來比實際年齡至少年輕五歲，但帕爾琴科已經是參與頓巴斯反恐行動（烏克蘭政府如此稱呼發生在當地的戰爭）的老鳥。他聽從營長的命令，率先帶領他的連隊往北方移動，目的是新卡霍夫卡，那裡是阻止俄羅斯部隊可能發動攻擊的關鍵位置。俄羅斯部隊當時已經占領了他們撤退路線上的一個側翼區域，迫使他們朝聶伯河方向撤退。[11]

隨後，他奉命前往安東尼夫斯基大橋並確保橋梁的安全，以便讓烏克蘭部隊能夠向赫爾松進發。他的坦克連隊在晚上將近八點時抵達，卻發現這座橋已經被俄羅斯傘兵占領。帕爾琴科的坦克連朝俄羅斯的水陸兩棲車輛開火，炸毀了兩輛並確保了這座橋的安全。接下來的一個小時，他警戒地看著撤退中的烏克蘭部隊安全越過大橋，並在聶伯河的右岸重新集結。將近午夜時，俄軍重回此處，並對帕爾琴科的連隊和後來加入他們的坦克營展開空襲。俄羅斯的步兵緊隨其後，為了爭奪安東尼夫斯基大橋控制權的三天戰鬥隨即展開，烏克蘭的兩個旅在此防禦。由於帕爾琴科在這場戰鬥中的英勇表現，總統澤倫斯基後來授予他烏克蘭英雄之星的榮譽。[12]

儘管有帕爾琴科和其他像他一樣的士兵英勇奮戰，烏克蘭的武裝部隊終究沒能守住安東尼夫斯基大橋。俄羅斯部隊從橋北方的卡霍夫卡大壩越過聶伯河，現在正從後方威脅烏克蘭部隊。烏克蘭不僅在撤退時沒能把橋炸毀，他們試圖從空中炸毀橋梁的企圖也失敗了。這個占據戰略位置的大橋最終落入俄軍的掌控中。赫爾松市以及喬爾諾巴伊夫卡村附近的重要機場，都在三月三日被俄軍全面包圍後雙雙淪陷。這是俄羅斯的一次重大勝利。帕爾琴科的連隊和其他烏克蘭部隊從赫爾松撤退，在前往尼古拉耶夫道路上準備迎戰。[13]

氣憤、又冷又餓的俄羅斯部隊在徒步進入赫爾松後，立刻開始搶奪他們看得上眼的任何東西。「我們抵達赫爾松的海港，」三十三歲的俄羅斯傘兵帕維爾．費拉提耶夫在回憶他進城時的景象時寫道，「每個人都開始四處找食物、水、淋浴間和睡覺的地方，把建築物都翻了個遍。有人開始搜刮電腦和他們能找到的任何有價值的東西。我也不例外：我在一輛殘破旅行車裡找到了一頂帽子，然後據為己有。有些辦公室裡附設了餐廳，有廚房和冰箱，我們像野蠻人一樣，把這裡的所有東西都吃乾抹淨。一夕之間，我們把這裡的一切都搞得天翻地覆。」俄羅斯自此開始占領赫爾松。[14]

三月的第一天，俄羅斯部隊逼近位於克里米亞地峽北邊二百公里（一百二十四英里）處的埃內爾格達爾。歐洲最大的核電廠扎波羅熱就坐落在這裡，烏克蘭全國有十五座核反應爐，這裡就占了六座。埃內爾格達爾的居民拒絕讓侵略者進城，他們在城市的入口放置路障，並高舉烏克蘭國旗進行大規模示威。俄羅斯軍隊原本退縮不前，因為他們不敢攻擊核設施。他們轉而要求市長德米特羅・奧羅夫放行，讓他們可以拿核電廠當背景拍張自拍照，好向莫斯科報告說他們已經控制了核設施，但被市長拒絕了。[15]

俄軍很快全力反攻。三月四日凌晨，他們在夜色掩護下攻擊核電廠。烏克蘭國民警衛隊的一支小分隊在此保衛電廠，他們全力反擊抵抗。操作人員開始降低它們所需的功率電平，進行關閉核反應爐的漫長作業程序。公共廣播系統向攻擊者喊話：「停止向危險的核設施射擊。立即停止射擊！你們危及了全世界的安全！」但這樣的呼籲沒有奏效。砲擊仍在繼續，核電廠裡的一棟建築物因而引起火災。多虧消防員不畏砲火英勇滅火，火焰被熄滅。但俄羅斯的軍隊最終占領了電廠，挾持電廠員工為人質，並由一個俄羅斯軍官掌管。[16]

澤倫斯基總統宣稱這場軍事占領是核恐怖主義的暴行。國際能源署署長拉斐爾・馬里亞諾・葛羅西則發表自己的聲明，指出：「在核電廠附近開火，違反了核設施必須隨時保持完整和安全的基本原則。」他仍舊避免直接提到俄羅斯。但美國駐聯合國大使琳達．湯馬斯－格林菲爾德則直言不諱。「俄羅斯昨晚的攻擊行動，把歐洲的最大核電廠置於極度危險中。這種行為極其魯莽草率又危險，令人不可置信，」她在聯合國安理會的一場緊急會議中如此表示，她接著強調：「全世界都要求俄羅斯遵守國際人道法，該法禁止蓄意攻擊平民和民間基礎設施。」[17]

忠誠與背叛

俄軍怎麼能夠在幾乎毫無抵抗的情況下，從克里米亞半島突圍，一路向新卡霍夫卡和安東尼夫斯基大橋進軍？這個疑問一直困擾著許多後來被俄羅斯占領的地區，以及那些在烏克蘭其他地區生活並戰鬥的烏克蘭人。謠言四起，說烏克蘭在克里米亞出口埋設的地雷區，在俄羅斯入侵前就已經失效了。烏克蘭總參謀部則聲稱這些謠言毫無根據，並呼籲民眾在敵對行動結束時，等待全面調查的結果，並表示烏克蘭武裝部隊的人數遠遠不及俄羅斯。[18]

烏克蘭國家安全局已經查出了間諜的身分。出人意料的是，他們很快就逮捕到一個自己人，赫爾松反恐中心的指揮官伊戈爾．薩多欣中校被控犯下叛國罪。他顯然把布雷區的地圖提供給俄羅斯，然後在他麾下的安全局小組棄守赫爾松時，協助俄羅斯的空中攻擊。澤倫斯基則將他的長官國家安全局赫爾松分局局長謝里．克里沃魯奇科將軍撤職，拔除他的軍階。克里沃魯奇科和他的部屬在戰爭爆發的第一天就離開了赫爾松。這顯示國家安全局正把烏克蘭的軍事機密洩漏給敵人。

國家安全局局長、澤倫斯基兒時玩伴伊凡．巴卡諾夫，失去了總統對他的信任。但出問題的不僅是赫爾松而已。在俄羅斯入侵前的幾小時，負責國內安全事務的國安局副局長安德烈．瑙莫夫將軍逃離了烏克蘭。幾個月後，他被塞爾維亞當局以洗錢罪被逮捕。海關官員在他的車裡發現了六十萬歐元（相當於五十七萬五千美元左右）和價值未公開的鑽石。到了七月時，澤倫斯基撤換巴卡諾夫，指控他的部屬涉及多項叛國罪。幾天前，就有媒體報導國安局負責克里米亞情報網的部門前主管奧列格．庫利尼奇已遭到逮捕。他被控告叛國罪。

烏克蘭主要情報部門的領導人忠誠度不足早已不是新聞。一些原本負責打擊貪腐的部門局處，反而參與其中，這些局處的官員輕易就成了俄羅斯情報機構招募的目標。當政治人物重視個人忠誠多於專業素質，並利用國安局打擊對手和保護自己時，不稱職的人員往往被任命為高層領導。巴卡諾夫的副手瑙莫夫，他之前負責領導車諾比核禁區的管理中心，而巴卡諾夫本人則是律師出身，在擔任國安局局長之前，完全沒有情報部門甚至是其他政府部門的經驗。澤倫斯基從痛苦中學到教訓，認知到個人的忠誠度絕對無法取代能力和對國家的忠誠。[19]

烏克蘭在南部陷入動盪不安之際，真正的英雄是地方首長。當他們執政的城鎮被俄軍包圍時，他們陷入了兩難，是要繼續留守崗位，還是離開他們的城市和選民？一開始，這些地方首長並沒有得到來自基輔的任何指示，而之後的指示卻讓他們感到困惑。但許多市長仍然決定留下來，讓城市繼續保持運作，並拒絕與占領者合作，如果俄軍占領市政廳和市長辦公室，他們甚至把辦公室搬到其他地方。但這樣的策略可能只能撐過一時，但終究不是長久之計，這是廣受市民喜愛的梅利托波爾市長伊凡·費德羅夫學到的苦澀教訓。他被占領的俄軍逮捕，後來他很幸運在一次交換戰俘的行動中獲釋，烏方釋放了九名俄羅斯戰俘。[20]

在赫爾松，市長伊戈爾·柯利哈耶夫拒絕撤下市內建築物上的烏克蘭國旗，並繼續與基輔保持聯繫，即使在被占領數星期後，仍然接受烏克蘭媒體的採訪。俄羅斯軍事指揮部並未立即對他採取行動，顯然是擔心會引起南部數個大城市數十萬市民的反彈。俄軍在戰爭的最初幾天和頭幾星期裡，根本就缺乏資源來管控這麼多人。此外，柯利哈耶夫得到市議會的全力支持，他們否決了宣布成立「赫爾松人民共和國」的提案，就像俄羅斯於二〇一四年在頓巴斯所扶持的兩個傀儡共和國那樣。

三月十三日星期天，赫爾松被占領後十天，是該市在一九四四年從納粹德國占領中解放的七十六週年。數以千計的市民手持烏克蘭藍黃相間的國旗遊行，抗議俄羅斯的占領。他們高喊口號：「回家去吧」、「活著回家吧」、「烏克蘭萬歲」、「榮光歸於這個國家，死亡歸於敵人」、「俄羅斯士兵，去死吧」、「赫爾松屬於烏克蘭」、「俄羅斯士兵是法西斯占領者」。[21]俄軍開火，朝抗議者面前的地面射擊，造成一名抗議者受傷。當抗議者在下個星期日再度集結時，俄羅斯的軍隊使用催淚彈對付示威者。新成立的俄羅斯軍事管理部門追捕示威活動的發起人，威脅並綁架他們。柯利哈耶夫在四月底被俄羅斯軍方解除職務，並在六月底遭人綁架。[22]

三月，不僅是赫爾松，在烏克蘭南部的其他被占領城市，包括了新卡霍夫卡、重要交通樞紐梅利托波爾，以及亞速海沿岸城市別爾江斯克，抗議俄軍占領的示威活動都遭到壓制。四月，民眾的抗議行動已經被俄羅斯國民警衛隊鎮壓，這支部隊專門鎮壓大規模群眾抗議並擔任占領部隊。他們關閉了烏克蘭的電視頻道，也切斷或是控制行動通訊系統。俄羅斯的盧布被引進作為新的貨幣。占領者建立了新的市政部門，招募了主要來自親俄羅斯政黨中的當地政客。最後，他們派遣了俄羅斯的地方官員來接管被占領區的政府，並從俄羅斯招聘新的教師來推行新的教學課程。[23]

占領者的主要意識形態訊息毫不含糊：烏克蘭南部是歷史上俄羅斯的一部分，並且這裡的市民實際上是俄羅斯人。四月初，俄羅斯的主要通訊社，俄羅斯新聞社（俄新社），發表了俄羅斯一位知名政治顧問季莫菲．謝爾蓋采夫的一篇文章，文中解釋了去納粹化乃是意謂去烏克蘭化。「去納粹化也將不可避免地去烏克蘭化，拒絕對歷史上屬於小俄羅斯和新俄羅斯的地區居民的民族成分在他們的個人認同中過分強調或突出，」謝爾蓋采夫寫道，「烏克蘭主義是一種人為的反俄羅斯架構，缺乏文明內涵，而是外來和異質文明的附庸。」[24]

普丁的論點是「俄羅斯人和烏克蘭人是同一個民族」，現在被直接連結到官方的戰爭目標，也就是烏克蘭的去納粹化。五月，俄羅斯的執政黨，統一俄羅斯黨在赫爾松設置了由他們贊助的大型廣告牌，上面的標題是：「赫爾松是個具有俄羅斯歷史的城市。」這些廣告牌展示了格里戈里．波將金，他是凱薩琳二世的朝臣，也被認為是這個城市的建立者，與帝俄時代的亞歷山大．蘇沃羅夫將軍，和俄羅斯現代詩的創始人亞歷山大．普希金等人的肖像，強調他們與赫爾松的聯繫，並將這座城市的過去視為俄羅斯歷史的一部分。這種宣傳發生在一個民族組成高達百分之七十五是烏克蘭人，而且超過半數居民使用烏克蘭語為母語的城市。在赫爾松地區，烏克蘭人占了百分之八十二，其中以烏克蘭語為母語的人口則超過百分之七十三。[25]

通往敖德薩之路

雖然俄軍成功占領赫爾松，但他們對於位在梅利托波爾北方的工業大城扎波羅熱的進攻行動，卻在三月中旬被迫停止。他們也試圖要占領位在赫爾松西北方七十公里（四十三英里）的尼古拉耶夫，這是人口超過五十萬的烏克蘭造船重鎮，但也以失敗告終。未能占領尼古拉耶夫，俄軍就不能向烏克蘭最大的海港城市敖德薩推進，這裡經手了烏克蘭百分之六十五的海運貨物，而海運貨物又占烏克蘭全國進口貨物的百分之七十。[26]

二月二十六日，俄軍試圖奪取尼古拉耶夫，但德米特羅．馬爾琴科將軍指揮的烏軍，在當地人的協助下得知俄軍移動的狀況，並用火砲殲滅了俄軍，馬爾琴科是在二〇一四至一五年間捍衛頓涅茨克機場的傳奇「賽博格」英雄之一。俄羅斯再度攻擊，調集了更多部隊並攻入了尼古拉耶夫城內，但進攻部隊被擊敗，分崩離析，並與指揮官失去聯繫。三月五日，經過幾天的戰鬥後，尼古拉耶夫州的州長維塔利．金，這個看起來很年輕的韓裔企業家暨政治人物，發布了一個影片，宣布俄軍已被徹底擊潰。他還嘲笑俄羅斯士兵，說他們到處在烏克蘭的村莊乞食，並向他們提出一項交易：只要他們投降並交出武器裝備，就會給他們食物和回俄羅斯的機票。金的影片充滿了韌性和對勝利的信心，這讓他在一夕之間成了烏克蘭的名人。在尼古拉耶夫，這些影片有助於鼓舞軍民挺身抵抗俄軍，阻止了他們的進攻。[27]

俄羅斯部隊未能攻占尼古拉耶夫，只好從北方繞道，向沃茲涅先斯克前進。沃茲涅先斯克是一個主要的交通樞紐，也是通往敖德薩的另一個門戶。俄軍試圖從沃茲涅先斯克北部突破，並朝皮夫登努克蘭斯克方向推進，該市有一座烏克蘭南部的核電廠，但遭到烏克蘭軍隊的堅決抵抗。烏克蘭軍隊吸取了赫爾松失守的教訓，當時他們未能及時摧毀安東尼夫斯基大橋，導致該市被俄羅斯占領。他們現在採用了在防衛基輔時成功使用過的戰術，也就是破壞南布格河和其他小河流上的橋梁。這個戰術在烏克蘭南部也發揮了作用：馬爾琴科將軍和他的部下成功阻止了俄羅斯對沃茲涅先斯克和皮夫登努克蘭斯克的攻勢，迫使他們撤退。通往敖德薩的道路仍然處於封鎖狀態。[28]

俄羅斯指揮官回到他們攻占尼古拉耶夫，或者至少繞過它的原始計畫，以取得從這裡通往敖德薩的公路控制權。位於赫爾松西方十公里（六英里）處的喬爾諾巴伊夫卡村莊的機場，現在成了俄羅斯進攻尼古拉耶夫的重要後勤中心。俄軍在二月底就攻占了這個機場，比占領赫爾松還要更早，他們把這裡當作是集中地，集結了攻擊尼古拉耶夫的直升機、坦克、卡車和其他重型軍備。但烏軍並未撤離，他們一直在附近逡巡，從駐防在尼古拉耶夫附近的火砲陣地砲擊喬爾諾巴伊夫卡，把這個機場變成了俄軍和武器裝備的集體墳場。

三月七日夜晚，烏克蘭的大砲首次向喬爾諾巴伊夫卡開火。這次的砲擊非常成功，炸毀了俄羅斯的數十架直升機、火砲和重型裝備。烏克蘭對喬爾諾巴伊夫卡展開持續猛攻，並取得了重大勝利，這個村莊的名字也成為了一種網路哏和常用語，被烏克蘭媒體用來指代每一個被烏軍摧毀的俄羅斯重要目標。由於烏克蘭瞄準俄羅斯高階指揮官的技巧愈來愈純熟，已經有許多俄羅斯將領被烏克蘭的砲火所殺，以致喬爾諾巴伊夫卡被視為一些將領真正或虛構的葬身之地，其中包括俄羅斯四十九軍團的指揮官列贊采夫將軍。[29]

俄羅斯在試圖攻占尼古拉耶夫以通往敖德薩的戰鬥中，不僅失去了兩名高階將領，也造成數千名官兵陣亡，更不用說坦克、裝甲車和軍事裝備的損耗。烏軍在四月初展開反擊，攻至赫爾松近郊。俄軍則以持續轟炸尼古拉耶夫作為回擊。三月三十日，俄羅斯飛彈故意瞄準並摧毀了州政府行政大樓，這裡是那位總是樂觀積極的州長金的總部。他在這次攻擊中倖存下來。在砲火轟炸下喪命的大多都是平民。[30]

俄軍進攻敖德薩的行動在四月中旬陷入停擺，俄羅斯指揮部僅存的一線希望，就是在烏克蘭重要港口的一次水陸兩棲登陸行動。在黑海的俄羅斯海軍奉命要砲擊這座城市。敖德薩在之前就已遭遇轟炸，但三月二十一日，俄羅斯海軍以最高調的方式進行轟炸：兩艘俄羅斯戰艦出現在敖德薩港的入口處，並在被烏克蘭的砲火擊退之前向該市開火。在接下來幾天，從黑海發射的飛彈接踵而至。[31]

烏克蘭除了在海上布置水雷之外，幾乎無力保護敖德薩不受從海上發動的攻擊，而他們已經耗盡了能在海上布置的水雷。因為俄羅斯的旗艦莫斯科號上裝置了防空系統，烏克蘭的陸基導彈無法打中莫斯科號，這艘戰艦曾參與奪取蛇島的行動，因此被印在了烏克蘭郵票上。莫斯科號是在蘇聯時代晚期建造的導彈巡洋艦，諷刺的是，這艘戰艦是在尼古拉耶夫造船廠建造的。莫斯科號是黑海艦隊的旗艦，是艦隊指揮官的總部、艦隊的大腦和指揮中心，裝設了雷達和地對空飛彈，在整個艦隊上空形成了一個「防空罩」。憑藉它的反艦和防空飛彈、火砲、反潛迫擊砲和魚雷，莫斯科號擁有強大火力。[32]

由於莫斯科號是未來要攻占敖德薩任何登陸行動的關鍵戰力，烏克蘭人決心要摧毀它。四月十三日晚上，出乎所有人的預料或看法，他們成功做到了，當時兩枚烏克蘭製造的陸基海王星反艦飛彈，在無人機的幫助下，巧妙迴避了莫斯科號的防空系統，並擊中了巡洋艦。兩枚飛彈都擊中了彈藥庫，引爆了艦上的飛彈和魚雷。整艘巡洋艦最終沉沒，俄羅斯指揮部實在是羞於承認它是被烏克蘭的導彈擊中的，而且這艘旗艦竟然是在與一個沒有海軍的國家的戰鬥中被擊沉。相對的，官方宣布這艘巡洋艦因多種因素而沉沒：艦上發生了不明原因的爆炸並遭遇了海上風暴。[33]

莫斯科號的沉沒改變了海上戰爭的局勢。失去了它的防空系統，整個俄羅斯黑海艦隊就成了烏克蘭海王星反艦飛彈的攻擊目標，在岸基防空系統的保護下，黑海艦隊匆忙躲進塞瓦斯托波爾港。英國情報部門匯報說，黑海艦隊的指揮官被解職了。烏克蘭郵政部門則以發行一枚新郵票作為回應，在舊圖案上加上了一個橡皮章戳印，印有英文單字「Done（完成）」和沉船日期「二〇二二年四月十四日」。五月，郵局又發行了五百萬套的兩枚郵票套組，一枚郵票上頭是士兵對著巡洋艦比出中指，另一枚則只有一片大海。（參後折口）基輔宣布這艘巡洋艦的殘骸是該國水下文化遺產的一部分。在遺產紀錄中，它的編號是二〇六四號。[34]

但莫斯科號與蛇島的糾葛還沒有結束。這艘巡洋艦的沉沒，使得這個小島對俄羅斯海軍產生了特殊的戰略意義。他們可以在島上部署導彈發射器，來襲擊敖德薩和烏克蘭沿海。他們也可以安裝雷達和防空系統，來替代原本由沉沒的莫斯科號所提供的後勤支援。烏克蘭在四月下旬對俄羅斯在蛇島的陣地發動了第一次攻擊，摧毀了箭式防空飛彈系統。五月，烏克蘭對俄羅斯的目標設施進行了更多攻擊，其中包括飛彈系統和小型船隻。烏克蘭有效地利用了他們的空軍、火砲，以及顯然是由西方提供的新型飛彈系統，阻止俄羅斯海軍將蛇島變成敖德薩近海的海上堡壘要塞。六月底，俄羅斯被迫從島上撤出。而烏克蘭立刻迅速派遣突擊隊登上蛇島，插上了他們的國旗。[35]

併吞的劇本

二〇二二年六月，俄羅斯慶祝了彼得一世（另一個更廣為人知的稱號是彼得大帝）的三百五十歲誕辰，他是俄羅斯第一位沙皇，同時也被稱為皇帝。這場週年紀念活動不僅在莫斯科和聖彼得堡，也在各地區的中心城市舉辦了學術會議和公共活動。在莫斯科，俄羅斯國家經濟成就展覽館內，當局組織了一場以彼得大帝及其遺產為主題的多媒體展覽。展覽名為「彼得一世：帝國的誕生」，展示了他在國家建設、外交關係和「公民社會」的創立，以及教育改革和文化發展方面的影響力。[36]

六月九日，也就是彼得大帝官方誕辰當天，普丁親赴俄羅斯國家經濟成就展覽館為這次的展覽開幕。他還與年輕的俄羅斯企業家、工程師和科學家會面。彼得大帝對俄羅斯的企業和科學發展貢獻卓著，他創立了俄羅斯科學院，在展覽期間舉辦這樣的會面似乎相當合適。但當普丁向年輕的企業家和學者致詞時，普丁的重點不是彼得大帝對俄羅斯科學和技術的貢獻，他只是隨口提到了這位沙皇在歐洲旅行時「借鑑」了西方的知識，他關注的重點在於彼得大帝發動的戰爭和取得的領土，這個話題更貼近普丁當時的心情。

「彼得大帝發動了長達二十一年的大北方戰爭。」普丁說，他顯然是在暗示他自己的「特別軍事行動」，雖然比預期的拖長了許久，但仍然是一項合理的行動。接著，他轉向了彼得大帝的領土擴張問題。「從表面上看，他是在跟瑞典作戰，從那裡奪走了一些東西，」普丁暗示道，但他接著提出了一種截然不同的解釋：「他並沒有奪走任何東西；他是在收復。」然後，普丁談到了這種行為的合法性問題。「當他建立新的首都時，沒有一個歐洲國家承認這片土地屬於俄羅斯，」普丁說，「所有人都認為它是瑞典的一部分。」

在普丁看來，彼得大帝的征服行動是具有正當理由的，因為「自古以來，斯拉夫人就與芬蘭－烏戈爾民族共同居住在這裡，而這片土地也一直都在俄羅斯的控制之下。」這種對人口的描述，充其量只能說是牽強附會，而且當彼得大帝的軍隊進駐這個地區之前，中世紀的諾夫哥羅德共和國對這片土地的主權主張早已過時，成為歷史了。但普丁仍然繼續同樣的論調：「他是在收復並且加強；這就是他所做的事。」他還假笑不屑地補充說：「顯然，我們也有責任去收復和加強。」普丁的這番言論與他在二月二十四日發表的「宣戰」演說形成了鮮明的對比，當時他宣稱俄羅斯並沒有「占領烏克蘭領土」的計畫。[37]

針對普丁的言論，烏克蘭的回應相當迅速。澤倫斯基總統的資深顧問米哈伊洛・波多利雅科認為，俄羅斯總統的言論證明了帝國主義是俄羅斯對烏克蘭侵略的真正動機。波多利雅科在推特上寫道：

「普丁承認奪取土地，並把自己與彼得大帝相比，證明了這裡根本沒有『衝突』，只是以民族滅絕為虛假藉口，對這個國家進行血腥掠奪。」一些俄羅斯的獨立記者的報導也支持波多利雅科的解讀。幾天前，由逃離俄羅斯並在拉脫維亞尋求庇護的反對派記者所經營的新聞網站「美杜莎」報導指出：「克里姆林宮正計劃將所有土地合併成一個新的聯邦區，而且可能在今年秋天就會被俄羅斯併吞。」[38]

在普丁發表了對彼得大帝遺緒的評論後不久，「這場戰爭不同於普丁在二〇二二年二月二十四日所發動的那場戰爭，」倫敦國王學院戰爭研究系榮譽教授勞倫斯．佛里德曼如此寫道，「他現在把自己塑造成彼得大帝的投胎轉世，承認這是一場征服而不是解放的戰爭。他所追逐的是這片領土，基本上已經放棄了對頓巴斯地區人民的關心，他們被認為是容易受到烏克蘭攻擊的脆弱目標，而這一點被拿來作為發動這場戰爭的藉口。來自頓巴斯和盧甘斯克的分離主義者武裝部隊被當作砲灰，在缺乏準備又裝備不良的情況下投入戰鬥，以保留正規部隊的兵力和戰力。」[39]

普丁的言論，幾乎無庸置疑地表明他正走在擴張領土的道路上，但也暗示了克里姆林宮縮減了俄羅斯的戰爭目標。俄羅斯在二月時的一個明顯目標，是要占領基輔並讓一個傀儡政府控制烏克蘭的其他地區，但這個目標被證明無法實現，只好在三月底放棄。但普丁仍占據了烏克蘭南部的大部分地區，這些都是他在戰爭最初幾個星期就拿到手的，並希望在烏克蘭東部進一步擴張他的勢力範圍。戰爭最初的目標是要完全控制烏克蘭，後來改變為延伸俄羅斯的邊界。就像在二〇一四年併吞克里米亞一樣，在俄羅斯的渴望與滿足普丁帝國野心的能力，「大俄羅斯」計畫再次填補了二者之間的落差。

由於俄羅斯在頓巴斯的進攻陷入停滯膠著，未能實現其主要或次要目標，烏克蘭國防部長列茲尼科夫公布了總統澤倫斯基對部隊下達的命令，要求他們收復烏克蘭南部領土。西方國家提供的武器將有助於達成這個目標。事實上，海馬斯火箭砲很快就被用來轟炸赫爾松附近、橫跨聶伯河的安東尼夫斯基大橋，這座橋是在赫爾松市內和郊區的俄羅斯部隊，與聶伯河右岸和克里米亞的主要俄羅斯武力部隊之間的重要連結通道。許多人將這次砲擊視為烏克蘭即將在南部發動反攻的信號。[40]

但隨著烏克蘭即將發動反攻的消息登上了全球媒體的頭版報導，俄羅斯和烏克蘭被占領地區也陸續傳出更多關於莫斯科併吞這些領土的計畫。除了頓巴斯地區的傀儡政權所控制的土地外，俄羅斯還企圖要併吞扎波羅熱州內的港口城市別爾江斯克和梅利托波爾市，以及赫爾松州全境，包括赫爾松市和新卡霍夫卡市。俄羅斯部隊加緊行動，鞏固他們在赫爾松和尼古拉耶夫之間的前線防禦工事。一名烏克蘭記者在七月下旬告訴英國《衛報》的記者：「他們在通往尼古拉耶夫的道路上埋設地雷。」並說：「他們到處布雷，他們的士兵還在挖戰壕。」[41]

五月，俄羅斯的官方通訊社俄新社，發布了俄羅斯任命赫爾松州被占領地區行政官員的聲明，暗示了這個地區應該要成為俄羅斯的一部分。「俄羅斯的土地自古以來就應該回歸到它們的文化和價值的歷史發展軌跡上。」該官員如此宣稱。記者向普丁的發言人佩斯可夫詢問，克里姆林宮是否有併吞計畫。佩斯可夫並沒有否認這樣的計畫，但他表示：「如果這些地區的居民沒有表達自己的意願，沒有選擇他們想要如何生活和與誰生活，那麼就什麼事也做不了。」[42]

有鑑於莫斯科曾在克里米亞和頓巴斯安排偽公投的先例，這番話聽起來並不是很令人放心。六月上旬，就在俄羅斯前總理，現為普丁總統辦公室副主任的謝爾蓋·基里延科造訪扎波羅熱州被占領區後不久，一名當地占領區官員就談到了有關準備確定該地區未來的公投事宜。七月中旬，媒體報導了一則驚人的新聞：俄羅斯的占領部隊不再仰賴當地人來管理被占領區域，這與在克里米亞和頓巴斯地區的做法不同。俄羅斯前沃洛格達州副州長被安排成為扎波羅熱州被占領區的政府首長。[43]

在華盛頓，白宮國安會戰略溝通協調官柯比則聲稱俄羅斯正在準備併吞赫爾松、扎波羅熱和整個頓涅茨克與盧甘斯克州，並引用了情報來源和公開資料作為證據。柯比表示，莫斯科正按照它在二〇一四年的「併吞劇本」，在被占領區域任命自己的非法官員，在這些地區籌劃要加入俄羅斯的虛假公投，公投結果將會成為俄羅斯併吞的依據。「烏克蘭與其西方夥伴，」柯比告訴記者，「或許還有最後一絲機會在克里姆林宮併吞該區之前，支援烏克蘭奪回被占領的烏克蘭領土。」隨著俄羅斯的意圖不再含糊不清，最重要的問題是誰會先發制人，是烏克蘭武裝部隊先收復烏南，還是俄羅斯官員先正式併吞這些地區。結果，這兩派人馬各自按照自己的方式和步驟各走各路。[44]

第十一章　反攻

英國《（星期日）泰晤士報》是第一個報導烏克蘭武裝部隊即將在東歐大草原展開反攻的媒體。二〇二二年七月十日，它引用了烏克蘭國防部長列茲尼科夫的話如下：「總統已經下令最高軍事統帥擬定作戰計畫。」這是所有反攻行動中最大規模的一次。「烏克蘭正在集結一百萬名裝備西方武器的精銳戰士，要奪回被俄羅斯占領的烏克蘭南部領土。」《泰晤士報》引述了列茲尼科夫的話寫道。那麼，烏克蘭會從哪裡發動攻勢呢？列茲尼科夫劍指烏克蘭南部，也就是在入侵的頭幾週被俄羅斯占領的東歐大草原區。[1]

在列茲尼科夫的訪問刊登的前一天，一個明確的跡象表明烏克蘭確實在準備南部的反攻行動。七月九日，負責臨時被占領區事務的烏克蘭副總理伊琳娜．韋列舒克呼籲烏克蘭南部俄軍占領區的居民盡快撤離赫爾松州和扎波羅熱州。她建議，如果他們無法直接抵達烏克蘭控制的地區，那麼他們應該試圖經由俄羅斯占領的克里米亞逃往烏克蘭的控制區。「我們必須發揮我們的火力，因為解放失地需要使用武力，我們當然對此心知肚明，」韋列舒克說道。「所以，大家必須盡一切可能帶著家人撤離。」[2]

澤倫斯基總統並未否認發動反攻的命令，但並不打算公布這次攻勢的方向。在列茲尼科夫的採訪發表的第二天，澤倫斯基在接待來訪的荷蘭首相馬克・呂特時，告訴記者：「我可以說，我們武裝部隊的任務是收復我們所有的領土。我相信，這也是我們每一位國民的任務。我不能透露任何具體計畫的細節。」儘管澤倫斯基和他手下的文官或軍事官員都不願透露即將發動的反攻行動的細節，但是一些烏克蘭人對韋列舒克對南部地區居民發出的訊息感到不安，她的話似乎透露了烏克蘭即將發動攻勢的方向。[3]

烏克蘭主流媒體《今日報》，請教了它的一些軍事專家，想要弄清楚這項聲明究竟是意味著確實有這樣的計畫，還是只是試圖要誤導敵人。專家們意見不一。某些專家表示這項聲明是有意誤導俄羅斯，並阻止他們對基輔展開新一波的攻擊行動，但其他專家則認為，列茲尼科夫確實談到了真實的計畫。但大家一致認為，收復赫爾松不僅非常重要，也是烏克蘭這次反攻行動中最有希望收復的目標。[4]

俄羅斯部隊駐紮在聶伯河右岸，並從赫爾松向北延伸，一直到與新卡霍夫卡及其水壩隔河相望的別里斯拉夫市附近，繼續威脅尼古拉耶夫和澤倫斯基總統的故鄉克里沃羅格市。通往敖德薩和摩爾多瓦的道路，穿過了尼古拉耶夫，俄羅斯已經宣稱要進攻這條道路。但在赫爾松和別里斯拉夫附近的俄羅斯部隊卻與河左岸的俄軍失去了聯繫，可能很快就會成為前進中的烏克蘭部隊的獵物。

橋梁爭奪戰

烏克蘭裔俄國作家尼古拉・果戈里寫道：「只有奇人才到得了聶伯河中段。」他在描寫烏克蘭最大的一條河流時，用這種比喻來形容河面的寬闊。赫爾松附近的聶伯河的確非常開闊，讓曾於二月時渡河的俄軍面臨了一道寬達七百公尺（約二千三百英尺）的障礙。所以，他們要想保住右岸的赫爾松和別里斯拉夫，就必須維持對所有渡口的完全控制。[5]

俄羅斯橫跨聶伯河的補給線，仰賴三座橋梁：赫爾松北部的安東尼夫斯基鐵路橋梁和公路大橋，以及一座位於卡霍夫卡大壩附近、連接新卡霍夫卡和別里斯拉夫的橋梁。[6]安東尼夫斯基公路大橋，寬二十五公尺（約八十二英尺）、長一千三百六十六公尺（約四千四百八十二英尺），是連結赫爾松與聶伯河左岸的主幹道。烏克蘭人因未能炸毀這座橋梁付出了慘重代價，因為俄羅斯奪取了這座橋梁的控制權，從而取得了通往尼古拉耶夫和位於南部城市新烏克蘭斯克的核電廠的直接路線。所以烏克蘭如果真的要發動反攻，他們就必須摧毀這些橋梁，將俄羅斯部隊隔絕在右岸，從而切斷他們的補給線。[7]

無論官方是基於何種理由釋放出烏克蘭即將在南部展開反攻的消息，赫爾松的俄羅斯指揮官顯然對此十分重視。七月十二日，也就是在列茲尼科夫的訪問刊登的兩天後，聶伯河左岸交通重鎮梅利托波爾市的居民目睹了俄羅斯車隊沿河駛向赫爾松的方向。隔天，俄羅斯部隊開始加固通往安東尼夫斯基公路大橋的道路防禦工事。他們也加強了對赫爾松的巡邏。到了七月二十日，俄羅斯外交部長拉夫羅夫宣稱，俄羅斯的領土野心已不僅限於頓涅茨克州和盧甘斯克州，還涵蓋了扎波羅熱州與赫爾松州。[8]

當烏克蘭人開始按照他們的目的塑造有利於自己的戰場時，這些為了阻止烏克蘭即將展開的反攻而採取的及時措施，對俄羅斯幾乎沒有什麼幫助。烏軍先用高機動性火箭系統海馬斯轟炸俄羅斯的彈藥庫和指揮中心，再拿來對付橋梁。七月三日，烏克蘭在用海馬斯系統炸毀了俄羅斯在梅利托波爾的一個彈藥庫，該市是連接克里米亞和俄羅斯占領的烏克蘭南部的重要交通樞紐。赫爾松的彈藥庫在七月六日遭到摧毀，新卡霍夫卡的彈藥庫則在兩天後被炸毀。[9]

七月十九日，也就是在列茲尼科夫的訪問刊登後第九天，烏克蘭武裝部隊對安東尼夫斯基公路大橋發動了第一次重大攻擊，炸毀了橋梁和周圍的防禦工事。當天，《基輔獨立報》這份英文報紙發表了一篇詳盡的長文指出，摧毀安東尼夫斯基的鐵路和公路大橋，以及卡霍夫卡大壩的橋梁，是成功發動反攻的先決條件。該報還引述了赫爾松地區委員會副主席尤里．索博列夫斯基的話，他說：「半獸人（俄羅斯軍人）和他們在赫爾松的同情者，可能很快就會發現自己失去補給，也沒有能夠組織撤退的途徑。」[10]

七月十九日的襲擊，只是海馬斯火箭系統的攻擊的序幕。接下來的幾天和幾星期當中，飛彈持續轟炸安東尼夫斯基的公路橋和鐵路橋。烏軍在第二天，也就是七月二十日，再次發動攻擊，導致這座公路大橋因嚴重受損而暫時封閉。第三次攻擊發生在七月二十六日晚間，使得該橋無法再負荷重型機械的通行。衛星影像顯示，這座大橋南端至少有十六個大洞。俄羅斯軍方又一忙於投入修復大橋的工作，但在八月十四日和三十日又遭到烏克蘭的新一波攻擊。這迫使俄羅斯指揮官放棄修復，轉而專注於建設浮橋和渡口，以跨越聶伯河。[11]

然而，烏克蘭所操控的海馬斯系統，其轟炸目標並不僅限於安東尼夫斯基公路大橋。附近的安東尼夫斯基的鐵路橋和卡科夫卡大壩橋梁持續被例行襲擊。卡霍夫卡大壩橋梁在九月三日遭到嚴重破壞，導致其中一段約二十公尺（六十五英尺）的橋面坍塌到水裡。跨越聶伯河的支流因古列茨河的達里夫卡大橋也屢遭攻擊，這是赫爾松及周邊的俄羅斯部隊與別里斯拉夫地區部隊的唯一連結通道。烏軍也經常攻擊俄羅斯部隊為了替代被摧毀的公路和鐵路大橋而建造的浮橋。「烏克蘭將領顯然是要切斷俄羅斯第四十九集團軍的補給，並阻撓其增援，以削弱俄羅斯在赫爾松北方的防禦，使戰場形勢朝向對烏克蘭戰鬥旅有利的方向傾斜，自五月以來，這些戰鬥旅一直向赫爾松南部緩慢推進。」《富比世》雜誌記者大衛．艾克斯在七月底的一篇報導中寫道。[12]

為了「傾斜戰場形勢」，烏克蘭不僅使用遠程飛彈進行打擊，也派出突擊和破壞分隊滲透到分界線後方，收集情報、破壞彈藥庫和指揮中心，並在俄羅斯後方部隊裡散播恐懼。七月下旬，烏克蘭媒體報導了馬爾琴科將軍重返尼古拉耶夫的消息，他是在三月和四月曾保衛該市的英雄。他這次的任務是組織和協調敵後的烏克蘭突擊隊和游擊隊的活動。烏克蘭媒體在八月中旬報導了「烏克蘭游擊隊」炸毀了位於重要交通樞紐梅利托波爾附近的一座鐵路大橋。赫爾松和周邊地區也有相似的報導。[13]

馬爾琴科攻擊的目標不僅包括俄羅斯部隊的後勤樞紐、彈藥庫和軍營，也針對了加入占領政權的烏克蘭人。烏克蘭媒體稱這些人為「省長（gauleiters）」，這是一個來自希特勒納粹德國的名詞，用來指稱地區性政黨領袖的術語，在烏克蘭的輿論中，這個詞與二戰時期納粹對烏克蘭的統治密切相關。

八月六日，新卡霍夫卡占領政權的副首長維塔利·古爾被不明人士槍殺。八月二十八日，媒體報導了澤倫斯基人民公僕黨的前國會議員奧列克西·科瓦廖夫被暗殺身亡的新聞，他曾負責監督將烏克蘭糧食從被占領的赫爾松地區運往克里米亞。這是他第二次遭遇暗殺。四天後，媒體報導了伊凡·蘇什科的死訊，他被占領政權任命為扎波羅熱州米哈伊利夫卡村村長。他在汽車爆炸中喪生。俄羅斯當局為了要進行俄羅斯併吞占領領土的公投而設立了一些委員會，這些委員會的成員也受到了攻擊。在俄羅斯武裝部隊被驅逐出南部烏克蘭之前，烏克蘭人竭盡全力阻撓俄羅斯當局舉行假公投。[14]

最後審判日

「如果發生類似的事，他們所有人都會立刻面臨最後審判。極其迅速而嚴厲。他們將難以找到避難之處。」這是俄羅斯前總統、現任普丁國家安全會議副主席德米特里·梅德韋傑夫在七月十七日的聲明。他警告烏克蘭人不要攻擊克里米亞，該處是赫爾松周圍俄羅斯部隊的主要補給基地，並以發動核攻擊恫嚇烏克蘭人。[15]

與盧甘斯克和頓涅茨克不同，克里米亞已經被正式併吞，成為俄羅斯領土的一部分，在全面戰爭爆發的最初幾個月裡，克里米亞享有與俄羅斯聯邦和白羅斯相同程度的免於烏克蘭報復攻擊的豁免權。但隨著烏克蘭人加強對俄羅斯補給線的飛彈攻擊力道，電視評論員開始質疑，在安東尼夫斯基大橋遭到攻擊之後，克里米亞大橋是否也會遭受類似的攻擊。這是一座長達十九公里（十一．八英里）橫跨在刻赤海峽上的跨海大橋，連接俄羅斯聯邦和被占領的克里米亞，並成為烏克蘭南部俄軍的生命線。[16]

澤倫斯基對梅德韋傑夫的威脅置之不理，他說：「今天俄羅斯又發出了一個不太清醒的聲明，聲稱要給烏克蘭帶來所謂的『最後審判日』。當然，沒有人會把這種恐嚇當回事。」澤倫斯基指的是當時在莫斯科流傳的關於梅德韋傑夫酗酒的傳聞。有人認為，被普丁完全邊緣化的梅德韋傑夫曾自殺未遂。但這個問題絕不僅限於一位克里姆林宮的重要官員：許多俄羅斯高層官員在面對前線局勢惡化所帶來的壓力時，都開始酗酒，這導致了普丁手下各派系之間的內訌。普丁本人顯然也對他的助手們紀律敗壞感到擔憂，並開始在私下和公開場合談論酗酒問題。[17]

當澤倫斯基把梅德韋傑夫的威脅當作酗酒者的胡言亂語，烏克蘭武裝部隊在克里米亞開闢了新的戰場。七月底，一架躲過了俄羅斯防空火力的無人機擊中了位於塞瓦斯托波爾市的黑海艦隊司令部。沒有通報死傷人數，但這次攻擊卻破壞了該市的氣氛：原定舉行的海軍節慶祝活動被迫取消。到了八月九日，令俄羅斯軍方真正感到震驚的是，烏克蘭飛彈轟炸了位於薩基市附近的俄軍機場，該市曾在一九四五年二月接待前來參加雅爾達會議的美國總統羅斯福和英國首相邱吉爾。這次攻擊引爆了機場上的一個軍火庫，導致十架俄羅斯軍機被摧毀，這些飛機是俄羅斯黑海艦隊的空中主力。從遠處就能看見和聽到空軍基地爆炸起火的景象和聲音，造成大量觀光客紛紛越過刻赤大橋逃離克里米亞。

俄羅斯官員將爆炸歸咎於俄方人員違反安全規定，因為若是承認烏克蘭的攻擊成功，就意味著俄羅斯的防空系統無法保護這塊被莫斯科視為自己領土的地方。但烏克蘭對半島的攻擊持續不斷，使得克里姆林宮無法將克里米亞各地的爆炸都歸咎於安全措施鬆懈。贊科伊市是連接克里米亞和烏克蘭南部大陸的一條重要鐵路線上的一個關鍵車站，在贊科伊市附近的一個軍火庫爆炸後，俄羅斯官員承認克里米亞遭到了烏克蘭的攻擊。烏克蘭起初保持沉默，但在九月份時宣稱要對這些攻擊負責。克里米亞不再是俄羅斯在烏克蘭南部作戰時的安全軍火庫，而是成了烏克蘭武裝部隊的合理攻擊目標。他們還沒有打到刻赤大橋，但現在態勢相當明顯，一旦他們有能力，他們就會這麼做。[18]

面對烏克蘭對克里米亞的攻擊，俄羅斯起初的反應是沉默和否認，而不是像梅德韋傑夫所暗示的那樣使用核武器，但當烏克蘭開始攻擊克里米亞時，克里姆林宮就已經把手伸向核子牌。克里姆林宮的核子牌就是扎波羅熱核電廠，這個核電廠在三月初遭到俄軍砲轟並造成其中一座建築物著火，最後被俄軍占領。俄羅斯陸軍將這個核電廠當作他們部隊以及武器、重型裝備和彈藥的安全避難所，他們認為烏克蘭人不敢對一個正在運轉的核電廠開火。他們還利用這個核電廠作為掩護，向聶伯河右岸的烏克蘭陣地發動砲擊（核電廠和被稱為埃內爾格達爾的工業城鎮位於河的左岸），特別是人口超過十萬的尼科波爾市。

烏軍利用社群媒體呼籲埃內爾格達爾的居民，把俄羅斯砲兵離開核電廠進行攻擊時的情況告訴他們，以便他們能夠打擊在電廠外的俄羅斯人。他們也使用無人機攻擊在核設施外的俄羅斯部隊。七月二十二日，烏克蘭無人機對電廠附近的俄羅斯陣地發動攻擊。兩星期後，也就是八月五日，核電廠再度遭到攻擊，但這次是直接砲轟核電廠本體。烏克蘭否認參與這次攻擊，澤倫斯基總統指控俄羅斯進行「核勒索」。烏克蘭總統辦公室的顧問奧列克西・阿列斯托維奇辯稱，普丁以砲轟核電廠為由，試圖迫使烏克蘭停止在南部的反攻行動，並達成停火協議。這不僅對基輔造成了壓力，也對其西方盟友產生了影響，因為歐洲最大的核電廠一旦發生事故，可能會影響東歐和中歐，還有土耳其和中東地區。[19]

九月一日，經過長時間的談判，一個由國際原子能總署署長拉斐爾・葛羅西領導的專家小組抵達扎波羅熱核電廠，並評估現場的情況。在那之前，核電廠遭到砲擊造成了一名操作員受傷，並在核電廠的氮氧站附近引發火災。檢查員無法或拒絕確認是誰砲擊了核電廠，但證實了烏克蘭先前的報告，即俄羅斯確實將其車輛和設備放置在核電廠的渦輪廠房內。國際原子能總署的小組提出了一份報告，呼籲在核電廠周圍建立一個禁止戰鬥的區域，實際上，就是對其進行去軍事化。葛羅西從核電廠返回後的幾天內，對CNN主播克莉絲汀・艾曼普說：「現在，也就是今天，最迫切需要的是，我們同意在這個設施的周邊建立一種保護（如果你願意的話）、一個盾牌、一個隔離泡泡。」烏克蘭對這份報告表示讚賞，而俄羅斯則要求「澄清」。[20]

九月十五日，國際原子能總署理事會呼籲俄羅斯撤出核電廠。在三十五位理事國代表中，這項決議得到了三十三位的支持，只有俄羅斯和中國的代表反對。俄羅斯對烏克蘭和全世界的核勒索仍在繼續，因為雖然核反應爐已經關閉，但還沒有冷卻，所以仍然非常危險。由於核電廠附近的砲擊沒有停止，迫使操作員在九月十一日關閉了最後一個運轉中的反應爐，它為水泵提供電力，使其能夠供水冷卻反應爐的活性區域，並維持核電廠的安全系統運作。現在，反應爐的安全將取決於外部電力線路能否為水泵供應電力。這些電力線路之前就已經受損了，而且有可能再次受損，進而引發一場類似福島核事故那樣的災難。最後審判日已經延期，但並沒有取消。[21]

反攻繼續

到了八月中旬，烏克蘭官員上個月宣布的反攻行動似乎仍然像當時一樣難以實現。在奪回了少數村莊後，烏克蘭的進攻幾乎就停止了。摧毀彈藥庫，以及對橋梁和俄羅斯通信線路的砲擊和飛彈攻擊，對赫爾松和新卡霍夫卡附近的俄羅斯軍團影響有限，而他們的兵力已經大幅增加了。

讓許多人感到意外的是，烏克蘭在宣布反攻行動後的頭幾週內，並無法完全摧毀跨越聶伯河的橋梁，也沒有讓它們失去使用價值，或者他們決意不要這麼做。在切斷聶伯河上重要交通動脈行動中，這些有意或無意的延遲使得俄羅斯指揮官能夠增援他們在河右岸的兵力。到了八月中旬，西方情報部門發現了俄羅斯部隊從頓巴斯大規模重新部署的情報，而占領頓巴斯是俄羅斯對烏克蘭戰爭新階段的公開目標，還從克里米亞調動了八個營級戰術群，總共近八千人轉移到該地區。根據阿列斯托維奇的說法，俄羅斯已經在聶伯河右岸集結了多達三十個營級戰術群。[22]

在七月底，當烏克蘭部隊攻擊了安東尼夫斯基大橋，他們的指揮官宣布了反攻行動的初步成果，解放了之前俄軍在這個地區所占領的兩個村莊；烏克蘭國防委員會祕書長達尼洛夫隨後承認，俄羅斯軍隊已大規模從這裡把部隊重新部署到南部，特別是往赫爾松的方向，並暗示反攻行動可能會延遲。

達尼洛夫說：「我確定，我們的部隊會竭盡全力在總統提出的時間表內完成任務。」他接著說：「但無論如何，勝利都將屬於我們。是提前或延後一星期，那取決於軍隊。」[23]

到了八月中旬，問題已經不再是烏克蘭的進攻能夠以多快的速度推進，而是俄羅斯的營級戰術群（其中許多是由精銳的傘兵組成）是否會發起各自的反攻。事實上，俄羅斯部隊在八月二十日發動攻勢，試圖在東部的尼古拉耶夫和北部的克里沃羅格取得突破。在烏克蘭宣布反攻計畫後，調動到該地區的俄羅斯營級戰術群在烏克蘭控制的區域內深入了三十五公里（二十二英里），占領了布拉戈達特內，這個東部小鎮距離尼古拉耶夫只有四十五公里（三十英里）。[24]

公開宣布反攻行動似乎刺激了俄羅斯部隊向聶伯河右岸集結，就在愈來愈多烏克蘭人對於此舉是否明智感到擔憂時，烏克蘭承諾已久的反攻行動在八月二十九日傳出了展開的消息。烏克蘭武裝部隊的卡霍夫卡行動小組發表聲明，稱其部隊突破了俄羅斯第一〇九團的防線，該軍團正式隸屬於「頓涅茨克人民共和國」的武裝部隊。「在海馬斯火箭系統的協助下，烏克蘭有絕佳機會收復失去的領土。」行動指揮部的聲明寫道。這是一個非常不尋常的聲明，因為它來自一個尚未對外公開的軍事指揮部。在烏克蘭的戰時資訊策略中，有一個不成文的規定，就是重大的聲明要由總統、他的政府或是總參謀部發布，而且要在實際展開行動的幾天後才會發布。為什麼卡霍夫卡行動小組會如此倉促發布這個聲明，箇中原因目前並不清楚，但當時很少有人問這個問題。最重要的是，這個期待已久的攻勢不僅展開了，而且立即取得了成功。[25]

烏克蘭部隊的確突破了由頓涅茨克人民共和國徵召的士兵駐守的俄羅斯第一道防線，這些士兵大多數都是在違背自己意願下被迫服役，而且眾所周知他們的士氣普遍低落。但烏克蘭的進攻很快就陷入了僵局。俄羅斯調來了增援部隊，並在第二道防線上穩固了戰線。九月二日，俄羅斯國防部長紹伊古宣布，俄軍稍早占領了布拉戈達特內村，並對烏克蘭部隊的進攻能力表示質疑。「我要強調一點，」紹伊古說，他指的是烏克蘭在南部發起的反攻行動，「這個行動是由澤倫斯基的辦公室所策劃的，唯一的目的就是要讓他們的西方支持者產生一種錯覺，以為烏克蘭的武裝部隊有能力發動反擊。」[26]

但是，俄羅斯對尼古拉耶夫的進攻，現在實際上已經結束了，而烏克蘭仍繼續推進。九月四日，澤倫斯基的辦公室發布了一段影片，顯示部隊在最近奪回了位於俄羅斯軍隊控制的右岸飛地北部的維索科皮利亞村，並升起了烏克蘭國旗，這是他們的第一個重大成功。當時，烏克蘭部隊在俄軍撤離後占領了這個村莊，這些俄軍不是那些被迫動員的頓巴斯「共和國」公民，而是那些為了避免被包圍的精銳俄羅斯部隊。「那些精銳部隊丟下他們所有的武器和裝備逃跑了；他們可恥地逃跑了。」赫爾松地區委員會主席亞歷山大・薩莫伊連科評論道。澤倫斯基總統注意到了維索科皮利亞村的收復，並表示「烏克蘭國旗正回到它們應該屬於的地方」。[27]

儘管在基輔人們歡欣鼓舞，但是維索科皮利亞村根本不是一個重要的行政中心或交通樞紐。這裡是德國農民在十九世紀於烏克蘭南部開墾的一個村落，原名克羅瑙，是烏南最北端的聚落之一，位在赫爾松市北方約一百四十六公里（九十一英里）處。根據阿列斯托維奇的說法，俄軍從七月底就被烏克蘭軍隊戰術包圍而與外界隔絕，顯示烏克蘭的勝利是經過長期的準備和計劃的。奪回維索科皮利亞村更像是一次成功的公關，而不是軍事上的勝利。烏克蘭人需要好消息，但已經有好一段時間沒有任何令人振奮的消息，只有政府承諾要展開反攻而已。澤倫斯基如今終於有了可以向國內外人民展現的成果。[28]

南部戰線的好消息讓烏克蘭人格外高興，因為東部戰線的形勢不容樂觀。俄軍繼續在那裡發動進攻，他們在九月六日宣布占領了位於頓巴斯邊界的兩個村落。隔天，俄羅斯總參謀部宣布俄軍占領了科傑馬村，顯示俄軍將繼續向烏克蘭在巴赫穆特附近的陣地發動進攻。那是俄羅斯的主要目標，旨在占領整個烏克蘭頓涅茨克州。就在同一天，俄羅斯國防部報告說，由於傷亡慘重，烏克蘭武裝部隊已經停止了對聶伯河右岸的赫爾松和別里斯拉夫附近地區的攻擊。[29]

諷刺的是，這竟然成了俄羅斯軍隊最後一次的勝利報告。當他們公布這個消息時，俄羅斯部隊已經處於守勢。出乎莫斯科意料的是，烏克蘭新一波的大規模進攻發生在俄羅斯指揮官最沒有防備的地方，頓巴斯以北的哈爾科夫州。不同於澤倫斯基與其團隊公開的南部反攻行動，這次的行動完全是祕密策劃的，而且立刻取得了成效。烏克蘭知名政治評論家塔拉斯・貝列佐維茨，甚至向《衛報》的記者們暗示，之前所宣布的南部反攻行動「目的是為了要欺騙俄羅斯」。[30]

哥薩克的突襲

九月六日，烏克蘭在哈爾科夫州南部展開反攻，就在這一天，國際原子能總署也發布了一份調查報告，指出俄羅斯的軍事裝備出現在扎波羅熱核電廠渦輪機房中。但這個消息並非來自烏克蘭方面，因為他們正忙於南部的反攻，而是來自俄羅斯的軍事部落客，他們對烏克蘭成功突襲了巴拉克利亞市大加撻伐，該市位於哈爾科夫市東南部靠近俄烏交戰的前線地區。衛星影像證實了烏克蘭部隊出現在巴拉克利亞近郊，同時也證實了先前的報導，也就是俄羅斯部隊正在撤退並轟炸橋梁，以阻撓或拖延烏克蘭的進攻。[31]

烏克蘭的進攻不僅殺得俄軍措手不及，也讓西方軍事專家大感驚訝。西方軍事專家也對俄羅斯無法預見或制止烏軍的攻勢感到不解。英國聖安德魯斯大學戰略研究教授菲利普斯·歐布萊恩於九月六日早上在推特上發文：「如果烏軍在哈爾科夫附近的突襲行動取得了成功，這將證明了俄羅斯的軍隊有多麼的混亂。從各種監測裝置（包括衛星、無人機、網路等）收集到的資料研判，我以為這樣的突襲行動是不可能發生的。」當天稍晚，華盛頓的戰爭研究所對此給出了一個可能的原因。「九月六日，烏克蘭在哈爾科夫的反攻很可能是一次運氣使然，因為俄羅斯軍隊從這個地區撤離到赫爾松州，是為了強化這裡的俄羅斯陣地以對抗烏軍的反攻。」戰爭研究所的每日快訊上如此寫道。[32]

烏克蘭部隊由西爾斯基上將統領，他曾在二月保衛了基輔，並在三月迫使俄軍撤離烏克蘭的首都。九月八日，也就是反攻行動開始的第二天，總統澤倫斯基向這些單位的官兵致敬。他提名表揚了五個旅：空降旅、機械旅、進攻旅、砲兵旅和步兵旅。他第一個感謝的是第二十五空降旅，該旅在全面戰爭爆發前的幾個月被授予了「西切斯拉夫旅（Sicheslav Brigade）」*的榮譽名號，以紀念昔日駐紮於扎波羅熱的烏克蘭武裝部隊輝煌的歷史。另一個參與這次行動的旅，其名稱也和哥薩克的歷史有關。第九十二機械旅是以伊凡·希爾科的名字命名的，他是十七世紀扎波羅熱哥薩克的領袖，因大膽勇猛的突襲行動著稱。[33]

以哥薩克人命名的烏克蘭軍事編制，和其他的烏克蘭部隊，現在幾乎都採取哥薩克戰術，也就是在敵人意想不到的地方發動突襲，多點穿越敵人的防線，並從後方攻擊俄軍，製造出他們已被烏軍包圍的假象，從而播下了恐懼驚慌的種子。面對一個由多達十二個營級戰術群所組成的俄羅斯軍團，烏軍雖然在兵力上不占優勢，但能夠協調砲兵、步兵和空軍的聯合作戰，導致俄羅斯的戰線出現了專家所謂的「骨牌崩塌」現象。哥薩克的傳統和北約的訓練，強調了中階戰地指揮官的主動性，這與蘇聯和現今俄羅斯軍隊採用的高度集中化的指揮與控制系統形成對比，現在收到了效果。[34]

在他們的進攻中，烏軍攻擊的地區只剩下第一道防線，因為原本可以駐守第二和第三道防線的部隊都被調往南方了。莫斯科只能找到從盧甘斯克傀儡「共和國」裡強徵而來、最沒有戰鬥力的部隊，並讓他們留下來負責守衛陣地。烏克蘭部隊在進攻之初所占領的第一個村子是維爾比夫卡，大約有一百名這樣的士兵在駐守。他們住在當地人所遺棄的房子裡，沒收他們的汽車，而且根據村民的說法，任意奪走他們想要的東西。如果有人膽敢反抗，他們就會用槍托撞擊他們的胸口。俄羅斯人告訴村民，他們是為了錢而戰，也不試圖說服村民支持他們所提出的任何意識形態的理由，因為他們自己也沒有什麼意識形態。根據當地焊工維塔利．維喬克的說法，當烏克蘭部隊轟炸俄羅斯在村裡的陣地時，這些士兵「跑進屋裡，換上他們能找到的任何衣服，然後分散逃跑」。[35]

＊譯注：西切斯夫是一個烏克蘭歷史上的地名，指的是扎波羅熱一帶的地區，也是哥薩克人的發源地。

烏軍穿過維爾比夫卡村，向巴拉克利亞市推進，這個城市在戰前有三萬居民，現在則由一支俄羅斯衛隊的快速反應部隊駐守，部隊是從薩馬拉與巴什科爾托斯坦共和國首府烏法調來的。烏軍繞過了這個城市，繼續向東深入俄羅斯控制的領土。俄羅斯的衛隊部隊現在被烏軍包圍，陷入了恐慌之中。最先逃離巴拉克利亞的是軍官，他們拋棄了自己的士兵。「你們丟下我們跑了」，巴拉克利亞的居民聽到俄羅斯士兵在無線電裡對他們的指揮官這麼說。不久後，士兵也跟著軍官逃走了，留下了衣服、補給品、彈藥和重型武器。「卡車鳴著喇叭穿過城市，士兵爭先恐後地上了車離開，」當地居民伊戈爾．列夫琴科回憶道，他告訴記者：「他們沒有一絲鬥志。他們很害怕。」[36]

烏克蘭部隊在九月八日，也就是反攻行動的第三天，占領了巴拉克利亞市。到那時為止，他們已經解放了二十個村鎮，並深入敵方控制區推進了五十公里（三十一英里）。烏軍向東前進，主要目標似乎是庫皮揚斯克鎮，它曾是俄羅斯占領赫爾松州的臨時首府。庫皮揚斯克是一個重要交通樞紐，面積與巴拉克利亞市相當，戰前人口約有二萬七千人。鐵路將庫皮揚斯克與東邊的俄羅斯以及烏克蘭被占領區的兩個俄羅斯要塞連接起來，分別是北邊的沃夫昌斯克鎮和南邊的伊久姆市。庫皮揚斯克位於奧斯科爾河畔，對於該地區可能發生的任何戰鬥都具有戰略上的重要性。奪取該鎮也意味著切斷了俄軍在沃夫昌斯克和伊久姆的主要補給線，這裡有一支龐大的俄羅斯軍隊在這兩個地方駐紮。[37]

俄羅斯的指揮官了解庫皮揚斯克對俄軍在該地區陣地的重要性，但無力阻擋烏軍的進攻。他們的前線完全崩潰，部隊落荒而逃，而且也沒有增援，因為最有戰鬥力和鬥志的部隊都在聶伯河右岸的赫爾松和別里斯拉夫附近全力抵抗。俄羅斯的指揮部只能從俄羅斯調集一些當時能動員的部隊到庫皮揚斯克。俄羅斯電視臺播出了運輸機日夜不停地向該區運送重型武器，以及軍用車輛成隊越過俄烏邊境開往前線的畫面。電視播報員把匆促集結的部隊稱為「勇士們」。他們當中有許多人在抵達目的地前就被烏克蘭的火砲擊斃了，這有一部分要拜俄羅斯的電視報導成了烏克蘭情資的來源所賜。九月九日，烏軍已經抵達庫皮揚斯克郊區。他們隔天就進入市中心，並在社群媒體上貼出了一張第九十二伊凡・希爾科機械旅在市議會大樓前的照片。他們用靴子踐踏俄羅斯的三色旗，這張照片很快就在烏克蘭的社群媒體上瘋傳。[38]

庫皮揚斯克行動所取得的最重大戰果，是中斷了經過該市的鐵路。俄羅斯向北方的沃夫昌斯克和南方的伊久姆的補給線被切斷了。俄羅斯軍事指揮部最後決定，計畫性的撤退勝過落荒而逃。俄羅斯公開宣布要撤離駐紮在奧斯科爾東岸的部隊，聲稱是為了要增援在頓巴斯的部隊，這是俄羅斯在東部戰線的軍事行動所要達成的主要明確目標。戰爭研究所的專家預測，俄羅斯在該地區最大軍事集團的中心伊久姆市，將在四十八小時內被烏克蘭部隊攻陷，還補充說，「除非烏克蘭部隊已經完成了任務。」[39]

事實上，烏克蘭第二十五西切斯夫旅在九月十日就已經占領了該市，在同一天，伊凡・希爾科旅則攻入了庫皮揚斯克。烏軍發現了俄羅斯部隊匆促撤退時所留下的大量武器、彈藥庫和裝備。幾天後，在北部，烏克蘭的部隊進駐了重要的沃夫昌斯克鎮，占領了哈爾科夫以北和俄烏邊界沿線的陣地。這是一次重大進展，阻止了俄羅斯進一步轟炸這個飽受蹂躪的城市。九月十四日，反攻行動的第九天，烏克蘭國防部宣布他們收復了八千五百平方公里（三千三百平方英里）的失土，涵蓋了三百八十八個城鎮、村莊和聚落，總人口將近十五萬人。[40]

同一天，澤倫斯基在這次反攻行動指揮官西爾斯基大將的陪同下，突然造訪了被解放的伊久姆市。澤倫斯基向他的部隊致意，他們都很想與總統一起自拍，並幫他在城市上空升起烏克蘭國旗。「以前，當我們仰望天空時，我們總是期待看到藍天和陽光，」澤倫斯基說，「但是現在，當我們，尤其是那些暫時被占領的地區的人民，仰望天空時，只渴望看到一樣東西，那就是我們國家的國旗。這意味著英雄們在這裡。這意味著敵人已經走了；他已經逃跑了。」敵人留下了埋葬著四百四十多具屍體的墓地，以及一些類似俄羅斯占領布查時的暴行，如任意逮捕、強姦和處決。「俄羅斯處處留下死亡的痕跡，它必須為此負責。」這是澤倫斯基從伊久姆回到基輔後所說的話。[41]

澤倫斯基造訪伊久姆是一種個人勇氣的表現，因為這裡離前線只有二十多公里。在一場漫長而混亂的撤退之後，俄羅斯終於設法穩固了他們的防線。從北方的庫皮揚斯克到南方的伊久姆，他們利用奧斯科爾河和它的水庫作為防禦陣地。在奧斯科爾河水庫的南邊，烏克蘭武裝部隊占領了以東正教修道院聞名的斯維亞托戈爾斯克鎮，但俄羅斯在斯維亞托戈爾斯克鎮更東邊的利曼市周圍建立了有效的防禦工事。烏克蘭部隊雖然放緩了他們在這個區域的推進速度，但仍然持續反攻。到了月底，他們已經包圍了利曼附近的俄羅斯部隊，對他們的士氣和該區的防禦造成了另一次重大打擊。[42]

解放赫爾松

哈爾科夫的反攻，打破了烏克蘭之前在頓巴斯失去了北頓涅茨克和利西昌斯克之後在前線所形成的僵局。「烏克蘭掌握了主動權，也可以決定現在要集中攻擊哪個地區或目標。」波蘭國防分析家康拉德．穆席卡在接受《金融時報》的訪問時評論道。這是戰爭的第三階段的序幕：第一階段是俄羅斯的進攻階段，儘管俄軍在基輔戰役中遭到挫敗，但進攻仍持續到七月初。第二階段是前線戰局僵持的階段，持續了兩個多月。在第三階段，正如《經濟學人》指出的，烏克蘭奪得了主動權。普丁的民族主義批評者吉爾金也完全同意西方觀察家的看法，他現在聲稱「對手已經在爭奪中贏得了主動權」。[43]

烏軍在哈爾科夫地區的快速攻勢，展現了他們能夠在多個戰線同時推進的能力。他們在聶伯河右岸的哈爾科夫和別里斯拉夫附近，持續進行緩慢的反攻作戰，並收復了烏克蘭東部的部分地區。儘管有些觀察家的看法不同，但烏克蘭在南部的行動並非只是破壞性的打擊而已：這是一場精心策劃、有自己的戰略目標並有效執行的戰區反攻。這次反攻的計畫從夏季中期就開始了，是為了因應總統澤倫斯基對他的指揮官們提出的要求，準備一場能讓烏克蘭奪回南部，並切斷馬里烏波爾與其他俄羅斯占領區聯繫的進攻。

根據《紐約時報》的報導，烏克蘭人遵照他們總統的要求行動，但他們的美國顧問懷疑，一個如此大規模的反攻行動，能否在不造成烏克蘭方面的重大傷亡下取得成功。而且，美國和烏克蘭軍方所進行的一場軍事演習也預期了行動將會失敗，從而建議烏克蘭要降低他們的目標。當美國情報部門證實俄羅斯正在將部隊調往南方，並暴露了他們的北方側翼後，烏克蘭提出了兩種行動方案，而不是一種。一種是在赫爾松地區進行漸進式的反攻，而另一種是在哈爾科夫地區進行快攻。美國和英國審查了這些方案並表示祝福。其餘的就取決於烏克蘭人自己，而他們出色地執行了他們的計畫。[44]

烏克蘭的反攻行動帶來了一個重大的結果，就是讓世界各國的首都，從莫斯科到華盛頓，都認識到烏克蘭的武裝部隊不僅能夠守住自己的陣地，還能發動大規模的進攻。支持烏克蘭的西方國家現在可以令人信服地主張，結束戰爭的最佳方法，就是提供烏克蘭可以打敗俄羅斯的各種援助。「你現在不會再聽到任何反對向烏克蘭提供更多武器的聲音，只有異口同聲的支持者們和一兩個保持沉默的人。」《金融時報》就一場西方國防部長討論未來向烏克蘭運送武器的會議採訪一位資深的歐洲外交官時，他發表了如此評論。「這是千真萬確的事實，更多武器意味著收復更多烏克蘭領土。而且也意味著流血更少，淚水也更少。」另一名官員說道。[45]

烏克蘭在東北部的反攻，對普丁來說是一記沉重的打擊，動搖了他對俄羅斯社會的掌控力。這場反攻行動始於九月六日，當時普丁與他的國防部長紹伊古和參謀總長瓦萊里・格拉西莫夫將軍一起到俄羅斯的遠東地區觀摩軍事演習。普丁從未公開評論過俄軍在哈爾科夫的挫敗。九月十日，當烏克蘭部隊占領了庫皮揚斯克並進駐伊久姆時，普丁出席了一個在莫斯科舉行的摩天輪開幕儀式。諷刺的是，在普丁離開後不到幾小時，摩天輪就發生故障。二〇二二年九月三十日，當普丁宣布俄羅斯聯邦併吞了烏克蘭的頓涅茨克州、盧甘斯克州、扎波羅熱州與赫爾松州時，烏克蘭的反攻仍在進行中，揭穿了普丁在莫斯科的儀式上宣告的謊言。

在俄羅斯國內有跡象顯示，無論是自由派還是民族主義者，都對這個政權愈來愈不滿。主要來自聖彼得堡和莫斯科的數十名地方議會議員，以普丁發動對烏克蘭的戰爭為由，要求這個獨裁者下臺。「我們，俄羅斯的市議員，認為總統弗拉基米爾．普丁的所作所為，嚴重損害了俄羅斯與其公民的未來，」其中一份請願書寫道，「我們要求弗拉基米爾．普丁立即辭去俄羅斯聯邦總統一職。」極端民族主義者和戰爭遊說團體的代言人吉爾金，暗示了普丁的圈子裡可能有人「背叛」。他不敢直接指責普丁本人，但吉爾金的觀眾明白，他們的偶像認為普丁和他的國防部長應該為「特別軍事行動」的失敗，和不願頒布全國動員令負起責任。[46]

普丁陷入了進退兩難的景況，一方面，俄羅斯主要城市的人民對戰爭愈來愈不滿，這讓急需補充人員的部隊，在動員上更是雪上加霜，甚至對政權造成威脅；另一方面，民族主義者堅持進行這種動員。為了轉移對克里姆林宮的批評，普丁命令他的地方官員，包括車臣總統卡德羅夫，在他們的行政單位內發起動員活動。他也追隨史達林的腳步，利用刑罰系統來解決徵兵問題。史達林曾剝削了古拉格的囚犯，不僅建立起他自己的工業基礎，更在第二次世界大戰期間擴增了紅軍的人數。普丁現在也採取了相同的策略，試圖挽救他在烏克蘭前線的局面，但事實證明這種努力還不夠。[47]

俄軍在哈爾科夫附近慘敗後不久，有一段影片在網路上瘋傳。在影片中，被稱為普丁大廚的葉夫根尼．普里格津，這位與克里姆林宮關係密切的商人及前科犯走訪了一處罪犯的流放地，他在這裡徵召罪犯加入由他資助的克里姆林宮私人軍事公司瓦格納和利加集團。普里格津向這些囚犯保證，只要他們加入他的部隊，就會得到金錢和總統的特赦。這是普丁對要求軍事動員的吉爾金等人的最初回應。然而，普丁似乎經過了一番猶豫後，在九月二十一日做出了決定，宣布動員預備役。他似乎認為，比起俄羅斯在烏克蘭失敗的可能性，俄羅斯國內的不滿對其政權的威脅性要小得多。在車臣、達吉斯坦和其他俄羅斯的少數民族飛地的抗議活動，迫使普丁不得不承認動員「過度」了，但動員仍然繼續進行。[48]

當軍事委員會強行徵召俄羅斯男子入伍，並把這些沒有接受過任何軍事訓練的役男送上烏克蘭前線的時候，普丁在被俄羅斯部分占領的烏克蘭四個州內舉行假公投。這些公投中包括了武裝士兵闖入烏克蘭公民的公寓，強迫他們投票支持俄羅斯併吞他們居住的地區。二〇二二年九月三十日，普丁以「數百萬人的意願」為由，簽署了正式併吞烏克蘭四個州的法令，但其中一些州仍在烏克蘭的控制之下，例如扎波羅熱市和其約七十五萬人口。[49]

普丁在他的「併吞」演說中，引用了他最喜愛的俄羅斯流亡哲學家伊林的話，並重申了他之前許多公開言論的主題。他回顧了新俄羅斯的帝國歷史，這是他現在用來指稱赫爾松州和扎波羅熱州的詞彙；譴責了那個「偉大國家」蘇聯的解體；並講述了據稱是「數百萬人根據自己的文化、宗教、傳統和語言，認為自己是俄羅斯一分子」的自由選擇。但這次演說的核心主題是普丁對「西方」的仇恨，他提到了這個詞三十三次。普丁堅稱，西方要為「掠奪印度和非洲」以及「英法對華戰爭（鴉片戰爭）」負責。他把後蘇聯時期的經濟困境歸咎於西方，指控其領導人實行新殖民主義，這是一個荒謬的指控，來自一個曾經是帝國的國家領導人，而他現在正對其前屬國發動一場殖民戰爭。普丁聲稱，西方「一直在尋覓其他機會對我們出手，以削弱和分裂俄羅斯，這一直是他們的夢想，還有分裂我們的國家，讓我們的民族互相對立，並將他們推向貧困和滅亡」。[50]

諷刺的是，就在普丁發表他的演說的同時，烏克蘭部隊對利曼市的圍攻正接近尾聲，它是最近才「被併吞」的烏克蘭頓涅茨克州的一個城市。該市在隔日被烏軍奪回，成了從被俄羅斯正式併吞的城鎮中，第一個被解放出來的城市。在接下來的一星期裡，烏軍在赫爾松州收復了超過六十個聚落，俄羅斯在這個地區的戰線已經崩潰了。更讓人難堪的是，在十月八日，也就是普丁在他的家鄉聖彼得堡參加由政府策劃的七十歲生日慶祝活動的隔天，烏克蘭人一直以來炸毀克里米亞刻赤大橋的夢想，現在終於實現了，一場巨大的爆炸摧毀了公路橋上的兩段橋面，並損壞了一段鐵路橋。普丁以大規模飛彈攻擊基輔和其他烏克蘭城市作為報復，瞄準了民用設施，並摧毀了該國的能源基礎設施。這成了他在戰爭中的新目標，目的是摧毀烏克蘭的經濟和烏克蘭人的抵抗意志。[51]

但是，烏克蘭人仍然繼續戰鬥。烏克蘭人對克里米亞大橋的成功破壞，使俄軍在聶伯河右岸、赫爾松市及周邊地區的軍事補給面臨巨大的後勤問題。隨著烏克蘭武裝部隊持續用海馬斯火箭系統攻擊俄羅斯在聶伯河上的浮橋，俄羅斯軍方不得不考慮從河右岸撤軍以減少損失。十月十八日，也就是烏克蘭攻擊克里米亞大橋後的第十天，新任命的俄羅斯駐烏克蘭作戰指揮官謝爾蓋·蘇洛維金將軍宣布，他將對赫爾松市及周邊地區的俄羅斯部隊做出「艱難的決定」。在接下來的幾天裡，俄羅斯將他們的軍事和民政機構遷移到聶伯河左岸，並開始撤走武器、軍事裝備和文物，包括當地博物館的畫作、圖書館的珍本，甚至是波將金的遺骸，他是凱薩琳二世的寵臣，也是這個地區的第一任俄羅斯總督，他被埋葬在赫爾松。他們還宣布撤離平民，當他們把部隊和裝備運送過聶伯河渡口時，還利用平民作為掩護以避開烏克蘭的砲擊。

隨後，十一月九日，在一次與俄羅斯國防部長紹伊古的視訊會議上，蘇洛維金建議把俄羅斯部隊撤離至聶伯河左岸。這位將領指出，俄羅斯軍隊在河右岸的勝利希望渺茫。紹伊古認為，他和蘇洛維金面臨的最重要任務是保全俄羅斯士兵的性命，他同意了撤退的方案，並下達了命令。他因此承擔了政治責任，因為這次撤退對普丁來說是一個巨大的羞辱，對於一個剛被宣布為俄羅斯聯邦一部分的地區，他不得不放棄該地區的首府。[52]

烏克蘭人對於俄軍渡過聶伯河的速度感到驚訝。十一月十日，也就是蘇洛維金在發表電視聲明後的隔天，烏克蘭國防部長列茲尼科夫預估，俄羅斯部隊至少需要一週的時間，才能從赫爾松市和周邊地區的陣地撤離。但就在列茲尼科夫講話的同時，俄羅斯部隊已經開始撤離了，他們一邊搶劫一邊炸毀他們撤退路線上的大小橋梁。他們在十一月八日晚上就開始撤離，甚至比蘇洛維金的公開聲明還早，並在十一月十一日棄守赫爾松市。

甚至在烏克蘭軍隊進城之前，赫爾松市的市民就已經在市政廳大樓上升起了烏克蘭國旗。烏克蘭特種部隊是第一批進城的部隊，他們在市中心受到了歡呼群眾的歡迎。他們一刻都不浪費，馬上把貼滿了「俄羅斯永遠在這裡」的宣傳圖片從市內的公告欄上撕下來。網路上也充斥著許多經過修圖處理的公告欄惡搞圖片，上面的文字改成了「俄羅斯在這裡只到十一月十一日」。[53]

烏克蘭對聶伯河右岸的俄羅斯部隊的圍攻，終於取得了列茲尼科夫在七月宣布即將發動反攻時所期待的成果。烏克蘭人成功解放了俄羅斯唯一占領的地區中心，而且沒有對城市發動正面攻擊。馬里烏波爾在幾乎被摧毀殆盡後，被俄羅斯占領，而赫爾松則在沒有發生巷戰的情況下被烏克蘭收復，兩者形成了極其鮮明的對比：赫爾松市基本上完好無損。但該地區的其他地方卻並非如此。俄羅斯在撤退時，炸毀了他們曾經通過的每一座橋梁，這清楚表明了他們不打算在短期內回來。俄羅斯正在輸掉這場它發動的戰爭，為了恢復它的超級強國地位的孤注一擲。某些美國觀察家認為，普丁失去赫爾松成了戰爭的轉折點，讓烏克蘭有機會收復南部的其他地區，包括二〇一四年被併吞的克里米亞。在十一月十二日突然造訪赫爾松市的過程中，總統澤倫斯基宣稱，對他來說，和平意味著解放烏克蘭的全部領土。[54]

烏克蘭在赫爾松取得的勝利不僅讓烏克蘭人歡欣鼓舞，也讓他們的西方盟友感到欣慰。在俄軍從聶伯河右岸撤退後不久，英國皇家聯合軍事研究所陸戰專家傑克．沃特林寫道，「赫爾松是邁向勝利的一步，展現了如果有西方的軍事技術援助的穩定供應，烏克蘭能夠取得什麼樣的成果。」那時，英國已經承諾向烏克蘭提供二十三億英鎊（超過二十七億美元）的軍事援助，僅次於美國為了制止俄羅斯所提供的一百九十三億美元援助。如果沒有這些龐大的軍事援助，烏克蘭幾乎不可能在東部和南部反攻成功。但西方的援助並不是一次到位，也並非沒有遲疑和爭議，特別是在烏克蘭的歐洲盟友之間。[55]

第十二章 西方的回歸

春天的夜幕降臨，拜登總統抵達位在華沙市中心的皇家城堡，白宮官員告訴記者，拜登將會在此發表他在總統任期內具有劃時代意義的一場演講。

時間是二〇二二年三月二十六日，晚間六點十五分，開戰後的第三十天。就在幾小時前，俄羅斯對靠近波蘭邊界的一個烏克蘭主要城市利維夫發動了飛彈攻擊，這是俄羅斯向拜登總統發出的明確訊息，表示他們並不歡迎他來到這個莫斯科視為自己後院的地方。這是拜登歐洲外交之旅的第三天，他的這趟歐洲之行從布魯塞爾的歐盟和北約高峰會開始，會中針對俄羅斯侵略烏克蘭進行了討論。下一站則是華沙，拜登總統在這裡會見了波蘭官員和烏克蘭政府成員，其中包括了國防和外交部長，列茲尼科夫與庫列巴。拜登也造訪了一個靠近波蘭和烏克蘭邊界的地方，並與那裡的烏克蘭難民們交談。截至當時，已有三百五十萬烏克蘭人離開家園，在波蘭和其他東歐與中歐國家尋求庇護。[1]

現在，一些烏克蘭難民與波蘭和烏克蘭的高層官員一起在華沙的皇家城堡，等待美國總統的演說。當拜登出現在人群面前，他獲得了掌聲和美國及波蘭國旗的歡迎，還有手機的閃光燈不停閃爍，企圖記錄這個歷史時刻。拜登一開始就引用了波蘭最受愛戴的人物教宗若望保祿二世的話：「不要喪膽！」打動了聽眾。若望保祿二世是在一九七九年夏天，首次以教宗身分回到他的故鄉時說出了這句話。那時，這句話就像是一個號召，在面對專制殘暴的共產政權，呼籲波蘭人民不要屈服於恐懼。「面對殘酷而野蠻的政府體制，這句話在三十年前幫助中歐和東歐的人民結束了蘇聯的壓迫，」這位總統接著說道，並直接把一九七九年的波蘭和二〇二二年的烏克蘭直接聯繫起來，「這句話也是一個訊息，宣告我們將會戰勝這場不義之戰的殘酷和野蠻。」[2]

透過提及教宗，拜登不僅與現場聽眾建立了連結，也為這場新的戰爭和過去的冷戰建立起連續性。「我們在這場為自由而戰的偉大戰役中，面臨著民主與專制、自由與壓迫、基於規則的秩序和以武力為本的統治之間的對抗。」拜登如此宣稱，他接著警告說，這場新的危機不是幾天或幾星期就能解決的，而是需要數年甚至數十年的努力。「這場戰鬥也不是幾天或幾個月就能取得勝利的，」拜登說，「我們必須鍥而不捨地為未來的長期戰鬥做好準備。」他用冷戰的語言來描述這場新的鬥爭。[3]

但是，拜登的演講也有一些與眾不同之處。邱吉爾和雷根等冷戰鬥士都避免直接抨擊對手，只有雷根在柏林要求戈巴契夫「拆掉這堵牆」是個例外，拜登與他們截然不同，他直接攻擊他的死對頭普丁。「普丁居然好意思說他在將烏克蘭『去納粹化』。這是謊言。這太機關算盡了。他心裡清楚。這也是可恥的。」拜登對聽眾說道。接著他提到了烏克蘭總統澤倫斯基，他是經由民主投票選出的，以及他的大部分猶太祖先都在大屠殺中遇害。「而普丁就像所有以前的專制者一樣，竟然認為強權就是公理，真是厚顏無恥。」拜登繼續說道。他最後以一種即興的情緒爆發作結：「看在上帝的份上，這個人不能再繼續掌權了。」[4]

白宮試圖撤回這番說詞，立即發表了一份聲明，表示拜登的言論並不代表美國在與俄羅斯的關係中以政權更迭為目標。這番話也沒有被列入白宮的官方正式文字紀錄中。然而，這顯然符合拜登之前對普丁的評論。在二〇二一年三月，他已經公開同意一位採訪者的說法，認為普丁是個殺人犯，後來覺得有必要向俄羅斯總統解釋自己的話。但這次，沒有任何跡象表明他會給出任何解釋或委婉的道歉。當他在華沙體育館與烏克蘭難民會面時，拜登稱普丁為「屠夫」。[5]

這種譴責讓人回想起邱吉爾在一九四一年六月二十二日發表的一場演講，當時他痛斥了一個同樣令人憎惡的人物：希特勒。「希特勒是個邪惡的怪物，他對血腥和掠奪的貪婪永無饜足，」邱吉爾在一次廣播中說道，「他不滿足於讓整個歐洲屈服於他的鐵蹄之下，或者在他的脅迫之下表現得卑微屈從，他現在要將他的屠殺和毀滅之手伸向俄羅斯和亞洲的廣大民眾中。」諷刺的是，這場演講正是在希特勒入侵蘇聯那一天發表的，目的是要表達對於史達林某種形式的支持。[6]

雖然拜登政府竭力澄清，美國並無意捲入俄烏戰爭，但這位總統的言詞透露出濃厚的冷戰色彩。沿襲這種傳統，他的演講被宣傳為「關於自由世界聯合支持烏克蘭人民的談話」。他在演講中四度提及「西方」或「西方世界」，並重複了「自由」一詞達二十次。[7]

任何在那個三月夜晚在華沙現場聆聽，或是在全世界各地透過電視轉播收看這場演講的人，都清楚地意識到美國重返歐洲了，並在這場為自由而戰的戰役中，帶領它的盟友對抗一個宿敵，而且整個西方都參與了這場鬥爭。對烏克蘭提供軍事和經濟援助、收容烏克蘭難民，以及對俄羅斯實施聯合制裁這項最具爭議的措施，這些美國和歐洲的聯合行動，顯示冷戰時期的結盟重新回歸。

制裁聯盟

早在二〇二二年二月之前，拜登就開始建立一個跨大西洋陣線來對抗俄羅斯的侵略。當時，主要是針對那些俄羅斯在二〇一四年的侵略行為的幕後推手，和整個俄羅斯實施經濟制裁。在俄羅斯併吞克里米亞之後，並在頓巴斯地區發動混合戰爭之後，美國和歐盟就對俄羅斯實施了第一輪制裁。華盛頓和歐洲各國首都的外交官和經濟學家很快就忙著準備新的制裁措施，以防普丁真的宣戰。公開談論可能的新制裁措施，是為了勸阻普丁不要這麼做。

一月底，白宮宣布美國與其歐洲夥伴準備要實施「在二〇一四年未曾考慮過的嚴厲制裁」。在戰爭爆發前一星期，美國副總統賀錦麗在慕尼黑舉行的安全會議上，發出了一個類似但更具體的警告：「我們已共同準備好了一些迅速且嚴厲的聯合經濟制裁措施。我們將實施廣泛的金融制裁和出口管制。我們將針對俄羅斯的金融機構和關鍵產業。我們也將針對那些共犯和協助這場無端侵略的人。」無論莫斯科的反應如何，這次西方並不是在虛張聲勢：拜登確實組建了一個強大的制裁聯盟。[8]

當普丁在二月二十一日宣布放棄《明斯克協議》，並承認他在頓巴斯的兩個傀儡政權是「獨立」國家後，相關制裁立即展開。美國馬上禁止與這些傀儡政權的所有經濟往來，歐盟則對五名俄羅斯重要人物實施旅遊禁令，並凍結他們的資產。這只是開始而已：隔天宣布了更多制裁。美國宣布禁止俄羅斯實體在國際市場借貸，並禁止兩家俄羅斯銀行和三個寡頭集團的金融交易。歐洲也不遑多讓，德國政府停止核發價值高達一百一十億美元的北溪二號天然氣管線的許可證，這是柏林和莫斯科在前幾年達成的經濟合作的核心項目。[9]

所有制裁都是在俄羅斯的坦克和部隊越過烏克蘭邊界之前實施的。所傳達出的訊息是：我們這次是認真的、是團結一致的。普丁卻對此不予理會。戰爭的爆發引發了新一波的制裁行動。美國和歐洲的亞洲盟友，如南韓和臺灣等，後來也加入了這個行列。截至二〇二二年二月底，俄羅斯在全球各地被凍結的資產合計達一兆美元，其中最大一筆是俄羅斯中央銀行六千三百億美元的外匯存底。美國頗具影響力的政治新聞網站《政客》的標題是「西方對俄羅斯發動經濟戰」。[10]

從二〇二二年二月二十三日到十二月十六日，在這段長達十個月的戰爭期間裡，美國和歐盟對俄羅斯通過了九輪制裁。第一波被制裁的對象包括普丁本人、俄羅斯外交部長拉夫羅夫，以及數百名俄羅斯政治和商業菁英，其中包括了在國內外從事戰爭宣傳和散布假消息的電視節目主持人。對個人的制裁包括了旅遊禁令和凍結資產。歐盟也暫停了俄羅斯國營媒體在其領土上的廣播活動，最知名的是克里姆林宮的主要喉舌《史普尼克》和《今日俄羅斯》。

對金融部門的制裁，導致俄羅斯超過一半的外匯存底被凍結，而且禁止在俄羅斯境內，或與俄羅斯的交易中使用歐盟歐元貨幣*。俄羅斯銀行被踢出環球銀行金融電信協會支付系統，這讓俄羅斯無法進行涉及外匯的國際金融交易。新科技，特別是那些已經或可能被用於俄羅斯武器生產的技術（新的俄羅斯武器都是利用西方科技和從國外提供的晶片製造的），也被西方禁止出口給莫斯科。

---

*譯注：如將歐元紙幣出售、供應、轉讓或出口給俄羅斯（或俄羅斯境內的任何自然人或法人）。

參與制裁的國家，購買、進口或轉移俄羅斯生產的黃金，都成了非法行為。俄羅斯的石油產品，尤其是石油，也被禁運和封鎖。歐盟同意在六到八個月內結束從海上進口俄羅斯石油，這將會讓歐盟對俄羅斯石油的消耗量減少九成。這些措施符合歐盟減少碳排放的綠色議程，但主要是為了削減俄羅斯政府的收入和資助戰爭的能力。單靠銷售石油，莫斯科每天就有十億美元的收入。十二月，歐盟國家同意為俄羅斯石油在歐盟以外地區的銷售價格設定一個上限。據估計，實施禁運和設定價格上限每天會讓俄羅斯的財政收入減少一億二千萬美元。[11]

武裝烏克蘭

「烏兒們飛回來了，彷彿從漩渦中返回！」烏克蘭國防部長列茲尼科夫在二〇二二年二月十一日的臉書上寫道。然後，他說明了他的意思：「又有九十噸的彈藥從美國運到烏克蘭武裝部隊的手中。」他估計獲得的武器援助總重達一千三百噸。這樣的貼文和一段展示外國飛機卸載武器的影片，在俄羅斯入侵的頭幾天裡，不僅提振了烏克蘭人的士氣，也有助於烏克蘭部隊擊退俄羅斯對基輔的攻擊。[12]

這些武器來自烏克蘭的多個歐洲盟友，英國是提供武器援助的領頭羊，但大部分武器還是來自美國。二月二十六日，拜登總統批准了一項價值三億五千萬美元的軍事援助計畫。在華盛頓，律師事務所和遊說者日以繼夜地工作，有時甚至無償協助政府制定這項援助計畫。這當然是個重大的轉變。在二〇二一年春天，華盛頓原本準備向烏克蘭提供一億美元的軍事援助，但因為期待在六月與普丁在日內瓦峰會上有可能會達成突破而被擱置了。八月時，華盛頓宣布了一項六千萬美元的軍援，但所有的武器和彈藥要到十一月才完全交付給烏克蘭。

二〇二一年十二月，隨著烏克蘭危機引發了國際的緊張局勢，拜登政府在國會議員的督促下，才同意提供烏克蘭所要求的刺針和標槍飛彈。拜登政府當時對此並不熱衷，但戰爭的爆發改變了他們的態度。[13]

當烏克蘭人展現出他們能夠成功抗俄，而且他們所獲得的援助都將會增加他們的戰力，而不是像幾個月前美國供應給阿富汗軍隊的武器那樣落入敵人手中時，武器就開始大量運抵烏克蘭。拜登在二月二十六日批准的軍事援助計畫中，有百分之七十的武器在接下來的五天內送達烏克蘭。這些武器大部分來自美國在德國的基地，趁著俄羅斯軍隊還沒有反應過來前，就越過波蘭和羅馬尼亞邊境運到烏克蘭。烏克蘭人充分善用了他們所收到的武器。「我們都對烏克蘭武裝部隊如何有效地使用我們提供的裝備印象深刻。」五角大廈負責俄羅斯事務的高級官員蘿拉．庫珀告訴《紐約時報》。[14]

還有更多的軍援即將到來。三月十六日，拜登宣布再向烏克蘭提供八億美元的軍事援助，使他在前一週批准的援助總額達到了十億美元。另外一個十億美元的援助也在籌備中。新的援助包括了八百套刺針防空飛彈，使美國提供給烏克蘭的這種飛彈增加到了一千四百套，以及二千枚標槍反坦克飛彈，使其總數達到了四千六百枚。援助計畫中的新品是一百套戰術無人機系統。四月二十一日，白宮又宣布了另外追加八億美元的軍事援助。這次的援助包含了彈簧刀自殺式無人機和榴彈砲，也就是長程火砲。「我們現在處於一個關鍵的時間點，他們將為這場戰爭的下一階段做好準備。」拜登在談到新的援助時說道。[15]

俄羅斯從基輔和烏克蘭北部撤軍，確實標誌著戰爭進入了新的階段。這個階段的一開始就令人震撼，俄羅斯部隊在布查和其他烏克蘭城鎮村落撤退時所犯下的駭人罪行的消息和影像，讓全世界對此感到震驚，並矢志要打敗和消滅這些戰爭罪犯。事實證明，只要得到充分的軍事援助，烏克蘭人就有能力做到這一點：用標槍和無人機攻擊干擾俄羅斯的補給線是不夠的。俄羅斯在烏克蘭南部和東部的補給線要短得多且受到更良好的保護，要驅逐他們就需要坦克和飛機。接收了蘇聯武器的北約東歐成員國，已經把它們所能提供的武器轉交給烏克蘭，而這些武器是烏克蘭人所熟悉的。美國和它的西歐夥伴有責任提供更多的援助。

拜登準備加強對烏克蘭的支援。美國在五月九日宣布了一項新的軍事援助計畫那一天也是俄羅斯的勝利日。當天，普丁在莫斯科紅場舉行了閱兵式。俄羅斯的勝利日，和拜登向國會提出並獲得通過的對烏克蘭租借法案恰巧在同一天發生，既諷刺又令人哀傷。美國自第二次世界大戰以來，就未曾再對任何一個盟友實施過租借法案，美國當時的盟友是英國和蘇聯。美國提供了超過五百億（相當於今天的六千九百億）美元的援助，其中超過一半是給了英國，蘇聯大約占了五分之一。新的租借法案授權總統在戰爭開始後，除了已經花費的三十八億美元之外，再向烏克蘭提供高達三百三十億美元的軍事援助。眾議院以四百一十七比十的壓倒性多數通過了這項法案。「戰鬥的代價不菲，但向侵略低頭的代價更高。」拜登在簽署這項法案成為聯邦法律時如此說道。[16]

美國再次捲入了自二十世紀中葉以來就沒有參與過的那種戰爭。就像一九四一年三月，當小羅斯福總統簽署了原始的租借法案一樣，美國並沒有直接加入戰爭。現在的目標和當時一樣，是幫助遭受侵略的受害者。拜登政府決心消除俄羅斯對於烏克蘭，甚至是全球和平的威脅，確保它在當前的戰爭中失敗，並削弱它發動新戰爭的能力。這是美國國防部長勞埃德·奧斯汀在四月二十六日發表之聲明的主旨，他和國務卿安東尼·布林肯在前一天突然造訪基輔。「我們希望看到俄羅斯被削弱到無法再做出像侵略烏克蘭的事情。」奧斯汀從基輔飛往波蘭時說道。他補充說：「我們相信我們能贏，」然後更正：「如果他們有合適的裝備和支援，他們就能贏。」

當天稍晚，奧斯汀與參謀長聯席會議主席米利將軍、烏克蘭國防部長列茲尼科夫，以及來自四十多個國家的軍事官員和文官，在德國的美國空軍基地拉姆斯坦會面。美國、烏克蘭和德國的代表坐在主桌。與會者不僅包括北約成員國的代表，還有以色列、摩洛哥和卡達等國的代表。日本國防部長透過網路視訊參加了會議。他們齊聚一堂，商討如何協調和加快對烏克蘭的軍事援助。奧斯汀對在場聚集的記者表示「我們將繼續竭盡全力」。以強調他和他的同僚們協助烏克蘭捍衛其主權獨立的決心。與會者一致同意要立即採取緊急措施，並建立了一個協調中心來管理援助事宜，並決定每月定期開會。[17]

這是「烏克蘭防禦諮詢小組」的首次會議，實際上這是一個新的戰爭聯盟。美國無論是在倡議、政治影響力或是在現有和未來的武器供應的數量和品質方面都處於領先地位，但其他參與者的協助也不可或缺。在拉姆斯坦基地，拜登總統前一個月在華沙發表演說時所提到的自由世界，已經團結起來。這個小組能否保持團結，將影響戰爭和世界局勢的進一步發展。到了二〇二二年秋天，這個目標不僅達成了，而且成員國還增加到了五十多個。這個小組所提供的軍事援助，讓烏克蘭在當年九月重新取得了戰場上的主動權。[18]

英國衝鋒

二〇二二年六月，烏克蘭版的《富比世》雜誌發表了一份烏克蘭的二十大友好國家名單，也就是對烏克蘭防禦貢獻最多的國家。美國毫無疑問是領導者，它投入了四百六十億美元（占其ＧＤＰ的〇．二二％）用於援助烏克蘭。但這份名單也考慮了國家領導人訪問基輔和其他形式的支援，包括參與對俄羅斯的制裁，這使得波蘭在名單上超過美國，成為無可爭議的冠軍，獲得了一百分中的九十七分。援烏占ＧＤＰ比重最高的國家是愛沙尼亞的百分之〇．八一，緊接在後的是拉脫維亞的百分之〇．七二和波蘭的百分之〇．二六。英國則貢獻了ＧＤＰ的百分之〇．一八，法國是百分之〇．〇八、德國為百分之〇．〇六％，義大利則為百分之〇．〇三。[19]

儘管歐洲各國在譴責普丁對一個主權國家發動無端侵略時，表現出前所未有的團結，但以歐洲對烏克蘭援助的ＧＤＰ占比來看，清楚反映出西方陣營對烏克蘭戰爭的立場分歧。身為前蘇維埃共和國，後來加入歐盟和北約的波羅的海三國，仍然感受到俄羅斯的威脅，擔心如果普丁在對烏克蘭的戰爭中贏得勝利，它們可能會成為下一個目標。因此，它們成了歐洲國家中最支持烏克蘭的一派。愛沙尼亞總理卡亞・卡拉絲在柏林的一場演講中，充分表達了他們的立場，她說天然氣也許昂貴，但自由是無價的。「人民願意承擔多少，取決於每一個政府。但我們同樣有必要讓我們的人民傳達這樣的訊息：今天是我們鄰居的問題，明天就會是我們的問題。當鄰居的房子起火時，我們也處於危險之中。」[20]

由波蘭為首的一群前蘇聯東歐衛星國家，包括斯洛伐克和捷克共和國，也都積極支持烏克蘭。儘管這些國家都是歐盟和北約的成員國，但它們仍然對俄羅斯部隊有可能入侵它們的邊境感到憂慮。它們不僅動用了外交、經濟和軍事資源來協助烏克蘭自衛，還收留了大部分的烏克蘭難民；光是波蘭就接納了超過三百五十萬人，並提供他們食宿。該陣營中唯一的異數是由強人維克多・奧班所領導的匈牙利，他仿效普丁建立起自己的非自由民粹政權，普丁也許是他最親近的政治盟友。奧班除了對莫斯科有著政治上的同情外，還有實際上的考量：由於匈牙利的能源供應大部分仰賴俄羅斯，奧班只提供反俄羅斯聯盟有限度的支持，他們反對向基輔提供武器，也反對西方聯盟所實施的制裁措施。[21]

在「舊歐洲」國家中，那些沒有面臨直接入侵危機的國家分成了兩派。英國雖然已退出歐盟，但現在卻非常果斷地重新介入歐洲政治。倫敦成了歐洲支持烏克蘭陣營的領導者，向烏克蘭提供的資金援助僅次於美國，截至二〇二二年六月，已超過五十億美元。德國、法國和義大利則排在那份名單的後面。這些國家的領導人不太願意對俄羅斯實施制裁，也不熱衷於提供大量的軍事援助。在戰爭爆發前和戰爭初期，他們試圖將自己定位為未來和平談判中可能的調停者，而不是這場不僅危害了烏克蘭，甚至是威脅整個歐洲政治經濟的軍事衝突的參與者。[22]

時任英國首相的鮑里斯・強生打從一開始就成了歐洲各國中烏克蘭及其利益的捍衛者。四月十日，在俄羅斯從基輔郊區撤退後不久，他成為了第一位拜訪澤倫斯基的西方領導人，並與澤倫斯基一起在基輔市中心漫步。有一臺攝影機捕捉到了一位中年基輔人向強生致謝，感激強生為烏克蘭所做的一切，並說他會終生銘記。那時強生已經成了烏克蘭家喻戶曉的名字，象徵西方支持這個陷入困境的國家。根據知情的記者透露，強生訪問基輔，以及十天前俄羅斯在基輔郊區布查所犯下的戰爭罪行被揭露，這讓澤倫斯基和他的團隊確信在戰爭當前與俄羅斯協商是不可能，且毫無意義。強生的訪問也為後來其他西方領導人造訪基輔打開了大門，包括了同月稍晚美國國防部長奧斯汀和國務卿布林肯。[23]

尤其在英國，許多人指責強生利用他自命為烏克蘭的主要支持者，來轉移大家的注意力，因為他當時被爆出曾在新冠疫情封城期間，違反政府禁止聚會的規定，在家裡舉行派對而受到議會調查。如果這些批評的聲音是對的，那麼強生顯然明知故犯。在俄羅斯入侵烏克蘭的第一個月裡，英國人民普遍對烏克蘭充滿同情，他們強烈譴責俄羅斯的行動，並亟欲讓英國擺脫俄羅斯眾多寡頭的影響，這些寡頭已經把倫敦變成了他們的第二個家，甚至是第一個家，在許多英國公民看來，他們用金錢腐化了英國的政治和文化。英國記者奧立佛・布洛針對這個主題撰寫了《世界的管家》一書，在二〇二二年三月出版後，立刻成為暢銷書。

二〇二二年六月初，也就是全面入侵的第一百天，強生的親密盟友、外交部長麗茲・特拉斯發表聲明，臚列出英國對烏克蘭的各種援助。她首先表明英國針對一千名俄羅斯個人和一百個實體或組織實施制裁，其中包含了淨資產超過一千一百七十億英鎊的寡頭。強生曾遭到對手和大眾的嚴厲批評的主要原因，是他任命了一個被制裁的俄羅斯寡頭，也是前蘇聯ＫＧＢ幹員的兒子葉夫根尼・列別捷夫進入上議院，卻沒有對此人進行任何安全審查。另外，還有人爆料首相所屬的保守黨，收受了與俄羅斯寡頭有關之人的政治獻金。但強生和特拉斯現在全力撇清與這些寡頭的關係。他們也展示了對烏克蘭的實質援助。雖然烏克蘭難民要進入英國十分困難，英國家庭要支持他們的申請也非常困難，但英國仍向烏克蘭提供了一千枚飛彈，並協助訓練了二萬二千名烏克蘭部隊。[24]

雖然國內的政治無疑地影響了強生對烏克蘭的支持，但這位首相的心裡不只有國內的目標，也有國際上的目標。強生這位曾寫了一本邱吉爾傳記的暢銷書作家，試圖仿效自己的英雄，即使英國退出歐盟對其國際聲譽造成了嚴重的損害，仍致力於維持英國作為一個歐洲和全球的重要政治參與者的傳統角色。「喔，真諷刺！」一向對首相不吝批評的《衛報》在二〇二二年五月中寫道，「英國脫歐的元凶鮑里斯．強生，背離了歐盟，現在卻大膽地站出來領導歐洲抵抗俄羅斯的侵略。誇張嗎？是，但在炒作的背後隱藏著一個引人入勝的故事……強生正利用烏克蘭危機來試圖修補一些歐洲老盟友的關係。他的目的是讓英國重新成為歐洲強國。」[25]

俄烏戰爭確實給了倫敦一個機會，去重建與東歐和北歐國家的舊有聯盟，這些國家傳統上對布魯塞爾（歐盟）的權力持懷疑態度，而且波蘭和波羅的海三國也對於舊歐洲（西歐）在面對俄羅斯侵略行為的消極態度感到不滿。強生在二〇二二年積極支持芬蘭和瑞典成為北約成員國。這兩個國家在二〇一七年就已經加入了由英國領導的遠征軍聯合部隊，這是一個由北歐國家組成的北約聯盟團體，還包含了挪威、丹麥、冰島、荷蘭和波羅的海三國。遠征軍聯合部隊成了一支還在發展中的歐洲部隊，這是一支由法國倡議，但卻由英國積極創建的武裝部隊。三月，強生邀請遠征軍聯合部隊成員國的領導人造訪倫敦，烏克蘭總統澤倫斯基透過網路視訊對他們發表演說，並要求提供軍事援助。

強生還與東歐國家接觸，試圖在倫敦的主導下，建立一個包括烏克蘭在內的泛歐洲架構。二月，在俄羅斯入侵前不到一星期，倫敦、華沙和基輔宣布建立一個英國、波蘭和烏克蘭的軍事合作計畫，烏克蘭外交部長庫列巴稱之為「三邊合作模式」。根據義大利媒體的報導，強生在四月訪問基輔期間，曾向澤倫斯基提議建立一個可能與歐盟競爭的組織，一個納入波蘭、波羅的海三國和烏克蘭並由英國領導的歐洲共同體。顯然，對強生而言，脫歐並不代表英國不再涉入歐洲的政治事務。他正在規劃一個可以替代布魯塞爾*的權力中心，並挑戰由巴黎和柏林所制定的對俄政策的合法性，該政策偏重舊歐洲的經濟利益，而忽視了新歐洲的安全問題。[26]

德國的擔憂

俄羅斯入侵烏克蘭，重創了長期擔任德國總理，不久前才卸任的梅克爾所提倡的政策，她鼓勵與俄羅斯加強經濟合作，這不僅解決了德國和歐洲的能源需求，也有助俄羅斯變成一個可靠的經濟及政治盟友。在梅克爾長達十六年的執政期間（二〇〇五年十一月至二〇二一年十二月），她的對俄政策在德國國內鮮有批評。在她的斡旋下，俄烏達成了《明斯克二號協議》，在二〇一五年二月為頓巴斯地區俄烏戰爭的活躍階段畫下句點，並在普丁併吞克里米亞後，她在德國乃至歐洲推動並維持對俄羅斯制裁中扮演重要角色。

梅克爾在政治上也全力支持興建北溪二號，這是一條從俄羅斯直達德國的天然氣管線，更具體地說，是直達她在德國聯邦議院中所代表的選區裡一個叫作盧布明的小鎮。這項計畫是在對俄實施制裁後進行的，儘管在海外受到批評，但卻受到國內民眾普遍的支持。梅克爾在二〇二一年十二月卸任首相時，由於她在任內完成的諸多政治成就，讓她受到廣泛讚揚，因此看不出有什麼理由會阻止北溪二號開始運作。即使在拜登取代川普入主白宮之後，美國的反對也停止了。德國將更加仰賴俄羅斯的天然氣，大家還認為因為俄羅斯依賴從西方賺取收益，會讓普丁對整個歐洲更為友善。[27]

然而，儘管前方陰霾密布，美國和英國已經警告全世界，俄羅斯正準備入侵烏克蘭，但不少德國人覺得，只要向俄羅斯讓步就能解決這個問題。一月，德國海軍副司令凱－阿希姆．舍恩巴赫在一段被拍攝下來的對話中，表示克里米亞不可能脫離俄羅斯，而且普丁只是想要獲得一些尊重而已。「給他他所渴求的尊重，也許也是他應得的，很簡單。」舍恩巴赫說道，並感嘆：「天哪，尊重一個人的成本很低，甚至不需要付出任何代價。」這段影片曝光後在網路上廣為流傳，迫使舍恩巴赫辭去職務。但他的言論反映了當時德國政治、軍事和商業菁英中大部分人的心態。[28]

在二〇二一年十二月接任德國總理的社會民主黨人奧拉夫．蕭茲，剛上任不久就遭遇了普丁對北約邊界提出西移要求，以及俄羅斯在烏克蘭邊境部署大量俄軍所引發的國際危機。就在幾個月前，梅克爾執政時期對俄羅斯的政策還被認為是明智的，但現在卻愈來愈像是對侵略者的綏靖政策。隨著國

＊編按：布魯塞爾是歐盟行政機構所在地，此處代指歐盟。

際形勢的變化，北溪二號也陷入了困境：德國的盟友，特別是美國，要求德國政府停止對這條具爭議性管線的認證程序。

二月時，蕭茲赴華盛頓會見拜登，並同意如果普丁發動戰爭，就將取消北溪二號的認證作業。「如果俄羅斯對烏克蘭發動攻擊，我們將實施嚴厲、共同、全面的制裁。俄羅斯如果敢這麼做，將付出極高的代價。」蕭茲在與美國總統舉行的聯合記者會上如此宣稱。隨後，他飛到莫斯科試圖勸阻普丁不要開戰，並向普丁保證北約在未來三十年內不會讓烏克蘭加入。但他在那裡被普丁拒絕。返回德國途中，蕭茲在基輔稍作停留。澤倫斯基迅速提醒他，北溪二號是俄羅斯的地緣政治武器，蕭茲的到訪在烏克蘭首都並沒有引起多少民眾的歡迎。雖然美國、英國和東歐已經向烏克蘭提供了武器援助，德國卻只送了五千個頭盔。基輔市長維塔利．克雷奇科是位前職業拳擊手，曾多次奪得重量級冠軍，他曾旅居德國，至今在德國仍有很高的知名度，他嘲笑說德國下次會送枕頭給烏克蘭。[29]

二月二十四日，俄羅斯對烏克蘭的全面戰爭爆發，這讓蕭茲和德國政壇震驚不已。「我們一覺醒來，發現世界已經變了。」蕭茲的外長安娜萊娜．貝爾伯克說。二月二十七日，德國聯邦議院前所未有的首次在週日召開會議，蕭茲在會上宣布了德國外交政策的重大轉向：前一天，政府已批准向烏克蘭提供一千枚反坦克飛彈和五百枚地對空飛彈。愛沙尼亞和荷蘭曾提出將部分德國武器轉交給烏克蘭的要求，先前曾被否決，而現在也得到了批准。最引人注目的是，德國決定撥款一千億歐元以增強國防能力，並將軍費開支提升到ＧＤＰ的百分之二以上，這是北約對德國提出的要求，但一直都被德國所忽視。

蕭茲在兩個層面上說明了他的政府在政策上的改變。第一個層面是基於道義和倫理。他認為烏克蘭無故遭受侵略，德國有責任予以支持。第二個層面是基於地緣政治。「普丁攻擊烏克蘭，不僅是要將一個國家從世界地圖上抹去；他也是在摧毀自《赫爾辛基》以來歐洲所建立的安全架構。」這位總理如此說。他指的是一九七五年簽署的《赫爾辛基最終文件》，也就是《赫爾辛基協定》，該協定確認了二戰後各國的邊界，包括了當時分裂的兩個德國，德意志聯邦共和國（西德）和德意志民主德國（東德）。烏克蘭和其他後蘇聯國家也在一九九二年加入了這項協議。因此，根據蕭茲的解釋，侵害烏克蘭領土的完整，就等於是攻擊所有歐洲國家的完整性和安全性，包含了在一九九〇年重新統一的德意志聯邦共和國。

蕭茲認為，普丁想要「在歐洲建立一個新的秩序，而且他不會在乎使用軍事力量來實現他的目的」。蕭茲將這場戰爭歸咎於一個人，而非一個國家或民族。「是普丁選擇了這場戰爭，而不是俄羅斯人民，所以我們必須認清這是普丁的戰爭。」蕭茲在德國聯邦議院上這麼說。雖然他這一代的德國人永遠不會否認他們的國家對「希特勒的戰爭」的責任，但蕭茲並不打算對俄羅斯人採用同樣的標準。指控俄羅斯人是侵略者，這在二戰後的德國是一種禁忌，即使不久後民調數據顯示，俄羅斯人民強烈支持他們的政府在烏克蘭的「特別軍事行動」。蕭茲也提醒公眾要避免引發另一場世界大戰。德國政府雖然加入了跨大西洋的戰時聯盟，但卻是延宕的、不情不願的，而且有諸多限制的。[30]

儘管蕭茲宣布了外交政策上的重大轉變，但他和他的政府卻未能重新掌握歐洲局勢的主動權，現在歐洲的議題是由美國、英國和東歐國家所主導，他們都堅持要對烏克蘭提供更多的援助。蕭茲政府中的一些成員和聯邦議院中的重要人士也有同樣的看法，但蕭茲卻不願意聽從他們的建議。二〇二二年五月，一位德國政治學家將他的策略概括為「大多數情況下，只是遲疑不決地跟隨盟友已經採取的行動（例如禁運和武器供應）」。[31]

三月中旬，當澤倫斯基受邀在基輔透過視訊對德國聯邦議院發表演說時，他毫不留情地批評了德國的前任政府。澤倫斯基指控蕭茲的前任們阻撓烏克蘭加入北約和歐盟，並透過與莫斯科的天然氣交易資助俄羅斯對烏克蘭的侵略，還拖延對侵略者實施制裁。澤倫斯基表示，德國政府在歐洲建起了一道新的柏林圍牆，把他的國家拒於門外。然後，他呼籲新上任的領導人：「蕭茲總理！拆掉這道牆吧。讓德國發揮你們應有的領導力。讓你的後代子孫以你為傲。支持我們。支持和平。支持每一位烏克蘭人。終止這場戰爭。幫助我們終止它。」這場演說在一開始和結束時都得到了德國議員們的起立鼓掌，但是蕭茲的言辭改變並沒有帶來政策上的改變：德國政府雖承諾要為烏克蘭提供軍事援助，但卻沒有兌現。[32]

澤倫斯基持續向柏林施壓。四月初，在布查發現俄羅斯士兵屠殺的平民屍體後，澤倫斯基公開邀請梅克爾和前法國總統薩科吉「親自到布查來看看，這十四年來對俄羅斯的妥協政策造成了什麼樣的後果。親眼看看被虐待和被殺害的烏克蘭人」。接著，他提醒聽眾，在二〇〇八年北約布加勒斯特峰會的週年紀念上，那時這兩位現在已退休的歐洲領導人阻止了烏克蘭加入北約，延續了烏克蘭總統所稱的「灰色地帶，讓莫斯科以為可以為所欲為。甚至犯下了最恐怖的戰爭罪行」。[33]

就在強生訪問基輔後不久，澤倫斯基回絕了德國總統法蘭克・華特・史坦麥爾訪問烏克蘭首都的提議。烏克蘭官員表示，烏克蘭人認為史坦麥爾是俄羅斯的支持者，所以他們不歡迎他。史坦麥爾早年曾擔任總理格哈德・施羅德的幕僚長，施羅德在結束政治生涯後，成了俄羅斯天然氣計畫在德國的主要說客。但更讓烏克蘭人反感的是，史坦麥爾當過梅克爾政府的外交部長，他提出了「史坦麥爾方案」來推動二〇一五年《明斯克協議》的執行，在梅克爾的協助下與俄羅斯達成這份協議，但在烏克蘭人看來，該協議偏袒俄羅斯。[34]

澤倫斯基公開點名並羞辱德國的做法，似乎對蕭茲沒有任何影響，他頂住了來自國外和國內民意的壓力。五月下旬，有半數德國人認為德國對烏克蘭的支持並不足夠，而蕭茲自己執政聯盟中的許多部長，也對德國無法履行承諾提供重型武器給烏克蘭感到失望。反對黨基督教民主聯盟的約翰・瓦德弗，指責總理「只是用空話代替實際行動」。烏克蘭外交部長庫列巴表達了他的政府對蕭茲的不滿，「有些國家我們還在期待他們的援助，有些國家我們已經等不下去了。德國就是後者。」[35]

蕭茲從未向外界解釋他採取拖延戰術的原因。他顯然想拖延時間，希望戰爭能夠自行平息，而不用履行他向烏克蘭提供重武器的承諾。他這麼做至少有兩個跟俄羅斯有關的原因。第一個原因是歷史和心理上的：自從第二次世界大戰以來，德國人就對他們對俄羅斯人所犯下的戰爭罪感到內疚，即使希特勒在東線的戰爭主要是在烏克蘭和白羅斯的領土上與當地人作戰，所以蕭茲不想做出任何可能被解讀為對廣義的「俄羅斯」侵略的事情。第二個原因是經濟上的：德國有百分之五十五的天然氣購自俄羅斯。[36]

因此，蕭茲首先將自己定位為一個和平使者，在未來和平談判中的潛在調停者，而不是一個堅定的烏克蘭支持者，這是華盛頓和倫敦所擔任的角色，並得到波羅的海和東歐國家的領導人的支持。

和平使者

在最新一輪的俄烏戰爭中，沒有哪個歐洲領導人像法國總統馬克宏那樣，不遺餘力地爭取和平使者的桂冠。早在二〇一九年十二月，他就以東道主的身分促成了普丁和澤倫斯基之間第一次也是唯一一次的會晤，雖然以積極的方式結束，但卻沒有帶來多少實質的成果。在二〇二二年二月，馬克宏是最後一批前往莫斯科和基輔的高規格西方訪客之一，試圖居中斡旋促成一項能夠避免戰爭發生的協議。[37]

馬克宏從未放棄巴黎長期提倡的一個想法，就是把俄羅斯納入歐洲，成為制衡美國和德國的力量。在戈巴契夫時代，這個想法差點就在弗朗索瓦·密特朗的任期內實現，但隨著蘇聯的解體而破滅。馬克宏現在希望在歐洲建立一個新的安全架構，讓俄羅斯參與其中，並降低美國在歐洲安全保障上的影響力。「馬克宏的目標是針對北約在歐洲和烏克蘭的角色展開對話，並可能促成一項新的軍備控制條約，某種類似《赫爾辛基協定》的新版本。」日內瓦的俄羅斯暨東歐研究中心的卡羅爾·格里莫·波特在俄羅斯入侵的前幾天這樣分析，「他知道這需要時間，並且北約和歐盟將不得不屈服於俄羅斯的一些要求，（因為俄羅斯）想要確保自己的安全，並恢復它在蘇聯解體後失去的強國威勢。」[38]

五月底，馬克宏和蕭茲一起努力說服普丁停止戰爭。他們在一次三方電話會談中，要求普丁停火、撤離俄羅斯軍隊，並與澤倫斯基展開直接談判。但因為普丁抱怨西方向烏克蘭提供武器，這項倡議沒有取得任何成果。不過，普丁向馬克宏和蕭茲承諾，將會解決他封鎖了烏克蘭在黑海的港口，又占領了亞速海的港口所造成的嚴重糧食危機。這導致烏克蘭無法出口所生產的穀物，沒有這些穀物，非洲將面臨饑荒的威脅，進而可能引發數十萬甚至數百萬難民跨越國際邊界。普丁公開指責西方是引發這場新興食物危機的罪魁禍首，並建議烏克蘭選擇透過俄羅斯所占領的港口運送糧食，從而承認這些港口已被實質占領，或者清除敖德薩港的水雷，讓這座城市暴露在俄羅斯的海上攻擊之下。[39]

在與普丁和蕭茲進行了三方電話會談的幾天後，馬克宏接受了一次採訪，他提到了法國作為一個調停力量的角色，並建議西方避免羞辱俄羅斯，「這樣在戰鬥停止的那一天，我們就可以透過外交手段開闢一條出路。」這番關於「羞辱」的言論在基輔引起了不滿。外交部長庫列巴第二天就在推特上回應：「呼籲避免羞辱俄羅斯，只會羞辱法國和其他任何發出這種呼籲的國家。因為是俄羅斯自己在羞辱自己。我們最好專注於如何限制俄羅斯的行為，讓它遵守國際規則。這才能帶來和平並拯救生命。」馬克宏先前就曾經公開警告過要避免羞辱俄羅斯，但這是烏克蘭人第一次以這種方式回應。[40]

對於澤倫斯基，這位年輕且缺乏政治經驗的喜劇演員，後來成為一個處於戰爭中國家的總統來說，馬克宏曾是他在國際政治上的指導者。他雖然尊重他的法國導師，但也厭倦了馬克宏的和平倡議，在基輔看來，這些和平倡議只會讓俄羅斯從中得利。澤倫斯基公開拒絕了以烏克蘭的領土換取和平的想法，據說馬克宏曾向他如此建議。基輔的外交官也不喜歡法國總統公開表示，說烏克蘭需要數十年才能加入歐盟。馬克宏建議烏克蘭應該加入一個「平行歐洲共同體」，這是一個向非歐盟成員國開放的歐洲安全架構。然而，基輔拒絕了這一想法。澤倫斯基希望烏克蘭成為現行的歐盟的候選成員國，而不是接受未來某種類似安排的含糊承諾。[41]

蕭茲和馬克宏、德國和法國並不是唯一倡議以烏克蘭讓步為代價，迅速結束俄烏戰爭的舊歐洲成員國。義大利總理馬里奧・德拉吉也全心全意地加入了他們的行列。雖然大多數義大利人同情烏克蘭，但是義大利左派親俄的傳統傾向，部分右派對普丁的迷戀，以及左右兩派對於美國在歐洲霸權地位的不滿，都使得義大利的媒體和民眾在談到支持對烏克蘭的軍事援助和對俄羅斯的經濟制裁時，抱持著懷疑的態度。百分之五十六的義大利人認為美國在這場戰爭中的立場是「好戰」的，百分之六十二的義大利人同意西方應該「不惜一切代價」找到一種結束軍事衝突的方法。

五月份，在進行上述民調的時候，德拉吉在華盛頓與拜登會面，並傳達了一個簡單的訊息：雖然美國準備支持烏克蘭，直到俄羅斯的侵略能力被完全消滅或受到嚴重削弱，但是歐洲，也就是舊歐洲，希望戰爭能盡快結束。條件是什麼呢？義大利外交部長路易吉・迪馬約向聯合國祕書長和其他七大工業國外長提出了一個四點計畫。基輔和莫斯科也收到了這個計畫的副本。這個計畫要求在聯合國的監督下實現停火和前線的非軍事化，就烏克蘭的中立地位展開談判，以及莫斯科和基輔之間針對克里米亞和頓巴斯的地位進行談判。俄烏之間的對話旨在達成一項關於歐洲和平與安全的多邊協議，這一點明顯受到了馬克宏想法的啟發。俄羅斯從烏克蘭撤軍應該會促使西方解除對俄羅斯的制裁。[42]

華盛頓對這項促成和平的計畫表示歡迎，而基輔保持沉默，莫斯科則駁斥它為「輕率的」，並拒絕接受。這項計畫的發起者遭到俄羅斯外長拉夫羅夫斷然拒絕，他暗示他們不懂這場危機的歷史。他沒有明確說出他所認為的歷史是什麼。舊歐洲國家領導人作為調停者的嘗試，現在遭到拒絕了，不僅烏克蘭外長在推特上對於馬克宏呼籲不要羞辱俄羅斯的挖苦，俄羅斯外長也批評義大利人對歷史知識的匱乏。[43]

共同陣線

歐洲領導人謀求和平的努力，實際上到六月初就已經走到了盡頭。他們的努力不是遭到斷然拒絕，就是收效甚微，而看起來愈來愈像是對俄羅斯的綏靖政策。對歐洲事務的主動權，甚至是領導權，似乎正落入那些局外人的手中。他們必須改變路線。

六月十六日晚間，馬克宏、蕭茲和德拉吉展開了自戰爭爆發以來，他們最冒險的舉動。他們不僅冒著政治上的風險，還可能危及他們的人身安全。他們飛往波蘭，然後搭乘火車越過烏克蘭邊界前往基輔，當他們接近烏克蘭首都時，空襲警報聲追趕著他們。他們這次不是來向澤倫斯基建議該和莫斯科達成什麼樣的和平，而是表達對基輔決定採取任何立場的支持，並且試圖在公眾輿論中趕上那些已先於他們訪問基輔的領導人，如英國首相強生、波蘭總統杜達和美國官員。雖然拜登本人當時尚未訪問基輔，但他的國務卿和國防部長已經來訪過了，還有他的妻子吉兒·拜登在五月初造訪了烏克蘭最西部的地區中心烏日戈羅德*。[44]

*譯注：烏日戈羅德是烏克蘭外喀爾巴阡州的首府。

在基輔，許多人都在關注這三位歐洲領袖向澤倫斯基傳達的訊息。馬克宏在基輔火車站接受記者們的採訪，他把他們的這趟基輔之行描述成是「向烏克蘭人傳達歐洲團結支持他們的訊息，無論是現在還是未來」。這是為了讓烏克蘭人安心。這三位領導人在基輔與澤倫斯基會面後，又參訪了市郊的伊爾平和附近城鎮布查，親眼目睹了俄羅斯部隊造成的破壞。

馬克宏收回了他先前關於不要羞辱俄羅斯的言論。「今天，俄羅斯正在對烏克蘭發動戰爭。我究竟該如何向任何一個烏克蘭人解釋『你們不應該羞辱俄羅斯、俄羅斯人民，或者它的領導人』呢？」馬克宏對記者說道。「今天，他們必須贏得這場戰爭。法國明確支持烏克蘭，使其贏得勝利。」馬克宏和他的同伴準備讓澤倫斯基決定勝利的條件。澤倫斯基則表示，他和馬克宏已經在他們的關係上翻開了新的一頁，不再計較馬克宏的「不要羞辱俄羅斯」的言論。「澤倫斯基必須定義他的軍事勝利是什麼，」馬克宏代表團的一名成員評論道，「我們贊成完全的勝利，恢復（烏克蘭）在所有被俄羅斯占領的領土上的主權，包括克里米亞。」馬克宏承諾增加法國對烏克蘭的武器供應。舊歐洲現在不僅在口頭上全力支持烏克蘭，還在外交和參與國際性組織上支持它，準備接納它作為歐盟的潛在候選國。[45]

在馬克宏、蕭茲和德拉吉訪問基輔的隔天，歐盟執委會建議歐盟各國領導人授予烏克蘭候選成員國的地位。在執委會的建議之後，歐洲議會以壓倒性的五百二十九票贊成、四十五票反對、十四票棄權，表達了支持。歐洲各國領導人也通過了這項決定。烏克蘭在入侵一開始就申請了候選成員國的地位，現在與鄰國摩爾多瓦一起被接受，後者的德涅斯特河沿岸地區也被俄羅斯軍方列為他們攻占敖德薩後的下一個目標。候選成員國的地位實質上是一個加入歐盟的邀請：雖然並不保證是否能夠正式加入，而且可能需要數年甚至數十年的時間，這項決定還是讓烏克蘭能夠參與一些歐盟的計畫，並向俄羅斯發出一個明確的信號，那就是歐洲社會準備與烏克蘭站在一起。[46]

六月二十九日，也就是是歐盟理事會決定授予烏克蘭和摩爾多瓦候選成員國地位後的第三天，再次展現出跨大西洋的西方國家團結一致反對俄羅斯的侵略。芬蘭和瑞典在俄羅斯入侵烏克蘭後，就申請加入北約，而在馬德里舉行的北約高峰會上正式獲邀加入。土耳其因為這兩國收容了被伊斯坦堡視為恐怖分子的土耳其難民為由，反對這項邀約，但在峰會召開前夕，這項反對意見已經獲得了解決。這項決定在許多方面都具有歷史意義。芬蘭與俄羅斯有長達一千三百四十公里（八百三十二英里）的邊界，在冷戰期間一直沒有加入北約，現在則加入了這個聯盟，而瑞典也放棄了兩百多年的政治中立立場。*[47]

在馬德里峰會上還發生了另一個歷史性時刻。峰會新聞辦公室發布的公報將俄羅斯稱為「對盟國安全最重大和最直接的威脅」，這是自冷戰結束以來北約第一次這樣指稱俄羅斯。北約成員國承諾會進一步支持烏克蘭對戰爭所付出的努力。「我們將繼續並進一步加強對我們親密夥伴烏克蘭的政治和實質上的支持，因為它仍在抵抗俄羅斯的侵略，捍衛自己的主權和領土完整。我們已經和烏克蘭一起

---

*審訂注：芬蘭於二〇二三年四月四日正式成為北約的成員國，瑞典也在二〇二四年一月二十三日獲得土耳其國會通過接納，僅等待匈牙利通過其加入北約。

決定了一個加強的支援方案。」公報寫道。與會國還同意在北約東部邊界部署更多部隊，並承諾將在有需要之時將他們的八個戰鬥群從營級擴大到旅級。[48]

這讓普丁很不高興。他曾經警告過芬蘭，如果它加入北約，將會傷害莫斯科和赫爾辛基的關係，但他現在只能接受這個新的事實。他會淡化瑞典和芬蘭加入北約的重要性，理由是俄羅斯和它們沒有領土爭端，與烏克蘭不同。他心裡想的爭端是關於克里米亞的。正是為了避免這種爭端，芬蘭才加入了北約，這個國家從一八〇九年到一九一七年曾經被沙皇俄國統治，並在一九四〇年被史達林併吞了一部分領土。[49]

西方全面回歸。儘管美國和歐洲的關切和議程有所不同，有時甚至是相互衝突的，而且參與制裁或武裝烏克蘭的意願也並不一致，但華盛頓和它的歐洲盟友還是設法成功建立了一個共同平台，因著俄羅斯的侵略和它對歐洲與國際秩序的威脅而聚集在一起。這並不是普丁在決定攻擊烏克蘭時所預期的反應。他在二〇一四年對烏克蘭的侵略，與他試圖阻止基輔與歐盟簽署聯合協議有關。現在，烏克蘭已經成為歐盟的候選成員國。普丁在二〇二二年入侵的藉口是北約向東擴張，以及俄羅斯希望讓西方的軍隊遠離它的邊界。現在，烏克蘭不僅已經成為了北約的「密切合作夥伴」，而且隨著芬蘭加入北約，該聯盟本身的邊界也將往前推進，僅離聖彼得堡不到兩百公里（一百二十四英里），而這裡正是普丁和他最親密的夥伴們的出生地和家鄉。[50]

第十三章　重心轉向亞洲

二〇二二年七月二十五日，雷根號核動力航空母艦與其打擊群從新加坡啟航，北上前往南中國海和臺灣附近海域。幾天後，它被發現在距離永暑礁一百一十五英里（一百八十五公里）處巡航，永暑礁是個被中國占領並軍事化的島礁，也是臺灣、越南和菲律賓的爭議領土。兩艘中國軍艦，一艘驅逐艦和一艘護衛艦也出現在附近。不久後，更多的美國和中國軍艦進入了這個區域，引發了全球對於兩國可能發生意外事故或軍事衝突的廣泛擔憂。[1]

在幾星期前，當有傳言說美國眾議院議長、美國政府第三號人物南西．裴洛西可能訪問臺灣時，就已經引發了美中之間的緊張。臺灣是一個島嶼，北京視其為中國的一個分裂省分，而拜登總統才剛承諾要保護它免受任何軍事侵略。隨著消息傳開，以及北京的抗議愈演愈烈，美國第七艦隊將雷根號及其打擊群調動到臺灣附近。中國認為，裴洛西可能展開的臺灣行違反了它的「一個中國」政策，該政策將臺灣界定為中國的一部分，並在一九七〇年代末獲得了美國政府的承認。一名中國記者更呼籲中國軍方，如果裴洛西真的飛往臺灣，就要將她的座機擊落。中國外交部也威脅要對美國採取「強制措施」。白宮則重申了對「一個中國」政策的承諾。[2]

七月二十八日，當雷根號被發現在永暑礁附近巡航，中國隨後發出了聲明時，美國總統拜登和中國領導人習近平進行了一場長達兩小時十七分鐘的電話會談。臺灣問題是會談的焦點，根據中國所公布的會談摘要，習近平警告拜登不要「玩火」。根據美國軍方對局勢的評估，拜登稍早就已經暗示眾議院議長裴洛西的訪臺之行「現在並不是一個好主意」。中國是全球數一數二的經濟體，也擁有全世界最龐大的海軍。[3]

儘管北京發表了強硬言論，白宮也小心翼翼地加以勸阻，裴洛西還是在二〇二二年八月二日訪問了臺灣，這是她太平洋之旅的一部分。她聲稱自己的訪問象徵著「美國對支持臺灣蓬勃的民主堅定不移的承諾」，並且在機場受到了臺灣民眾的歡迎，他們戴著藍、黃色口罩（烏克蘭國旗的顏色），和舉著寫有「自由與友誼」和「臺灣≠中國」標語。中國媒體報導指稱，人民解放軍的戰機在臺灣海峽上空飛行。事實上，有二十架中國戰機，包括俄製的蘇愷SU－30戰鬥機，闖入了臺灣的防空識別區。中國和俄羅斯的外交部都對裴洛西的訪問表示抗議和譴責，而中國軍方則在當週稍晚宣布在臺灣周邊進行實彈演習。[4]

裴洛西的訪臺行程造成了美中關係自冷戰結束以來的最嚴重危機。這次訪問得到了國會兩黨的支持，民主黨人希望美國在人權和民主方面面對北京採取更強硬的態度，而共和黨則主張對中國實施更強硬也更主動的經貿政策。但白宮絕不樂見這種危機發生，拜登和他的顧問團隊正全力避免同時與俄羅斯和中國發生外交和經濟上的對抗，並且急於想要阻止中國與其北方鄰國建立更緊密的關係。[5]

國務卿布林肯於五月底在喬治華盛頓大學發表的演講中，闡述了拜登政府對中國政策的關鍵原則。這場演講說明了美國政府對中國政策的議程，但布林肯一開始先談到了俄羅斯。「俄羅斯總統普丁構成了一個明顯而直接的威脅。」布林肯如此對聽眾們表示。「他在三個月前對烏克蘭發動攻擊，也同時攻擊了聯合國憲章所確立的主權和領土完整的原則，這些原則是為了保護所有國家不被征服或脅迫。」但布林肯並不認為俄羅斯會得逞。「許多國家聯合起來一致反對這種侵略，因為它們認為這是對其自身和平與安全基礎的直接衝擊。」他繼續說。「普丁不僅沒有展現俄羅斯的實力，反而損害了它。他非但沒有削弱國際秩序，反而讓各國聯合起來捍衛它。」6

但中國的情況則有所不同，布林肯將中國的政策稱為「對國際秩序最嚴重的長期挑戰」。「中國是唯一一個既有重塑國際秩序意圖的國家，而且是擁有愈來愈多的經濟、外交、軍事和科技實力來實現這一目標，」布林肯繼續說：「北京的願景，將使我們背離過去七十五年來，為世界帶來許多進步的普世價值。」他指的是二戰後的時代。布林肯向聽眾保證，「我們並不是在尋求衝突或新冷戰。相反的，我們決心避免這兩種情況。」

「投資、結盟、競爭」是布林肯提出阻止中國並避免美中衝突的口號策略。「我們將投資於我們在國內的實力基礎所在——我們的競爭力、創新力、民主制度。」布林肯告訴聽眾。「我們將與我們的盟友和合作夥伴的網絡保持一致，共同為了相同的目標和理念而行動。利用這兩大關鍵優勢，我們將與中國進行競爭，捍衛我們的利益，並建構我們對未來的願景。」7

這聽起來像是蘇聯的「和平共存」政策，以及與西方資本主義的經濟競爭，這引發了一九五〇年代的中蘇分裂。當時，北京主張與資本主義西方進行更強硬的對抗，無論是經濟上的，還是軍事上的對抗。而現在的北京則希望其經濟發展不受任何限制。中國外交部發言人汪文斌批評美國的目的是「遏制和壓制中國的發展，並維持美國的霸權」。他反對針對中國的聯盟形成，並駁斥說美國及其盟友強迫其他國家接受他們所制定的國際規則。「至於美國所倡導的基於規則的國際秩序，明眼人都能看出，它們不過是美國和少數幾個國家制定的家法幫規，維護的只是美國主導的所謂國際秩序。」汪文斌如是說道。[8]

全球兩個最大的經濟體，美國和中國，正走向衝突的道路，雖然雙方都不願意發生直接對抗，但俄羅斯在烏克蘭的戰爭卻激化了大國之間的緊張對立，並加速重組了冷戰結束後所建立的世界秩序。一九九〇年代初冷戰結束時，美國主導的單極世界取代了冷戰時期的雙極世界，但現在卻面臨了自其建立以來最嚴峻的挑戰。[9]

華盛頓陷入兩難

對美國所主導的單極世界造成了第一次重大打擊的是小布希總統，而他本是最想要捍衛和維護這個世界秩序的人。為了反擊蓋達組織在美國本土所發動的九一一恐怖攻擊，小布希發動了阿富汗戰爭，並在一年半後派兵進入伊拉克，試圖完成他父親老布希當初在一九九一年針對薩達姆．海珊政權發動但卻未能完成的戰爭。這些戰爭反映了美國對自己在世界上的角色有了新的願景，這個願景源於美國外交政策建制派的新保守主義轉向所帶來的兩個關鍵理念。第一個理念認為，先發制人式的預防性戰爭是一種維持美國在冷戰後形成的單極世界霸權的手段，甚至是必要的。第二個理念則是意識形態上的，主張將世界建設成一個民主國家的共同體。這些理念所設想的戰爭本應是有限的軍事行動，但實際上卻演變成了長久的殖民式衝突，暴露了美國在政治、經濟和軍事上的弱點，也顯示了過度擴張的風險。[10]

歐巴馬總統想要結束在伊拉克和阿富汗的戰爭，撤出中東，並將重心轉向太平洋地區。這種「重心轉向亞洲」的策略與歐巴馬的個人背景有關，他在夏威夷長大，並在印尼度過了他的童年時光，但更重要的是，他意識到美國的經濟、政治甚至是軍事力量，都遭遇到來自中國的長期挑戰。中國是一個快速崛起的競爭者，在二〇一〇年超越日本成為全球第二大經濟體。以每年約百分之十的成長率來算，中國也有望超越美國，如果按照購買力平價（ＰＰＰ）來計算它的ＧＤＰ，中國確實在二〇一四年成為全世界第一大經濟體。歐巴馬希望將美國軍隊從中東撤出，以促進貿易和加強與太平洋地區的政治聯盟，來對抗中國在該地區日益增長的經濟和政治影響力。[11]

至於俄羅斯，歐巴馬政府希望能有個新的開始，並將莫斯科和華盛頓之間日益升高的緊張關係歸咎於小布希及其團隊。歐巴馬－拜登政府希望改善與俄羅斯的關係，這些關係在前一年因華盛頓打算讓烏克蘭和喬治亞加入北約，以及俄羅斯入侵喬治亞的行為而受到嚴重損害。此外，白宮還原諒了喬治亞「事故」＊，撤回了讓烏克蘭和喬治亞加入北約的提議，同時也放棄了布希團隊在東歐部署飛彈

＊譯注：這是指俄羅斯以支持南奧塞提亞和阿布哈茲的分離主義為名而與喬治亞發生的戰爭，結果喬治亞戰敗。美國雖加以批評但並未干預。此事件仍使得美俄關係惡化，世界秩序受影響。

防禦系統的規劃。當時剛從總統轉任總理的普丁，對此決定讚許不已。

二〇〇九年三月，美國新任國務卿希拉蕊．柯林頓送給她的俄羅斯同行拉夫羅夫一個小紀念品，一個紅色的「重啟」按鈕，並成了頭條新聞。「我想要給你一個小禮物，代表了歐巴馬總統、拜登副總統和我一直在強調的，那就是：『我們想要重啟我們的關係，所以我們要共同努力。』」兩人笑容滿面，相互開玩笑，好像為這對冷戰時期的對手展現了一個光明的未來。但對於俄羅斯的意圖，和美國新政府對它們的理解，卻仍存在著揮之不去的疑慮。希拉蕊送給拉夫羅夫的按鈕上印著「重啟」這個詞的錯誤俄文翻譯。上面寫的是 peregruzka（超載），而不是 perezagruzka（重啟）。「我們努力找到正確的俄語單字。你覺得我們成功了嗎？」希拉蕊問道。「你們弄錯了。」對方回答。[12]

儘管發生了按鈕的小失誤插曲，美俄關係的改善使得歐巴馬和新任俄羅斯總統梅德韋傑夫在二〇一〇年簽署了新的《削減戰略武器條約》，該條約削減了兩大超級強權的核武庫。莫斯科和華盛頓還在對伊朗的制裁問題上達成了合作。在「俄羅斯問題」獲得解決後，歐巴馬政府在二〇一一年秋天相當自信地宣布了「重心轉向亞洲」的戰略。「從我們在二〇〇九年按下重啟按鈕開始到二〇一二年，我們與俄羅斯合作達成了許多目標，促進了我們的共同利益，我也認為這符合歐洲的利益。」拜登在二〇一五年二月這樣宣稱。但到了那時，新的烏雲不僅出現在地平線上，並且完全遮蔽了美俄關係陰暗無光的天空。[13]

普丁是烏雲的主要製造者，他在二〇一二年五月重返俄羅斯總統寶座，開始了他的第三個任期。普丁堅信，在二〇一一年底，也就是在俄羅斯議會選舉和他重返總統大位前夕，是美國精心策動了在莫斯科爆發的大規模抗議。他將希拉蕊視為干涉俄羅斯內政的罪魁禍首，因為她曾發表了一份官方聲明，質疑俄羅斯議會選舉的公平性。聲明中寫道，俄羅斯人民「應該讓他們的聲音被聽見、他們的選票被計算在內，這意味著他們應該得到公正、自由、透明的選舉，和對他們負責的領導人。」普丁指控希拉蕊挑起了抗議活動。[14]

俄羅斯在二〇一四年三月併吞了克里米亞，並在頓巴斯地區發動了一場混合戰爭，導致美國對俄羅斯發動聯合制裁以懲罰其無端侵略行為。這讓華盛頓和莫斯科之間「重啟」的關係因為「超載」而結束，並促使俄羅斯干涉美國二〇一六年的總統大選。根據美國情報機構的說法，普丁親自下令對民主黨全國委員會、其他民主黨相關機構和競選官員的電腦伺服器進行網路駭客攻擊。有十一名俄羅斯情報人員被指控入侵了希拉蕊總統競選團隊的伺服器，並洩露了數百封被竊的電子郵件，這些郵件損害了她爭取總統大位的努力。在普丁的故鄉聖彼得堡，有個俄羅斯網路酸民農場建立了數千個社群媒體帳號，向數千萬美國選民散播假消息，意圖羞辱希拉蕊並抹黑美國的民主，而且在很大程度上達到了目的。[15]

俄羅斯干預美國大選的主要得利者是最終當選的共和黨總統提名人，唐納．約翰．川普。他在競選和執政期間從未譴責過普丁，也不對俄羅斯的行為或克里姆林宮的「主權民主」提出任何批評。和歐巴馬一樣，川普雖然把亞太地區作為其外交政策的優先要務，但他的「重心轉向亞洲」戰略與其前任有很大的不同。川普退出了由歐巴馬所談判簽訂的跨太平洋夥伴協定（TPP），並與中國展開了貿易戰，對從中國進口的數千億美元商品加徵關稅。

經過漫長而複雜的談判，美國和北京達成了一項新的貿易協議，讓川普有理由宣稱在貿易戰中取得了勝利，並使他在許多方面毫無顧忌地抨擊中國，從指責中國是新冠病毒的發源地，到抱怨中國的貿易行為不公平。二〇二〇年，也就是川普執政的最後一年，美國對九十個中國企業和個人實施了制裁，導致當時美國的每十項制裁中就有一項是針對中國的。川普和他的幕僚顯然將中國視為對美國利益的直接威脅，而將俄羅斯視為次要的對手，俄羅斯的經濟規模甚至未能躋身世界前十。[16]

儘管川普難以掩飾他對普丁與其威權統治的欣羨，但是他的政府仍對俄羅斯採取了更強硬的立場，並在烏克蘭在與莫斯科的混合戰爭中，為烏克蘭提供了比其前任更多的支援。儘管國會兩黨都支持這樣的措施，但歐巴馬拒絕提供致命武器給烏克蘭。川普批准了對烏克蘭出售價值達四千七百萬美元的武器，包括了反坦克標槍飛彈。諷刺的是，這項對烏克蘭的軍事援助卻成了眾議院在二〇一九年十二月第一次彈劾川普的導火線。在那年稍早，川普曾試圖利用國會批准授予烏克蘭武器援助作為籌碼，要求烏克蘭新當選的總統澤倫斯基針對拜登的兒子杭特與其在烏克蘭涉嫌可疑的商業活動展開調查。[17]

二〇一九年，在美國具有影響力的智庫蘭德公司的專家們建議華盛頓將美國面臨的主要威脅聚焦於中國，而不是俄羅斯。拜登總統在二〇二一年一月入主白宮後，他和他的執政團隊鄭重地接受了這項建議。事實上，他們延續了川普重要的對中政策，並宣布對中國舉辦的二〇二二年冬季奧運進行政治性抵制，使得美國和北京的關係難有顯著改善。但華盛頓和莫斯科的關係卻進一步惡化，甚至跌破川普執政期間的谷底。拜登的幕僚將政府的對俄政策定位為實現「穩定和可預測的關係」。「這種

『穩定和可預測的關係』的理念隱含的前提是俄羅斯不再成為優先議題。」歐巴馬政府時期的俄羅斯事務顧問薩繆爾・查拉普在二〇二一年十二月接受美國國家公共廣播電臺採訪時說道，「它不會對美國造成困擾，也不會占用高層決策者們的時間。」他接著補充說：「但這種做法沒有奏效。」拜登政府的政策在這方面失敗了，因為普丁的侵略姿態日益強硬。到了二〇二一年秋天，俄羅斯已經取代中國，成為美國和其支持的國際秩序的主要威脅。拜登政府被迫將注意力集中在俄羅斯，「重心轉向亞洲」的戰略不得不暫緩。[18]

東方的夥伴關係

在二月初，已經下定決心要入侵烏克蘭的普丁飛往北京，以貴賓身分參加了由習近平主持的冬季奧運開幕式。兩人會面並發布了一張合照，照片中普丁與他的中國伙伴親密地站在一起，並不像他在前幾週與西方領導人會面時所做的那樣。習近平和普丁也共同發表了一份五千字的聲明，宣示兩國之間的友誼與合作「沒有任何限制」或「禁止的合作領域」，其中暗示了軍事合作。即使如此，這份聲明並未提及兩國正式結盟，因為中國仍然認為國際秩序是有等級的，而且在歷史上和文化上也沒有把俄羅斯視為與中國平起平坐的國家，更不用說經濟實力和經濟潛力了。這份聲明稱這種新的關係「優於冷戰時期的政治和軍事聯盟」。

這份聲明並未具體說明中俄之間的合作夥伴關係將如何運作，但在地緣政治方面有一些特別的說明。習近平公開支持普丁反對北約向東擴張，這是克里姆林宮的主人為他即將發動的侵略行動辯護的關鍵論據。普丁則反過來支持中國對臺灣的立場，兩位領導人一致反對「美國在全球各地部署飛彈防禦系統和高精度非核武器，以進行消滅性打擊和實現其他戰略目的」。[19]

兩國領袖在峰會上是否討論了這場即將在烏克蘭爆發的戰爭，這一點目前並不得而知，但普丁不能不提及這場戰爭，否則中俄兩國「沒有任何限制的友誼與合作」還沒有開始，就已經結束了。西方情報部門發現，習近平不希望戰爭在奧運會閉幕式之前開始，以免分散了世界對其偉大成就的注意力。的確，普丁在二月二十一日，也就是奧運會結束的隔天，才向全世界宣布了他退出與烏克蘭簽訂的《明斯克協議》的決定，並受到廣泛的報導。顯然，中國原本預期的侵略是普丁在侵略之初所宣稱的那種短期警察行動，而不是全面入侵，因為當西方使館人員紛紛撤離了這座城市和這個國家時，他們只建議在基輔的中國公民不要外出或囤積物資。由於對入侵的規模措手不及，中國直到戰爭爆發的第四天才開始從基輔撤離其公民，且直到戰爭持續了兩個星期後才完成。[20]

普丁從北京回到俄羅斯時一定是充滿期待，在這場即將與西方的對抗中，中國能夠保持中立，甚至可能提供支持。北京確實對這場戰爭表態中立。根據中國外交部所發布的一份聲明，顯示習近平在一次電話會談中回應普丁對北約和美國漠視「俄羅斯對國家安全的合理擔憂」的不滿時，表示「有必要尊重所有國家對國安的合理憂慮，並建立一個平衡、有效和永續的歐洲安全機制。」並說，這必須透過談判來實現。他明顯希望這場「軍事行動」早日結束。習近平接著說：「中國支持俄羅斯透過與烏克蘭進行談判來解決這個問題。」他也提醒普丁，「中國一直秉持著尊重所有國家的主權和領土完整，並遵守聯合國憲章的宗旨和原則這一基本立場。」[21]

中國在戰爭爆發前就已經大量投資烏克蘭了，並且一直不承認俄羅斯在二〇一四年併吞克里米亞的行為，也沒有理由支持俄羅斯對基輔的進攻，因為中國的確重視所有國家的主權和領土完整，這也是它對臺灣立場的關鍵原則。另外，中國的外交政策是利用經濟手段來發揮其影響力，將軍事介入作為最後的手段。就俄羅斯而言，他們除了軍事手段外，幾乎沒有其他方式來維護自己的大國地位，而且正如它入侵烏克蘭的初期階段所顯示的那樣，這些手段也不是很有效果。

儘管如此，如果戰爭真的按照普丁的計畫進行，中國將會因為他的勝利而獲得一些好處。烏克蘭的垮臺將進一步削弱美國在世界上的地位，導致歐洲－大西洋聯盟內部出現裂痕，並迫使西方的注意力重新轉向應對莫斯科的挑戰。這將使中國擺脫美國的不斷監視和批評，同時提升其經濟和軍事實力，並進一步強化其在海外的影響力。[22]

但事情並未照普丁，或廣而言之，習近平的計畫進行。烏克蘭的成功抵抗，給了西方前所未有的理由、機會和時間，空前地團結起來，這對於中國領導層來說是個壞消息，他們本來指望美國和歐洲以及歐洲內部會出現分歧。這場戰爭對全球經濟的衝擊，包括能源價格的上漲和疫後復甦腳步的緩慢，也對北京造成了沉重的打擊。因習近平與普丁密切而公開的關係，使中國的聲望也受到了損害，而普丁卻證明自己是個魯莽的世界秩序破壞者，擁有一支無法打贏現代戰爭的軍隊。俄羅斯未能實現其戰爭目標，也是對習近平能否成功入侵臺灣的一種警告信號。總而言之，普丁「特別軍事行動」的結果，對中國全無好處。[23]

對於這場戰爭，北京態度的轉變反映在中國的媒體報導上。起初，經過幾番不確定和猶疑後，官方媒體採納了俄羅斯對戰爭的敘述，將其視為是對西方挑釁姿態的一種特別行動，並且一切都按計畫進行。中國媒體拒絕將這場戰爭稱為「入侵」，並堅持這條界線，只是偶爾有輕微偏離。但隨著戰爭的發展，俄羅斯並沒有能夠迅速取得勝利的跡象，中國媒體開始容許一些對入侵行動的批評意見。

二〇二二年四月三十日，中國官方通訊社新華社發布了一份烏克蘭外交部長庫列巴的聲明，他從中國的角度闡述了反對這場戰爭的理由。「俄羅斯正在危及中國領導人提出的一帶一路倡議，」庫列巴宣稱，並接著說：「這場戰爭不符合中國的利益。全球的糧食危機和經濟問題……將對中國的經濟造成嚴重威脅。」他希望中國能夠制止俄羅斯。[24]

同時，在戰爭初期的軍事失利之後，普丁再次敲開習近平的大門，要求提供軍事裝備和經濟援助。習近平難以完全拒絕普丁，因為他想要將擁有豐富天然資源的俄羅斯保留在自己的影響範圍內，但他也不能忽視美國和歐洲這兩個中國最大的市場，它們已經對俄羅斯實施制裁，並且也對任何違反制裁規定的國家施加壓力。中國外交部長王毅表示，中國譴責西方制裁俄羅斯。問題是，中國也無法對這些制裁置之不理。[25]

三月十八日，在與習近平的線上會議中，拜登總統警告中國領導人，「如果中國向俄羅斯提供物資支援，協助其對烏克蘭城市和平民進行殘暴攻擊，將會面臨嚴重的影響和後果」。習近平則反駁拜登，表示中國不希望看到戰爭發生，並提醒拜登他們有著共同的「國際責任」。但是，拜登的警告終究被接收到了。有鑑於北京的經濟成長仍需仰賴由華盛頓支持的國際安全、經濟和金融秩序，據傳，習近平命令他的官員們找到一種不違反制裁規定的情況下，協助俄羅斯的方法。「我們了解（莫斯科的）困難。但在這場對話中，我們也不能忽視我們自身的處境。」一位不願具名的中國官員表示。[26]

鄂圖曼土耳其的回歸

二〇二二年七月十八日，普丁進行了自戰爭開始後的首次出訪，拜訪了俄羅斯在中亞的夥伴和盟友。然後，他前往德黑蘭，這不僅清楚顯示了他在世界舞臺上的孤立處境，也象徵了他轉向東方的戰略。[27]

普丁此行旨在強化與伊朗團結一致反對西方，伊朗數十年來一直受到美國和歐盟的制裁，但這次的出訪也與他的戰爭行動有關。在烏克蘭境內的高科技戰爭中輸給了美國的海馬斯系統以及美國和土耳其無人機後，莫斯科轉而向中東尋求新一代的武器，這對俄羅斯來說無異是一種屈辱，因為數十年來俄羅斯一直是這個地區的武器供應者。俄羅斯鎖定了伊朗製造的沙赫德（Shahed）一二九和一九一無人機。普丁還與另一位到訪德黑蘭的貴賓、土耳其總理艾爾段交流了無人機的問題。他們在伊朗最高領袖阿亞圖拉．阿里．米哈尼的陪同下會面，並另外進行了一次單獨的會談，這次會談比峰會的任何其他部分都更加吸引媒體和公眾的關注。[28]

在會談開始前約一分鐘，一段影片捕捉到普丁不悅的表情，並在網路上瘋傳。普丁被迫在電視攝影機前等待土耳其總統走進場內，即使只有五十秒鐘。俄羅斯總統顯得鬱鬱寡歡和神情受辱：通常都是他讓其他領導人久候。阿布達比《國家報》的資深美國記者喬伊・卡蘭在推特上發文說：「艾爾段讓普丁在鏡頭前等了五十秒，這足以說明在烏克蘭事件後，局勢發生了多大的變化。」她還在她的推文評論中補充說：「這對艾爾段來說也是一次甜蜜的復仇，因為在二〇二〇年他曾在俄羅斯的一場權力遊戲中被普丁羞辱，被迫等了兩分鐘。」她的這則推文在發布後的幾個小時內就獲得了三百萬人次的點閱數，接下來的幾天中又增加了三百萬人次。[29]

二〇二〇年三月，普丁故意讓來訪的艾爾段和陪同他來訪的數十名土耳其官員和助理，在克里姆林宮會議廳的前廳等了兩分鐘，而且還被攝影機拍下來。這段土耳其人站在關閉的大門前受辱的影片，隨後在俄羅斯電視上播出。這是普丁公開展示他在敘利亞戰爭取得勝利的方式：艾爾段此行是為了向普丁求和，希望他能在俄羅斯支持的巴夏爾・阿塞德的政府軍和土耳其支持的伊德利卜省叛軍之間，促成停火協議。

普丁滿足了艾爾段的要求，在對土耳其具有戰略重要性地區阻止了阿塞德的推進，但他也沒有放棄進一步羞辱對方的機會。土耳其代表團等待普丁的前廳裡，掛滿了俄羅斯將領的肖像，其中包括了十八世紀下半葉在俄土戰爭中戰勝鄂圖曼土耳其的蘇沃羅夫。在艾爾段最終被允許進入的會議廳裡，擺放著一尊發動那些戰爭的凱薩琳大帝的巨型雕像，在兩位領導人合影時，他們座椅背後的牆上則掛著一個帝國時代的鐘，上面的青銅裝飾描繪了一八七七至七八年間俄羅斯再次打敗土耳其的另一場戰爭。[30]

俄羅斯否認讓艾爾段一行人等待，或是選擇與普丁會面的地點具有任何惡意，但土耳其總理和他的代表團必須努力說服土耳其媒體，他們在俄羅斯受到的外交禮節並沒有任何異常之處，他們也沒有感到被冒犯。現在，二〇二二年七月，輪到普丁假裝對他在德黑蘭受到的接待沒有意見，儘管他在影片中的表情和肢體語言暗示了情況正好相反。艾爾段來到德黑蘭，除了其他事情之外，還要求俄羅斯和伊朗支持他計劃在敘利亞所要進行的軍事行動，目的是在土耳其和敘利亞叛軍之間建立一個緩衝區。但這一次，他不僅是一個請求者；他也被請求提供一些好處。

普丁感謝艾爾段在俄烏談判中所扮演的角色，這些談判涉及從敖德薩港出口烏克蘭穀物的問題。他還想獲得土耳其的武裝無人機「旗手（Bayraktar）ＴＢ２」。這些無人機被烏克蘭用於對抗俄軍，戰績出色，現在俄羅斯領導人希望艾爾段在俄羅斯建立一個無人機工廠。旗手是由拜卡公司生產和運送到烏克蘭的，這家公司的老闆是艾爾段的女婿、發明家暨企業家塞爾柱．拜拉卡塔爾。艾爾段在二〇二〇年訪問莫斯科時，俄羅斯媒體曾嘲笑土耳其無人機在敘利亞戰爭中的表現，但現在普丁因為被以色列拒絕提供無人機的情況下，想要從土耳其取得無人機。但艾爾段沒有答應。就在前一天，塞爾柱的哥哥，拜卡的執行長哈魯克．拜拉卡塔爾聲明，他的公司「永遠不會提供」他的無人機給俄羅斯。[31]

艾爾段先前一直無視於俄羅斯對他的國家向烏克蘭提供無人機的不滿，現在也不打算讓步。他並不希望看到俄羅斯在烏克蘭取勝。伊斯坦堡和莫斯科，以及後來的聖彼得堡，然後又是莫斯科，數個世紀以來曾在黑海北部地區爭鋒，而且並非每次都是俄羅斯獲勝＊。普丁曾想要暗示相反的情況，因

＊編按：此處疑為作者筆誤，對照下文，應為：總是俄羅斯獲勝。

此選擇莫斯科作為與艾爾段在二〇二〇年會面的地點。十六世紀，德夫萊特．格萊可汗*與鄂圖曼帝國的軍隊和他們在該地區的附庸克里米亞韃靼人，曾經攻擊並焚毀了莫斯科，迫使恐怖伊凡逃離首都。十七世紀，鄂圖曼帝國曾與反抗華沙和莫斯科統治的烏克蘭哥薩克人聯手，在烏克蘭與莫斯科公國交戰。十九世紀，鄂圖曼帝國與英法聯盟在克里米亞戰爭中打敗了俄羅斯，並迫使克里米亞半島實行非軍事化。[32]

俄土在這個地區的爭鋒不僅僅是過去的歷史。克里米亞韃靼人是克里米亞的原住民，他們不僅與土耳其穆斯林有著共同的歷史，也有著共同的宗教信仰。他們在土耳其有一百多萬的僑民群體，這是十八世紀俄羅斯併吞該半島後，以及十九世紀的克里米亞戰爭後，他們大批從克里米亞逃離的結果。伊斯坦堡不承認二〇一四年俄羅斯對克里米亞的併吞，並支持那些在基輔尋求庇護的克里米亞韃靼人領袖。土耳其也在新的戰爭開始時，承諾會支持克里米亞韃靼人。此外，二〇二〇年，伊斯坦堡在高加索地區展現了自己不可忽視的實力，當時一支由土耳其提供和訓練的亞塞拜然軍隊在納戈爾諾－卡拉巴赫擊敗了俄羅斯支持的亞美尼亞部隊。俄羅斯派出維和部隊在該地區確立了自己的力量和影響力，但在這個幾十年來被視為俄羅斯後院的地區中，現在他們必須面對土耳其日益增長的影響力。[33]

如果烏克蘭敗在俄羅斯手中，不僅會損及土耳其在後蘇聯地區的利益，連在黑海地區也會有所損害，伊斯坦堡一直忙著努力與喬治亞、保加利亞和羅馬尼亞等國家發展良好關係，這都是為了制衡日益強勢的俄羅斯。為了阻撓普丁，土耳其動用了一九三六年《蒙特勒公約》所賦予的權力，拒絕俄羅斯的軍艦從大西洋經過地中海進入黑海。供應旗手無人機則是另一個具有象徵性的實際行動，讓土耳其和艾爾段成為基輔珍貴的盟友。[34]

但在支援基輔的同時，艾爾段並不想損害他的國家與俄羅斯的關係，俄羅斯向土耳其供應，並透過土耳其境內的管線將天然氣提供給巴爾幹半島和其他東南歐國家。每年數百萬的俄羅斯遊客是土耳其觀光業的重要活水，每年帶來三百億美元的觀光收益，而且俄羅斯也是土耳其企業的重要市場。艾爾段向普丁提供了一種其他北約國家無法複製的中立形式，以及普丁所缺乏與世界談判的平臺。土耳其拒絕與其他北約盟友一起對俄羅斯實行制裁，並試圖阻止瑞典和芬蘭加入北約。艾爾段在公開批評普丁和俄羅斯的行動時表現得極其謹慎。他在不破壞土耳其與美國、歐洲或烏克蘭關係的前提下，設法做到了這一切。[35]

由於艾爾段可以兼顧俄羅斯和烏克蘭的利益，他很快就成了兩國之間以及它們與世界其他國家之間的關鍵調解者。三月底，艾爾段在伊斯坦堡的朵瑪巴切皇宮主持了一輪烏克蘭和俄羅斯代表間的關鍵談判，俄羅斯藉此宣布將從基輔地區撤軍。烏克蘭代表團則表示願意放棄加入北約的目標，以換取一份由八個國家簽署，保障其主權和領土完整的協議。因俄羅斯在布查和其他烏克蘭首都附近城鎮所犯下的戰爭罪行陸續曝光，後續談判陷入了僵局，但土耳其仍是這交戰雙方最願意選擇的外交會晤地點。[36]

＊編按：德夫萊特・格萊（一五一二至一五七七年）是蒙古政權里米亞汗國的可汗。居住於伊斯坦堡，長期與莫斯科公國敵對。

六月，艾爾段做到了馬克宏和蕭茲都未能完成的事。他協助俄烏達成了一項協議，恢復了被俄羅斯封鎖的敖德薩港的烏克蘭糧食運輸。[37]這項協議在七月二十二日正式簽署，使烏克蘭得以出口前一年收穫的二千萬噸穀物和今年新收成的數百萬噸穀物。烏克蘭從這項協議中獲得了將近一百億美元的收入。美國和歐盟放寬對其農產品和相關產品出口的制裁，作為對俄羅斯的回報。但艾爾段才是最大的贏家。他獲得的好處是能以百分之二十五的折扣購買烏克蘭出口的穀物，對於一個國家經濟陷入混亂，通貨膨脹率高達百分之八十的領導人而言，這是一筆非常划算的交易。但他最主要的成就是拯救了許多人免於飢餓和饑荒，許多非洲國家仰賴烏克蘭出口的糧食避免饑荒，歐洲則依靠它防止在其海岸附近發生另一場人道災難和難民危機。[38]

俄羅斯在其國防部長紹伊古在伊斯坦堡簽署糧食協議的次日，用飛彈攻擊了敖德薩港，這或許是對普丁在德黑蘭與艾爾段會面前，被迫等待五十秒的報復。但艾爾段協商的協議在這次飛彈攻擊和其他幾次攻擊後仍然倖存。土耳其與聯合國合作，成為這份協議的擔保國，而烏克蘭則歡迎土耳其的兩艘海軍艦艇和一艘潛水艇從地中海進入黑海，保衛糧食的運送。第一艘裝載了二萬五千噸玉米的烏克蘭貨船在八月一日從敖德薩啟航駛向伊斯坦堡。十一月初，當俄羅斯以烏克蘭在黑海襲擊俄羅斯海軍為由退出協議時，艾爾段宣布無論俄羅斯同意與否，烏克蘭的糧食出口都將繼續進行。普丁在與土耳其總統通過電話後，不得不回頭重新遵守協議。[39]

這場戰爭本來可能會削弱土耳其的實力，並使其陷入多重國際爭端，但艾爾段卻巧妙地利用它作為一個跳板，讓自己和他的國家成為穆斯林中東地區與後蘇聯空間的區域領導者，並且在全球舞臺上發揮政治影響力。戰爭加速了土耳其的崛起，也是由於俄羅斯在戰爭的第一個月內在戰場和外交領域上遭受了重大挫敗，而得以實現這般崛起。土耳其的崛起進一步削弱了俄羅斯，並迫使普丁像他訪問德黑蘭時一樣，不得不苦等那些從前曾苦等過他的人。

西方的關閉

針對西方對普丁即將展開的「軍事行動」，俄羅斯前總統梅德韋傑夫在二〇二二年二月二十一日，總結了莫斯科對此的預期反應。他是在俄羅斯聯邦安全會議就俄羅斯退出《明斯克協議》的電視轉播會議上發表了他的看法。「這將是艱難的，」梅德韋傑夫說，「但一段時間後，如果我們能夠有效處理局勢的話，我認為，在總統的領導下，我們已經掌握了這種能力，那麼，現在籠罩我們國家的緊張氛圍將會以某種方式消散。不會很快，不是一下子，但人類歷史的規律是大家遲早會對這件事失去興趣，並要求我們針對所有影響戰略安全的問題重新討論和協商。」[40]

普丁與那些參與對烏克蘭發動全面戰爭的關鍵決策者們，對於西方團結一致的反應感到驚訝，但美國和歐洲所實施的制裁措施，對於俄羅斯持續作戰的能力幾乎沒有立即影響，部分原因是歐洲仍持續購買俄羅斯天然氣。在入侵開始後不到兩個月的時間裡，歐洲從俄羅斯聯邦購買了價值高達四百六十億美元的能源，主要是天然氣。歐洲所消耗的天然氣，有百分之四十都仰賴俄羅斯提供，而歐盟在當前的情況下，唯一能做到的是在一年內將這個數字減少三分之二。如果立即停止購買，將會對歐盟國家造成嚴重的經濟和社會問題。單單在德國，這種措施將會導致四十萬人失業，而引發社會動盪。[41]

因戰爭的影響和干擾，以及對俄羅斯的天然氣和石油進口實施制裁，導致能源價格上漲，卻為莫斯科帶來了更高的能源利潤和收入增長。消費者卻承受了更高的家用開支和加油成本：在歐洲，天然氣成本上漲了百分之二十。隨著油價上漲，汽油也跟著水漲船高。在西班牙，一公升柴油價格在一年內從一・二歐元暴漲到一・九歐元，漲幅超過百分之五十。美國的汽油價格在二〇二二年三月的一個星期內就暴增了五十五美分，創下了十三年來每加侖四・一美元的新高。[42]

高漲的石油和天然氣價格，對於俄羅斯與其抵抗制裁的能力來說是個好消息，甚至是大好消息，至少在短期內是如此。據估計，二〇二二年俄羅斯的帳戶盈餘可能達到二千五百億美元，抵銷了戰爭初期被西方凍結的大部分資產。俄羅斯也成功抵禦了制裁所帶來的金融衝擊。盧布最初大貶百分之六十，但歸功於被制裁的俄羅斯中央銀行所採取的因應措施，將利率提高一倍，並將股市關閉了一個月，使盧布在三月底回升。為了創造對其貨幣的需求，莫斯科堅持以盧布來支付其天然氣費用，並在波蘭和保加利亞拒絕遵守這一規定時，斷絕了對它們的供應。其他國家則被寬免，因為普丁顯然試圖藉此懲罰波蘭，並在歐洲實施制裁的聯盟內部製造分歧。他在五月份也對芬蘭採取了同樣的做法，現在也是對其決定加入北約的報復。[43]

天然氣價格上漲不僅傷害了歐洲，也損及美國。為了因應上揚的價格，拜登總統下令從國家儲備中釋出一億八千萬桶石油，但這只是個暫時的權宜措施。要解決這種情況，必須要對全球最大的產油國施加影響力，如伊朗、委內瑞拉和沙烏地阿拉伯。但前兩個國家受到了制裁的限制，而在美國情報部門揭露其王儲穆罕默德·本·沙爾曼下令殺害流亡美國的沙烏地阿拉伯記者賈邁勒·哈紹吉後，沙烏地阿拉伯也變得不合作了。七月，拜登別無選擇，只好出訪沙烏地阿拉伯，試圖緩解戰爭所造成的能源危機，但這讓他的許多支持者感到失望。然而，沙烏地阿拉伯拒絕增加產量，導致油價立即飆升。直到十一月底，在哈紹吉案對王儲提起的民事訴訟中，拜登政府表示王儲應享有主權豁免權後，沙烏地阿拉伯才支持石油輸出國家組織（OPEC）增加產量。[44]

制裁無法結束戰爭，而且制裁不僅對俄羅斯，還對實施制裁的國家帶來痛苦，這掩蓋了在俄羅斯與西方集團之間的經濟和政治關係所引發的重大的地緣政治變化。由於需要達成共識，歐盟成員國在對俄羅斯實施制裁上難以達成一致，但這個因素也使得撤銷制裁變得困難。因此這些制裁可能會持續數年，甚至數十年。而它們對俄羅斯經濟的衝擊從戰爭一開始就明顯可見。在戰爭的最初幾個月，產值占俄羅斯GDP的百分之四十的一千多家跨國公司，紛紛撤離俄羅斯聯邦，有些是受到制裁的壓力，有些是為了避免名譽風險而主動離開。[45]

根據報導，俄羅斯的企業，包括那些軍工公司，因缺少晶片和零組件而被迫停止其生產線，這些東西過往都是從現在參與對俄制裁的國家進口的。因無法從波音和空中巴士獲得備用零件，百分之七十的商用飛機被迫停飛。俄羅斯的進口大幅下降，來自全球九大經濟體製成品進口量減少了百分之五十一。晶片的進口量則驚人地下降了百分之九十，而汽車的產量也下降了百分之六十四。到了十月，與二〇二一年同期相比，天然氣的產量和非能源部門的收入都減少了百分之二十。根據俄羅斯中央銀行的數據，該年第二季和第三季的國內生產總值分別下降了百分之四．一和百分之四，第四季則預計下降百分之七．一。俄羅斯的經濟正在萎縮，削弱了克里姆林宮的作戰能力，並加劇了國內的社會緊張情勢。[46]

歐洲不再仰賴俄羅斯的石油，並承諾大幅削減對俄羅斯天然氣的消費，使得俄羅斯的歐洲能源市場提前關閉，比歐洲長期戰略的倡導者期待在二〇五〇年前達到淨零溫室氣體排放還要早得多。對於一個政府收入百分之六十來自能源出口的國家而言，失去最有利可圖的歐洲市場無疑是個壞消息。在戰爭爆發之前，德國有百分之五十五的能源來自俄羅斯天然氣，但在戰爭開始的幾個月內，德國就將這個比例降至略高於三分之一。德國還計畫要引進美國的液化天然氣而興建新的液化天然氣接收站。到了二〇二二年七月，歐洲從美國進口的液化天然氣已經超過了它先前從俄羅斯購買的天然氣數量。[47]

歐洲的事態發展讓克里姆林宮感到相當沮喪。五月，普丁在一場關於俄羅斯石油產業發展的會議上發表了談話，該產業在失去西方技術援助的情況下正面臨艱難時期，普丁抨擊歐盟的能源政策是自取滅亡。「顯然，隨著俄羅斯的能源資源轉向世界其他地區，歐洲也將喪失提升其經濟活動的潛力。這種經濟上的自我毀滅無異於自殺。」普丁宣稱道。不管是在俄羅斯或是其他地方，幾乎沒有人會懷疑中國就是俄羅斯能源會轉向的「其他地區」。俄羅斯在戰爭爆發前就已經為這種出口鋪平了道路，作為普丁訪問北京的一部分，俄羅斯國有天然氣巨頭，俄羅斯天然氣公司與中國對口單位達成協議，每年從俄羅斯遠東地區向中國供應一百億立方公尺（超過三百五十億立方英尺）的天然氣。這次訪問所達成的石油和天然氣交易的總價值估計為一千一百七十五億美元。[48]

隨著戰爭爆發，俄羅斯將石油和天然氣的出口市場轉移至東方，除了中國之外，印度也從中受益。印度和中國一樣，重申了對國家主權和國際邊界不可侵犯原則的堅持，但拒絕公開譴責或批評俄羅斯對烏克蘭的侵略行為。因此，這個世界上最大的民主國家站在了專制的俄羅斯政府這一邊，並讓印度與重要盟友美國的關係變得更加複雜。

新德里採取的「戰略模糊」政策有其根深柢固的歷史根源，因為印度自冷戰以來，就將莫斯科視為戰略夥伴，它從未譴責過蘇聯在一九五六年對匈牙利起義的鎮壓、在一九六八年對捷克斯洛伐克的入侵和在一九七九年對阿富汗的入侵。然而，印度這種名義上中立，但實際上親莫斯科的態度，不只是受到歷史的影響，還有其他的考量。俄羅斯的武器供應是影響新德里立場的一個因素；另一個因素則是不想讓俄羅斯與中國和巴基斯坦走得更近，後者是印度在該地區的主要對手；最後一個因素就是能夠以優惠低價取得俄羅斯能源的這個誘人經濟機會。[49]

到了二〇二二年五月，中國和印度每天購買二百四十萬桶俄羅斯石油，這占了俄羅斯石油出口量的一半，而且還享有最高百分之三十的折扣。印度增加了對俄羅斯石油的採購，從二〇二一年六月的三萬三千桶，增加到二〇二二年六月的一百一十五萬桶，並減少對價格較高的伊拉克石油的購買量。新德里也停止從墨西哥進口石油，並縮減了對美國、奈及利亞和沙烏地阿拉伯的石油購買。在二〇二二年六月，俄羅斯取代了沙烏地阿拉伯，成為中國最大的石油供應國。在二〇二一年，中國從俄羅斯進口天然氣有百分之二十二的折扣，但戰爭爆發後，俄羅斯只能提供更多的折扣，這使得中國幾乎完全終止了從美國進口液化天然氣，轉而向俄羅斯的供應商採購。歐洲在全球能源供應的重組中也看到了一絲曙光：俄羅斯向中國供應天然氣，可望降低中國對液化天然氣的需求，使得歐洲人能夠以更便宜和更容易的方式購買液化天然氣。50

二〇二二年的前十個月，俄羅斯對中國的能源出口總金額成長了百分之六十四，數量則成長了百分之十，但因擔憂歐盟即將禁止進口俄羅斯原油，中國在十一月開始放緩購買俄羅斯石油的步伐。在不危及自己的能源安全，和不像德國和其他歐盟成員國那般過於依賴莫斯科的前提下，中國對俄羅斯石油和天然氣的購買數量是有一定限度的。然而，中國仍有望成為俄羅斯轉向東方的主要受益者。由於沒有其他出路，普丁更容易屈從於中國一貫的要求，即減少對印度的軍售，印度是俄羅斯最大的武器銷售市場，而且還必須提供愈來愈多的折扣，才能說服中國購買更多的俄羅斯石油。51

事實上，二〇二二年九月中旬，當普丁和習近平出席於烏茲別克撒馬爾罕舉行的上海合作組織會議時，俄羅斯對烏克蘭的戰爭和俄軍在哈爾科夫的慘敗，明顯讓中國在這個所謂的「沒有任何限制」的聯盟中占上風，而俄羅斯則處於劣勢。普丁與習近平會晤時，俄羅斯總統不得不承認中國所提出的各種關於烏克蘭戰爭的「問題和關切」確實存在。為了會見習近平，普丁得親自前往中國代表團下榻的撒馬爾罕酒店，這清楚顯示了中國不僅是這種關係中居於主導地位的合作夥伴，而且還在俄羅斯的中亞後院掌握了主動權。在峰會之前，習近平訪問了俄羅斯的長期盟友哈薩克，但該國卻因克里姆林宮對烏克蘭的侵略而感到不安。習近平向哈薩克的領導層保證，中國支持其領土的完整。而俄羅斯是唯一一個對這個保證有意義的國家。52

十一月中旬，當全球二十大經濟體的國家領導人在印尼峇里島舉行會議時，普丁卻缺席了。他清楚自己將會面對像是英國新首相里希·蘇納克等領導人對他侵略烏克蘭的指責。相反的，澤倫斯基則透過視訊連線參與了這場會議，而拜登和習近平也在峰會開始前，舉行了一次延續很久的會面。他們似乎在兩件事上達成了共識：兩大經濟體之間應避免對抗，並應阻止普丁在烏克蘭使用核武器。「世界夠大，足以容納中美兩國共同發展、共同繁榮。」中國外交部發言人華春瑩在推特上發布了這樣的訊息。根據美國對這次會面的報告，兩位領導人一致認為「核戰永遠不該發生，也永遠不可能贏」。中國對此既沒有證實也未否認這個說法，暗示了這個聲明所言為真。[53]

俄羅斯對烏克蘭的侵略使得俄中聯盟受到衝擊，讓兩國之間的地位比以往任何時候都更加不平等。二〇二二年六月，撒馬爾罕峰會和普丁缺席峇里島會議的幾個月前，媒體《政客》就把普丁稱為「中國的新附庸」。美國安全戰略專家馬修·克羅尼在接受該網站的採訪時表示「與冷戰時期的格局相反，一個實力更強的中國，而俄羅斯將成為其次要合作夥伴。」歷史正在以一種新的，且不可預測的方式重演。[54]

後記　國際新秩序

本書寫於二〇二二年三月至二〇二三年二月，這是俄羅斯對烏克蘭發動全面戰爭的第一年。從那時起到二〇二三年八月，我開始準備本書的英文平裝版時，戰爭前線和國際局勢都發生了許多變化。然而，它們並沒有改變戰爭的走向，反而強化了已經清楚顯現的趨勢：一方面，俄羅斯無力達成其最初的目標，也無法摧毀烏克蘭的獨立；另一方面，烏克蘭堅定地捍衛其主權，並致力於收復失去的領土。

二〇二三年伊始，俄羅斯以飛彈攻擊烏克蘭的能源設施，試圖以嚴寒逼使烏克蘭投降。俄羅斯大幅削減或中斷對歐洲的能源供應，也動搖了歐洲支持烏克蘭的決心。在烏東被皚皚白雪冰封的戰場上，俄羅斯的冬季攻勢正如火如荼地展開，並在二月達到高峰。隨著時間推移，事態愈來愈清楚，那就是這場戰爭的走向將由戰場上的戰鬥來決定，而非在談判桌上。

二〇二三年的冬春之際，西方和烏克蘭對抗俄羅斯侵略的決心在嚴寒中仍屹立不搖。歐洲並沒有陷入絕望，而烏克蘭也沒有，在西方的防空和反導彈系統的支援下，包括了美國的愛國者地對空飛彈系統，幫助烏克蘭保護了其發電設施和城市的電力網絡。在這幾個月裡，烏克蘭在基礎設施和人力資本方面遭受了重大損失。數百萬人逃離國土成為海外難民，而在東部和南部的激烈戰鬥也造成了軍人的大量傷亡。然而，這個國家和軍隊的士氣仍然高昂。

在前線，俄羅斯的冬季攻勢收效甚微，唯一的戰果就是摧毀並占領了烏克蘭東部的巴赫穆特市。但事實證明，這場勝利不僅有限，且代價高昂。巴赫穆特之戰從二〇二二年八月持續到二〇二三年五月底，讓俄羅斯軍隊付出了數以萬計的傷亡代價。在普丁的心腹普里格津的全面指揮下，光是瓦格納集團的傭兵就死了超過二萬二千人，超過四萬人受傷。他們的成員大多是從俄羅斯的監獄系統招募的前罪犯，他們得到承諾有機會獲得總統赦免。其他俄羅斯部隊也遭受了巨大損失。

這次失敗的冬季反攻，也成了瓦格納集團在普里格津的指揮下發動六月叛變的主要背景。因他的部隊並沒有達到期望，所以克里姆林宮決定將他們納入俄羅斯正規軍，這引發了普里格津的反彈。他麾下的傭兵兵不血刃地占領了俄羅斯南部城市頓河畔羅斯托夫的軍事指揮部，然後向莫斯科挺進。但普里格津出乎意料地命令他們停止，並迫使普丁與他達成一項協議，免除他們的刑事責任。這場叛變和普丁的回應顯示了這個政權的脆弱，並暴露了俄羅斯軍事體制的缺陷。一些關鍵的俄羅斯將領，包括俄羅斯在烏克蘭的前指揮官蘇洛維金將軍，和馬里烏波爾「屠夫」米津采夫將軍，據說因涉嫌參與叛變而被停職並接受調查。

烏克蘭在二〇二三年六月初發動反攻，目標是切斷俄羅斯通往克里米亞的陸路通道。俄羅斯軍隊在聶伯河下游炸毀了卡霍夫卡大壩，淹沒了約六百平方公里的土地。這顯然是為了阻止烏克蘭部隊從右岸（西岸）越過聶伯河到達俄羅斯占領的左岸。蘇洛維金防線是一個位於烏克蘭南部的俄羅斯防禦工事系統，有效地阻礙了烏克蘭的推進。烏克蘭部隊不得不應對防守穩固的俄羅斯部隊在前線布設的大量地雷，而他們又欠缺適當的工具來完成任務。雖然烏克蘭從西方盟友那裡獲得了大量的坦克和裝甲車，但它的反攻進展緩慢，因為它缺乏現代化的軍用飛機和長程導彈系統，西方國家因為擔心會導致衝突加劇，因此不願意提供這些武器。

烏克蘭用他們所能得到的武器作戰。二〇二三年春天和夏天，烏克蘭的無人機開始定期攻擊莫斯科，證明了克里姆林宮本身的脆弱。他們用海上無人機損毀刻赤大橋，讓俄羅斯更難以補給駐守在克里米亞半島北部的部隊。烏克蘭利用類似的無人機攻擊俄羅斯的船艦，甚至遠至新羅西斯克港。戰事因此延伸到深入俄羅斯前線後方的領土。擔心民眾日益不滿的情緒，俄羅斯當局加強了壓制措施，逮捕了像是吉爾金這樣的民族主義異議者，以及疑似暗殺了普里格津（他在叛變失敗後的兩個月在飛機失事中喪生）。當局對一名批評政權的自由派人士弗拉基米爾・卡拉姆扎判處了二十五年徒刑。重要的俄羅斯反對派領袖、被監禁的反貪腐鬥士阿列克謝・納瓦爾尼*，則被追加了十九年的徒刑，使其原本就很長的九年監禁徒刑變成了二十八年。

在國際舞臺上，俄羅斯試圖擺脫孤立的困境，但莫斯科的期望最終仍舊落空。國際刑事法院在二〇二三年三月對普丁發布了逮捕令，由於他涉嫌非法驅逐烏克蘭兒童，這重創了俄羅斯的國際地位與其總統，讓他出國旅行變得相當困難甚至是不可能。中國仍然維持其官方的中立立場，拒絕提供武器給莫斯科，卻對其陷入困境的盟友提供援助，但前提是不會讓岌岌可危的中國經濟遭受國際制裁的打擊。克里姆林宮企圖拉攏「南方國家」的努力，因普丁在七月撕毀了讓烏克蘭能夠從其黑海港口出口糧食的協議而受到挫敗。西方在二〇二二年實施的經濟制裁開始發揮作用，使得俄羅斯盧布在二〇二三年八月跌至十六個月以來的新低。

同時，烏克蘭的西方盟友仍然保持團結，支持烏克蘭所做的戰爭努力。令澤倫斯基總統失望的是，七月召開的北約峰會並未向烏克蘭發出加入該聯盟的邀請。但這次峰會重申將烏克蘭納入其行列的承諾，而且免除其完成其他必要的成員行動計畫的要求。更重要的是，這次峰會啟動了促使烏克蘭和北約成員國可以簽署雙邊協議的進程，承諾向烏克蘭長期提供武器和其他形式的援助。日本也是同意加入這項協議的國家之一，日本政府打破了長期以來不對外國提供軍事支援的禁忌。這次峰會的與會者通過了歐洲區域防禦計畫，以及加強了北約與日本、澳洲、紐西蘭和南韓的合作，這暗示了不僅是跨大西洋的，甚至是全球性的安全關係，達到了自冷戰結束以來空前的水準。

二〇二三年九月初，當我為本書的英文平裝版寫下這些話時，烏克蘭前線傳來了今年以來烏克蘭反攻行動首次取得的成果：烏克蘭部隊終於突破了俄羅斯的第一道防線。很明顯，雖然這場戰爭的進展大部分取決於烏克蘭當前反攻的成效，但戰爭的結局或是結束的時間和方式都難以預測。然而，這場戰爭的前十八個月已經提供了充分的線索，讓我們可以洞察出有哪些區域和全球變遷將會影響，甚或是決定烏克蘭、俄羅斯、歐洲和世界其他地區的未來。

＊編按：二〇二四年二月十六日，納瓦爾尼於服刑期間死於獄中。多國家的政治人物均指責納瓦爾尼是遭俄羅斯政府謀殺致死。

在民族解放戰爭的悠久歷史中，俄烏戰爭已經成為最新的軍事衝突，這種民族解放的歷史可以追溯到美國革命。它也是一長串的戰爭清單，伴隨著從西班牙到鄂圖曼和奧匈帝國，再到英、法、荷蘭、比利時和葡萄牙等世界帝國的衰落和解體。我們知道這些戰爭是如何結束的，前殖民地和前附屬國獲得了政治主權，而前帝國則演變為後帝國時代的民族國家。

烏克蘭透過擊退俄羅斯的侵略，動員自身和全球一半國家的力量以捍衛其主權和領土完整，並確保了自己作為一個獨立國家和民族的存續。這場戰爭常被描述為俄羅斯在烏克蘭境內，或是針對烏克蘭的戰爭，但實際上卻成了一場俄烏戰爭，在這場戰爭中，侵略者不只面對來自游擊隊的抵抗，還要承受一支強大正規軍的反攻。烏克蘭這個國家證明了自己有能力在持續的戰火下存活和運作，在二十世紀的戰爭中，烏克蘭的歐洲鄰國中能夠做到這樣的寥寥無幾。

有明確的跡象表明，在這場戰爭中，烏克蘭這個民族將比其現代歷史上其他任何時刻都更加團結，也更確定其身分認同。此外，烏克蘭成功抵禦俄羅斯的侵略，必然促使俄羅斯推動自己的民族建構計畫。俄羅斯與其菁英階層現在幾乎別無選擇，只能重塑他們的國家認同，不僅要與沙皇時代的帝國主義劃清界線，還要摒棄一個由俄羅斯人、烏克蘭人和白羅斯人所組成、過時的俄羅斯民族模式。透過付出巨大的財富和人命的代價，烏克蘭正在終結俄羅斯主宰東歐大部分地區的時代，並挑戰莫斯科在其他後蘇聯地區的霸權地位。

俄烏戰爭的影響已遠遠超出了羅曼諾夫王朝和前蘇聯的領土。烏克蘭之所以能夠在俄羅斯的攻擊下倖存並自衛，要歸功於國際社會展現了空前的團結，為烏克蘭政府和人民提供了幾十年來前所未有的政治、經濟和軍事支援。對於烏克蘭的許多友好國家來說，這場戰爭不僅是自二戰結束以來歐洲最大規模和傷亡最慘重的軍事衝突，也是自戰勝納粹主義以來第一場在道德層面上善惡分明的大戰。這是自一九三九年至一九四五年的世界大戰以來的第一場「正義之戰」，從一開始就非常清楚誰是侵略者，誰是受害者，誰是壞人，誰是英雄，以及應該支持哪一方。

俄羅斯對烏克蘭的侵略，是一場結合了十九世紀的戰爭思維、二十世紀的戰術手段和二十一世紀的武器裝備的戰爭。它的意識形態源自於俄羅斯帝國時代對領土擴張的願景；它的戰略是克里姆林宮借鑑自二戰和戰後時期的蘇聯軍事教程；它的武器裝備不僅是精準導引的飛彈，還有雙方使用程度不同的偵察衛星和網路戰。這場戰爭從一開始就對世界構成了核威脅。俄羅斯在全面衝突的最初幾天就占領了車諾比核事故現場和扎波羅熱核電廠，對歐洲和中東部分地區構成了明顯而迫切的危險，也對全球核設施的安全提出了挑戰。

俄羅斯對烏克蘭的侵略，以及西方及其盟友所展開的反侵略動員行動，讓許多人回想起冷戰時期的情景。的確，這場新戰爭重新喚起了舊日的敵意、重振衰退的聯盟關係，並重塑舊日的分界線。*冷戰也提供了一種語言和解釋框架來描述和理解這場新的全球衝突。不過，儘管與過去有諸多類似之處，今天的世界無疑正進入一個新的時代。冷戰終結而來的和平紅利，在過去三十年間就算沒被浪費，

---

*譯注：舊日的分界線是指冷戰時期把歐洲分為資本主義陣營和社會主義陣營的界線，也稱為「鐵幕」。在此引申為重新劃分東西方的勢力範圍和利益衝突。

也已經被揮霍殆盡了。世界正回歸強權對抗的時代，自一九八九年柏林圍牆倒塌以來，其規模空前未有。與其他戰爭截然不同，俄烏戰爭動搖了後冷戰秩序的根基，觸發了導向新國際秩序形成的進程。

美國主導的單極世界取代了冷戰時期的蘇聯－美國雙極世界，但它從來不乏批評者、譴責者和挑戰者。這些聲音在蘇聯解體後不久就出現了，但直到二十一世紀初才嶄露頭角，包括了政府和非政府的行動者。激進的伊斯蘭主義為中東地區反美霸權的反抗提供了動力，這種反抗受到蓋達組織，乃至伊拉克與黎凡特伊斯蘭國等組織的領導人的支持。以民族主義、反西方主義和保衛「傳統價值」的十字軍東征，為日益走向專制的俄羅斯和仍然堅持共產主義的中國，提供了公開挑戰國際秩序的基礎，前者的挑戰是公開的，而後者的挑戰卻更加微妙。這兩個國家的領導人學會了如何利用現行的國際秩序來為自己謀利，但企圖取代美國，成為國際秩序的領導者和守護者，這樣他們就可以重新制定交戰規則。

所有對現有國際秩序提出挑戰的人都有一個理想，那就是建立一個多極世界，這個世界並不全然基於西發里亞主權原則*，而是以大國的勢力範圍為模式。莫斯科和北京都企圖重返被認為是一九四五年雅爾達會議按照勢力範圍劃分的世界。然而諷刺的是，雅爾達會議確立勢力範圍的觀點是錯誤的：在會議上，小羅斯福總統不僅拒絕了勢力範圍的原則，還拒絕了史達林對東歐的專屬控制權的主張。

華盛頓抵制了這種挑戰，拒絕承認後蘇聯地區是俄羅斯的勢力範圍，也拒絕承認南中國海是中國的海域。俄羅斯在二〇〇八年對入侵喬治亞，並在烏克蘭發動了戰爭，導致俄羅斯併吞了克里米亞，且在烏克蘭頓巴斯地區創建了傀儡政權。這使得俄羅斯和西方之間原本只僅限於外交和經濟上的競爭，演變成一場軍事衝突。美國要不是忙於在中東打仗，就是忙於從中東撤軍，無力採取更有效的措施來對抗俄羅斯對既定國際秩序的挑戰。

美國在二〇二一年從阿富汗撤軍的混亂場面，投射出一個優柔寡斷和大幅衰退的美國形象，從而鼓勵了普丁在烏克蘭碰碰運氣的心態。但從阿富汗撤出也讓美國有了餘裕來處理來自俄羅斯的新挑戰。普丁在二〇二二年二月全面入侵烏克蘭，且最重要的是烏克蘭的頑強抵抗，讓美國有時間和機會調動國內和國際的資源，不僅透過對俄羅斯實施更嚴厲的制裁，也向烏克蘭提供軍事支援，以對抗俄羅斯對現行國際秩序的挑戰。

美國對於這場戰爭的回應，顯示了美國不僅盤據了作為世界第一強國的地位，而且能夠重振和建立自己的聯盟，並利用其金融和經濟工具防止具有競爭力之聯盟的出現。甚至早在俄羅斯發動侵略之前，華盛頓就已藉助英國、以波蘭為首的北約和歐盟東翼國家的支持，籌組了一個強大的反對聯盟。這個聯盟甚至有助於說服一些傳統上不想觸怒俄羅斯的舊歐洲國家加入了這個聯盟，尤其是德國、法國和義大利。芬蘭和瑞典申請加入北約，使得美國在歐洲的影響力比戰前更強大。

自一九九〇年代以來，俄羅斯的政治家和外交家設想讓俄羅斯在多極世界中成為新的全球中心的

＊編按：一六四八年三十年戰爭結束後，參戰國簽訂了《西發里亞和約》，確立了各國的疆界與主權，以及強調「主權國家一律平等」、「不干涉他國內政」等原則，西發里亞主權原則也成為國際法的建立基礎。

希望，被這場戰爭給徹底埋葬了。這場戰爭不僅暴露了俄羅斯軍隊被過度吹噓和誇大的缺陷，也揭露了其經濟潛力的不足。有鑑於此，瑞典和芬蘭決定加入北約，事實上，這不僅是回應普丁流氓政權所造成的威脅，也是意識到一個衰敗的俄羅斯並無力阻撓它們的行動。

俄羅斯在這場戰爭中幾乎沒有什麼盟友。它強迫白羅斯強人亞歷山大・盧卡申科允許俄羅斯利用白羅斯領土攻擊烏克蘭，但卻未能說服他參戰。盧卡申科在二〇二〇年曾經得到俄羅斯的救援，才能平息白羅斯人民的起義。而且，由亞美尼亞、哈薩克、吉爾吉斯、塔吉克和烏茲別克等前蘇聯共和國所組成、以俄羅斯為首的軍事聯盟「集體安全條約組織」，其成員國也沒有給予俄羅斯任何支持。在前蘇聯地區之外，俄羅斯主要的外交成就是與伊朗結盟，並讓土耳其保持中立。土耳其則抓住了俄羅斯陷入孤立和衰落的契機，建立了自己在中東之外的區域強國地位。

中國在與俄羅斯簽署了「無限制」的合作協議後幾星期內，就對其合作內容加以限制。對北約在歐洲的態勢，中國雖然表達了與俄羅斯一致的公開關切，但只向俄羅斯提供了有限的政治和經濟支持，而且據目前所知，並沒有提供任何軍事援助。這使中國能夠繼續從現行的國際秩序中獲得好處，並避免了美國的金融和經濟制裁，這些制裁可能會干擾國際貿易並損害中國的經濟。中國難免會對其俄羅斯同路人的明顯弱勢感到不安，但它更關心的是美國強勢重返國際舞臺，以及歐盟內部和歐盟與美國之間呈現出新的團結氛圍。在這場戰爭與其在俄羅斯與西方之間所引發的敵意中，中國現在最有可能成為關鍵的受益者。

這場戰爭在歐洲和俄羅斯之間豎起了一道政治和經濟的長城，隨著美國和歐盟持續減少歐洲對俄羅斯石油和天然氣的依賴，這道城牆將會愈來愈高。中國已經從歐洲的能源多元化和俄羅斯的能源出口轉向東方中受益。中國還會獲得更多的好處，因為俄羅斯為了彌補從歐洲流失的收入，渴望確保中國市場，卻會發現難以為自己的石油和天然氣爭取到有利的價格。在與美國的競爭中，中國不會有一個經濟強勁的俄羅斯盟友，但它會得到大量便宜的石油和天然氣來加速這樣的競爭。

有鑑於俄羅斯的地緣政治地位可能衰落，甚至崩潰，以及它對東方的日益依賴，還有歐美之間的持續靠攏，烏克蘭的戰爭加劇了世界在美國和中國這兩個經濟超級大國，以及它們各自的陣營之間的兩極化。西方一直在重建它在冷戰時期的聯盟*，現在還增加了東歐、波羅的海和斯堪地那維亞等地區的新成員，而東方則有恢復一九五〇年代中蘇聯盟的趨勢，也就是冷戰最危險的階段。

如果說美國仍然是西方的領導者，那麼東方則發生了角色的轉換，中國坐上了駕駛座，掌握了主導權，而俄羅斯則成為了聯盟中較為貧窮和魯莽的一員，這個角色原本是由中國扮演的。在這個格局中，烏克蘭成為了新冷戰時期的德國，它的領土不僅被兩個國家†分割，也被兩個全球勢力和經濟集團‡劃分。和過去一樣，也有一些處於兩極之間的國家§，其中最值得注意的是印度，它目前尚未

* 譯注：即北約，於一九四九年四月成立，旨在對抗蘇聯及其盟友。
† 譯注：這裡指的是俄羅斯和烏克蘭。
‡ 譯注：這裡指的是美國和中國。
§ 譯注：指的是那些沒有明確選擇支持美國或中國的國家，它們或者有自己的利益和立場，或者想要保持中立或不結盟。

與誰結盟，但可能因為與中國的關係緊張而在未來不得不選擇陣營。

有清楚的跡象表明，俄羅斯轉向東方並不是一時的現象。因為考量到俄羅斯一方面與歐美的關係不確定，另一方面與中國的關係也不穩定，因此很難說這種趨勢將會持續多久甚至是永久。中俄關係在冷戰期間並非沒有波折，從一九五〇年代初的親密聯盟，到一九六〇年代蘇聯威脅要對中國發動核武攻擊，再到一九七〇年代美國與中國建立特殊關係，都反映了中俄關係的變遷和複雜性。

俄羅斯與中國之間的科技競爭、在中亞地區競逐影響力，以及中國從未放棄過對俄羅斯現屬的西伯利亞和遠東部分地區的主權主張，再加上中國人湧入這些人煙稀少的領土，都預示著未來可能發生的摩擦和衝突。但不管俄羅斯最終是傾向中國這個正在崛起的權力中心，還是美國，世界秩序走向雙極化的大勢可能都不會改變。

在二〇二二年二月二十四日，俄羅斯入侵烏克蘭那天早上之前的既有世界秩序，在這次攻擊中倖存了下來。但這場全面的俄烏戰爭卻以前所未見的方式，展示了現行的世界秩序即將轉變的趨勢。這場戰爭並沒有實現俄羅斯所期待的多極世界，反而預示了冷戰時期雙極世界的回歸，只是現在的中心已經不是華盛頓和莫斯科了，而是華盛頓和北京。

致謝

這本書是在二〇二二年二月二十四日，俄羅斯對烏克蘭發動全面入侵對我所造成的震驚、痛苦、沮喪和憤怒中誕生的。我想要感謝在這期間每一個幫助我化解因戰爭所激起的內在情緒，並將這些情緒轉化成寫作本書所需動力的人。

我的經紀人 Sarah Chalfant 是第一個建議我把正在我們眼前展開的這場戰爭，寫成一本書的人。第二位則是諾頓出版社的 John Glusman，這個構想也得到了企鵝出版社 Casiana Ionita 與編輯團隊的大力支持。Andrew Wylie 則對本書的寫作範圍和內容提供了非常有用的建議。我在奧地利維也納人文科學研究所的學術休假期間所進行的討論，影響了我的研究和寫作，我是在二〇二二年二月，即全面入侵爆發的前幾週，以 Andrei Sheptyts'kyi 高級研究員身分加入了「歐洲對話中的烏克蘭」計畫。

我要感謝 Timothy Snyder，他是第一個建議我在維也納度過我的哈佛大學學術假期的人；維也納人文科學研究所的所長 Misha Glenny，和常任研究員 Ivan Krastev、Ivan Vejvoda、Dariusz Stola，還有最後一位但也很重要的 Kate Younger，他們給了我許多啟發。作為「歐洲對話中的烏克蘭」計畫的研究主任，Kate 和她出色的助理 Lidiia Akryshora，讓我在維也納就像在家一樣自在，並發起了許多計畫來幫助身處烏克蘭的學者，我和我的哈佛同事都很樂意參與。

雖然烏克蘭和俄羅斯的歷史是我畢生的追求，但這本書需要大量的新研究，而且按照歷史學家的標準，必須在有限的時間內完成。我要感謝我的妻子 Olena，她忍受了我在歐洲的長期學術假期，並且讓我從維也納回來後，完全專注於這本書的撰寫。我也要感謝我的朋友和我以前作品的資深編輯 Myroslav Yurkevich，他負責編輯這本書的文字，以及我的出版商願意調整他們的出版計畫，讓這本書比原定的時間更早出版。

二〇二二年七月十日，當我正在撰寫關於頓巴斯戰爭的章節時，烏克蘭知名政治人物、前駐加拿大大使 Andriy Shevchenko 發了一封電子郵件給我，並附上了一張照片。那是一張一位年輕的軍人穿著軍服、手裡拿著我寫的書《被遺忘的烏克蘭私生子》的烏克蘭文譯本的照片。這本書記錄了美國飛行員在第二次世界大戰中在烏克蘭空軍基地的經歷。Andriy 在他的郵件中告訴我，照片中的男子是他的弟弟 Yevhen Olefirenko 中尉，幾天前他在頓巴斯的巴赫穆特市附近陣亡。Yevhen 拿著我的書的照片是他生前最後一張留下的照片。我回信給 Andriy，努力想找到合適的話語。但我沒有找到：沒有任何話語能夠表達我的心情。

在十月中旬，我從巴赫姆特收到了更令人心碎的消息。我的表兄 Andriy Kholopov，他幾個月前受到動員，在該城市附近死於敵人的砲火之下。我再次找不到合適的話語來安慰表兄的家人和他的孩子。在我和 Yevhen 的哥哥 Andriy Shevchenko 的通信中，我承諾我會盡我所能，確保新東方戰線的英雄不會被遺忘。我把這本書獻給 Andriy 和 Yevhe，以及為了保衛他們的國家和在烏克蘭與海外數百萬人的自由而犧牲生命的成千上萬名烏克蘭人，謹以本書緬懷他們。

注釋

前言

1. Ivo Mijnssen, “Putin will das Russische Reich wiederaufleben lassen—eine Loslösung der Ukraine akzeptiert er nicht,” *Neue Zürcher Zeitung*, March 5, 2022, https://www.nzz.ch/international/krieg-gegen-die-ukraine/putin-will-das-russische-reich-wieder-aueben-lassen-ld.1672561?reduced=true; Isaac Chotiner, “Vladimir Putin’s Revisionist History of Russia and Ukraine,” *New Yorker*, February 23, 2022, https://www.newyorker.com/news/q-and-a/vladimir-putins-revisionist-history-of-russia-and-ukraine.

第一章

1. Serhii Plokhy, *The Last Empire: The Final Days of the Soviet Union* (New York, 2015), 374–77.
2. Mikhail Gorbachev, *Zhizn’ i reformy*, 2 vols. (Moscow, 1995), 1: 5–8; “Obrash-chenie k sovetskim grazhdanam. Vystuplenie po televideniiu prezidenta SSSR,” in *1000(0) kliuchevykh dokumentov po sovetskoi i rossiiskoi istorii*, https://www.1000dokumente.de/index.html?c=dokument_ru&dokument=0020_rue&object=translation&l=ru.
3. “Independence—over 90% vote yes in referendum; Kravchuk elected president of Ukraine,” *Ukrainian Weekly*, December 8, 1991; Pål Kolstø, *Russians in the Former Soviet Republics* (Bloomington, IN, 1995), 191.
4. Vladislav M. Zubok, *Collapse: The Fall of the Soviet Union* (New Haven and Lon-don, 2021), 386–87.
5. Plokhy, *The Last Empire*, 295–318.
6. Anatolii Cherniaev, *1991 god. Dnevnik pomoshchnika prezidenta SSSR* (Moscow, 1997), 98, https://nsarchive.gwu.edu/rus/text_les/Chernyaev/1991.pdf.
7. ZbigniewBrzezinski, “The Premature Partnership,”*Foreign Affairs*,March/April1994, https://www.foreigna airs.com/articles/

russian-federation/1994-03-01/premature-partnership.

8. Simon Franklin and Jonathan Shepard, *The Emergence of Rus, 750–1200* (London, 2014); Mykhailo Hrushevsky, *History of Ukraine-Rus'*, ed. Frank Sysyn et al., vols. 1, 2 (Edmonton and Toronto, 1997, 2021).
9. Aleksei Tolochko, *Kievskaia Rus' i Malorossiia v XIX veke* (Kyiv, 2012).
10. Serhii Plokhy, *The Lost Kingdom: The Quest for Empire and the Making of the Russian Nation from 1470 to the Present* (New York, 2017), 3–18.
11. Isabel de Maradiaga, *Ivan the Terrible* (New Haven and London, 2006); Charles Halperin, *Ivan the Terrible: Free to Reward and Free to Punish* (Pittsburgh, PA, 2019).
12. Chester S. L. Dunning, *Russia's First Civil War: The Time of Troubles and the Founding of the Romanov Dynasty* (University Park, PA, 2001).
13. Serhii Plokhy, "Empire or Nation?," in Plokhy, Ukraine and Russia: Representation of the Past(Toronto, 2008).19-20.
14. Robert Frost, *The Oxford History of Poland-Lithuania*, vol. 1, *The Making of the Polish-Lithuanian Union, 1385–1569* (Oxford, 2018), 405–94.
15. Serhii Plokhy, *The Cossacks and Religion in Early Modern Ukraine* (Oxford, 2011), 176–333; Mykhailo Hrushevsky, *History of Ukraine-Rus'*, ed. Frank Sysyn et al., vols. 7–10 (Edmonton and Toronto, 1999–2010).
16. Tatiana Tairova-Yakovleva, *Ivan Mazepa and the Russian Empire* (Montreal, 2020).
17. Zenon Kohut, *Russian Centralism and Ukrainian Autonomy: Imperial Absorption of the Hetmanate, 1760s–1830s* (Cambridge, MA, 1989); Plokhy, *Lost Kingdom*, 55–70.
18. Andreas Kappeler, *The Russian Empire: A Multi-Ethnic History* (London, 2001), 213–46.
19. Alexei Miller, " 'Official Nationality'? A Reassessment of Count Sergei Uvarov's Triad in the Context of Nationalism Politics," in Miller, *The Romanov Empire and Nationalism: Essays in the Methodology of Historical Research* (Budapest, 2008).
20. Plokhy, *Lost Kingdom*, 81–91.
21. Plokhy, *Lost Kingdom*, 105–36.
22. Alexei Miller, *The Ukrainian Question: Russian Empire and Nationalism in the Nineteenth Century* (Budapest, 2003), 117–210.
23. John-Paul Himka, "The Construction of Nationality in Galician Rus': Icarian Flights in Almost All Directions," in *Intellectuals and*

the Articulation of the Nation, ed. Ronald G. Suny and Michael D. Kennedy (Ann Arbor, 1999), 109– 64; Yaroslav Hrytsak, " 'Icarian Flights in Almost All Directions' Reconsidered," *Journal of Ukrainian Studies* 35–36 (2010–11): 81–89.

24. Miller, *The Ukrainian Question*, 211–19; Thomas Prymak, *Mykhailo Hrushevsky: The Politics of National Culture* (Toronto, 1987).
25. Kirill A. Fursov, "Russia and the Ottoman Empire: The Geopolitical Dimension," *Russian Studies in History* 57, no. 2 (2018): 99–102; Jonathan E. Ladinsky, "Things Fall Apart: The Disintegration of Empire and the Causes of War," PhD diss., Massachusetts Institute of Technology, Dept. of Political Science, 2001, 70– 219, https://dspace.mit.edu/handle/1721.1/8758.
26. Jane Burbank and Frederick Cooper, *Empires in World History: Power and the Politics of Difference* (Princeton, NJ, 2010), 375–79.
27. Laura Engelstein, *Russia in Flames: War, Revolution, Civil War 1914–1921* (Oxford, 2017), 29–100, 361–582.
28. Vladimir Putin, "Obrashchenie prezidenta Rossiiskoi Federatsii," February 21, 2022, http://kremlin.ru/events/president/news/67828.
29. Viktor Savchenko, *Avantiuristy grazhdanskoi voiny* (Kharkiv, 2000), 53.
30. Serhii Plokhy, *The Gates of Europe: A History of Ukraine* (New York, 2021), 201–28.
31. Terry Martin, *The Affirmative Action Empire: Nations and Nationalism in the Soviet Union, 1923–1939* (Ithaca, NY, 2001), chaps. 1–3; Roman Szporluk, "Lenin, 'Great Russia,' and Ukraine," *Harvard Ukrainian Studies* 28, no. 1 (2006): 611–26.
32. Plokhy, *Lost Kingdom*, 211–44.
33. Martin, *The Affirmative Action Empire*, chaps. 3, 6–9.
34. Serhii Plokhy, "Government Propaganda and Public Response to the Soviet Entry into World War II," in Plokhy, *The Frontline: Essays on Ukraine's Past and Present* (Cambridge, MA, 2021), chap. 9; "U Chervonii armii voiuvalo blyz'ko 6 mil'ioniv ukraïntsiv—istoryky," *Ukraïns'ka pravda*, May 5, 2014, https://www.istpravda.com.ua/short/2014/05/6/142776/.
35. Paul R. Magocsi, *The History of Ukraine: The Land and Its Peoples*, 2d ed. (Toronto, 2010), 666–83; John-Paul Himka, "The Organization of Ukrainian Nationalists, the Ukrainian Police, and the Holocaust," https://www.academia.edu/1071550/The_Organization_of_Ukrainian_Nationalists_the_Ukrainian_Police_and_the_Holocaust; Aleksandr Solzhenitsyn, *Arkhipelag Gulag, 1918–1956*, in *Sobranie sochinenii v 30-ti tomakh* (Moscow, 2006), vol. 6, bk. 3, chap. 2.
36. William Taubman, *Khrushchev: The Man and His Era* (New York, 2012), 208–324.
37. Mark Kramer, "Why Did Russia Give Away Crimea Sixty Years Ago?" *Cold War International History Project*, https://www.

wilsoncenter.org/publication/why-did-russia-give-away-crimea-sixty-years-ago; "Vkhodzhennia Kryms'koï oblasti do skladu URSR," *Mynule i teperishnie*, https://mtt.in.ua/ist-ukr_1953-1964_vhodzhennya-krymu-do-ursr/.

38. John P. Willerton, Jr., "Patronage Networks and Coalition Building in the Brezhnev Era," *Soviet Studies* 39, no. 2 (April 1987): 175–204; Ben Fowkes, "The National Question in the Soviet Union under Leonid Brezhnev: Policy and Response," in *Brezhnev Reconsidered*, eds. Edwin Bacon and Mark Sandle (New York, 2002), 68–89.
39. "Osnovnye pokazateli razvitiia narodnogo khoziaistva soiuznykh respublik," pt. 1, in *Strana Sovetov za 50 let. Sbornik statisticheskikh materialov* (Moscow, 1967), https://istmat.org/node/17051.
40. "Osnovnye pokazateli razvitiia narodnogo khoziaistva soiuznykh respublik."
41. "Vsesoiuznaia perepis' naseleniia 1959 goda. Natsional'nyi sostav naseleniia po respublikam SSSR," *Demoskop* Weekly, http://www.demoscope.ru/weekly/ssp/sng_nac_59.php?reg=1; "Material'no-tekhnicheskaia baza narodnogo khozi-aistva i ee tekhnicheskoe perevooruzhenie i rekontsruktsiia," in *Narodnoe khozi-aistvo SSSR za 70 let*, https://istmat.org/node/9264.
42. Vasyl Markus and Roman Senkus, "Shelest, Petro," Internet Encyclopedia of Ukraine, http://www.encyclopediaofukraine.com/display.asp?linkpath=pages%5CS%5CH%5CShelestPetro.htm; Lowell Tillett, "Ukrainian Nationalism and the Fall of Shelest," *Slavic Review* 34, no. 4 (December 1975): 752–68.
43. Archie Brown, *The Gorbachev Factor* (Oxford, 1996), 260–69; Zubok, *Collapse*, 98–125.
44. Mark R. Beissinger, *Nationalist Mobilization and the Collapse of the Soviet State* (Cambridge, UK, 2002), 1–146.
45. Bohdan Nahaylo, *The Ukrainian Resurgence* (London, 1999).
46. Plokhy, *The Last Empire*, 275–316.
47. Zubok, *Collapse*, 365–426; Plokhy, *The Last Empire*, 220, 326.
48. Yegor Gaidar, *Collapse of an Empire: Lessons for Modern Russia* (Washington, DC, 2007), 1–7; Jack Matlock, *Autopsy on an Empire: The American Ambassador's Account of the Collapse of the Soviet Union* (New York, 1995).
49. George F. Kennan, "Witness to the Fall," *New York Review of Books*, November 16, 1995, https://www.nybooks.com/articles/1995/11/16/witness-to-the-fall/.
50. Dominic Lieven, *The Russian Empire and Its Rivals* (New Haven and London, 2001), 366–67.
51. Burbank and Cooper, *Empires in World History*, 404–30; Lieven, *The Russian Empire*, 343–412.

52. Misha Glenny, *The Fall of Yugoslavia* (London, 1996); Michael Ignatie, *Virtual War: Kosovo and Beyond* (New York, 2000); Catherine Baker, *The Yugoslav Wars of the 1990s* (New York, 2015).

第1章

1. Jonathan Steele and David Hearst, "Yeltsin Crushes Revolt," *Guardian*, October 5, 1993, https://www.theguardian.com/world/1993/oct/05/russia.davidhearst; "History in REAL TIME: Relive the #1993 Russian Parliament siege," *RT*, October 3, 2013, https://www.rt.com/news/parliament-siege-yeltsin-timeline–691.
2. *Moskva. Osen'– 93. Khronika protivostoianiia* (Moscow, 1995), 530–33; "25 Years Ago: The Day The Russian White House Was Shelled," https://www.youtube.com/watch?v=3PJuIVIZ72k.
3. Timothy J. Colton, *Yeltsin: A Life* (New York, 2008), 393–444.
4. Mykhailo Minakov, Georgiy Kasianov, and Matthew Rojansky, eds., *From "the Ukraine" to Ukraine: A Contemporary History, 1991–2021* (Stuttgart, 2021), 169– 206, 321–58.
5. Paul D'Anieri, *Ukraine and Russia: From Civilized Divorce to Uncivil War* (Cam-bridge, UK, 2019), 3–4, 15; Andrew Wilson, *Ukraine's Orange Revolution* (New Haven and London, 2005).
6. Natal'ia Rimashevskaia, "Sotsial'nye posledstviia ėkonomicheskikh transformat-sii v Rossii," *Sotsiologicheskie issledovaniia*, no. 6 (1997): 55–65; Branko Milanovic, *Income, Inequality, and Poverty during the Transformation from Planned to Market Economy* (Washington, DC, 1998), 186.
7. David M. Kotz and Fred Weir, *Russia's Path from Gorbachev to Putin: The Demise of Soviet System and the New Russia* (London and New York, 2007), 155–210.
8. Colton, *Yeltsin*, 272–77.
9. Petr Aven and Alfred Kokh, *Gaidar's Revolution: The Inside Account of the Economic Transformation of Russia* (London and New York, 2013), 325–27. Cf. "Russian Defense Minister Pavel Grachev Oral History Excerpt," National Security Archive, https://nsarchive.gwu.edu/document/16854-document–12-russian-defense-minister-pavel.
10. "Memorandum of Telephone Conversation: Telcon with President Boris Yeltsin of Russian Federation," October 5, 1993, National Security Archive, https://nsarchive.gwu.edu/document/16847-document-05-memorandum-telephone-conversation.

11. Svetlana Savranskaya, "A Quarter Century after the Storming of the Russian White House," National Security Archive, https://nsarchive.gwu.edu/briefing-book/russia-programs/2018-10-04/yeltsin-shelled-russian-parliament-25-years-ago-us-praised-superb-handling.
12. Boris Yeltsin, "Prezident Rossii otvechaet na voprosy gazety 'Izvestiia,' " *Izvestiia*, November 16, 1993.
13. "Rezul'taty vyborov v Dumu 1-go sozyva, December 12, 1993," *Federal'noe sobra-nie. Sovet Federatsii. Fond razvitiia parlamentarizma v Rossii, 1994–1996*. Elec-tronic version, 2000, http://www.politika.su/fs/gd1rezv.html.
14. Colton, *Yeltsin*, 280–81.
15. Timothy J. Colton, "Superpresidentialism and Russia's Backward State," *Post-Soviet Affairs* 11, no. 2 (1995): 144–48; M. Steven Fish, *Democracy Derailed in Russia: The Failure of Open Politics* (New York, 2005), 114–245.
16. Milanovic, *Income, Inequality, and Poverty*, 186; Gwendolyn Sasse, "Ukraine: The Role of Regionalism," *Journal of Democracy* 21, no. 3 (July 2010): 99–106; Andrew Wilson, *Ukrainian Nationalism in the 1990s: A Minority Faith* (Cambridge, UK, 1997).
17. Lucan Way, *Pluralism by Default: Weak Autocrats and the Rise of Competitive Politics*(Baltimore, MD, 2015), 43–44; Wilson, *Ukrainian Nationalism.*
18. Yitzhak M. Brudny and Evgeny Finkel, "Why Ukraine Is Not Russia: Hegemonic National Identity and Democracy in Russia and Ukraine," *East European Politics and Societies and Cultures* 25, no. 4 (December 2011): 813–33.
19. Serhii Plokhy, *The Last Empire: The Final Days of the Soviet Union* (New York, 2014), 24–72.
20. Paul Robert Magocsi, *A History of Ukraine: The Land and Its Peoples*, 2d ed. (Toronto, 2010), 725–50.
21. Taras Kuzio, *Ukraine: State and Nation Building* (London and New York, 1998).
22. Brudny and Finkel, "Why Ukraine Is Not Russia."
23. "Russia GDP Growth Rate 1990–2022," *Macrotrends*, https://www.macrotrends.net/countries/RUS/russia/gdp-growth-rate; "Ukraine GDP 1987–2022," *Mac-rotrends,* https://www.macrotrends.net/countries/UKR/ukraine/gdp-gross-domestic-product; Volodymyr Holovko and Larysa Iakubova, *Ukraïna i vyklyky post-totalitarnoho tranzytu, 1990–2019* [=*Ukraïna: Narysy istoriï*, ed. Valerii Smolii, vol. 3] (Kyiv, 2021), 51–55; D'Anieri, *Ukraine and Russia*, 37–38.
24. D'Anieri, *Ukraine and Russia*, 45.
25. Holovko and Iakubova, *Ukraïna i vyklyky*, 59–65; D'Anieri, *Ukraine and Russia*, 71–72.

26. Constitution of Ukraine with amendments by the Law of Ukraine No. 2222-IV from December 8, 2004, Venice Commission, https://web.archive.org/web/20120427012054/http://www.venice.coe.int/docs/2006/CDL percent282006 percent29070-e.pdf; Serhiy Kudelia and Georgiy Kasianov, "Ukraine's Political Development after Independence," in Minakov et al., eds., *From "the Ukraine" to Ukraine*, 9–52; Mykhailo Minakov and Matthew Rojansky, "Democracy in Ukraine," ibid., 321–58.
27. Brudny and Finkel, "Why Ukraine Is Not Russia."
28. Colton, *Yeltsin*, 282, 356.
29. Kotz and Weir, *Russia's Path from Gorbachev to Putin*, 259–64; Colton, *Yeltsin*, 351.
30. Colton, *Yeltsin*, 356–57; Johanna Granville, "Dermokratizatsiya and Prikhvatizatsiya: The Russian Kleptocracy and Rise of Organized Crime," *Demokratizatsiya* (Summer 2003): 448–57.
31. Michael McFaul, *Russia's 1996 Presidential Election: The End of Polarized Politics* (Stanford, CA, 1997).
32. Colton, *Yeltsin*, 409–10, 414; Abigail J. Chiodo and Michael T. Owyang, "A Case Study of a Currency Crisis: The Russian Default of 1998," *Federal Reserve Bank of St. Louis Review* 84, no. 6 (November/December 2002): 7–18, https://research.stlouisfed.org/publications/review/2002/11/01/a-case-study-of-a-currency-crisis-the-russian-default-of-1998.
33. Colton, *Yeltsin*, 421–22, 425–26.
34. Colton, *Yeltsin*, 430–31.
35. Steven Lee Myers, *The New Tsar: The Rise and Reign of Vladimir Putin* (New York, 2015), 136–42.
36. John B. Dunlop, *Russia Confronts Chechnya: Roots of a Separatist Conflict* (Cam-bridge, UK, 1998); James Hughes, *Chechnya: From Nationalism to Jihad* (Phila-delphia, PA, 2011), 1–93; Fiona Hill and Cli ord G. Gaddy, *Mr. Putin: Operative in the Kremlin* (Washington, DC, 2015), 29–31.
37. Hughes, *Chechnya: From Nationalism to Jihad*, 94–161.
38. "Russian bomb scare turns out to be anti-terror drill," CNN, September 24, 1999, http://edition.cnn.com/WORLD/europe/9909/24/russia.bomb.01/; Myers, *The New Tsar*, 154–76, 184–87.
39. Olga Oliker, *Russia's Chechen Wars 1994–2000: Lessons from Urban Combat* (Santa Monica, CA, 2000), 41–79.
40. Myers, *The New Tsar*, 164–88; "Russia, Presidential Elections, 2000," *Electoral Geography*, https://www.electoralgeography.com/en/countries/r/russia/2000-president-elections-russia.html.

41. Sarah Whitmore, *State Building in Ukraine: The Ukrainian Parliament, 1990–2003* (London and New York, 2004), 66–91, 106; Holovko and Iakubova, *Ukraïna i vyklyky*, 72–74.
42. Holovko and Iakubova, *Ukraïna i vyklyky*, 77–79; Wilson, *Ukraine's Orange Revo-lution*, 42–45.
43. Serhii Plokhy, *The Gates of Europe: A History of Ukraine* (New York, 2015), 332– 35; Wilson, *Ukraine's Orange Revolution*, 45–50; Holovko and Iakubova, *Ukraïna i vyklyky*, 76.
44. Holovko and Iakubova, *Ukraïna i vyklyky*, 80, 82; Dieter Nohlen and Philip Stöver, eds., *Elections in Europe: A Data Handbook* (Baden-Baden, 2010), 1976, 1969, 1985–86; Serhy Yekelchyk, *The Conflict in Ukraine: What Everyone Needs to Know* (New York, 2015), 87–89.
45. Holovko and Iakubova, *Ukraïna i vyklyky*, 84–85; Wilson, *Ukraine's Orange Revo-lution*, 51–60; J. V. Koshiw, *Beheaded: The Killing of a Journalist* (Reading, UK, 2003).
46. D'Anieri, *Ukraine and Russia*, 104–13; Holovko and Iakubova, *Ukraïna i vyklyky*, 87.
47. Koshiw, *Beheaded*; Wilson, *Ukraine's Orange Revolution*, 51–60, 93–96; D'Anieri, *Ukraine and Russia*, 107–13.
48. D'Anieri, *Ukraine and Russia*, 127–28; Wilson, *Ukraine's Orange Revolution*, 70– 93; Holovko and Iakubova, *Ukraïna i vyklyky*, 87–89.
49. Wilson, *Ukraine's Orange Revolution*, 93–104; Holovko and Iakubova, *Ukraïna i vyklyky*, 98–99.
50. Wilson, *Ukraine's Orange Revolution*, 105–21; Holovko and Iakubova, *Ukraïna i vyklyky*, 101–2.
51. Taras Kuzio, "Nationalism, Identity and Civil Society in Ukraine: Understanding the Orange Revolution," *Communist and Post-Communist Studies* 43, no. 3 (Septem-ber 2010): 285–96; Mark R. Beissinger, "The Semblance of Democratic Revolution: Coalitions in Ukraine's Orange Revolution," *American Political Science Review* 107, no. 3 (August 2013): 574–92; Wilson, *Ukraine's Orange Revolution*, 122–38; Holovko and Iakubova, *Ukraïna i vyklyky*, 102–6.
52. Wilson, *Ukraine's Orange Revolution*, 138–55; Holovko and Iakubova, *Ukraïna i vyklyky*, 109.
53. Leonid Kuchma, *Ukraina—ne Rossiia* (Moscow, 2003); Vystuplenie prezidenta Ukrainy Leonida Kuchmy na prezentatsii knigi "Ukraina—ne Rossiia" v Moskve, September 3, 2003, http://supol.narod.ru/archive/books/cuchma.htm.

第三章

1. Serhii Plokhy and M. E. Sarotte, "The Shoals of Ukraine: Where American Illusions and Great Power Politics Collide," *Foreign A airs* 99, no. 1 (2020): 81–95, here 84.
2. "Deklaratsiia pro derzhavnyi suverenitet Ukraïny," *Vidomosti Verkhovnoï Rady URSR*, 1990, no. 31, p. 429, https://zakon.rada.gov.ua/laws/show/55-12#Text; Mariana Budjeryn, "Looking Back: Ukraine's Nuclear Predicament and the Non-proliferation Regime," *Arms Control Today* 44 (December 2014): 35–40
3. Paul D'Anieri, *Ukraine and Russia: From Civilized Divorce to Uncivil War* (Cam-bridge, UK, 2019), 48–49; Deborah Sanders, *Security Cooperation between Russia and Ukraine in the Post-Soviet Era* (New York, 2001), 43–44.
4. "Zaiava pro bez'iadernyi status Ukraïny," Verkhovna Rada Ukraïny, https://zakon.rada.gov.ua/laws/show/1697-12#Text; Yuri Kostenko, *Ukraine's Nuclear Disarmament: A History* (Cambridge, MA, 2021), 41; Sanders, *Security Cooperation*, 43–44
5. Stanislav Smagin, "Memorandum Voshchanova. Kak El'tsin napugal Ukrainu i Kazakhstan," *Ukraina.ru*, August 26, 2020, https://ukraina.ru/history/20200826/1028666047.html.
6. Smagin, "Memorandum Voshchanova"; Aleksandr Solzhenitsyn, "Kak nam obustroit' Rossiiu," *Komsomol'skaia pravda*, September 18, 1990
7. Serhii Plokhy, *The Last Empire: The Final Days of the Soviet Union* (New York, 2014), 178–82; Taras Kuzio, *Ukraine—Crimea—Russia: Triangle of Conflict* (Stutt-gart, 2014), 7; Vsevolod Vladimirov, "Zabytyi ul'timatum," *Sovershenno sekretno*, August 10, 2022, https://www.sovsekretno.ru/articles/zabytyy-ultimatum/.
8. "Pavel Voshchanov: kak ia ob"iavlial voinu Ukraine," *Viperson*, October 23, 2003, http://viperson.ru/articles/pavel-voschanov-kak-ya-ob-yavlyal-voynu-ukraine.
9. "Ethnic Composition of Crimea," International Committee for Crimea, https://iccrimea.org/population.html.
10. Jeff Berliner, "Yeltsin Turns Up on Black Sea," UPI, January 28, 1992, https://www.upi.com/Archives/1992/01/28/Yeltsin-turns-up-on-Black-Sea/7315696574800; Victor Zaborsky, "Crimea and the Black Sea Fleet in Russian-Ukrainian Relations," Discussion Paper, Belfer Center for Science and International Affairs, September 1995, https://www.belfercenter.org/publication/crimea-and-black-sea-fleet-russian-ukrainian-relations.
11. Gwendolyn Sasse, *The Crimea Question: Identity, Transition and Conflict* (Cam-bridge, MA, 2007); Serhii Plokhy, "History and

Territory," in Sasse, *Ukraine and Russia: Representations of the Past* (Toronto, 2008), 165–67, 326

12. Serhii Plokhy, "The City of Glory," in Sasse, *Ukraine and Russia*, 182–95; Plokhy, "The Ghosts of Pereiaslav," ibid., 196–212.
13. Zaborsky, "Crimea and the Black Sea Fleet in Russian-Ukrainian Relations"; Alexander J. Motyl, *Dilemmas of Independence: Ukraine after Totalitarianism* (New York, 1993), 106; Sasse, *The Crimea Question*, 227–31; Natalya Belitser, "The Transnistrian Conflict," in *Frozen Conflicts in Europe*, ed. Anton Bebler (Opladen, Berlin, aand Toronto, 2015), 45–56
14. Evgeniia Koroleva, "Khronika anneksii. Kak s posiagatel'stvami na Krym stalkivalis' poocheredno vse prezidenty Ukrainy," *Fokus*, February 28, 2021, https://focus.ua/politics/475914-hronika-anneksii-kak-s-posyagatelstvami-na-krym-stalkivalis-poocheredno-vse-prezidenty-ukrainy; V. Bezkorovainyi, "Masandrivs'kyi proto-kol. Dzherela i naslidky," *Universum*, nos. 3/4 (2011), https://zakon.rada.gov.ua/laws/show/643_054#Text; D'Anieri, *Ukraine and Russia*, 40–41.
15. "Uhoda mizh Ukraïnoiu ta Rosiis'koiu Federatsiieiu pro poetapne vrehuliuvannia problem Chornomors'kohoflotu," April 15, 1994, https://zakon.rada.gov.ua/laws/show/643_128#Text; D'Anieri, *Ukraine and Russia*, 78–79.
16. Zaborsky, "Crimea and the Black Sea Fleet in Russian-Ukrainian Relations," https://www.belfercenter.org/publication/crimea-and-black-sea-fleet-russian-ukrainian-relations; D'Anieri, *Ukraine and Russia*, 80.
17. Sergei Shargorodsky, "Ukraine Suspends Removal of Tactical Nuclear Weapons with Am-Soviet-Unrest," *Associated Press*, March 12, 1992, https://apnews.com/f040f8c662d7eb5cc26b7056aafc2dac; Steven Pifer, *The Eagle and the Trident: U.S.-Ukraine Relations in Turbulent Times* (Washington, DC, 2017), 11.
18. D'Anieri, *Ukraine and Russia*, 50–51.
19. John J. Mearsheimer, "The Case for a Ukrainian Nuclear Deterrent," *Foreign Affairs* 72, no. 3 (Summer 1993): 50–66.
20. D'Anieri, *Ukraine and Russia*, 52–53; Budjeryn, "Looking Back"; "Nuclear Disarmament. Ukraine," Nuclear Threat Initiative, https://www.nti.org/analysis/articles/ukraine-nuclear-disarmament/; Eugene M. Fishel, *The Moscow Factor: US Policy toward Sovereign Ukraine and the Kremlin* (Cambridge, MA, 2022), 85–114.
21. Budapest Memorandums on Security Assurances, 1994, Council on Foreign Relations, https://web.archive.org/web/20140317182201/http://www.cfr.org/arms-control-disarmament-and-nonproliferation/budapest-memorandums-security-assurances-1994/p32484#.
22. Lara Jakes, Edward Wong, and Michael Crowley, "America's Road to the Ukraine War," *New York Times*, April 24, 2022, https://

www.nytimes.com/2022/04/24/us/politics/russia-ukraine-diplomacy.html; Jane Perlez, "Economic Collapse Leaves Ukraine with Little to Trade but Its Weapons," *New York Times*, January 13, 1994; "Ukraine Inflation Rate, 1993–2022," *Macrotrends*, https://www.macrotrends.net/countries/UKR/ukraine/inflation-rate-cpi; Serhii Plokhy, *The Gates of Europe: A History of Ukraine* (New York, 2016), 328–29.

23. Dieter Nohlen and Philip Stöver, eds., *Elections in Europe: A Data Handbook* (Baden-Baden, 2010), 1976.
24. Andrew D. Sorokowski, "Treaty on Friendship, Cooperation, and Partner-ship between Ukraine and the Russian Federation," *Harvard Ukrainian Studies* 20 (1996): 319–29, http://www.jstor.org/stable/41036701; Spencer Kimball, "Bound by Treaty: Russia, Ukraine and Crimea," *DW*, November 11, 2014, https://www.dw.com/en/bound-by-treaty-russia-ukraine-and-crimea/a–17487632.
25. "Nuclear Disarmament. Ukraine," Nuclear Threat Initiative, https://www.nti.org/analysis/articles/ukraine-nuclear-disarmament/; "Tretia pislia Rosiï ta SShA. Iak vyhliadav iadernyi potentsial Ukraïny," https://www.youtube.com/watch?v=Kedw7IhwnCc; Postanovlenie Gosudarstvennoi Dumy federal'nogo sobraniia Rossiiskoi Federatsii ot 25.12.1998 no. 3459 II GD, O federal'nom zakone "Oratifikatsii Dogovora o druzhbe, sotrudnichestve i partnerstve mezhdy Rossiiskoi Federatsiei i Ukrainoi," *Sbornik zakonov*, http://sbornik-zakonov.ru/184970.html.
26. "The Accession of Poland, the Czech Republic and Hungary to NATO," Warsaw Institute, March 29, 2021, https://warsawinstitute.org/accession-poland-czech-republic-hungary-nato/#:~:text=During%20the%20NATO%20summit%20in,countries%20officially%20began%20accession%20talks.
27. Bill Clinton, "Remarks at a Reception for the Opening of the United States Holocaust Memorial Museum," April 21, 1993, The American Presidency Project, https://www.presidency.ucsb.edu/documents/remarks-reception-for-the-opening-the-united-states-holocaust-memorial-museum.
28. " 'Banal Conversation': What Is Behind the Historical Dialogue between Lech Walesa and Bill Clinton about the 'Danger' of Russia," *Teller Report*, February 13, 2020, https://www.tellerreport.com/news/2020-02-13---%E2%80%9Cbanal-conversation%E2%80%9D--what-is-behind-the-historical-dialogue-between-lech-walesa-and-bill-clinton-about-the-%E2-%80%9Cdanger%E2%80%9D-of-russia-.HklyX8XQ8.html; M. E. Sarotte, *Not One Inch: America, Russia, and the Making of Post– Cold War Stalemate* (New Haven and London, 2021), 161.
29. Sarotte, *Not One Inch*, 55.

30. Sarotte, *Not One Inch*, 11; Sarotte, "The Betrayal Myth behind Putin's Brinkmanship," *Wall Street Journal*, January 7, 2022, https://www.wsj.com/articles/the-betrayal-myth-behind-putins-brinkmanship-11641568161; D'Anieri, *Ukraine and Russia*, 61.
31. Sarotte, *Not One Inch*, 161.
32. Sarotte, *Not One Inch*, 142, 163–66.
33. Sarotte, *Not One Inch*, 165; Samuel Charap and Timothy J. Colton, *Everyone Loses: The Ukraine Crisis and the Ruinous Contest for Post-Soviet Eurasia* (New York, 2016), 41.
34. Charap and Colton, *Everyone Loses*, 42; Sarotte, *Not One Inch*, 166; John Borawski, "Partnership for Peace and Beyond," *International Affairs* 71, no. 2 (April 1995): 233–46.
35. D'Anieri, *Ukraine and Russia*, 65–66, 92.
36. NATOSummit, Madrid, Spain, July 8– 9, 1997, https://www.nato.int/docu/comm/1997/970708/home.htm; Bill Clinton, "Memorandum of Conversation—President Leonid Kuchma of Ukraine," June 5, 2000, Clinton Digital Library, https://clinton.presidentiallibraries.us/items/show/101663; Sarotte, "The Betrayal Myth behind Putin's Brinkmanship."
37. "March 24, 1999: NATO Bombs Yugoslavia," This Day in History, https://www.history.com/this-day-in-history/nato-bombs-yugoslavia.
38. Thomas W. Lippman, "Russian Leader Cancels Trip in Protest," *Washington Post*, March 24, 1999, A 22, https://www.washingtonpost.com/wp-srv/inatl/daily/march99/russia032499.htm; Charap and Colton, *Everyone Loses*, 47–48.

第四章

1. Vladimir Putin, "Speech to Representatives of the US Public and Political Leaders," November 14, 2001, President of Russia, http://www.en.kremlin.ru/events/president/transcripts/21398.
2. Angela Stent, "The Impact of September 11 on US-Russian Relations," *Brookings*, September 8, 2021, https://www.brookings.edu/articles/the-impact-of-september-11-on-us-russian-relations/; Samuel Charap and Timothy J. Colton, *Everyone Loses: The Ukraine Crisis and the Ruinous Contest for Post-Soviet Eurasia* (New York, 2016), 67–68.
3. Wade Boese, "Russia Declares Itself No Longer Bound by START II," *Arms Control Association*, July/August 2002, https://www.armscontrol.org/act/2002-07/news/russia-declares-itself-longer-bound-start-ii; Susan B. Glasser, "Tensions with Russia

Propel Baltic States toward NATO," *Washington Post*, October 7, 2002; Simon Lunn, "The NATO-Russia Council: Its Role and Prospects," Euro-pean Leadership Network, Policy Brief, November 2013.

4. Paul D'Anieri, *Ukraine and Russia: From Civilized Divorce to Uncivil War* (Cam-bridge, UK, 2019), 129, 133; Volodymyr Holovko and Larysa Iakubova, *Ukraïna i vyklyky post-totalitarnoho tranzytu, 1990–2019* [=*Ukraïna: Narysy istoriï*, ed. Vale-rii Smolii, vol. 3] (Kyiv, 2021), 100.
5. Steven Lee Myers, *The New Tsar: The Rise and Reign of Vladimir Putin* (New York, 2015), 231–46; Dieter Nohlen and Philip Stöver, eds., *Elections in Europe: A Data Handbook* (Baden-Baden, 2010), 1642; Dov Lynch, " 'The Enemy is at the Gate': Russia after Beslan," *International Affairs* 81, no. 1 (January 2002): 141–61.
6. Myers, *The New Tsar*, 263–303; D'Anieri, *Ukraine and Russia*, 148–50; Andrew Wilson, *Ukraine's Orange Revolution* (New Haven and London, 2005), 174–83; Lincoln A. Mitchell, *The Color Revolutions* (Philadelphia, PA, 2012).
7. Askold Krushelnycky, "Ukraine: A Look at Kyiv's Motives for Seeking NATO Membership," Radio Free Europe/Radio Liberty, May 30, 2002, https://www.rferl.org/a/1099856.html; Jakob Hedenskog, *Ukraine and NATO: Dead-lock or Re-Start?* Swedish Research Agency, December 2006, 59–63; Grigoriy M. Perepelytsia, "NATO and Ukraine: At the Crossroads," *NATO Review*, April 1, 2007, https://www.nato.int/docu/review/articles/2007/04/01/nato-and-ukraine-at-the-crossroads/index.html.
8. "Opening statement by Viktor Yushchenko, President of Ukraine at the press conference following the meeting of the NATO-Ukraine Council at the level of Heads of State and Government," NATO summit, February 22, 2005, https://www.nato.int/docu/speech/2005/s050222g.htm (edited for clarity); "NATO-Russia Relations: The Background," Media backgrounder, NATO, March 2020, https://www.nato.int/nato_static_fl2014/assets/pdf/2020/4/pdf/2003-NATO-Russia_en.pdf.
9. Paul D'Anieri, *Ukraine and Russia*, 12–13.
10. Rajan Menon and Eugene Rumer, *Conflict in Ukraine: The Unwinding of the Post– Cold War Order* (Cambridge, MA, and London, 2015), 41–44; D'Anieri, *Ukraine and Russia*, 155–57; Margarita M. Balmaceda, *Russian Energy Chains: The Remaking of Technopolitics from Siberia to the European Union* (New York, 2021), 91–104.
11. Vladimir Putin, "Speech and the Following Discussion at the Munich Conference on Security Policy," February 10, 2007, President of Russia, http://en.kremlin.ru/events/president/transcripts/24034 (edited for clarity).
12. Rob Watson, "Putin's Speech: Back to Cold War?" BBC, February 10, 2007, http://news.bbc.co.uk/2/hi/europe/6350847.stm;

Luke Harding, "Bush Backs Ukraine and Georgia for Nato Membership," *Guardian*, April 1, 2008, https://www.theguardian.com/world/2008/apr/01/nato.georgia; Charap and Colton, *Everyone Loses*, 88; D'Anieri, *Ukraine and Russia*, 162.

13. Illya Labunka, "Ukraine Seeks NATO Membership Action Plan," *Ukrainian Weekly*, January 27, 2008; "Joint Address to the NATO Secretary General," ibid., p. 3, http://www.ukrweekly.com/archive/pdf3/2008/The_Ukrainian_Weekly_2008-04.pdf.
14. D'Anieri, *Ukraine and Russia*, 162–63; Labunka, "Ukraine Seeks NATO Member-ship Action Plan."
15. Charap and Colton, *Everyone Loses*, 87.
16. "Bucharest Summit Declaration." Issued by the Heads of State and Government Participating in the Meeting of the North Atlantic Council in Bucharest on April 3, 2008, NATO, https://www.nato.int/cps/en/natolive/official_texts_8443.htm.
17. Jan Maksymiuk, "Is Ukraine Prepared To Maintain Its Tough Stand Against Russia?" Radio Free Europe/Radio Liberty, August 15, 2008, https://www.rferl.org/a/Is_Ukraine_Prepared_To_Maintain_Its_Tough_Stand_Against_Russia/1191251.html; Charap and Colton, *Everyone Loses*, 91– 94; Svante E. Cornell and Frederick S. Starr, *The Guns of August 2008: Russia's War in Georgia* (Armonk, NY, 2009); Ronald D. Asmus, *A Little War That Shook the World: Georgia, Russia, and the Future of the West* (New York, 2010).
18. Ivan Watson and Maxim Tkachenko, "Russia, Ukraine agree on naval-base-for-gas deal," CNN, April 21, 2010, http://www.cnn.com/2010/WORLD/europe/04/21/russia.ukraine/index.html; Menon and Rumer, *Conflict in Ukraine*, 44–52.
19. Vladimir Putin, "Novyi integratsionnyi proekt dlia Evrazii—budushchee, kotoroe rozhdaetsia segodnia," *Izvestiia*, October 3, 2011, https://sroportal.ru/publications/novyj-integracionnyj-proekt-dlya-evrazii-budushhee-kotoroe-rozhdaetsya-segodnya/.
20. Putin, "Novyi integratsionnyi proekt dlia Evrazii."
21. Fiona Hill and Clifford G. Gaddy, *Mr. Putin: Operative in the Kremlin* (Washington, DC, 2015), 358–62.
22. Serhii Plokhy, *The Gates of Europe: A History of Ukraine*, rev. ed. (New York, 2021), 338; D'Anieri, *Ukraine and Russia*, 184.
23. D'Anieri, *Ukraine and Russia*, 92; Plokhy, *The Gates of Europe*, 340.
24. D'Anieri, *Ukraine and Russia*, 204–5.
25. "Eased Russian customs rules to save Ukraine $1.5 bln in 2014, says minister," *Interfax*, December 18, 2013, https://en.interfax.com.ua/news/economic/182691.html; D'Anieri, *Ukraine and Russia*, 200–203; Plokhy, *The Gates of Europe*, 340.
26. Hennadii Moskal interviewed on the "Gordon" television program, January 21, 2018, https://www.youtube.com/

watch?v=ZSer846Y1_8&t=0s.

27. "Meeting with President of Ukraine Viktor Yanukovych," December 17, 2013, President of Russia, http://kremlin.ru/events/president/news/19849; "Dekabr' 2013 goda, rabochii vizit Prezidenta Ukrainy v Moskvu," *Levyi Bereg*, December 17, 2013, https://lb.ua/news/2013/12/17/247980_dekabr_2013t_goda_rabochiy_vizit.html.
28. Plokhy, *The Gates of Europe*, 339; "Shturm barykad. 11 hrudnia. Nich ta ranok suprotyvu," *Ukraïns'ka pravda*, December 11, 2013, https://www.pravda.com.ua/articles/2013/12/11/7005267/; "Top U.S. official visits protesters in Kiev as Obama admin. ups pressure on Ukraine president Yan-ukovich," *CBS News*, December 11, 2013, https://www.cbsnews.com/news/us-victoria-nuland-wades-into-ukraine-turmoil-over-yanukovich/.
29. Serhii Leshchenko, "Taiemna zustrich Ianukovycha z Putinym ta inshi sekrety z mizhyhirs'koho notatnyka," *Ukraïns'ka pravda*, March 11, 2014, https://www.pravda.com.ua/articles/2014/03/11/7018404/; "Ianukovych zibravsia do Rosiï—dzherelo. Povidomliaiut', shcho prezydent 8 sichnia taiemno zustrichavsia z Putinym," *Livyi bereh*, January 31, 2014, https://lb.ua/news/2014/01/31/253927_yanukovich_sobralsya_rossiyu.html.
30. D'Anieri, *Ukraine and Russia*, 216–18; "Mizh nevoleiu i nezalezhnis-tiu, 18–22 liutoho 2014," *Ukraïns'ka pravda*, February 18, 2015, https://www.istpravda.com.ua/articles/2015/02/18/147385/.
31. "Mizh nevoleiu i nezalezhnistiu, 18–22 liutoho 2014."
32. D'Anieri, *Ukraine and Russia*, 217, 219–20.
33. "Mizh nevoleiu i nezalezhnistiu, 18–22 liutoho 2014"; Dmytro Ievchyn, Inna Anitova, and Nataliia Nedel'ko, "Iak Ianukovych utikav do Krymu: svidchennia ochevydtsiv," *Krym.realiï*, March 1, 2018, https://ua.krymr.com/a/29070914.html.
34. "Mizh nevoleiu i nezalezhnistiu, 18–22 liutoho 2014"; "Rada skynula Ianukovycha, iakyi unochi vtik do Rosiï, Khronika revoliutsii hidnosti," *Ukrinform*, February 22, 2021, https://www.ukrinform.ua/rubric-society/3193991-rada-skinula-anukovica-akij-unoci-vtik-do-rosii.html;"Vtechaeks-haranta: iak Ianukovych u 2014 rotsi tikav z Ukraïny," *UNIAN*, February 21, 2020, https://www.unian.ua/politics/10883561-vtecha-eks-garanta-yak-yanukovich-u-2014-roci-tikav-z-ukrajini.html.

第五章

1. Aleksandr Solzhenitsyn, "Russkii vopros v kontse XX veka," *Novyi mir*, no. 7 (1994); Vladimir Putin, "Message to the Federal

Assembly of the Russian Federation," April 25, 2005, http://kremlin.ru/events/president/transcripts/22931; Serhii Plokhy, *Lost Kingdom: The Quest for Empire and the Making of the Russian Nation from 1470 to the Present* (New York, 2017), 312–15.

2. Ernest Gellner, *Nations and Nationalism* (Ithaca, NY, 1983), 1.
3. Julia Rubin, "Meditations on Russia: Yeltsin Calls for New National 'Idea,' " *AP*, August 2, 1996, https://apnews.com/article/122cd732a8cf8b35989afeec4db69 dcd; Vera Tolz, "The Search for a National Identity in the Russia of Yeltsin and Putin," in Yitzhak Brudny, Jonathan Frankel, and Stefani Hoffman, eds., *Restructuring Post-Communist Russia* (Cambridge, UK, 2004), 160–78.
4. Timothy Snyder, *The Road to Unfreedom: Russia, Europe, America* (New York, 2019), 88–91; Marlene Laruelle, "Scared of Putin's Shadow: In Sanctioning Dugin, Washington Got the Wrong Man," *Foreign Affairs*, March 25, 2015, https://www.foreignaffairs.com/articles/russian-federation/2015-03-25/scared-putins-shadow; http://newfascismsyllabus.com/contributions/into-the-irrational-core-of-pure-violence-on-the-convergence-of-neo-eurasianism-and-the-kremlins-war-in-ukraine/.
5. Plokhy, *Lost Kingdom*, 121–53; Alexei Miller, *The Ukrainian Question: Russian Empire and Nationalism in the 19th Century* (Budapest, 2003), 24–26.
6. Snyder, *The Road to Unfreedom*, 16–35.
7. Aleksandr Solzhenitsyn, *Kak nam obustroit' Rossiiu?* (Paris, 1990); Solzhenitsyn, "Russkii vopros v kontse XX veka" (1994); Solzhenitsyn, *Rossiia v obvale* (Moscow, 1998), 79.
8. "Putin vozlozhil tsvety k nadgrobiiam Denikina, Il'ina i Shmeleva," *Vesti.ru*, May 24, 2009, https://www.vesti.ru/article/2180162.
9. Plokhy, *Lost Kingdom*, 326.
10. "Putin vozlozhil tsvety k nadgrobiiam Denikina, Il'ina i Shmeleva."
11. "Putin: Krym prisoedinili, chtoby ne brosat' natsionalistam," *BBC News*, March 9, 2015, https://www.bbc.com/russian/international/2015/03/150309_putin_crimea-annexion_film.
12. Antonina Dolomanzhi, "Ianukovych 11 raziv hovoryv z Putinym pid chas naikryvavishykh podii Maidanu—prokuror," *UNIAN*, November 17, 2021, https://www.unian.ua/politics/yanukovich-11-raziv-govoriv-z-putinim-pid-chas-naykrivavishih-podiy-maydanu-prokuror-novini-ukrajina-11612860.html; "Uhoda pro vrehuliuvannia kryzy v Ukraïni," *Ukraïns'ka pravda*, February 21, 2014, https://www.pravda.com.ua/articles/2014/02/21/7015533/; Valerii Kal'nysh, Kirill Mikhailov, Sergei Minenko, and Boris Iunakov, "21 fevralia 2014 goda, piatnitsa," *Novoe vremia*, no. 5 (February 16, 2015), https://newtimes.ru/articles/detail/94681.

13. "Putin rasskazal, kak pomog Ianukovichu vyekhat' iz Ukrainy," *ATN*, October 24, 2014, https://atn.ua/world/putin-rasskazal-kak-pomog-janukovichu-vyehat-iz-ukrainy-151693/; Konstantin Remchukov, "What Vladimir Putin is Really Thinking. The person who has had to deal with Russia's new challenge is Putin and Putin alone," *National Interest*, July 6, 2022, https://nationalinterest.org/feature/what-vladimir-putin-really-thinking-203422?page=0%2C1; Ben Rhodes, *The World as It Is: A Memoir of the Obama White House* (New York, 2019), 270–71.
14. "Putin rasskazal, kak pomog Ianukovichu vyekhat' iz Ukrainy."
15. "V Khar'kov edut boeviki, a v Krymu snimaiut ukrainskie agi. V region-akh Ukrainy nastupilo napriazhennoe ozhidanie," *Mangazeia. Informatsionnoe agentstvo*, February 26, 2014, https://www.mngz.ru/russia-world-sensation/366198-v-harkov-edut-boeviki-a-v-krymu-snimayut-ukrainskie-flagi-v-regionah-ukrainy-nastupilo-napryazhennoe-ozhidanie.html; "Ofitsiine vidstoronennia Ianukovycha vid vlady: khronika podii," *5 kanal*, February 22, 2018, https://www.5.ua/suspilstvo/oftsiine-vidstoronennia-yanukovycha-vid-vlady-165461.html; "V gos-tiakh u Gordona: Dobkin, Kernes, Avakov, zhaba Poroshenko, ubiistvo Kushnareva," October 6, 2020, https://www.youtube.com/watch?v=xcdcdDR8toc; "Vystup Ianukovycha na z'ïzdi v Kharkovi 22 liutoho 2014 roku mih vidkryty shliakh tankam Putina na Kyïv—Turchynov," *Hordon*, February 22, 2019, https://gordonua.com/ukr/news/maidan/vistup-janukovicha-na-z-jizdi-v-harkovi–22-ljutogo–2014-roku-moglo-vidkriti-shljah-tankam-putina-na-kijiv-turchinov–759148.html; "Kharkivs'kyi z'ïzd oholosyv pro kontrol' nad chastynoiu Pivdnia i Skhodu," *BBC News*, February 22, 2014, https://www.bbc.com/ukrainian/politics/2014/02/140222_kharkiv_nk; "Z'ïzd u Kharkovi: my proty separatyzmu, my za iedynu Ukraïnu," *Krym.realiï*, February 22, 2014, https://ua.krymr.com/a/25348311.html.
16. " 'Ego by prosto unichtozhili,' Vladimir Putin rasskazal o spasenii Ianukovicha," *Vesti.ru*, March 15, 2015, https://www.vesti.ru/article/1720038; "Putin rasskazal, kak pomog Ianukovichu vyekhat' iz Ukrainy."
17. "Putin dal ukazanie anneksirovat' Krym v noch' na 23 fevralia—Ponomarev," *Ukraïns'ka pravda*, February 13, 2018, https://www.pravda.com.ua/rus/news/2018/02/14/7171592/.
18. " 'Ego by prosto unichtozhili,' Vladimir Putin rasskazal o spasenii Ianukovicha"; "Telokhranitel' rasskazal sudu v Kieve, kak Ianukovich bezhal v Rossiiu," *BBC News*, January 18, 2018, https://www.bbc.com/russian/news-42740229.
19. " 'Ego by prosto unichtozhili,' Vladimir Putin rasskazal o spasenii Ianukovicha"; "Telokhranitel' rasskazal sudu v Kieve, kak Ianukovich bezhal v Rossiiu"; "Ianukovicha v Khar'kove i Donetske presledovali 'vooruzhennye boeviki,'—okhrannik," *BBC*

News, July 16, 2018, https://www.bbc.com/ukrainian/news-russian-44847511.

20. " 'Ego by prosto unichtozhili,' Vladimir Putin rasskazal o spasenii Ianukovicha"; "Ianukovicha v Khar'kove i Donetske presledovali 'vooruzhennye boeviki' "; " 'Putin rasskazal, kak pomog Ianukovichu vyekhat' iz Ukrainy"; "Telokhranitel' rasskazal sudu v Kieve, kak Ianukovich bezhal v Rossiiu."

21. "V gostiakh u Gordona: Dobkin, Kernes, Avakov, zhaba Poroshenko, ubiistvo Kushnareva."

22. Paul D'Anieri, *Ukraine and Russia: From Civilized Divorce to Uncivil War* (Cambridge, UK, 2019), 226.

23. "Ukraine Crimea: Rival rallies confront one another," *BBC News*, February 26, 2014, https://www.bbc.com/news/world-europe-26354705; "V Khar'kov edut boeviki, a v Krymu snimaiut ukrainskieflagi"; Viktoriia Veselova, "Plenki Glaz'eva: kto i kak koordiniroval iz Rossii sobytiia 'krymskoi vesny,' " *Krym. realii*, December 26, 2017, https://ru.krymr.com/a/28933736.html; Sergei Cha-sovskikh, *Novorossiia. God voiny* (Moscow, 2018).

24. "Stenohrama zasidannia RNBO Ukraïny u zv'iazku z pochatkom rosiis'koï ahresiï v Krymu," *Ukraïns'ka pravda*, February 22, 2016, https://www.pravda.com.ua/articles/2016/02/22/7099911/.

25. "Stenohrama zasidannia RNBO Ukraïny."

26. D'Anieri, *Ukraine and Russia*, 227; "Ianukovych prosyv Putina vvesty viis'ka v Ukraïnu," *Livyi bereh*, March 3, 2014, https://lb.ua/news/2014/03/03/258044_yanukovich_poprosil_putina_vvesti.html; "Ianukovych vyznav, shcho pro-syv Putina vvesty viis'ka v Ukraïnu," *Livyi bereh*, March 2, 2018, https://lb.ua/news/2018/03/02/391645_yanukovich_priznal_prosil_putina.html.

27. "Putin dumaet, chto v Ukraine Ianukovicha mogli ubit'," *Segodnia*, March 4, 2014, https://politics.segodnya.ua/politics/putin-dumaet-chto-v-ukraine-yanukovicha-mogli-ubit-500420.html; "Putin: My ne rassmatrivaem variant prisoedineniia Kryma,"*Vedomo sti*,March4,2014,https://www.vedomosti.ru/politics/articles/2014/03/04/putin-nachal-press-konfernenciyu.

28. D'Anieri, *Ukraine and Russia*, 228–29; Carol Morello, Pamela Constable, and Anthony Faiola, "Crimeans vote in referendum on whether to break away from Ukraine, join Russia," *Washington Post*, March 17, 2014; Jason Samuel, "The Russian Constitutional Path to the Annexation of Crimea," *Jurist*, May 25, 2014, https://www.jurist.org/commentary/2014/05/jason-samuel-russia-crimea/.

29. Andrei Zubov, "Ėto uzhe bylo," *Vedomosti*, March 1, 2014; "Iz MGIMO uvolen professor Andrei Zubov," *BBC News*, March 24, 2014, https://www.bbc.com/russian/rolling_news/2014/03/140324_rn_professor_mgimo_fired.

30. Gellner, *Nations and Nationalism*, 1; "Anschluss and World War II," *Britannica*, https://www.britannica.com/place/Austria/

Anschluss-and-World-War-II; Keren Yarhi-Milo, *Knowing the Adversary: Leaders, Intelligence, and Assessment of Intentions in International Relations* (Princeton, NJ, 2014), 69–98; Rick Noack, "Why do nearly 40 percent of Germans endorse Russia's annexation of Crimea?" *Washington Post*, November 28, 2014

第六章

1. Serhii Plokhy, "The Empire Strikes Back," in Plokhy, *The Frontline: Essays on Ukraine's Past and Present* (Cambridge, MA, 2020), 231; Rajan Menon and Eugene Rumer, *Conflict in Ukraine: The Unwinding of the Post– Cold War Order* (Cam-bridge, MA, and London, 2015), 81–85; Serhy Yekelchyk, *The Conflict in Ukraine: What Everyone Needs to Know* (New York, 2015), 128–31.
2. Vladimir Putin, "Address by President of the Russian Federation," March 18, 2014, http://en.kremlin.ru/events/president/news/20603; Fiona Hill and Clifford G. Gaddy, *Mr. Putin: Operative in the Kremlin* (Washington, DC, 2015), 368–69.
3. "Putin sozdal krymskii federal'nyi okrug," *BBC News*, March 21, 2014, https://www.bbc.com/russian/russia/2014/03/140321_crimea_putin_federal_district.
4. "MID Rossii predlozhil sdelat' Ukrainu federatsiei," *Vedomosti*, March 17, 2014, https://www.vedomosti.ru/politics/articles/2014/03/17/mid-rossii-predlozhil-sdelat-ukrainu-federaciej.
5. "Lavrov nastaivaet na federalizatsii Ukrainy," *Polit.ru*, March 31, 2014, https://m.polit.ru/news/2014/03/31/lavrov/; "MID Ukrainy zaiavil ob otkaze vlastei ot federalizatsii strany," *Polit.ru*, April 1, 2014, https://m.polit.ru/news/2014/04/01/federalization/; Julian Borger and Alec Luhn, "Ukraine crisis: Geneva talks produce agreement on defusing conflict," Guardian, April 17, 2014, https://www.theguardian.com/world/2014/apr/17/ukraine-crisis-agreement-us-russia-eu; "Ukraine crisis: Deal to 'de-escalate' agreed in Geneva," *BBC News*, April 17, 2014, https://www.bbc.com/news/world-europe27072351.
6. Lidia Kelly, "Russian politician proposes new divisions of Ukraine," Reuters, March 24, 2014, https://www.reuters.com/article/ukraine-crisis-partition-letter/russian-politician-proposes-new-divisions-of-ukraine-idUSL5N0ML1LO20140324; "Former Polish FM Says Putin Offered to Divide Ukraine With Poland," *Radio Free Europe/Radio Liberty*, October 21, 2014, https://www.rferl.org/a/26647587.html.
7. Kelly, "Russian politician proposes new divisions of Ukraine"; "President Vladimir Putin met with Polish Prime Minister Donald Tusk," President of Russia, February 8, 2008, http://en.kremlin.ru/events/president/news/43774; Marcel H. Van Herpen, *Putin's*

Wars: The Rise of Russia's New Imperialism (Lanham, Boul-der, New York, and London, 2015), 4–5.

8. Linda Kinstler, "In eastern Ukraine, protestors are chanting 'New Russia'—an old term that's back in fashion," *New Statesman*, April 8, 2014, https://www.newstatesman.com/politics/2014/04/eastern-ukraine-protestors-are-chanting-new-russia-old-term-s-back-fashion; Veselova, "Plenki Glaz'eva: kto i kak koordiniroval iz Rossii sobytiia 'krymskoi vesny' "; "Direct Line with Vladimir Putin," President of Russia, April 17, 2014, http://kremlin.ru/events/president/news/20796

9. Marlene Laruelle, *Russian Nationalism: Imaginaries, Doctrines, and Political Battlefields* (London and New York, 2019), 196.

10. Paul D'Anieri, *Ukraine and Russia: From Civilized Divorce to Uncivil War* (Cam-bridge, UK, 2019), 234–35, 240–41; Michael Kofman, Katya Migacheva, Brian Nichiporuk, Andrew Radin, Olesya Tkacheva, and Jenny Oberholtzer, *Lessons from Russia's Operations in Crimea and Eastern Ukraine* (Santa Monica, CA, 2019), 39–40.

11. Plokhy, *The Gates of Europe*, 342; Yuri Zhukov, "Trading Hard Hats for Combat Helmets: The Economics of Rebellion in Eastern Ukraine," *Journal of Comparative Economics* 44, no. 1 (October 2015): 1–15; cf. Zhukov, "The Economics of Rebellion in Eastern Ukraine," *Vox Ukraine*, November 10, 2015, https://voxukraine.org/en/the-economics-of-rebellion-in-eastern-ukraine/.

12. Laruelle, *Russian Nationalism*, 196–206; Laruelle, "Back from Utopia: How Don-bas Fighters Reinvent Themselves in a Post-Novorossiya Russia," *Nationalities Papers* 47, no. 5 (2019): 719–33.

13. Paul Sonne and Philip Shishkin, "Pro-Russian Commander in Eastern Ukraine Sheds Light on Origin of Militants," *Wall Street Journal*, April 26, 2014, https://www.wsj.com/articles/SB10001424052702304788404579526160643349256.

14. "Poroshenko: 'No negotiations with separatists,' " *DW*, May 8, 2014, https://www.dw.com/en/poroshenko-no-negotiations-with-separatists/a-17619764; Alec Luhn and Shaun Walker, "Poroshenko promises calm 'in hours' amid battle to control Donetsk airport," *Guardian*, March 26, 2015.

15. "Donetsk militants send 34 pro-Russian separatist bodies to Russia leader," *Kyiv Post*, May 30, 2014, https://www.kyivpost.com/article/content/war-against-ukraine/donetsk-militants-send-34-pro-russian-separatists-bodies-to-russia-leader-350016.html; Christopher Miller, "Ukrainian Forces Seize Crucial Port City from Pro-Russia Separatists," *Mashable*, June 13, 2014, https://mashable.com/archive/ukraine-seize-port-city-russia-separatists.

16. "Ukraine crisis: Rebels abandon Sloviansk stronghold," *BBC News*, July 5, 2014, https://www.bbc.com/news/world-europe-28174104; Karoun Demirjian and Michael Birnbaum, "Russia warns Ukraine of 'irreversible conse-quences' after cross-

border shelling," *Washington Post*, July 13, 2014, https://www.washingtonpost.com/world/russia-warns-ukraine-of-irreversible-consequences-after-cross-border-shelling/2014/07/13/d2be1bb0-0a85-11e4-8341-b8072b1e7348_story.html; "Ukrainian Troops Were Likely Shelled from Russian MRLS Tornado in Zelenopillia," *Censor.net*, July 15, 2014, https://censor.net/en/news/293840/ukrainian_troops_were_likely_shelled_from_russian_mrls_tornado_in_zelenopillia.

17. "Update in criminal investigation MH17 disaster," Openbaar Ministerie, May 24, 2018, https://web.archive.org/web/20180524222602/https://www.om.nl/onderwerpen/mh17-crash/@103196/update-criminal-0/; Michael Walsh and Larry McShane, "Malaysia Airlines Flight 17 shot down by surface-to-air missile in what Ukrainian president calls 'act of terrorism,' " *New York Daily News*, July 18, 2014, https://www.nydailynews.com/2014/07/18/malaysia-airlines-flight-17-shot-down-by-surface-to-air-missile-in-what-ukrainian-president-calls-act-of-terrorism/; "MH17 plane crash: EU to widen Russia sanctions," *BBC News*, 22 July 2014, https://www.bbc.com/news/uk–28415248.

18. "Sylam ATO nareshti vdalosia rozdilyty terorystiv na Donbasi na dvi hrupy," *TSN*, August 3, 2014, https://tsn.ua/ukrayina/silam-ato-nareshti-vdalosya-rozdiliti-teroristiv-na-donbasi-na-dvi-grupi–361740.html.

19. "V Amvrosievku voshli rossiiskie voiska bez znakov otlichiia," *Liga.novyny*, August 24, 2014, https://news.liga.net/politics/news/v_amvrosievku_voshli_rossiyskie_voyska_istochnik; "Captured Russian troops in Ukraine by accident,' " *BBC News*, August 26, 2014, https://www.bbc.com/news/world-europe–28934213; "Fears of massacre after accusations Russians reneged on safe passage for Ukrainian forces," *Daily Telegraph*, August 31, 2014; Taras Kuzio, *Putin's War against Ukraine: Revolution, Nationalism, and Crime* (Toronto, 2017), 253.

20. "Protokol po itogam konsul'tatsii Trekhstoronnei kontaktnoi gruppy," chrome-extension://efaidnbmnnnibpcajpcglclendmkaj/https://files/f/documents/a/a/123258.pdf; D'Anieri, *Ukraine and Russia*, 247.

21. Shaun Walker and Oksana Grytsenko, "Ukraine forces admit loss of Donetsk airport to rebels," *Guardian*, January 21, 2015, https://www.theguardian.com/world/2015/jan/21/russia-ukraine-war-fighting-east; "Debal'tseve battle: Pro-Russian and Ukrainian forces agree to humanitarian corridor for civilians," *International Business Times*, February 6, 2015; "Ukraine troops, pro-Russia rebels intensify clashes," *CBS News*, February 10, 2015, https://www.cbsnews.com/news/ukraine-troops-pro-russia-rebels-intensify-clashes/; Kuzio, *Putin's War*, 256.

22. "Minsk agreement on Ukraine crisis: text in full," *Daily Telegraph*, February 12, 2015.

23. Laruelle, "Back from Utopia: How Donbas Fighters Reinvent Themselves in a Post-Novorossiya Russia"; Donbas Doubles: The Search for Girkin and Plotnitsky's Cover Identities," *Bellingcat*, July 18, 2022, https://www.bellingcat.com/news/2022/07/18/donbas-doubles-the-search-for-girkin-and-plotnitskys-cover-identities/; "GRU-shnik Girkin zaiavil," https://www.youtube.com/shorts/6RHeRkTzjmo.
24. Sviatoslav Khomenko, "Kto za kogo golosoval: elektoral'naia geogra ia pre-zidentskikh vyborov," *BBC News*, May 28, 2014, https://www.bbc.com/ukrainian/ukraine_in_russian/2014/05/140528_ru_s_electoral_geography; "Obrobleni 100% biuleteniv: Poroshenko peremih u pershomu turi," *BBC News*, May 29, 2014, https://www.bbc.com/ukrainian/politics/2014/05/140529_poroshenko_vote_count_dt; Serhii Plokhy, *The Gates of Europe: A History of Ukraine*, rev. ed. (New York, 2021), 343–44.
25. "Kazhdyi sam po sebe: Boiko i Medvedchuk idut v radu otdel'no ot Akhmetova i Novinskogo," *Kyïvvlada*, June 6, 2019, https://kievvlast.com.ua/vybory/kazhdyj-sam-po-sebe-bojko-i-medvedchuk-idut-v-radu-otdelno-ot-ahmetova-i-novinskogo.
26. Oxana Shevel, "Decommunization in Post-Euromaidan Ukraine: Law and Practice," *Ponaris Eurasia, Policy Memos*, January 11, 2016, https://www.ponarseurasia.org/decommunization-in-post-euromaidan-ukraine-law-and-practice/; Serhii Plokhy, *The Frontline: Essays on Ukraine's Past and Present* (Cambridge, MA, 2021) 257–79.
27. Pavel Polityuk, "Ukraine passes language law, irritating president-elect and Russia," Reuters, April 25, 2019, https://www.reuters.com/article/us-ukraine-parliament-language-idUSKCN1S111N; "Language, Revolution of Dignity Project, Contemporary Atlas, Digital Atlas of Ukraine," Harvard Ukrainian Research Institute, https://gis.huri.harvard.edu/language-module.
28. Marina Presenti, "Ukraine's cultural revival is a matter of national security," *Atlantic Council*, January 19, 2021, https://www.atlanticcouncil.org/blogs/ukrainealert/ukraines-cultural-revival-is-a-matter-of-national-security.
29. Andriy Mykhaleyko, "The New Independent Orthodox Church in Ukraine," *Comparative Southeast European Studies* 67, no. 4 (2019): 476–99, https://www.degruyter.com/document/doi/10.1515/soeu-2019-0037/html; "Transfer of Parishes," Religious Revolution, Revolution of Dignity Project, Contemporary Atlas, MAPA: Digital Atlas of Ukraine, https://gis.huri.harvard.edu/transfer-parishes.
30. Plokhy, *The Gates of Europe*, 348–49.
31. Steven Pifer, "Poroshenko Signs EU-Ukraine Association Agreement," *Brookings*, June 27, 2014, https://www.brookings.edu/blog/up-front/2014/06/27/poroshenko-signs-eu-ukraine-association-agreement/; "Visas: Council confirms agreement on visa

liberalisation for Ukrainians," European Council, Council of the European Union, March 2, 2017, https://www.consilium.europa.eu/en/press/press-releases/2017/03/02/visa-liberalisation-ukraine/; Plokhy, *The Gates of Europe*, 350–51.

第七章

1. "Putin u menia sprashival, chto o nem napishut v uchebnikakh: glavred 'Ėkha' o lichnom razgovore s prezidentom RF," *Pervyi Russkii*, August 20, 2019, https://tsargrad.tv/news/putin-u-menja-sprashival-chto-o-nem-napishut-v-uchebnikah-glavred-jeha-o-lichnom-razgovore-s-prezidentom-rf_213278.
2. Fiona Hill and Clifford G. Gaddy, *Mr. Putin: Operative in the Kremlin* (Washing-ton, DC, 2015), 64–66.
3. Putin, "On the Historical Unity of the Russians and Ukrainians," President of Russia, http://en.kremlin.ru/events/president/news/66181.
4. Serhii Plokhy, *Lost Kingdom: The Quest for Empire and the Making of the Russian Nation from 1470 to the Present* (New York, 2017), 89–91.
5. Putin, "On the Historical Unity of the Russians and Ukrainians."
6. Putin, "On the Historical Unity of the Russians and Ukrainians," 1.
7. Serhii Rudenko, *Zelensky: A Biography* (Cambridge, UK, 2022).
8. Katya Gorchinskaya, "A brief history of corruption in Ukraine: the Poroshenko Era. The candyman can't confect a system to contain graft," *Eurasianet*, June 11, 2020.
9. "How Volodymyr Zelenskiy beat Petro Poroshenko in Ukraine," *DW*, April 24, 2019, https://www.dw.com/en/how-volodymyr-zelenskiy-beat-petro-poroshenko-in-ukraine/a-48437457.
10. Taras Kuzio, "Russia is quietly occupying Ukraine's information space," *Atlantic Council*, June 27, 2020, https://www.atlanticcouncil.org/blogs/ukrainealert/russia-is-quietly-occupying-ukraines-information-space/; "Ukraine election: Comedian Zelensky wins presidency by landslide," *BBC News*, April 22, 2019, https://www.bbc.com/news/world-europe-48007487; Leonid Nevzlin, Interview with Dmitrii Gorgon, *V gostiakh u Gordona*, August 1, 2022, https://www.youtube.com/watch?v=Iw6A_b7p_2s&t=2956s.
11. Andrei Bogdan, V gostiakh u Gordona, December 14, 2022, https://www.youtube.com/watch?v=QBZM_LBT0QM; Oksana Torop,

"Chy nablyzyvsia Zelens'kyi do myru na Donbasi?" *BBC News*, May 19, 2020, https://www.bbc.com/ukrainian/features-52542365.

12. "Ukraine hopes to get MAP at NATO summit next year—Taran," *Ukrinform*, December 1, 2020, https://www.ukrinform.net/rubric-defense/3146549-ukraine-hopes-to-get-map-at-nato-summit-next-year-taran.html.
13. Yuras Karmanau, "Ukraine shuts TV channels owned by Russia-friendl-tycoon," *ABC News*, February 3, 2021, https://abcnews.go.com/Business/wireStory/ukraine-shuts-tv-channels-owned-russia-friendly-tycoon-75661067.
14. Aleksei Titov, "Putin vpervye prokomentiroval zakrytie kanalov Medvedchuka," *Obozrevatel'*, February 17, 2022, https://news.obozrevatel.com/russia/putin-vpervyie-prokommentiroval-zakryitie-kanalov-medvedchuka.htm.
15. Dan Sabbagh, "Ukraine urges Nato to hasten membership as Russian troops gather," *Guardian*, April 6, 2021, https://www.theguardian.com/world/2021/apr/06/ukraine-pressures-nato-for-membership-as-russia-amasses-troops-at-border; Amy Mackinnon, Jack Detsch, and Robbie Gramer, "Near Ukraine Puts Team Biden on Edge: Is Russia Testing the Waters or Just Testing Biden?," *Foreign Policy*, April 2, 2021, https://foreignpolicy.com/2021/04/02/russia-ukraine-military-biden/; Mykola Bielieskov, "The Russian and Ukrainian Spring 2021 War Scare," Center for Strategic and International Studies, September 21, 2021, https://www.csis.org/analysis/russian-and-ukrainian-spring-2021-war-scare.
16. Gordon Corera, "Ukraine: Inside the spies' attempts to stop the war," *BBC News*, April 9, 2022, https://www.bbc.com/news/world-europe-61044063; Holly Ellyatt, "Biden and Putin conclude high-stakes diplomacy at Geneva summit," *CNBC News*, June 16, 2021, https://www.cnbc.com/2021/06/16/putin-biden-summit-in-geneva-2021.html.
17. Shane Harris, Karen DeYoung, Isabelle Khurshudyan, Ashley Parker, and Liz Sly, "Road to war: U.S. struggled to convince allies, and Zelensky, of risk of invasion," *Washington Post*, August 16, 2022, https://www.washingtonpost.com/national-security/interactive/2022/ukraine-road-to-war/?itid=hp-top-table-main.
18. Harris et al., "Road to war: U.S. struggled to convince allies, and Zelensky, of risk of invasion"; Corera, "Ukraine: Inside the spies' attempts to stop the war"; "Russia planning massive military offensive against Ukraine, involving 150,000 troops," *Washington Post*, December 3, 2021, https://www.washingtonpost.com/national-security/russia-ukraine-invasion/2021/12/03/98a3760e-546b-11ec-8769-2f4ecdf7a2ad_story.html.
19. Andrew Roth, "Russia issues list of demands it says must be met to lower tensions in Europe, *Guardian*, December 17, 2021, https://www.theguardian.com/world/2021/dec/17/russia-issues-list-demands-tensions-europe-ukraine-nato.

20. Harris et al., "Road to war: U.S. struggled to convince allies, and Zelensky, of risk of invasion."
21. Aishvarya Kavi, "Biden Warns U.S. Won't Send Troops to Rescue Americans in Ukraine," *New York Times*, February 10, 2022, https://www.nytimes.com/2022/02/10/us/biden-ukraine.html; Julian Borger, "Biden threatens Putin with personal sanctions if Russia invades Ukraine," *Guardian*, Janu-ary 26, 2022, https://www.theguardian.com/world/2022/jan/26/biden-threatens-putin-with-personal-sanctions-if-russia-invades-ukraine; Dan Sabagh, "US and UK intelligence warnings vindicated by Russian invasion," *Guardian*, February 24, 2022, https://www.theguardian.com/us-news/2022/feb/24/us-uk-intelligence-russian-invasion-ukraine.
22. Illia Ponomarenko, "US delivers 300 more Javelins to Ukraine," *Kyiv Independent*, January 26, 2022, https://kyivindependent.com/national/us-delivers–300-more-javelins-to-ukraine/; Zach Dorfman, "CIA-trained Ukrainian paramilitaries may take central role if Russia invades," *Yahoo!News*, January 13, 2022, https://news.yahoo.com/cia-trained-ukrainian-paramilitaries-may-take-central-role-if-russia-invades-185258008.html; Eliot A. Cohen, "Arm the Ukrai-nians Now!" *Atlantic*, February 2022, https://www.theatlantic.com/ideas/archive/2022/02/putin-russia-invasion-ukraine-war/621182/.
23. Readout of President Biden's Video Call with President Vladimir Putin of Russia, December 7, 2021, https://www.whitehouse.gov/briefing-room/statements-releases/2021/12/07/readout-of-president-bidens-video-call-with-president-vladimir-putin-of-russia/; Readout of President Biden's Video Call with European Leaders on Russia and Ukraine, January 24, 2022, https://www.whitehouse.gov/briefing-room/statements-releases/2022/01/24/readout-of-president-bidens-video-call-with-european-leaders-on-russia-and-ukraine/; Michael Crowley and David E. Sanger, "U.S. and NATO Respond to Putin's Demands as Ukraine Tensions Mount," *New York Times*, January 26, 2022, https://www.nytimes.com/2022/01/26/us/politics/russia-demands-us-ukraine.html; Serhii Plokhy, "The empire returns: Russia, Ukraine and the long shadow of the Soviet Union," *Financial Times*, January 28, 2022, https://www.ft.com/content/0cbbd590-8e48-4687-a302-e74b6f0c905d.
24. Anton Troianovski and David E. Sanger, "Russia Issues Subtle Threats More Far-Reaching Than a Ukraine Invasion," *New York Times*, January 16, 2022, https://www.nytimes.com/2022/01/16/world/europe/russia-ukraine-invasion.html; Rafael Bernal, "Russia suggests military deployments to Cuba, Venezuela an option," *The Hill*, January 13, 2022, https://thehill.com/policy/defense/589595-russia-suggests-military-deployments-to-cuba-venezuela-an-option/.
25. Manohla Dragis, " 'Munich: The Edge of War' Review: 'Well Navigated, Sir' (Not!)," *New York Times*, January 20, 2022, https://

www.nytimes.com/2022/01/20/movies/munich-the-edge-of-war-review.html.

26. Harris et al., "Road to war: U.S. struggled to convince allies, and Zelensky, of risk of invasion."
27. Harris etal.,"Roadtowar: U.S. struggledtoconvinceallies, and Zelensky, ofriskofinva-sion";Read out of President Biden's Call with President Zelenskyy of Ukraine, January27, 2022, https://www.whitehouse.gov/briefing-room/statements-releases/2022/01/27/readout-of-president-bidens-call-with-president-zelenskyy-of-ukraine-2/; "Zelens'kyi: panika koshtuvala Ukraïni 15,5 mlrd," *BBC News*, January 28, 2022, https://www.bbc.com/ukrainian/news–60171082; Christo Grozev interview, https://m.youtube.com/watch?v=ekQB8pOwsC4.
28. Matthew Luxmoore and Bojan Pancevski, "Russia, Ukraine Talks Falter as Scope for Diplomatic Solution Narrows," *Wall Street Journal*, February 10, 2022; "Exclusive: As war began, Putin rejected a Ukraine peace deal recommended by aide," Reuters, September 14, 2022, https://www.reuters.com/world/asia-pacific/exclusive-war-began-putin-rejected-ukraine-peace-deal-recommended-by-his-aide-2022-09-14/.
29. Harris et al., "Road to war: U.S. struggled to convince allies, and Zelensky, of risk of invasion"; "Ukraine's president told Biden to 'calm down' Russian inva-sion warnings, saying he was creating unwanted panic: report," *Business Insider*, January 28, 2022, https://www.businessinsider.com/ukraine-president-told-biden-calm-down-russian-invasion-warnings-report-2022-1; Marta Bondarenko, "Dosyt' siiaty paniku cherez viinu," *Fakty*, January 29, 2022, https://fakty.com.ua/ua/ukraine/polituka/20220129-dosyt-siyaty-paniku-cherez-vijnu-zelenskyj-dorikaye-zahidnym-lideram-shho-pyshut-zakordonni-zmi-pro-preskonferencziyu-prezydenta/.
30. "Vystup Prezydenta Ukraïny na 58-i Miunkhens'kii konferentsiï z pytan' bezpeky," Prezydent Ukraïny, February 19, 2022, https://www.president.gov.ua/news/vistup-prezidenta-ukrayini-na-58-j-myunhenskij-konferenciyi-72997.
31. "Zelensky's full speech at Munich Security Conference," *Kyiv Independent*, Feb-ruary 19, 2022, https://kyivindependent.com/national/zelenskys-full-speech-at-munich-security-conference/; Patrick Wintour, "Memory of 1938 hangs heavy in Munich as Ukrainian president calls for action," *Guardian*, Febru-ary 20, 2022, https://www.theguardian.com/world/2022/feb/20/memory-of–1938-munich-ukrainian-president-zelenskiy-russia.
32. Roman Romaniuk, "From Zelenskyy's 'surrender' to Putin's surrender: how the negotiations with Russia are going," *Ukraïns'ka pravda*, May 5, 2022, https://www.pravda.com.ua/eng/articles/2022/05/5/7344096/.

33. Sergei Markov, "Putin ne mozhet uiti ot vlasti, ostaviv Ukrainu okkupirovannoi," Sovet po vneshnei i oboronnoi politike, December 27, 2021, http://svop.ru/main/40348/; "Putin's worsening health set to be a determining factor in Russia's policy over the next four years," Robert Lansing Institute, September 29, 2021, https://lansinginstitute.org/2021/09/29/putins-worsening-health-set-to-be-a-determining-factor-in-russias-policy-over-the-next-four-years/.
34. Plokhy, *Lost Kingdom*, 331–32; Paul D'Anieri, *Russia and Ukraine: From Civilized Divorce to Uncivil War* (Cambridge, UK, 2019), 193–94.
35. Jeffrey Edmonds, "Start with the Political: Explaining Russia's Bungled Invasion of Ukraine," *War on the Rocks*, April 28, 2022, https://warontherocks.com/2022/04/start-with-the-political-explaining-russias-bungled-invasion-of-ukraine/; "Otkrytoe pis'mo generala Ivashova—Putinu," https://proza.ru/2022/02/07/189.
36. *Russia's War in Ukraine: Military and Intelligence Aspects*, 1; "Oh, How They Lied. The Many Times Russia Denied Ukraine Invasion Plans," *Polygraph.Info*, March 9, 2022, https://www.polygraph.info/a/fact-check-russia-lies-ukraine-war/31745164.html; "Putin vral, chto voiny s Ukrainoi ne budet. Khronologiia obmana prezidenta RF," *DW*, February 24, 2022, https://www.dw.com/ru/putin-vral-chto-vojny-s-ukrainoj-ne-budet-hronologija-obmana/a-60904218.
37. "Bol'shoe zasedanie Soveta bezopasnosti Rossii. Priamaia transliatsiia," February 21, 2022, https://www.1tv.ru/shows/vystupleniya-prezidenta-rossii/vneocherednoe-zasedanie-soveta-bezopasnosti-rossii/bolshoe-zasedanie-soveta-bezopasnosti-rossii-pryamaya-translyaciya.
38. Aleksandr Iuzovskii, "Khristo Grozev: dazhe Lavrov byl shokirovan nachalom voiny v Ukraine," MINEWSS, May 6, 2022, https://mignews.com/news/politic/hristo-grozev-dazhe-lavrov-byl-shokirovan-nachalom-vojny-v-ukraine.html.
39. Address by the President of the Russian Federation, February 21, 2022, 22:35. The Kremlin, Moscow, http://en.kremlin.ru/events/president/news/20603.
40. Serhii Plokhy, "Casus Belli: Did Lenin Create Modern Ukraine?" Harvard Ukrainian Research Institute, February 27, 2022, https://huri.harvard.edu/news/serhii-plokhii-casus-belli-did-lenin-create-modern-ukraine.
41. "Address by the President of the Russian Federation," President of Russia, Febru-ary 24, 2022, http://en.kremlin.ru/events/president/news/67843.
42. Dan Sabbagh, "Russia is creating lists of Ukrainians 'to be killed or sent to camps,' US claims," *Guardian*, February 21, 2022,

https://www.theguardian.com/world/2022/feb/21/us-claims-russia-creating-lists-of-ukrainians-to-be-killed-or-sent-to-camps-report.

43. "Address by the President of the Russian Federation," President of Russia, February 24, 2022; Magdalena Kaltseis, "Russia's invasion of Ukraine: Thefirst day of the war in Russian TV talk shows," Forum for Ukrainian Studies, May 11, 2022, https://ukrainian-studies.ca/2022/05/11/russias-invasion-of-ukraine-the-first-day-of-the-war-in-russian-tv-talk-shows/; "Russia won't invade Ukraine, intends to protect DPR, LPR within their borders, MP says," *TASS Russian News Agency*, February 24, 2022, https://tass.com/politics/1409525?utm_source=google.com&utm_medium=organic&utm_campaign=google.com&utm_referrer=google.com.
44. Ol'ha Hlushchenko, "U mistakh Ukraïny chutni vybukhy," *Ukraïns'ka pravda*, Feb-ruary 24, 2022, 05:37, https://www.pravda.com.ua/news/2022/02/24/7325223/; "U Kyievi i Kharkovi pochalysia raketni udary," *Ukraïns'ka pravda*, February 24, 2022, 05:53, https://www.pravda.com.ua/news/2022/02/24/7325224/; "Rosiiany atakuvaly kordon u 5 oblastiakh i z Krymu," *Ukraïns'ka pravda*, February 24, 2022, 07:17, https://www.pravda.com.ua/news/2022/02/24/7325234/.
45. *Russia's War in Ukraine: Military and Intelligence Aspects*, Updated April 27, 2022, Congressional Research Service, 3–4, https://crsreports.congress.gov/product/pdf/R1R47068.
46. Al Jazeera Sta, "Russia facing setbacks in Ukraine, US intelligence officials say," *Aljazeera*, March 8, 2022, https://www.aljazeera.com/news/2022/3/8/russia-facing-setbacks-in-ukraine-us-intelligence-officials-say; "Budut antifashistskie vosstaniia: Sergei Markov o planakh Rossii v konflikte s Ukrainoi."
47. "Budut antifashistskie vosstaniia: Sergei Markov o planakh Rossii v kon ikte s Ukrainoi."

第八章

1. Simon Shuster, "Inside Zelensky's World," *Time*, April 28, 2022, https://time.com/6171277/volodymyr-zelensky-interview-ukraine-war/; Christo Grozev interview *@Prodolzhenie sleduet*, June 16, 2022, https://m.youtube.com/watch? v=ekQB8pOwsC4, 24.00.
2. Sevgil' Musaieva, "Oleksii Danilov: Rosiia rozpadet'sia shche pry nashomu zhytti," *Ukraïns'ka pravda*, April 22, 2022, https://www.pravda.com.ua/articles/2022/04/22/7341267/.
3. Paul Sonne, Isabelle Khurshudyan, Serhiy Morgunov, and Kostiantyn Khudov, "Battle for Kyiv: Ukrainian valor, Russian blunders combined to save the capital," *Washington Post*, August 24, 2022, https://www.washingtonpost.com/national-

security/interactive/2022/kyiv-battle-ukraine-survival/; Roman Kravets' and Roman Romaniuk, "Try naidovshi dni liutoho. Iak pochalasia velyka viina, v iaku nikhto ne viryv," *Ukrains'ka Pravda*, September 5, 2022, https://www.pravda.com.ua/articles/2022/09/5/7366059/.

4. "Rosiia napala na Ukraïnu," *Ukraïns'ka pravda*, February 24, 2022, https://www.pravda.com.ua/articles/2022/02/24/7325239/.
5. Valentyna Romanenko, "Viis'kovi do ostann'oho spodivalysia, shcho RF pide v nastup til'ky cherez Donbas—bryhadnyi heneral," *Ukraïns'ka pravda*, June 4, 2022, https://www.pravda.com.ua/news/2022/06/4/7350496/.
6. "Budut antifashistskie vosstaniia: Sergei Markov o planakh Rossii v konflikte s Ukrainoi," *Biznes.Onlain*, February 25, 2022, https://www.business-gazeta.ru/article/540893.
7. Avid M. Herszenhorn and Paul McLeary, "Ukraine's 'iron general' is a hero, but he's no star," *Politico*, April 8, 2022; Simon Shuster and Vera Bergengruen, "Inside the Ukrainian Counterstrike that Turned the Tide of the War," *Time*, September 26, 2022, https://time.com/6216213/ukraine-military-valeriy-zaluzhny/; Sonne et al., "Battle for Kyiv: Ukrainian valor, Russian blunders combined to save the capital."
8. "Rosiis'ki viis'ka z Bilorusi uviishly do Chornobyl's'koï zony—Herashchenko," *Ukraïns'ka pravda*, February 24, 2022, 16:40, https://www.radiosvoboda.org/a/news-rosiiski-viiska-bilorus-chornobylska-zona/31721085.html; Ari Saito and Maria Tsvetkova, "The Enemy Within," Reuters, July 28, 2022, https://www.reuters.com/investigates/special-report/ukraine-crisis-russia-saboteurs/.
9. Erin Doherty and Ivana Saric, "Russian military forces seize Chernobyl nuclear plant," *Axios*, February 24, 2022, https://www.axios.com/2022/02/24/ukraine-zelensky-chernobyl-nuclear-power-plant; Meghan Kruger, "15 new Chernobyls: A Survivor's Fears about Putin's War," *Washington Post*, March 2, 2022, https://www.washingtonpost.com/opinions/2022/03/02/ukraine-war-nuclear-chernobyl-zaporizhia-reactor/; Tobin Harshaw, "Another Chernobyl Disaster? Russian Invaders Are Taking the Risk. A Q&A with atomic energy expert Serhii Plokhii on Putin's new form of 'nuclear terrorism,' " Bloomberg, March 11, 2022; Serhii Plokhy, "Poisoned legacy: why the future of power can't be nuclear," *Guardian*, May 14, 2022; "Nuclear plants could become dirty bombs in Ukraine, warns Serhii Plokhy," *Economist*, June 16, 2022, https://www.economist.com/by-invitation/2022/06/16/nuclear-plants-could-become-dirty-bombs-in-ukraine-warns-serhii-plokhy.
10. *Russia's War in Ukraine: Military and Intelligence Aspects*, 4; Mykhailo Zhyrokhov, "Bytva za Kyïv: iak kuvalasia peremoha ukraïns'koï armiï," *Apostrof*, April 7, 2022, https://apostrophe.ua/ua/article/society/2022-04-07/bitva-za-kiev-kak-kovalas-pobeda-

ukrainskoy-armii/45241; "ZSU znyshchyly kadyrivtsiv, iaki planuvaly vbyty Zelens'koho—rozvidka," *Ukraïns'ka pravda*, March 1, 2022, https://www.pravda.com.ua/news/2022/03/1/7327224/.

11. Zhyrokhov, "Bytva za Kyïv: iak kuvalasia peremoha ukraïns'koï armiï"; Sebastan Roblin, "Pictures: In Battle for Hostomel, Ukraine Drove Back Russia's Attack Helicopters and Elite Paratroopers," *1945*, February 25, 2022, https://www.19fortyfive.com/2022/02/pictures-in-battle-for-hostomel-ukraine-drove-back-russias-attack-helicopters-and-elite-paratroopers/; James Marson, "Putin Thought Ukraine Would Fall Quickly. An Airport Battle Proved Him Wrong," *Wall Street Journal*, March 3, 2022, https://www.wsj.com/articles/putin-thought-ukraine-would-fall-quickly-an-airport-battle-proved-him-wrong-11646343121; "Hostomel's'kyi kapkan: iak ukraïns'ki voïny znyshchuvaly 'slavnozvisnyi' rosiis'kyi desant pid Kyievom," June 3, 2022, https://www.youtube.com/watch?v=iB1vApynTiE; Sonne et al. "Battle for Kyiv: Ukrainian valor, Russian blunders combined to save the capital."

12. Zhyrokhov, "Bytva za Kyïv: iak kuvalasia peremoha ukraïns'koï armiï;" "Terminovo. Okupanty namahaiut'sia vysadyty desant u Vasyl'kovi, idut' boï," *Ukrinform*, February 26, 2022, 01:35, https://www.ukrinform.ua/rubric-ato/3413199-okupanti-namagautsa-visaditi-desant-u-vasilkovi-jdut-boi.html; "Vasyl'kiv pid kontrolem ukraïns'kykh viis'kovykh, boï zakinchuit'sia—vlada," Radio Liberty, February 26, 2022, 07:38, https://www.radiosvoboda.org/a/news-vasylkiv-boyi/31724428.html; "Russian-Belarusian maneuvers: Concern and mistrust near the Ukrainian border," *DW*, February 15, 2022, https://www.dw.com/en/russian-belarusian-maneuvers-concern-and-mistrust-near-the-ukrainian-border/a-60791583.

13. Zhyrokhov, "Bytva za Kyïv: iak kuvalasia peremoha ukraïns'koï armiï"; Romanenko, "Viis'kovi do ostann'oho spodivalysia, shcho RF pide v nastup til'ky cherez Donbas."

14. Mykhaylo Zabrodskyi, Dr. Jack Watling, Oleksandr V. Danylyuk, and Nick Reynolds, *Preliminary Lessons in Conventional War ghting from Russia's Invasion of Ukraine: February–July 2022* (London: Royal United Services Institute for Defence Studies, 2022), 1; "Brytans'ka rozvidka nazvala kliuchovyi factor ostannikh taktychnykh uspikhiv RF na Donbasi," *Ukraïns'ka pravda*, June 4, 2022, https://www.pravda.com.ua/news/2022/06/4/7350474/; Yaroslav Trofimov, "Ukrainian Forces Repel Russian Attack on Kyiv, Prepare for Next Assault," *Wall Street Journal*, February 26, 2022, https://www.wsj.com/articles/russias-assault-on-ukraine-presses-forward-as-street-battles-rage-in-kyiv-11645864200; Zhyrokhov, "Bytva za Kyïv: iak kuvalasia peremoha ukraïns'koï armiï;" Iryna Balachuk, "Pid Kyievom pidirvaly mosty, shchob zupynyty voroha," *Ukraïns'ka pravda*, February 25,

2022, https://www.pravda.com.ua/news/2022/02/25/7325670/; Anjali Singhvi, Charlie Smart, Mika Gröndahl and James Glanz, "How Kyiv Has Withstood Russia's Attacks," *New York Times*, April 2, 2022, https://www.nytimes.com/interactive/2022/04/02/world/europe/kyiv-invasion-disaster.html.

15. "Brytans'ka rozvidka nazvala kliuchovyi faktor ostannikh taktychnykh uspikhiv RF na Donbasi."

16. "Putin prizval ukrainskikh voennykh vziat' vlast' v svoi ruki," *Vedomosti*, Febru-ary 25, 2022, https://www.vedomosti.ru/politics/news/2022/02/25/911011-putin-prizval-ukrainskih-voennih-vzyat-vlast; Christo Grozev, interview with @Prodolzhenie sleduet, June 16, 2022, https://m.youtube.com/watch?v=ekQB8pOwsC4, 14:16; Mykhaylo Zabrodskyi, Dr. Jack Watling, Oleksandr V. Danylyuk, and Nick Reynolds, *Preliminary Lessons in Conventional Warflighting from Russia's Invasion of Ukraine: February–July 2022* (London: Royal United Services Institute for Defence Studies, 2022), 25.

17. Jeffrey Edmonds, "Start with the Political: Explaining Russia's Bungled Invasion of Ukraine," *War on the Rocks*, April 28, 2022, https://warontherocks.com/2022/04/start-with-the-political-explaining-russias-bungled-invasion-of-ukraine/.

18. Sharon Braithwaite, "Zelensky refuses US offer to evacuate, saying 'I need ammunition, not a ride,'" *CNN*, February 26, 2022, https://edition.cnn.com/2022/02/26/europe/ukraine-zelensky-evacuation-intl/index.html.

19. "Zelens'kyi maie naivyshchyi reitynh doviry hromadian sered politykiv—opytuvannia," *Interfax-Ukraina*, February 23, 2022, https://ua.interfax.com.ua/news/political/800817.html.

20. "Vira ukraïntsiv u peremohu shchodnia zrostaie i zaraz siahnula 88%—opytuvannia," *Khmarochos*, March 2, 2022, https://hmarochos.kiev.ua/2022/03/02/vira-ukrayincziv-u-peremogu-shhodnya-zrostaye-j-zaraz-syagnula-88-opytuvannya/; "Doslidzhennia: Maizhe 80% ukraïntsiv viriat' u peremohu Ukraïny u viini z Rosiieiu," *Detektor.media*, March 8, 2022, https://detector.media/infospace/article/197289/2022-03-08-doslidzhennya-mayzhe-80-ukraintsiv-viryat-u-peremogu-ukrainy-u-viyni-z-rosiieyu/.

21. Valentyna Romanova and Andreas Umland, "Kennan Cable No. 44: Ukrainian Local Governance Prior to Euromaidan: The Pre-History of Ukraine's Decentralization Reform," Kennan Institute, https://www.wilsoncenter.org/publication/kennan-cable-no-44-ukrainian-local-governance-prior-to-euromaidan-the-pre-history; "Decentralisation in Ukraine: A Successful Reform," Council of Europe, Democratic Government Newsroom, Kyiv, Ukraine, July 28, 2021, https://www.coe.int/en/web/good-governance/-/decentralisation-in-ukraine-a-successful-reform; Nataliya Gumenyuk, "Russia's Invasion is Making Ukraine More Democratic,"

Atlantic, July 13, 2022, https://www.theatlantic.com/ideas/archive/2022/07/russian-invasion-ukraine-democracy-changes/661451/.

22. Trofimov, "Ukrainian Forces Repel Russian Attack on Kyiv"; Ivan Boiko, "Zakhyst Kyieva: stalo vidomo, chym ozbroïly teroboronu stolytsi," *UNIAN*, March 3, 2022, https://www.unian.ua/war/oborona-kiyeva-stalo-vidomo-chim-ozbrojili-teroboronu--stolici-novini-kiyeva-11728030.html.

23. Richard Engel, Lauren Egan, and Phil McCausland, "Ukraine tells Russia 'die or surrender' as its Kyiv counterattack pushes back invaders," *NBC News*, March 24, 2022, https://www.nbcnews.com/news/world/ukraine-tells-russia-die-surrender-kyiv-counterattack-drives-invaders-rcna21197; Alex Vershinin, "Lessons From the Battle for Kyiv, *Russia Matters*, April 21, 2022, https://www.russiamatters.org/analysis/lessons-battle-kyiv.

24. Andrei Soldatov, "Why is a Russian Intelligence General in Moscow Lefortovo Prison?" *Moscow Times*, April 12, 2022, https://www.themoscowtimes.com/2022/04/11/why-is-a-russian-intelligence-general-in-moscow-lefortovo-prison-a77301; Reid Sandish, "Interview: Why The 'Failure' Of Russian Spies, Generals Is Leading To 'Apocalyptic' Thinking in the Kremlin," *Radio Free Europe/Radio Liberty*, May 8, 2022, https://www.rferl.org/a/russia-ukraine-war-setbacks-strategy-generals-putin/31839737.html; Roman Anin, "Kak Putin prinial reshenie o voine," *Vazhnye istorii*, May 16, 2022, https://istories.media/opinions/2022/05/16/kak-putin-prinyal-reshenie-o-voine/.

25. " 'My voobshche-to mirotvortsy. No vam vsem p@zdets...' 35 dniv okupatsiï sela Obukhovychi—vid trahediï do farsu," *Ukraïns'ka pravda*, May 18, 2022, https://www.pravda.com.ua/articles/2022/05/18/7346648/.

26. "Terminovo. Rosiis'ki zaharbnyky zastrelyly mera Hostomelia pid chas rozdachi dopomohy," *Ukrinform*, March 3, 2022, https://www.ukrinform.ua/rubric-ato/3422459-rosijski-zagarbniki-zastrelili-mera-gostomela-pid-cas-rozdaci-dopomogi.html; Iana Korniichuk, "Pislia vbyvstva rosiiany zaminuvaly tilo mera Hostomelia," *Slidstfo.Info*, March 10, 2022, https://www.slidstvo.info/warnews/pislya-vbyvstva-rosiyany-zaminuvaly-tilo-miskogo-golovy-gostomelya/; Ol'ha Kyrylenko, "Dyiavol nosyt' formu rosiis'koho soldata. Iak katuvaly na Kyïvshchyni," *Ukraïns'ka pravda*, April 6, 2022, https://www.pravda.com.ua/articles/2022/04/6/7337625/.

27. Svitlana Kizilova, "Bucha pislia vazhkykh boïv: spaleni vorozhi kolony, poshkodzheni khaty. Ie vtraty," *Ukraïns'ka pravda*, February 28, 2022, https://www.pravda.com.ua/news/2022/02/28/7326868/; Ol'ha Kyrylenko, "Pochaly rozstriliuvaty, koly zrozumily, shcho Kyïv ïm ne vziaty—mer Buchi Anatolii Fedoruk," *Ukraïns'ka pravda*, April 8, 2022, https://www.pravda.com.ua/

articles/2022/04/8/7338142/.

28. Liena Chychenina, "Budennist' zla. Mii dosvid spilkuvannia z rosiis'kymy viis'kovymy v Buchi," *Detektor media*, April 12, 2022, https://detector.media/infospace/article/198343/2022-04–13-budennist-zla-miy-dosvid-spilkuvannya-z-rosiyskymy-viyskovymy-v-buchi/.

29. Svitlana Kizilova, "Vbyvstvo na rozi Vodoprovidnoï ta Iabluns'koï. Rizanyna v Buchi," *Ukraïns'ka pravda*, April 18, 2022, https://www.pravda.com.ua/articles/2022/04/18/7340436/.

30. "Bucha killings: Satellite image of bodies site contradicts Russian claims," *BBC News*, April 11, 2022, https://www.bbc.com/news/60981238; Kyrylenko, "Pochaly rozstriliuvaty, koly zrozumily, shcho Kyïv ïm ne vziaty"; Chychenina, "Buden-nist' zla."

31. Vladyslav Verstiuk, *Dumky z pidvalu (Dumky ta re eksiï voiennoï doby, Diariush istoryka)*. Vstupne slovo Hennadiia Boriaka (Kyiv, 2022), http://resource.history.org.ua/cgi-bin/eiu/history.exe?&I21DBN=ELIB&P21DBN=ELIB&S21STN=1&S21REF=10&S21FMT=elib_all&C21COM=S&S21CNR=20&S21P01=0&S21P02=0&S21P03=ID=&S21COLORTERMS=0&S21STR=0016524.

32. Mariia Stepaniuk, "Radiatsiina panika: Denysenko rozpoviv, chomu viis'ka RF idut' iz Chornobyl's'koï zony," *Fakty*, March 31, 2022, https://www.stopcor.org/ukr/section-suspilstvo/news-vijska-rf-vijshli-z-chornobilskoi-zoni-energoatom-31-03-2022.html; "ChAES Nezstrumlena. Ukraïns'ki enerhetyky vedut' perehovory z viis'kovymy RF," *BBC News*, March 9, 2022, https://www.bbc.com/ukrainian/news–60679062; Wendell Stevenson with Marta Rodionova, "The inside story of Chernobyl during the Russian occupation," *Economist*, https://www.economist.com/1843/2022/05/10/the-inside-story-of-chernobyl-during-the-russian-occupation.

33. "HUR opryliudnylo spysok rosiis'kykh viis'kovykh, prychetnykh do zvirstv v Buchi," *Ukraïns'ka pravda*, April 4, 2022, https://www.pravda.com.ua/news/2022/04/4/7337048/; Aliona Mazurenko, "U Buchi u brats'kykh mohylakh pokhovaly maizhe 3000 liudei, na vulytsi desiatky trupiv," *Ukraïns'ka pravda*, April 2, 2022, https://www.pravda.com.ua/news/2022/04/2/7336702/; "Ukraine War: Biden accuses Russian troops of committing genocide in Ukraine," *BBC News*, April 13, 2022, https://www.bbc.com/news/world-us-canada–61093300; Iurii Korohods'kyi, "Okupanty vbyly na Kyïvshchyni 1346 tsyvil'nykh—politsiia," *Livyi Bereh*, July 17, 2022, https://lb.ua/society/2022/07/17/523421_okupanti_vbili_kiivshchini_1346.html.

34. Ukaz Prezidenta Rossiiskoi Federatsii ot 18.04.2022 No 215 "O prisvoenii 64 otdel'noi motostrelkovoi brigade pochetnogo

naimenovaniia," http://publication.pravo.gov.ru/Document/View/0001202204180025; Yousur Al-Hlou, Masha Froliak, Dmitriy Khavin, Christoph Koettl, Haley Willis, Alexander Cardia, Natalie Reneau, and Malachy Browne, "Caught on Camera, Traced by Phone: The Russian Military Unit That Killed Dozens in Bucha," *New York Times*, December 22, 2022.

35. Hannah Knowles, Paulina Firozi, Annabelle Timsit, Miriam Berger, Rachel Pannett, Julian Mark, and Dan Lamothe, "Ukraine hopes for cease-fire as Istanbul hosts new talks," *Washington Post*, March 28, 2022, https://www.washingtonpost.com/world/2022/03/28/russia-ukraine-war-news-putin-live-updates/; Kareem Fahim, David L. Stern, Dan Lamothe, and Isabelle Khurshudyan, "Ukraine-Russia talks stir optimism, but West urges caution," *Washington Post*, March 29, 2022, https://www.washingtonpost.com/national-security/2022/03/29/ukraine-russia-turkey-negotiations/; Marco Djurica, "Zelenskiy says Russian war crimes in Ukraine make negotiations harder," Reuters, April 4, 2022, https://www.reuters.com/world/europe/ukraines-president-says-russian-actions-ukraine-make-negotiations-harder–2022-04-04/.

36. "How many Ukrainian refugees are there and where have they gone?" *BBC News*, July 4, 2022, https://www.bbc.com/news/world–60555472; "Cumulative number of people who crossed the Polish border from the war-stricken Ukraine as of July 2022," *Statista*, https://www.statista.com/statistics/1293228/poland-ukrainian-refugees-crossing-the-polish-border/; Operational Data Portal. Ukraine Refugee Situation, The UN Refugee Agency, August 30, 2022, https://data.unhcr.org/en/situations/ukraine.

37. Dylan Carter, "Tragedy and utter desolation: Ukraine refugees in Brussels tell their story," *Brussels Times*, March 24, 2022, https://www.brusselstimes.com/212576/tragedy-and-utter-desolation-ukraine-refugees-in-brussels-tell-their-story.

38. Mark Armstrong, "Ukraine war: Long queues at Polish border as thousands flee the violence," *Euronews*, February 26, 2022, https://www.euronews.com/2022/02/26/ukraine-invasion-long-queues-at-polish-border-as-thousands-flee-the-violence; Agnieszka Pikulicka-Wilczewska, " 'It was hell': Long lines of Ukrainian refugees at Poland border," *Aljazeera*, February 27, 2022, https://www.aljazeera.com/news/2022/2/27/ukraine-poland-border-refugees-medyka-russia-invasion.

39. "Putin Knows What He's Doing With Ukraine's Refugees. This Is the World's Big Test," *New York Times*, April 1, 2022, https://www.nytimes.com/2022/04/01/opinion/ukraine-russia-war-refugees.html; "UNHCR: A record 100 million people forcibly displaced worldwide," *UN News*, May 23, 2022, https://news.un.org/en/story/2022/05/1118772.

第九章

1. “Ukraine war exposes Russia military shortcomings: analysts,” *France 24*, April 25, 2022, https://www.france24.com/en/live-news/20220425-ukraine-war-exposes-russia-military-shortcomings-analysts; “Investigation: How is the Ukraine war redefining future conflict?” *BBC Newsnight*, May 12, 2022, https://www.youtube.com/watch?v=sTQ5ZGHV9Zs; “War in Ukraine: why is Russia’s army so weak?” *Economist*, May 9, 2022, https://www.youtube.com/watch?v=x8C7aMeunE0.
2. Volodymyr Kravchenko, *The Ukrainian-Russian Borderland: History versus Geography* (Montreal and Kingston, 2022).
3. Jack Losh, “The Kharkiv Resistance Has Already Begun,” *Foreign Policy*, February 24, 2022, https://foreignpolicy.com/2022/02/24/russia-ukraine-war-resistance-kharkiv/; “Center for Countering Misinformation: Russian reports about surrendered 302nd anti-aircraft regiment in Kharkiv region fake,” *Interfax-Ukraine*, February 27, 2022, https://ua.interfax.com.ua/news/general/803053.html; James Verini, “Surviving the Siege of Kharkiv,” *New York Times Magazine*, May 19, 2022, https://www.nytimes.com/interactive/2022/05/19/magazine/kharkiv-siege.html.
4. Stuart Hughes, “Global cluster bomb ban comes into force,” *BBC News*, August 1, 2010, https://www.bbc.com/news/world-10829976.
5. David L. Stern, “Dozens Wounded in Shelling of Kharkiv as Russia Strikes Buildings with Suspected Cluster Munitions,” *Washington Post*, February 28, 2022, https://www.washingtonpost.com/world/2022/02/28/kharkiv-rockets-shelling-russia-ukraine-war/; Lucia Binding, “Ukraine invasion: Three children among nine dead as footage shows Kharkiv apartment block being rocked by series of blasts,” *Sky News*, March 1, 2022, https://news.sky.com/story/ukraine-invasion-cluster-munition-strikes-buildings-in-kharkiv-as-dozens-killed-in-mass-shelling-12554056; “Rossiiskoi gruppirovke v Sirii nashli novogo komanduiush-chego,” *RBK*, November 2, 2017, https://www.rbc.ru/politics/02/11/2017/59faf43e9a7947fe3ef01c99.
6. Ekaterina Novak, Facebook page, https://www.facebook.com/ekaterina.novak.7/videos/475838344031641.
7. Ekaterina Novak, Facebook page; https://suspilne.media/241327-vid-obstriliv-rf-zaginuv-zitel-cirkuniv-e-poraneni-u-harkovi-ta-oblasti/; Maryna Pohorilko, “U Kharkovi okupanty zavdaly udaru po mis’kradi, televezhi ta skynuly bombu na Palats Pratsi,” *Obozrevatel’*, March 2, 2022, https://news.obozrevatel.com/ukr/society/u-harkovi-okupanti-zavdali-udaru-po-televezhi-i-skinuli-snaryad-na-palats-pratsi-foto-i-video.htm.
8. “Ukrainian forces reach Russian border near Kharkiv,” May 16, 2022, https://www.youtube.com/watch?v=qZVbN6GGUHs; “U

Rosiï zvil'nyly vysokopostavlenykh komandyriv za provaly v Ukraïni—brytans'ka rozvidka," *Ievropeis'ka pravda*, May 19, 2022, https://www.pravda.com.ua/news/2022/05/19/7347143/.

9. "Kharkiv'iany—novi banderivtsi. Stavlennia u misti do Rosiï," June 1, 2022, https://www.youtube.com/watch?v=pw4FN6Gr0sY.
10. "Military were withdrawn from Mariupol to avoid further aggravation," *Kyiv Post*, May 12, 2014, https://web.archive.org/web/20140512222616/http://www.kyivpost.com/content/ukraine/military-were-withdrawn-from-mariupol-to-avoid-further-aggravation-347355.html; "Ukraine crisis: Kiev forces win back Mariupol," *BBC News*, June 13, 2014, https://www.bbc.com/news/world-europe-27829773.
11. Olena Bilozers'ka, "Batalion 'Azov': Bii za Mariupol'," *Antykor*, June 2014, https://antikor.com.ua/ru/articles/7697-bataljjon_azov._bij_za_mariupolj; Vladislav Davidzon, "The Defenders of Mariupol," *Tablet*, May 17, 2022, https://www.tabletmag.com/sections/news/articles/defenders-of-mariupol-azov.
12. Roman Romaniuk, " 'Ostriv nadii.' Iak vyishly i shcho zaraz iz zakhysnykamy 'Azovstali,' " *Ukraïns'ka pravda*, June 9, 2022, https://www.pravda.com.ua/articles/2022/06/9/7351390/; "'My dosyt' mitsni, shchob krov'iu i potom vidvoiuvaty nashu zemliu...,'—Heroi Ukraïny Denys Prokopenko," *ArmiiaInform*, March 23, 2022, https://archive.ph/mPF7U; Aleksandar Vasovic, "Port city of Mariupol comes under re after Russia invades Ukraine," Reuters, February 24, 2022, https://www.reuters.com/world/europe/strategic-city-mariupol-wakes-blasts-russia-invades-ukraine-2022-02-24/; https://www.maritime-executive.com/article/russian-navy-carries-out-amphibious-assault-near-mariupol.
13. Lee Brown, "Russian 'Butcher of Mariupol' blamed for worst Ukraine war atrocities," *New York Post*, March 24, 2022, https://nypost.com/2022/03/24/butcher-of-mariupol-blamed-for-worst-russia-ukraine-atrocities/; "Russian Offen-sive Campaign Assessment, April 9," Institute for the Study of War, April 9, 2022, https://www.understandingwar.org/backgrounder/russian-offensive-campaign-assessment-april-9.
14. Will Stewart and Walter Finch, "Russia nally recovers the body of one of its seven dead generals a month after he was killed in Mariupol steel factory," *Daily Mail*, April 13, 2022, https://www.dailymail.co.uk/news/article–10714981/Russia-recovers-body-dead-general-MONTH-killed-Mariupol-steel-factory.html; Joel Gunter,"Siegeof Mariupol: Fresh Russian attacks throw evacuation into chaos," *BBC News*, March 5, 2022, https://www.bbc.com/news/world-europe-60629851; Khrystyna Bondarenko, Ivan Watson, Anne Claire Stapleton, Tom Booth, and Alaa Elassar, "Mariupol residents are being forced to go to Russia, city council says," *CNN*,

March 19, 2022, https://edition.cnn.com/2022/03/19/europe/mariupol-shelter-commander-ukraine-intl/index.html.

15. "Rosiis'ki viis'ka rozbombyly likarniu ta polohovyi v Mariupoli," *BBC News*, March 9, 2022, https://www.bbc.com/ukrainian/news-60679065; "Ukraine says 1,170 civilians have been killed in Mariupol since Russian invasion," Reuters, March 9, 2022, https://www.reuters.com/world/ukraine-says-1170-civilians-have-been-killed-mariupol-since-russian-invasion-2022-03-09/; Lori Hinnant, Mstyslav Chernov, and Vasilisa Stepanenko, "AP evidence points to 600 dead in Mariupol theater airstrike," *AP*, May 4, 2022, https://apnews.com/article/russia-ukraine-war-mariupol-theater-c321a196fbd568899841b506afcac7a1; "Russia-Ukraine war: 21,000 civilians killed, mayor of Mariupol estimates," *Jerusalem Post*, April 19, 2022, https://www.jpost.com/international/article-703925.

16. Romaniuk, "Ostriv nadii."

17. "Russian Offensive Campaign Assessment, April 9," Institute for the Study of War, April 23, 2022, https://www.understandingwar.org/backgrounder/russian-offensive-campaign-assessment-april-23; Tim Lister and Olga Voitoivych, "Mariupol steel plant suffers 'heaviest airstrikes so far,' Ukrainian official says," *CNN*, April 23, 2022, https://edition.cnn.com/europe/live-news/russia-ukraine-war-news-04-28-22/h_dd62bedc8e546d2ac1e63fe1f9c5c89e.

18. "What we know about the UN-led Azovstal steel plant evacuation in Mariupol," *ABC News*, May 1, 2022, https://www.abc.net.au/news/2022-05-02/inside-the-mariupol-azovstal-steel-plan-evacuation/101029722.

19. Romaniuk, "Ostriv nadii."

20. Thomas Kingsley, " 'Don't let them die': Wives of last remaining Azovstalfighters plead with Pope Francis for help," *Independent*, Wednesday, May 11, 2022, https://www.independent.co.uk/news/world/europe/azovstal-mariupol-pope-francis-ukraine-b2076587.html; "Zelensky reveals mediators in Azovstal talks," *Ukrinform*, May 21, 2022, https://www.ukrinform.net/rubric-polytics/3488630-zelensky-reveals-mediators-in-azovstal-talks.html; Faustine Vincent, " 'Ukraine needs its heroes to be alive': Soldiers from Azovstal evacuated to Moscow-controlled territory," *Le Monde*, May 18, 2022, https://www.lemonde.fr/en/international/article/2022/05/18/ukraine-needs-its-heroes-to-be-alive-soldiers-from-azovstal-evacuated-to-moscow-controlled-territory_5983874_4.html; "Russia says nearly 1,000 Ukrainian soldiers in Mariupol steel plant have surrendered," *Le Monde*, May 18, 2022, https://www.lemonde.fr/en/international/article/2022/05/18/nearly-1-000-ukrainian-soldiers-in-mariupol-steel-plant-have-surrendered-says-russia_5983880_4.html.

21. "Ukraine war: Russia 'takes full control' of Azovstal steelworks in Mariupol," *EuroNews*, May 20, 2022, https://www.euronews.com/2022/05/20/ukraine-war-live-us-congress-approves-40-billion-aid-package-for-ukraine; "Russian parliamentarian hints at possible exchange of Azovstal PoWs for detained Putin ally," *Yahoo!News*, May 21, 2022, https://news.yahoo.com/russian-parliamentarian-hints-possible-exchange-194019876.html.
22. "Azovstal'—mistse moieï smerti i moho zhyttia—Dmytro Kozats'kyi," *ArmiiaIn-form*, May 20, 2022, https://armyinform.com.ua/2022/05/20/svitlo-peremozhe-temryavu-voyin-polku-azov-zrobyv-unikalne-foto-zahysnyka-mariupolya/; "A Ukrainian soldier uploaded all his photos of Azovstal before he was captured. Here they are," *Guardian*, May 23, 2022, https://www.theguardian.com/world/gallery/2022/may/23/inside-the-battle-for-the-azovstal-metalworks?fbclid=IwAR0t9GytQUHkg7zXlBONIKk6TOWZ01SZg2hhWsl5GbQSNyjpsMQ12twN7Jg.
23. Shaun Walker, "Russia trades Azov ghters for Putin ally in biggest prisoner swap of Ukraine war," *Guardian*, September 22, 2022; "The author of the photos of the 'Azovstal' fighters received the Prix de la Photographie Paris award," *Odessa Journal*, September 12, 2022, https://odessa-journal.com/the-author-of-the-photos-of-the-azovstal-fighters-received-the-prix-de-la-photographie-paris-award/; "Azov fighters who survived Olenivka among those returning home in latest prisoner swap," YAHOO! September 22, 2022, https://www.yahoo.com/now/azov-fighters-survived-olenivka-among-100800029.html.
24. Todd Prince, "Russia's Capture of Azovstal: Symbolic Success, 'Pyrrhic' Victory?" Radio Free Europe/Radio Liberty, May 18, 2022, https://www.rferl.org/a/azovstal-russia-ukraine-captured/31856565.html; "Stalo vidomo, skil'ky ukraïntsiv zalyshylos' u blokadnomu Mariupoli," *Slovo i dilo*, April 13, 2022, https://www.slovoidilo.ua/2022/04/13/novyna/suspilstvo/stalo-vidomo-skilky-ukrayinczivzalyshylos-blokadnomu-mariupoli.
25. "Shoigu vpervye za polmesiatsa kommentiruet voinu: glavnaia tsel'—Donbass, prizyv uvelichivat' ne budut," *BBC News*, March 29, 2022, https://www.bbc.com/russian/features-60914131; "Lavrov zaiavil o nachale sleduiushchei fazy spetsoperatsii na Ukraine," *RBK*, April 19, 2022, https://www.rbc.ru/politics/19/04/202 2/625e7c329a794710da312799.
26. Illia Ponomarenko, "EXPLAINER: What to expect from the Battle of Donbas, Russia's new offensive," *Kyiv Independent*, April 21, 2022, https://kyivindependent.com/national/explainer-what-to-expect-from-the-battle-of-donbas-russias-new-offensive; "Ukraine war: Russia bombards cities as eastern offensive begins," *BBC News*, April 19, 2022, https://www.bbc.com/news/world-europe-61145578.

27. “Ukraine troops retreat from Popasna, Luhansk governor confirms,” Reuters, May 8, 2022, https://www.reuters.com/world/europe/chechnyas-kadyrov-says-his-soldiers-control-popasna-ukraine-disagrees-2022-05-08/; https://edition.cnn.com/europe/live-news/russia-ukraine-war-news-05-13-22/h_67faa3f08da188441de767341e390737; Tim Lister and Julia Kesaieva, “Ukrainian forces lose foothold in eastern town,” *CNN*, May 13, 2022, https://web.archive.org/web/20220516030015/https://www.nytimes.com/2022/05/15/world/europe/pro-russian-war-bloggers-kremlin.html.
28. Ponomarenko, “EXPLAINER: What to expect from the Battle of Donbas, Russia’s new offensive”; “The Russians drowned the tank company while fleeing from the ‘Bilohorivka bridgehead,’ ” *Militarnyi*, https://web.archive.org/web/20220514171048/https://mil.in.ua/en/news/the-russians-drowned-the-tank-company-while-fleeing-from-the-bilohorivka-bridgehead/; Tom Balmforth and Jonathan Landay, “Ukraine wages counteroffensive against Russian forces in east,” Reuters, May 14, 2022, https://www.reuters.com/world/europe/ukraine-collects-russian-dead-war-rages-multiple-fronts-2022-05-14/.
29. “Fall of Severodonetsk is Russia’s biggest victory since Mariupol,” *Aljazeera*, June 25, 2022, https://www.aljazeera.com/news/2022/6/25/fall-of-severodonetsk-is-russias-biggest-victory-since-mariupol.
30. “Russian Offensive Campaign Assessment, June 23,” Institute for the Study of War, June 23, 2022, https://www.understandingwar.org/backgrounder/russian-offensive-campaign-assessment-june-23; “20 km on foot, the wounded were carried on their own, Zolote-Girske,” *Butusov Plus*, July 14, 2022, https://www.youtube.com/watch?v=Nyhle2faQ-w; “Russian Offensive Campaign Assessment, July 2,” Institute for the Study of War, July 2, 2022, https://www.understandingwar.org/backgrounder/russian-offensive-campaign-assessment-july-2.
31. Mykhaylo Zabrodskyi, Dr. Jack Watling, Oleksandr V. Danylyuk, and Nick Reynolds, *Preliminary Lessons in Conventional War ghting from Russia’s Invasion of Ukraine: February–July 2022* (London: Royal United Services Institute for Defence Studies, 2022), 2; Isobel Koshiv, “We’re almost out of ammunition and relying on western arms, says Ukraine,” *Guardian*, June 10, 2022, https://www.theguardian.com/world/2022/jun/10/were-almost-out-of-ammunition-and-relying-on-western-arms-says-ukraine; Dan Sabbagh, “Ukraine’s high casualty rate could bring war to tipping point,” *Guardian*, June 10, 2022, https://www.theguardian.com/world/2022/jun/10/ukraine-casualty-rate-russia-war-tipping-point.
32. “Spetsoperatsiia, 4 iiulia: Shoigu dolozhil Putinu ob osvobozhdenii LNR,” *RIA Novosti*, July 4, 2022, https://ria.ru/20220704/spetsoperatsiya-1800226455.html.

33. Gordon Corera, "Russia about to run out of steam in Ukraine—MI6 chief," *BBC News*, July 21, 2022, https://www.bbc.com/news/world-europe-62259179.
34. Jason Lemon, "Ukraine HIMARS Destroy More Than 100 'High Value' Russian Targets: Official," *Newsweek*, July 22, 2022, https://www.newsweek.com/ukraine-himars-destroy-high-value-russian-targets-1727253; Zabrodskyi, Watling, Danylyuk, and Reynolds, *Preliminary Lessons in Conventional War fighting from Russia's Invasion of Ukraine*, 43.
35. "Shoigu otdal prikaz unichtozhit' amerikanskie HIMARS v Ukraine," *Moscow Times*, July 18, 2022, https://www.moscowtimes.ru/2022/07/18/shoigu-otdal-prikaz-unichtozhit-amerikanskie-himars-v-ukraine-a22357; "Minobo-rony zaiavilo ob unichtozhenii chetyrekh HIMARS na Ukraine posle prikaza Shoigu," *Kapital strany*, July 22, 2022, https://kapital-rus.ru/news/389029-minoborony_zayavilo_ob_unichtojenii_chetyreh_himars_na_ukraine_posle/; Lemon, "Ukraine HIMARS Destroy More Than 100 'High Value' Russian Targets"; Mia Jankowicz, "Russia hasn't destroyed any of the devastating HIMARS artillery given Ukraine, US says, contradicting Russia's claims," *Business Insider*, July 22, 2022, https://www.businessinsider.in/international/news/russia-hasnt-destroyed-any-of-the-devastating-himars-artillery-given-ukraine-us-says-contradicting-russias-own-claims/articleshow/93053187.cms.
36. Iurii Bratiuk, "U Pereiaslavi demontuvaly pam'iatnyk 'vozz'iednanniu' z Rosiieiu," *Zaxid.net*, July 7, 2022, https://zaxid.net/u_pereyaslavi_demontuvali_pamyatnik_vozzyednannya_z_rosiyeyu_n1545835; Serhii Plokhy, "Vladimir Putin's war is banishing for good the outdated myth that Ukrainians and Russians are the same," *Telegraph*, March 3, 2022, https://www.telegraph.co.uk/authors/s/sa-se/serhii-plokhy/.
37. Margaret Besheer, "Ukraine's Cultural Heritage Under Attack, Official Says," *Voice of America*, July 15, 2022, https://www.voanews.com/a/ukraine-s-cultural-heritage-under-attack-official-says/6661269.html; Andrei Krasniash-chikh, "Kak gorit pod bombami russkaia kul'tura," *Ukraïns'ka pravda*, May 3, 2022, https://www.pravda.com.ua/rus/columns/2022/05/3/7343653/.
38. L. P. Shemeta, *Mark Bernes v pesniakh* (Kyiv, 2008), 169; "Kto zhe khochet voiny?" ZDF Magazine Royale, March 4, 2022, https://www.youtube.com/watch?v=Cmk5-TM6eEw.
39. Krasniashchikh, "Kak gorit pod bombami russkaia kul'tura."
40. "Udar Rosiï po muzeiu Skovorody ie splanovanoiu aktsiieiu—Tkachenko," *Ukrinform*, May 7, 2022, https://www.ukrinform.ua/rubric-culture/3477358-udar-rosii-po-muzeu-skovorodi-e-splanovanou-akcieu-tkacenko.html.

41. Olenka Pevny, "Recreatinga Monumental Past: Self-Identity and Ukraine's Medieval Monuments," J. B. Rudnyckyj Memorial Lecture, University of Manitoba, https://www.researchgate.net/publication/337623350_Olenka_Pevny_RECREATING_A_MONUMENTAL_PAST_SELF-IDENTITY_AND_UKRAINE' S_MEDIEVAL_MONUMENTS; "Ukrainian cultural heritage is also under Rus-sian bombing—Olenka Z Pevny," *Breaking Latest News*, March 19, 2022; "Building of Chernihiv Collegium Cossack Baroque Architectural Style Historical Heritage of Ukraine," November 17, 2016, https://www.youtube.com/watch?v=kewDM45N8t4.
42. Ivan Boiko, "U Chernihovi vnaslidok raketnoho udaru zruinovano istorychnu budivliu kintsia 30-kh rokiv XX stolittia," *UNIAN*, February 27, 2022, https://www.unian.ua/war/u-chernigovi-vnaslidok-raketnogo-udaru-zruynovano-istorichnu-budivlyu-kincya-30-h-rokiv-hh-stolittya-video-novini-vtorgnennya-rosiji-v-ukrajinu-11721241.html; John Marone, "They Came, They Shelled, They Left—Russia's Failed Advance in Northern Ukraine," *Kyiv Post*, April 12, 2022, https://www.kyivpost.com/ukraine-politics/they-came-they-shelled-they-left-russias-failed-advance-in-northern-ukraine.html#:~:text=Just%20as%20in%20the%20case,miles%20from%20the%20Russian%20border; "Pislia nal'otiv rosiis'koï aviatsiï u Chernihovi zahynulo 47 osib—OVA," *Espreso*, March 4, 2022, https://espreso.tv/pislya-nalotiv-rosiyskoi-aviatsii-u-chernigovi-zaginulo-47-osib-ova.
43. David Axe, "Ukraine's Best Tank Brigade Has Won the Battle For Chernihiv," *Forbes*, March 31, 2022, https://www.forbes.com/sites/davidaxe/2022/03/31/ukraines-best-tank-brigade-has-won-the-battle-for-chernihiv/?sh=554db4c7db9a.
44. "Iz profesora Hoholevs'koho vyshu peretvoryvsia na voïna ukraïns'koho viis'ka," *Nizhyn.City*, May 17, 2022, https://nizhyn.city/articles/212963/iz-profesora-gogolevogo-vishu-peretvorivsya-na-voina-ukrainskogo-vijska?fbclid=IwAR2wLJtR6bcpyKZ641pFaX4uuGRjH5SgfzcYTIdCj5iXebe_hGgzE_LWrWw.
45. Plokhy, "Vladimir Putin's war is banishing for good the outdated myth that Ukrainians and Russians are the same."
46. Lena Rudenko, "Mitropolit UPTs MP 'poblagodaril' patriarkha Kirilla za prolituiu v Ukraine krov': vy otvetite pered Bogom," *Apostrof*, June 6, 2022, https://apostrophe.ua/news/society/2022-06-06/mitropolit-upts-mp-poblagodaril-patriarha-kirilla-za-prolituyu-v-ukraine-krov-vyi-otvetite-pered-bogom/271059.
47. "Postanova Soboru Ukraïns'koï Pravoslavnoï Tserkvy vid 27 travnia 2022 roku," Ukraïns'ka Pravoslavna Tserkva, https://news.church.ua/2022/05/27/postanova-soboru-ukrajinskoji-pravoslavnoji-cerkvi-vid-27-travnya-2022-roku/; "Eparkhiia UPTs MP v okupirovannykh Roven'kakh reshila ne upominat' Onufriia kak predstoiatelia tserkvi," *Gordonua.com*, May 31, 2022, https://

gordonua.com/news/society/eparhiya-upc-mp-v-okkupirovannyh-rovenkah-reshila-ne-upominat-onufriya-kak-predstoyatelya-cerkvi–1611113.html; Olena Roshchina, "Zelenskyy: Ukraine's National Security and Defence Council requests legislative ban on Ukrainian Orthodox Church of Moscow Patriarchate," Ukrains'ka pravda, December 1, 2022, https://www.pravda.com.ua/eng/news/2022/12/1/7378896/.

48. Plokhy, "Vladimir Putin's war is banishing for good the outdated myth that Ukrainians and Russians are the same."

第十章

1. "U Kyievi vyshykuvalasia velychezna cherha za kul'tovoiu poshtovoiu mar-koiu," *TSN*, April 15, 2022, https://kyiv.tsn.ua/u-kiyevi-vishikuvalasya-velichezna-cherga-za-kultovoyu-poshtovoyu-markoyu-foto-2037919.html; "Rozibraly za try khvylyny: u Rozetka rozpovily, iak prodavaly marku z 'russ-kim korablem,' " *Ekonomichna etail*, May 7, 2022, https://www.epravda.com.ua/news/2022/05/7/686775/.
2. Valentyna Romanenko, "Russkii korabl', idi etai.i: zakhysnyky Zmiïnoho vid-povily vorohovi," *Ukraïns'ka etail*, February 25, 2022, https://web.archive.org/web/20220225021042/https://www.pravda.com.ua/news/2022/02/25/7325592/; Andrew Keen, "Go Fuck Yourself." On Putin's Propaganda and the Week in Ukrainian Resistance," *Literary Hub*, March 4, 2022, https://lithub.com/go-fuck-yourself-on-putins-propaganda-and-the-week-in-ukrainian-resistance/.
3. "Geroi mema 'Russkii voennyi korabl', idi na...' s ostrova Zmeinyi zhivy, no vziaty v plen,"*BBCNews*,February25,2022,https://www.bbc.com/russian/newww.bbc.com/russian/news-60523774; "Ukraïna ta rosiia provely pershyi povnotsinnyi obmin viis'kovopolonennymy—etail," *Slovo i dilo*, March 24, 2022, https://www.slovoidilo.ua/2022/03/24/novyna/bezpeka/ukrayina-ta-rosiya-provely-pershyj-povnoczinnyj-obmin-vijskovopolonenymy-detali.
4. Alyona Silchenko, "Why is Crimea called Taurida?," *Holos Krymu. Kul'tura*, July 22, 2020, https://culture.voicecrimea.com.ua/en/why-is-crimea-called-tavrida/.
5. "Pervye chasy voiny: pochemu VSU priniali boi, no otstupili na iuge?," *Krym realii*, July 16, 2022, https://www.youtube.com/watch?v=oeuVJp-ExPk 10:53; Ol'ha Kyrylenko, "Mer Novoï Kakhovky pro robotu v okupatsiï: 'Nas trymala dumka, shcho os'-os' povernut'sia ZSU, i vse bude harazd,'" *Ukraïns'ka pravda*, July 25, 2022, https://www.pravda.com.ua/articles/2022/07/25/7359983/; "Na Trypil's'kii TES stavsia vybukh, okupanty zakhopyly Kakhovs'ku HES—Minenerho," *Liha.*

Biznes, February 24, 2022, https://biz.liga.net/ua/ekonomika/tek/novosti/na-tripolskoy-tes-proizoshel-vzryv-okkupanty-zahvatili-kahovskuyu-ges-minenergo.

6. Dariia Demianyk, "Okupanty zakhvatili Kakhovskuiu GES i podniali rossiiskii flag (video)," *Glavkom*, February 24, 2022, https://glavcom.ua/ru/news/okkupanty-zahvatili-kahovskuyu-ges-i-podnyali-rossiyskiy-flag-video–824677.html.
7. *Russia's War in Ukraine: Military and Intelligence Aspects*, Congressional Research Service, Updated April 27, 2022, 5, https://crsreports.congress.gov/product/pdf/R/R47068.
8. Kateryna Tyshchenko, "V Khersonskoi oblasti proshli ucheniia, Zelenskii nabliudal," *Ukraïns'ka pravda*, February 12, 2022, https://www.pravda.com.ua/rus/news/2022/02/12/7323753/; "Pervye chasy voiny: pochemu VSU priniali boi, no otstupili na iuge?" https://www.youtube.com/watch?v=oeuVJp-ExPk 4:48.
9. "Pervye chasy voiny: pochemu VSU priniali boi, no otstupili na iuge?" https://www.youtube.com/watch?v=oeuVJp-ExPk, 6:05, 7:54.
10. Iuliia Zhukova, "Rossiia pustila vodu iz Ukrainy v anneksirovannyi Krym," *Nastoiashchee vremia*, April 22, 2022, https://www.currenttime.tv/a/ukrainskuyu-vodu-siloy-vernuli-v-anneksirovannyy-krym-chtoby-zapolnit-vysohshiy-za–8-let-kanal-voennye-rf-vzorvali-dambu-/31816486.html; Denys Karlovs'kyi, "Henshtab ZSU prokomentuvav chutky pro 'rozminuvannia' peresheiku z Krymom pered viinoiu," *Ukraïns'ka pravda*, April 25, 2022, https://www.pravda.com.ua/news/2022/04/25/7342072/.
11. "Tankist Ievhen Pal'chenko rozpoviv pro proryv cherez Antonivs'kyi mist na Khersonshchyni," *Most*, June 21, 2022, https://most.ks.ua/news/url/tankist_jevgen_palchenko_rozpoviv_pro_proriv_cherez_antonivskij_mist_na_hersonschini; "Pervye chasy voiny: pochemu VSU priniali boi, no otstupili na iuge?" https://www.youtube.com/watch?v=oeuVJp-ExPk, 1322.
12. "Pervye chasy voiny: pochemu VSU priniali boi, no otstupili na iuge?," https://www.youtube.com/watch?v=oeuVJp-ExPk 15:30; Iuliia Kovalysheva, "Zelens'kyi vruchyv 'Zolotu zirku' tankistu z Vinnychchyny," *Suspil'ne*, May 24, 2022, https://suspilne.media/242756-zelenskij-vruciv-zolotu-zirku-tankistu-z-vinniccini/.
13. "Rezantsev Iakov Vladimirovich," *Myrotvorets*, https://myrotvorets.center/criminal/rezancev-yakov-vladimirovich/; Sevgil' Musaieva, "Ihor Kolykhaiev: Ne zabuvaite pro Kherson. Nam zaraz duzhe skladno," *Ukraïns'ka pravda*, April 5, 2022, https://www.pravda.com.ua/articles/2022/04/5/7337193/.
14. "My ne imeli moral/nogo prava napadat' na dryguiu stranu. Rossiiski desantnik napisalkniguopervykh dniakhvoiny," *Meduza*,

August 11, 2022, https://meduza.io/feature/2022/08/11/my-ne-imeli-moralnogo-prava-napadat-na-druguyu-stranu.

15. "Enerhodar: liudy ne propuskaiut' kolonu RF v misto," *Militarnyi*, March 2, 2022, https://mil.in.ua/uk/news/energodar-lyudy-ne-puskayut-tanky-v-misto/; "Viis'ka zaharbnyka aktyvizuvaly sproby zakhopyty Zaporiz'ku AES v Enerho-dari," *Ukrinform*, March 3, 2022, https://www.ukrinform.ua/rubric-ato/3419318-vijska-rosii-aktivizuvali-sprobi-zahopiti-zaporizku-aes.html.

16. Liubov' Velichko, "Mir pod udarom. Kak Rossii grozit iadernoi katastrofoi na ukrainskikh AĖS i pochemu molchit MAGATE," *PGNovosti*, June 8, 2022.

17. Olena Roshchina, "Zaporiz'ka AES pid kontrolem rosiis'kykh okupantiv," *Ukraïns'ka pravda*, March 4, 2022, https://www.pravda.com.ua/news/2022/03/4/7328064/; Olena Roshchina, "V Enerhodari na proshchannia z heroiamy pryishly kil'ka soten' liudei," *Ukraïns'ka pravda*, March 7, 2022, https://www.pravda.com.ua/news/2022/03/7/7329077/.

18. Denys Karlovs'kyi, "Henshtab ZSU prokomentuvav chutky pro 'rozminuvannia' pereshyiku z Krymom pered viinoiu," *Ukraïns'ka pravda*, April 25, 2022, https://www.pravda.com.ua/news/2022/04/25/7342072/.

19. Musaieva, "Ihor Kolykhaiev: Ne zabuvaite pro Kherson"; "Ukrainian law enforcers detain former Crimea SBU department chief," *NV*, July 17, 2022, https://english.nv.ua/nation/ukraine-arrests-former-sbu-department-head-for-treason-ukraine-news-50256965.html; Svetlana Kizilova, "Zelenskii nakazal dvukh generalov SBU—lishil zvaniia za 'antigeroizm,' " *Ukraïns'ka pravda*, April 1, 2022, https://www.pravda.com.ua/rus/news/2022/04/1/7336190/; Mariia Stepaniuk, "Shvydke zakhoplennia Khersonshchyny stalo mozhlyvym cherez zradu spivro-bitnyka SBU Sadokhina," *Fakty*, June 18, 2022, https://fakty.com.ua/ua/ukraine/suspilstvo/20220618-shvydke-zahoplennya-hersonshhyny-stalo-mozhlyvym-cherez-zradu-spivrobitnyka-sbu-sadohina/; "Ukraine parliament removes secu-rity chief, Zelenskiy res another top official," Reuters, July 19, 2022.

20. Kyrylenko, "Mer Novoï Kakhovky pro robotu v okupatsiï," https://www.radiosvoboda.org/a/news-fedorov-melitopol-obmin/31756706.html.

21. Iryna Balachuk, "U Khersoni tysiachi liudei vyishly na mitynh proty oku-panta, rosiiany vidkryly vohon'," *Ukraïns'ka pravda*, March 13, 2022, https://www.pravda.com.ua/news/2022/03/13/7330971/; "Khersons'ka oblrada na ekstrennomu zasidanni vidkynula ideiu stvorennia 'KhNR,' " *Ukraïns'ka pravda*, March 12, 2022, https://www.pravda.com.ua/news/2022/03/12/7330824/.

22. Musaieva, "Ihor Kolykhaiev: Ne zabuvaite pro Kherson"; Olena Rishchina, "Kherson: liudy vyishly na mitynh, okupanty rozpylyly sl'ozohonnyi haz," *Ukraïns'ka pravda*, March 22, 2022, https://www.pravda.com.ua/news/2022/03/22/7333593/; "Russian

Invaders Abduct Kherson Mayor Kolykhaev—Advisor Liashevska," *Ukrainian News*, June 28, 2022, https://ukranews.com/en/news/865629-russian-invaders-abduct-kherson-mayor-kolykhaev-advisor-liashevska.

23. "Berdiansk, Kherson, Kakhovka. Kak proshli proukrainskie mitingi 20 marta," *BBC News*, March 20, 2022, https://www.bbc.com/russian/media-60814719; "Russia Sending Teachers to Ukraine to Control What Students Learn," *Washington Post*, July 18, 2022, https://www.washingtonpost.com/world/2022/07/18/russia-teachers-ukraine-rewrite-history/.
24. Timofei Sergeitsev, "Chto Rossiia dolzhna sdelat' s Ukrainoi," *RIA Novosti*, April 3, 2022, https://ria.ru/20220403/ukraina-1781469605.html.
25. "Okupanty v Khersoni rozkleïly propahandysts'ki bilbordy: absurdni foto," *24 Kanal*, May 30, 2022, https://24tv.ua/okupanti-hersoni-rozkleyili-propagandistski-bilbordi-absurdni_n1991218?fbclid=IwAR3z28WY9jvrJRRYMYiFZsRlikohEr zAtdTZ5zlaYKuSrleRk5EZP_8DFUU; "Kherson region," State Statistics Committee of Ukraine, https://web.archive.org/web/20071104211010/http://www.ukrcensus.gov.ua/eng/regions/reg_khers/.
26. Mariya Petkova, "Russia-Ukraine war: The battle for Odesa," *Aljazeera*, March 9, 2022, https://www.aljazeera.com/news/2022/3/9/russia-ukraine-war-the-battle-for-odesa.
27. "U chomu pomylyvsia Putin i koly peremoha?" *Krym realiï*, June 14, 2022, https://www.youtube.com/watch?app=desktop&v=0UToxyp1mjs; Vira Kasiian, "ZSU razom z teroboronoiu vidstoialy Mykolaïv, komendants'ku hodynu skasuvaly," *LB.ua*, March 2, 2022; "Mykolaïv povnistiu zvil'nyly vid rosiis'kykh okupantiv—holova ODA," *Shpal'ta*, March 5, 2022, https://shpalta.media/2022/03/05/mikolaiv-povnistyu-zvilnili-vid-rosijskix-okupantiv-golova-oda/; https://lb.ua/society/2022/03/02/507677_zsu_razom_z_teroboronoyu_vidstoyali.html; "Heneral March-enko bil'she ne komanduie oboronoiu Mykolaieva," *Speaker News*, April 7, 2022, https://speakernews.com.ua/suspilstvo/general-marchenko-bilshe-ne-komanduye-oboronoyu-mykolayeva-20286.
28. Yaroslav Tro mov, "Ukrainian Counteroffensive near Mykolaiv Relieves Strategic Port City," *Wall Street Journal*, March 18, 2022; Ol'viia Aharkova, "Mer Voznesens'ka povidomyv pro vybukh dvokh mostiv u misti: nam dovelosia," *RBK-Ukraïna*, March 2, 2022, https://www.rbc.ua/ukr/news/mer-voznesenska-soobshchil-vzryve-dvuh-mostov-1646246424.html; "Boi za Voznesensk. Kak ostanovili nastuplenie na Odessu," *Inshe.TV*, March 18, 2022, https://inshe.tv/nikolaev/2022-03-18/665712; "U chomu pomylyvsia Putin i koly peremoha?"
29. Joseph Trevithick and Tyler Rogoway, "Barrage Leaves Russian-Occupied Kherson Airbase in Flames," *The Drive*, March 15,

2022; “Ukraïns’ki voïny znyshchyly 30 helikopteriv voroha na aerodromi Chornobaïvka bilia Khersonu,” *Armiia. inform*, March 7, 2022, https://armyinform.com.ua/2022/03/07/ukrayinski-voyiny-znyshhyly–30-gelikopteriv-voroga-na-aerodromi-chornobayivka-bilya-hersonu/; “Nardep soobshchil o gibeli ocherednogo komanduiushchego ros-siiskoi armiei i generala,” *DonPress*, March 25, 2022, https://donpress.com/news/25-03–2022-nardep-soobschil-o-gibeli-ocherednogo-komanduyuschego-rossiyskoy-armiey-i-generala; Aleksandr Kovalenko, “Fenomen Chernobae-vki kak on est’,” *Khartyia’97%*, March 29, 2022, https://charter97.org/ru/news/2022/3/29/461181/.

30. “Riatuval’ni roboty pislia vluchannia rakety okupantiv u budivliu Mykolaïvs’koi ODA tryvaiut’ dosi,” *AAM*, March 30, 2022, https://aam.com.ua/2022/03/30/ryatuvalni-roboty/.

31. “Odes’ke uzberezhzhia obstrilialy dva korabli rf—artyleriia ZSUvidihnala voroha,” *Ukrinform*, March 21, 2022, https://www.ukrinform.ua/rubric-ato/3435618-odeske-uzberezza-obstrilali-dva-korabli-rf-artileria-zsu-vidignala-voroga.html; Aleksandr Vel’mozhko, “Boiovi diï 27 bereznia: voroh namahavsia obstriliaty Odesu raketamy,” *Odesskii kur’er*, March 27, 2022, https://uc.od.ua/columns/alexvelmozhko/1241818.

32. “Guided Missile Cruiser Moskva (ex-Slava), Project 1164/Slava Class,” Black Sea Fleet, https://www.kchf.ru/eng/ship/cruisers/slava.htm.

33. Adam Taylor and Claire Parker, “ ‘Neptune’ Missile Strike Shows Strength of Ukraine’s Homegrown Weapons,” *Washington Post*, April 15, 2022; “How Did Ukraine Destroy the Moskva, a Large Russian Warship,” *Economist*, April 20, 2022.

34. Peter Suciu, “Moskva: The Story of Russia’s Navy Warship That Ukraine Destroyed,” *1945*, April 21, 2022, https://www.19fortyfive.com/2022/04/moskva-the-story-of-russias-navy-warship-that-ukraine-destroyed/;ViktoriiaAndrieieva,“Znovu cherha: ponad 500 kyian ‘poliuiut” na novu marku z korablem,” *Ukraïns’ka pravda*, May 23, 2022, https://life.pravda.com.ua/society/2022/05/23/248764/; “Intelligence Update. Update on Ukraine, May 19, 2022,” Defence Intelligence, https://img.pravda.com/images/doc/1/c/1c9f090-280075714-1488231861575174-1301885241671439071-n-original.jpg; Joe Inwood, “Moskva wreckage declared item of Ukrainian underwater cultural heritage,” *BBC News*, April 22, 2022.

35. Ilona Kivva, “Bytva za Chorne more: ukraïns’ka rozvidka poiasnyla navishcho okupantam Zmiïnyi,” *Zaborona*, May 14, 2022, https://zaborona.com/bytva-za-chorne-more-ukrayinska-rozvidka-poyasnyla-navishho-okupantam-zmiyinyj/; Max Hunder and Tom Balmforth, “Russia abandons Black Sea outpost of Snake Island in victory for Ukraine,” Reuters, June 30, 2022, https://www.

reuters.com/world/europe/russia-steps-up-attacks-ukraine-after-landmark-nato-summit-2022-06-30/; Joseph Golder, "Ukraine Hoists Flag on Snake Island After Russian Forces Withdraw," *Newsweek*, July 8, 2022, https://www.newsweek.com/ukraine-hoists-flag-snake-island-after-russian-forces-withdraw-1722834.

36. Dmitrii Akimov, "Rossiia otmechaet 350 let so dnia rozhdeniia Petra Velikogo," *Smotrim*, June 9, 2022, https://smotrim.ru/article/2789489; "Putin posetil vystavku o Petre I na VDNKh," *Vesti.ru*, June 9, 2022, https://www.vesti.ru/article/2790684.
37. "Meeting with young entrepreneurs, engineers and scientists," President of Russia, June 9, 2022, http://en.kremlin.ru/events/president/news/68606; "Putin compares himself to Peter the Great in Russian territorial push," June 9, 2022, https://www.youtube.com/watch?v=N2sfJjl7_Zk; "Address by the President of the Russian Federation," President of Russia, February 24, 2022, http://en.kremlin.ru/events/president/news/67843.
38. Andrew Roth, "Putin compares himself to Peter the Great in quest to take back Russian lands," *Guardian*, June 10, 2022, https://www.theguardian.com/world/2022/jun/10/putin-compares-himself-to-peter-the-great-in-quest-to-take-back-russian-lands.
39. Lawrence Freedman, "Spirits of the Past. The Role of History in the Russo-Ukraine War," *Comment is Freed*, June 12, 2022, https://samf.substack.com/p/spirits-of-the-past?s=w&utm_medium=web.
40. "In Ukraine, they announced Zelensky's order to recapture the south of the country," *West Observer*, July 11, 2022, https://westobserver.com/news/europe/in-ukraine-they-announced-zelenskys-order-to-recapture-the-south-of-the-country/; Andrii Tsapliienko, "The Ukrainian military hit the Antonovsky bridge in occupied Kherson, which connects the city with the left bank of the Dnieper," *Odessa Journal*, July 19, 2022, https://odessa-journal.com/the-ukrainian-military-hit-the-antonovsky-bridge-in-occupied-kherson-which-connects-the-city-with-the-left-bank-of-the-dnieper/.
41. Peter Beaumont, "Russian forces dig in as bloody Ukrainian counterattack anticipated in south," *Guardian*, July 22, 2022, https://www.theguardian.com/world/2022/jul/22/ukrainian-counter-offensive-may-bring-war-to-bloodiest-phase-yet-say-analysts.
42. Mauro Orru, "Ukraine's Occupied Kherson Seeks to Join Russia, Moscow-Installed Leader Says," *Wall Street Journal*, May 11, 2022, https://www.wsj.com/livecoverage/russia-ukraine-latest-news-2022-05-11/card/ukraine-s-occupied-kherson-seeks-to-join-russia-moscow-installed-leader-says-WNFl1yxwOEkDVbG2Fpic; "Signs Multiply Russia Seeks Control of South Ukraine," *Moscow Times*, May 19, 2022, https://www.themoscowtimes.com/2022/05/19/signs-multiply-russia-seeks-control-of-south-ukraine-a77739.

43. "Novaia administratsiia Zaporozhskoi oblasti anonsirovala referendum o vkhozhdenii v sostav Rossii 'v tekushchem godu,' " *Meduza*, June 8, 2022, https://meduza.io/news/2022/06/08/novaya-administratsiya-zaporozhskoy-oblasti-anonsirovala-referendum-o-vhozhdenii-v-sostav-rossii-v-tekuschem-godu; "Prisoediniat zakh-vachennye oblasti: v razvedke rasskazali o planakh Rossii po Ukraine," *Fokus*, July 13, 2022, https://focus.ua/voennye-novosti/522002-prisoedinyat-zahvachennye-oblasti-v-razvedke-rasskazali-o-planah-rossii-po-ukraine'; "RF pryznachyla svoho chynovnyka 'holovoiu uriadu' okupovanoï Zaporiz'koï oblasti," Ukraïns'ka pravda, July 18, 2022, https://www.pravda.com.ua/news/2022/07/18/7358827/.
44. White House Daily Briefing, July 19, 2022, https://www.c-span.org/video/?521824-1/white-house-briefs-russias-plans-annex-ukrainian-territory; Ivan Nechepurenko and Eric Nagourney, "Russia Signals That It May Want a Bigger Chunk of Ukraine," *New York Times*, July 20, 2022, https://www.nytimes.com/2022/07/20/world/europe/putin-ukraine-invasion-russia-war.html.

第十一章

1. Maxim Tucker, "Ukraine has one million ready for fightback to recapture south," *The Times*, July 10, 2022, https://www.thetimes.co.uk/article/ukraine-has-one-million-ready-for-fightback-to-recapture-south-3rhkrhstf.
2. Kseniia Teslenko, "Vereshchuk zaklykaie meshkantsiv pivdennykh oblastei terminovo evakuiuvatysia," *S'ohodni*, July 9, 2022, https://war.segodnya.ua/ua/war/vtorzhenie/vereshchuk-prizyvaet-zhiteley-yuzhnyh-oblastey-srochno-evakuirovatsya-1629727.html.
3. "Ukraïna vede perehovory z derzhavamy-partneramy shchodo postachannia neob-khidnoï zbroï, ale ne varto rozholoshuvaty podrobytsi—prezydent," *Zelens'kyi. O tsiine internet predstavnytstvo*, July 11, 2022, https://www.president.gov.ua/news/ukrayina-vede-peregovori-z-derzhavami-partnerami-shodo-posta-76417.
4. Bohdan Prykhod'ko, "Velyka kontrataka chy zakhyst Kyieva? Chomu Ukraïna povidomliaie vorohovi pro nastup na Kherson?," *S'ohodni*, July 11, 2022, https://www.segodnya.ua/ua/strana/podrobnosti/bolshaya-kontrataka-ili-zashchita-kieva-pochemu-ukraina-soobshchaet-vragu-o-nastuplenii-na-herson-1630084.html.
5. Roman Adrian Cybrivsky, *Along Ukraine's River: A Social and Environmental History of the Dnipro* (Budapest, 2018), 104.
6. "Na Khersonshchyni zaharbnyky vidnovyly mist na hrebli Kakhovs'ko HES," *Ukrinform*, August 17, 2022, https://www.ukrinform.ua/rubric-ato/3552348-na-hersonsini-zagarbniki-vidnovili-mist-na-grebli-kahovskoi-ges.html.

7. "Antonovskii most," Khersonshchina turisticheskaia, https://khersonregion.com/antonovskij-most/.
8. "Viis'ka RF zvodiat' forty katsiini sporudy bilia Antonivs'koho mostu na Khersonshchyni," *Tsenzor.net*, July 13, 2022, https://m.censor.net/ua/news/3353971/viyiska_rf_zvodyat_fortyfikatsiyini_sporudy_bilya_antonivskogo_mostu_na_hersonschyni_ova; Mark Trevelyan, "Russia declares expanded war goals beyond Ukraine's Donbas," Reuters, July 20, 2022, https://www.reuters.com/world/europe/lavrov-says-russias-objectives-ukraine-now-go-beyond-donbas-2022-07-20/.
9. "Iak i chomu pochaly zlitaty zbroini sklady v tylu rosiis'kykh viis'k?" *Arhument*, July 9, 2022, https://argumentua.com/novini/yak-chomu-pochali-zl-tati-v-pov-trya-zbroin-skladi-v-tilu-ros-iskikh-v-isk.
10. Illia Ponomarenko, "What would a Ukrainian counter-offensive in Kherson look like?" *Kyiv Independent*, July 19, 2022, https://kyivindependent.com/national/what-would-a-ukrainian-counter-offensive-in-kherson-look-like; "Okupanty povidomyly pro obstril Antonivs'koho mostu v Khersoni," *Tsenzor.net*, July 19, 2022, https://m.censor.net/ua/news/3355088/okupanty_povidomyly_pro_obstril_antonivskogo_mostu_v_hersoni_udaru_zavdano_iz_himars_onovleno_video; "After Antonivskyi bridge explosion, occupiers may be left without ways to retreat from Kherson," *Ukrainian News*, July 20, 2022, https://ukranews.com/en/news/870362-after-antonivskyi-bridge-explosion-occupiers-may-be-left-without-ways-to-retreat-from-kherson.
11. "Video from Antonivka Road Bridge in Kherson shows extensive damage," *Ukraïns'ka pravda*, *Yahoo!*, July 27, 2022, https://www.yahoo.com/video/video-antonivka-road-bridge-kherson-081127402.html; " 'To consolidate the results': The Armed Forces of Ukraine report about new strikes on the main bridges of the Kherson region," *Ukraïns'ka pravda*, August 30, 2022, https://www.pravda.com.ua/eng/news/2022/08/30/7365397/.
12. "Kakhovs'kyi mist taky obvalyvsia," *24 kanal*, September 4, 2022, https://www.youtube.com/watch?v=5kRZBNf8KY8; "Okupanty zaiavyly pro obstril mostu cherez richku Inhulets' pid Khersonom," *Militarnyi*, July 23, 2022, https://mil.in.ua/uk/news/okupanty-zayavyly-pro-obstril-mostu-cherez-richku-ingulets-pid-hersonom/; David Axe, "The Bridge Battle in Southern Ukraine is Escalating," *Forbes*, July 31, 2022, https://www.forbes.com/sites/davidaxe/2022/07/31/the-bridge-battle-in-southern-ukraine-is-escalating/.
13. "Heneral Marchenko povernuvsia do Mykolaieva z novym zavdanniam," *Texty.org.ua*, July 27, 2022, https://texty.org.ua/fragments/107345/general-marchenko-povernuvsya-do-mykolayeva-z-novym-zavdannyam/; "Partyzany u Melitopoli pidirvaly zaliznychnyi mist," *TSN*, August 14, 2022, https://tsn.ua/ato/partizani-u-melitopoli-pidirvali-zaliznichniy-mist-okupanti-v-

isterici-rozshukuyut-patriotiv-ukrayini-2134282.html;"UMelitopolipartyzanypidirvaly rosiis'ku viis'kovu bazu ta fsb-shnykiv za vechereiu," *Ukrainform*, August 30, 2022 https://www.ukrinform.ua/rubric-ato/3561283-u-melitopoli-partizani-pidirvali-rosijsku-vijskovu-bazu-ta-fsbsnikiv-za-vecereu-fedorov.html.

14. "Rozstrilialy z pistoleta. Khalan' rozpoviv pro smert' hauliaitera Novoï Kakhovky," *24 kanal*, August 24, 2022, https://24tv.ua/zastupnik-gaulyaytera-novoyi-kahovki-pomer-pislya-poranennya_n2119352; "Likvidatsiia kolaboranta kovaliova," *24 kanal*, August 29, 2022, https://24tv.ua/vbivstvo-oleksiya-kovalova-yaka-versiya-vbivstva-kolaboranta_n2146302; "Rozirvalo vid liubovi do Rosiï," *TSN*, August 24, 2022, https://tsn.ua/ukrayina/rozirvalo-vid-lyubovi-do-rosiyi-na-zaporizhzhi-partizani-visadili-v-povitrya-gaulyaytera-mihaylivki-2141695.html; "Partyzany pid Melitopolem 'pidrizaly' chleniv 'komisiï z pidhotovky referendum,' " *TSN*, August 9, 2022, https://tsn.ua/ato/partizani-pid-melitopolem-pidrizali-chleniv-komisiyi-z-pidgotovki-referendumu-zmi-2130334.html.
15. "Medvedev zaiavil, chto dlia Ukrainy mozhet nastupit' sudnyi den'," *RIA Novosti*, July 17, 2022, https://ria.ru/20220717/medvedev-1803047917.html.
16. "Krymskii most. Kerch," Russia Travel, https://russia.travel/objects/330378/.
17. Tania Matiash, "Zelens'kyi vidpoviv na pohrozy Miedviedieva 'sudnym dnem': 'ne duzhe tvereza zaiava,' " *Livyi Bereh*, July 18, 2022, https://lb.ua/society/2022/07/18/523446_zelenskiy_vidpoviv_pogrozi.html; "Vzryvov net, no vy derzhites'," Reanimatsiinyi paket reform, August 19, 2022, https://rpr.org.ua/news/vzr-vov-net-no-v-derzhytes-yak-vybukhy-v-krymu-kontuzyly-pobiedobiesov-ta-vykryly-impotentsiiu-kremlia/; "Putin's circle tension and confrontation rise due to possible loss of the Russian president's capacities," Robert Lansing Institute, July 19, 2022, https://lansinginstitute.org/2022/07/19/putins-circle-tension-and-confrontation-rise-due-to-possible-loss-of-the-russian-presidents-capacities/; " 'Priseli na stakan. Kto-to vtianulsia.' Iz-za voiny ros-siiskie chinovniki stali bol'she i chashche pit' alkogol,' " *Meduza*, Septem-ber 15, 2022, https://meduza.io/feature/2022/09/15/priseli-na-stakan-kto-to-vtyanulsya?utm_source=twitter&utm_medium=main/.
18. "Ukraine claims responsibility for Crimea attacks," *Aljazeera*, September 7, 2022, https://www.aljazeera.com/news/2022/9/7/ukraine-military-chief-claims-responsibility-for-strikes-in-crime.
19. "ZSU zavdaly udariv dronom-kamikadze po pozytsiiakh RF bilia Zaporiz'koi AES," *Fokus*, July 22, 2022, https://focus.ua/uk/voennye-novosti/523089-vsu-nanesli-udary-dronom-kamikadze-po-poziciyam-rf-vozle-zaporozhskyy-aes-video; Mark Santora,

“Shelling at the Zaporizhzhia Nuclear Power Plant Is Raising Fears of an Accident. Here’s a Look at the Risks,” *New York Times*, August 12, 2022, https://www.nytimes.com/2022/08/12/world/europe/ukraine-zaporizhzhia-nuclear-plant.html.

20. “Arestovich skazal zachem Putinu iadernyi shantazh s Zaporozhskoi AES,” Fei-gin Live, August 8, 2022, https://www.youtube.com/watch?v=_dQMoCRGAU8; Isabele Coles and Bojan Pancevski, “Ukraine Accuses Russia of Using Nuclear Plant to Blackmail West,” *Wall Street Journal*, August 14, 2022, https://www.wsj.com/articles/ukraine-accuses-russia-of-using-nuclear-plant-to-blackmail-west-11660478537; Vasco Cotovio and Tara John, “ ‘We are playing with fire,’ IAEA chief warns as nuclear watchdog calls for ‘safety zone’ at Russian-occupied plant in Ukraine,” *CNN*, September 6, 2022, https://www.cnn.com/2022/09/06/europe/iaea-report-ukraine-nuclear-plant-intl/index.html; Gillian Duncan, “Russia questions UN nuclear report calling for demilitarised zone at Zaporizhzhia,” *N World*, September 7, 2022, https://www.thenationalnews.com/world/europe/2022/09/07/russia-questions-un-nuclear-report-calling-for-demilitarised-zone-at-zaporizhzhia/.

21. KarlRitter,“Last reactor at Ukraine’s Zaporizhzhia nuclear plant stopped,”APNews, September11,2022,https://apnews.com/article/russia-ukraine-8838067037a852 1e3bc764435144d8b7; https://www.epravda.com.ua/news/2022/09/12/691405/; “U Putina kazhut’, shcho Rosiia ne planuie vyvodyty svoï viis’ka iz terytoriï ZAES,” *Ekonomichna pravda*, September 12, 2022, https://www.reuters.com/world/europe/iaea-board-passes-resolution-calling-russia-leave-zaporizhzhia-2022-09-15/.

22. Benjamin Harvey, Daryna Krasnolutska, Kateryna Choursina, Alberto Nardelli, Alex Wickham, and Gina Turner, “Ukraine Strategy Targets Russian Army’s Lifelines in Kherson,” Bloomberg, August 17, 2022, https://www.bloomberg.com/news/articles/2022-08-17/ukraine-strategy-targets-russian-army-s-lifelines-in-kherson?leadSource=uverify%20wall; “Arestovich: The invaders gathered about 30 BTGs in the south for an attack on Kryvyi Rih and Myko-laiv,” *Odessa Journal*, August 2, 2022, https://odessa-journal.com/arestovich-the-invaders-gathered-about-30-btgs-in-the-south-for-an-attack-on-kryvyi-rih-and-mykolaiv/.

23. “Na Khersons’komu napriamku pochavsia ‘duzhe potuzhnyi’ rukh viis’k RF—Danilov,” *Radio Svoboda*, July 22, 2022, https://www.radiosvoboda.org/a/news-khersonskyy-napryam-viyska-rf-danilov/31962539.html.

24. Karolina Hird, Kateryna Stepanenko, Grace Mappes, George Barros, and Frederick W. Kagan, “Russian Offensive Campaign Assessment, August 23,” *Critical Threats*, August 23, 2022, https://www.criticalthreats.org/analysis/russian-offensive-campaign-assessment-august-23; “Russia makes gains near Blahodatne—General Sta report,” *Ukraïns’ka pravda*, August, 22, 2022, https://www.pravda.com.ua/eng/news/2022/08/22/7364254/.

25. "Ukrainian Counteroffensive Underway in Kherson Region," *Kyiv Post*, August 29, 2022, https://www.kyivpost.com/russias-war/ukrainian-counteroffensive-underway-in-kherson-region.html.
26. "Shoigu zaiavil o popytkakh nastupleniia VSU na Nikolaevo-Krivorozhskom i drugikh napravleniiakh," *Interfax*, September 2, 2022, https://www.interfax.ru/world/860425; Oleksii Iarmolenko and Tetiana Lohvynenko, "ZSU vpershe z 24 liutoho pishly u povnotsinnyi kontrnastup. Pro rezul'taty poky movchat', ale vony zminiat' khod viiny," *Babel'*, September 1, 2022, https://babel.ua/texts/83738-zsu-vpershe-z-24-lyutogo-pishli-u-povnocinniy-kontrnastup-pro-rezultati-poki-movchat-ale-voni-zminyat-hid-viyni-analizuyemo-situaciyu-na-fronti-na-180-y-den-povnomasshtabnogo-vtorgnennya-mapi-babelya.
27. "Vysokopillia na Khersonshchyni pid ukraïns'kym praporom. Shcho tam vidbuvaiet'sia?," *Radio Svoboda*, September 6, 2022, https://www.radiosvoboda.org/a/novyny-pryazovya-khersonshchyna-deokupatsiya-vysokopillya/32019601.html; Asami Terajima, "Ukraine war latest: Ukraine liberates villages in south and east," *Kyiv Independent*, September 4, 2022, https://kyivindependent.com/national/ukraine-war-latest-ukraine-liberates-villages-in-south-and-east.
28. "Arestovych pro Vysokopillia: sytuatsiia uskladnylasia, rosiiany perekynuly tekhniku," *RBK Ukraïna*, July 25, 2022, https://www.rbc.ua/ukr/news/arestovich-vysokopole-situatsiya-uslozhnilas-1658778302.html.
29. "Spetsoperatsiia 7 sentiabria: Minoborony soobshchilo o vziatii Kodemy," *RIA Novosti*, September 7, 2022, https://ria.ru/20220907/spetsoperatsiya-1815272570.html.
30. Isobel Koshiw, Lorenzo Tondo, and Artem Mazhulin, "Ukraine's southern offensive 'was designed to trick Russia,' " *Guardian*, September 10, 2022, https://www.theguardian.com/world/2022/sep/10/ukraines-publicised-southern-offensive-was-disinformation-campaign.
31. "ZSU pochaly zvil'niaty Balakliiu? Vse, shcho vidomo," *BBC News*, Ukraïna, Sep-tember 6, 2022, https://www.bbc.com/ukrainian/features-62811889.
32. Karolina Hird, George Barros, Layne Philipson, and Frederick W. Kagan, "Russian Offensive Campaign Assessment," *Institute for the Study of War*, September 6, 2022, https://www.understandingwar.org/backgrounder/russian-offensive-campaign-assessment-september-6.
33. Oleh Verlan,"Za Balakliis'ku operatsiiu vidpovidav heneral-polkovnyk Syrs'kyi," *Na Paryzhi*,September10,2022,https://naparise.com/posts/za-balakliisku-operatsiiu-vidpovidav-heneral-polkovnyk-syrskyi; "Maiemo khoroshi novyny z Kharkivsh-chyny":

Zelens'kyi skazav slova podiaky p'iat'om bryhadam," *Novynarnia*, Sep-tember 8, 2022, https://novynarnia.com/2022/09/08/mayemo-horoshi-novyny-z-harkivshhyny-zelenskyj-skazav-slova-podyaky-pyatom-brygadam/.

34. "Expert: Cascading Collapse of Russian Front," *Khartyia 97*, September 12, 2022, https://charter97.org/en/news/2022/9/12/515297/.

35. Andrew E. Kramer and Jeffrey Gettleman, "In Reclaimed Towns, Ukrainians Recount a Frantic Russian Retreat," *New York Times*, September 13, 2022, https://www.nytimes.com/2022/09/13/world/europe/ukraine-russia-retreat-morale.html.

36. " 'My vyzhili': Boitsy SOBRa, derzhavshie oboronu v Balaklee, zapisali video," *Eurasia Daily*, September 10, 2022, https://eadaily.com/ru/news/2022/09/10/my-vyzhili-boycy-sobra-derzhavshie-oboronu-v-balaklee-zapisali-video.

37. "Representative of General Staff of Armed Forces of Ukraine says over 20 settlements were liberated in Kharkiv region," *News Live*, September 8, 2022, https://liveuamap.com/en/2022/8-september-representative-of-general-staff-of-armed-forces.

38. "Poiavilis' kadry perebroski kolonny gruppy 'otvazhnye' v Kupiansk pod Khar'kovom," *Novorossiia*, September 10, 2022, https://iz.ru/1393435/2022-09-10/poiavilis-kadry-perebroski-kolonny-gruppy-otvazhnykh-v-kupiansk-pod-kharkovom; "ZSU zaishly v Kup'ians'k i vstanovyly prapor Ukraïny," *Hlavred*, September 10, 2022, https://glavred.net/ukraine/vsu-zashli-v-kupyansk-i-ustanovili-flag-ukrainy-sovetnica-glavy-harkovskogo-oblsoveta-10408007.html.

39. Kateryna Stepanenko, Grace Mappes, George Barros, Angela Howard, and Mason Clark, "Russian Offensive Campaign Assessment," *Institute for the Study of War*, September 10, 2022, https://www.understandingwar.org/backgrounder/russian-offensive-campaign-assessment-september-10.

40. "Okupanty pokynuly Izium: ukraïns'ki viis'ka vvishly u misto," *DSNews.ua*, Sep-tember 10, 2022, https://www.dsnews.ua/ukr/politics/okupanti-pokinuli-izyum-ukrajinski-viyska-vviyshli-u-misto-video-10092022-465867; Ievheniia Lut-senko, "Ukraïns'ki viis'kovi uviishly do Vovchans'ka, shcho na kordoni z rosi-ieiu," *Hromads'ke*, September 13, 2022, https://hromadske.ua/posts/ukrayinski-vijskovi-uvijshli-u-vovchansk-sho-na-kordoni-z-rosiyeyu; "U Minoboroni utochnyly dani pro zvil'neni terytoriï Kharkivshchyny—388 naselenykh punktiv," *Ukrinform*, September 14, 2022, https://www.ukrinform.ua/rubric-ato/3571524-u-minoboroni-utocnili-dani-pro-zvilneni-teritorii-harkivsini-388-naselenih-punktiv.html.

41. "Mass grave of more than 440 bodies found in Izium, Ukraine, police say," Reuters, September 15, 2022, https://www.reuters.com/article/ukraine-crisis-zelenskiy-grave/ukraine-finds-a-mass-grave-in-recaptured-city-of-izium-zelenskiy-idUSKBN2QG248.

42. Andrew Stanton, "Counteroffensive Has Only 6 Percent of Kharkiv Left to Liberate: Ukraine," *Newsweek*, September 27, 2022,

https://www.newsweek.com/counteroffensive-has-only-6-percent-kharkiv-left-liberate-ukraine-1746750; "Ukraine tells Russia to appeal to Kyiv if it wants encircled troops freed," Reuters, September 30, 2022, https://www.reuters.com/world/europe/ukraine-tells-russia-appeal-kyiv-if-it-wants-encircled-troops-freed-2022-09-30/.

43. "Ukraine seizes the initiative in the east," *Economist*, September 9, 2022, https://www.economist.com/europe/2022/09/09/ukraine-seizes-the-initiative-in-the-east; Henry Foy, "Ukraine's advance boosts calls for more western weapons," *Financial Times*, September 12, 2022, https://www.ft.com/content/bab05be8-8200-4804-b45f-00dcd65cd044; Marta Hychko, " 'Protivnik uzhe vyigral': Girkin ustroil paniku iz-za porazheniia RF na Khar'kovshchine," *UNIAN*, September 10, 2022, https://www.unian.net/war/protivnik-uzhe-vyigral-girkin-ustroil-paniku-iz-za-porazheniy-rf-na-harkovshchine-11973678.html; "Dlia RF kartina ne radostnaia, u VSU prevoskhodstvo na vsem fronte—Strelkov (Girkin)," UNIAN, September 17, 2022, https://www.youtube.com/watch?app=desktop&v=4e6RqcpwmUQ.

44. Julian E. Barnes, Eric Schmitt, and Helene Cooper, "The Critical Moment Behind Ukraine's Rapid Advance," *New York Times*, September 13, 2022, https://www.nytimes.com/2022/09/13/us/politics/ukraine-russia-pentagon.html.

45. Foy, "Ukraine's advance boosts calls for more western weapons"; Adrienne Vogt, "Russia's war in Ukraine: September 10, 2022," *CNN*, September 10, 2022, https://www.cnn.com/europe/live-news/russia-ukraine-war-news-09-10-22/h_a14d999bfb238edc6542eaaa671e314c.

46. "Putin shown in tense encounter with chief of staff at Far East war games," Reuters, September 6, 2022, https://www.reuters.com/world/europe/smiling-putin-inspects-big-far-east-military-drills-2022-09-06/; Sophia Ankel, "As Russia was forced to retreat in Ukraine, Putin was opening a giant Ferris wheel—but it broke down and people had to be refunded," *Insider*, Sep-tember 14, 2022, https://www.businessinsider.com/amid-ukraine-offensive-putin-opened-ferris-wheel-but-it-broke-2022-9; Tara Subramaniam, Ivana Kottasová, Eliza Mackintosh, Adrienne Vogt, and Aditi Sangal, "September 13, 2022 Russia-Ukraine news," *CNN*, September 13, 2022, https://edition.cnn.com/europe/live-news/russia-ukraine-war-news-09-13-22/h_b439762c2fb1cc0a92457f4214601e58; "Izmena na urovne Putina! Igor' Strelkov (Girkin)," September 16, 2022, https://www.youtube.com/watch?v=gpahjt8zaNM.

47. Kateryna Stepanenko, Katherine Lawlor, Grace Mappes, George Barros, and Frederick W. Kagan, "Russian Offensive Campaign Assessment," *Institute for the Study of War*, September 15, 2022, https://www.understandingwar.org/backgrounder/russian-offensive-campaign-assessment-september-15.

48. "Prigozhinverbuetzakliuchennykhrf: kommentarii Feiginai Arestovicha," *Feigin Live*, September 14, 2022, https://www.youtube.com/watch?v=vvUMsmbChV4; "Prigozhin—o verbovke zakliuchennykh na voinu: 'Libo zeki, libo vashi deti,' " *Radio Svoboda*, September 15, 2022, https://www.svoboda.org/a/prigozhin—o-verbovke-zaklyuchyonnyh-na-voynu-libo-zeki-libo-vashi-deti-/32035673.html; "Ukraine Live Updates: Putin Calls Up More Troops as His War E ort Falters," *New York Times*, September 21, 2022; "Putin says Russia's mobilisation mistakes must be 'corrected,' " *Aljazeera*, September 29, 2022, https://www.aljazeera.com/news/2022/9/29/putin-says-russias-mobilisation-mistakes-must-be-corrected.
49. Andrew E. Kramer, "Russia-Ukraine War: Armed Russian Soldiers Oversee Referendum Voting," *New York Times*, September 24, 2022, https://www.nytimes.com/live/2022/09/24/world/russia-ukraine-putin-news; Antony Blinken, Secretary of State, "Russia's Sham Referenda in Ukraine," Press Statement, U.S. Department of State, September 29, 2022, https://www.state.gov/russias-sham-referenda-in-ukraine/; Joshua Berlinger, Anna Chernova, and Tim Lister, "Putin announces annexation of Ukrainian regions in defiance of international law," *CNN*, September 30, 2022, https://www.cnn.com/2022/09/30/europe/putin-russia-ukraine-annexation-intl.
50. "Signing of treaties on accession of Donetsk and Lugansk people's republics and Zaporozhye and Kherson regions to Russia," President of Russia, September 30, 2022, http://en.kremlin.ru/events/president/news/69465.
51. Thomas Gibbons-Ne, "Russia's withdrawal from Lyman comes a day after Putin said he was annexing the region." *New York Times*, October 1, 2022, https://www.nytimes.com/live/2022/10/01/world/russia-ukraine-war-news#ukraine-moves-to-encircle-lyman-a-strategic-eastern-rail-hub; "Official: Ukraine's military has liberated over 2,400 square kilometers in Kherson Oblast, "*KyivIndependent*, October 7, 2022, https://kyivindependent.com/news-feed/official-ukraines-military-has-liberated-over–2–400-square-kilometers-in-kherson-oblast; Michael Schwirtz and Andrew E. Kramer,"Blaston Crimean Bridge Deals Blowto Russian War Effortin Ukraine,"*New YorkTimes*, October8, 2022, https://www.nytimes.com/2022/10/08/world/europe/ukraine-crimea-bridge-explosion.html; Karen DeYoung, "Ukraine war at a turning point with rapid escalation of conflict," *Washington Post*, October 10, 2022, https://www.washingtonpost.com/national-security/2022/10/10/russia-ukraine-war-turning-point/.
52. "Russian General Surovikin: "The Situation in Kherson is Tense, We Do Not Rule Out Difficult Decisions," *Nova.News*, October 19, 2022, https://www.agenzianova.com/en/news/il-generale-russo-surovkin-la-situazione-a-kherson-e-tesa-non-escludiamo-decisioni-diffiicili/; Anna Chernovaand Rob Picheta,"Russiare moves bones Of 18th-century commander revered by Putin from

occupied Ukrainian city," *CNN*, October 28, 2022, https://www.cnn.com/2022/10/28/europe/potemkin-remains-removed-kherson-ukraine-russia-intl; "Russian Defense Minister Orders Major Retreat From Kherson," *Radio Free Europe*, November 9, 2022 https://www.rferl.org/a/russia-kherson-retreat-shoigu-ukraine/32122802.html; "Strashnyi son rosiian. Chomu RF zaivyla pro vidvid viisk z Khersona i naskilky tse mozhe zatiahnutysia," *Ukrainska pravda*, November 9, 2022 https://www.pravda.com.ua/articles/2022/11/9/7375683/.

53. Max Hunder and Tom Balmforth, "Exclusive: Russia needs time to pull back from Kherson, fighting to slow in winter-Kyiv," Reuters, November 10, 2022, https://www.reuters.com/world/europe/exclusive-russian-withdrawal-kherson-take-least-week-kyiv-2022-11-10/; Olga Pilipenko, "Rabotaiut po metodichke: rossiiskie SMI o potere Khersona," *Dialog.ua*, November 12, 2022, https://www.dialog.ua/russia/262355_1668198752; Mick Krever, Anna Chernova, Teele Rebane, Gianluca Mezzofiore, Tim Lister, and Sophie Tanno, "Ukrainian troops sweep into key city of Kherson after Russian forces retreat, dealing blow to Putin," *CNN*, November 11, 2022, https://www.cnn.com/2022/11/11/europe/russian-troops-leave-kherson-region-intl.

54. "General Hodges makes forecast for liberation of Mariupol, Melitopol, Crimea," *Ukrinform*, November 12, 2022, https://www.ukrinform.net/rubric-ato/3613120-general-hodges-makes-forecast-for-liberation-of-mariupol-melitopol-crimea.html; "Zelensky visits newly-retaken Kherson city, says "we are going forward," *CNN*, November 14, 2022, https://www.cnn.com/europe/live-news/russia-ukraine-war-news-11-14-22/h_8ddf7d7da8420737ed7008cdf0e 76fad.

55. Jack Watling, "Russia's Loss of Kherson Signals Change in Putin's Strategy," *The Guardian*, November 13, 2022, https://www.theguardian.com/world/2022/nov/13/russias-loss-of-kherson-signals-change-in-putins-strategy-ukraine; Clare Mills, "Military Assistance to Ukraine since the Russian Invasion," Research Brie ng, House of Commons Library, November 11, 2022, chrome-extension://efaidnbmnnnibpcajpcglclefindmkaj/https://researchbriefings.files.parliament.uk/documents/CBP-9477/CBP-9477.pdf.

第十二章

1. Cara Anna, "Rocket attacks hit Ukraine's Lviv as Biden visits Poland," *AP*, March 26, 2022, https://apnews.com/article/explosions-in-lviv-ukraine-russia-war-d19574a99afeb4bf964be7c3276c084c; "Biden gives speech in Poland," *Washington Post*, March 26, 2022, https://www.youtube.com/watch?v=brIm2OmxuuM; J. Oliver Conroy, "Vladimir Putin 'cannot remain in power,' Joe Biden says in Warsaw speech," *Guardian*, March 26, 2022, https://www.theguardian.com/world/2022/mar/26/biden-tells-west-to-prepare-

for-long-fight-ahead-in-warsaw-speech; Michael D. Shear and David E. Sanger, "Biden's Barbed Remark About Putin: A Slip or a Veiled Threat?" *New York Times*, March 26, 2022, https://www.nytimes.com/2022/03/26/world/europe/biden-ukraine-poland-speech.html.

2. "Remarks by President Biden on the United Efforts of the Free World to Support the People of Ukraine," The White House, March 26, 2022, https://www.whitehouse.gov/briefing-room/speeches-remarks/2022/03/26/remarks-by-president-biden-on-the-united-efforts-of-the-free-world-to-support-the-people-of-ukraine/; J. Oliver Conroy and Philip Oltermann, "Vladimir Putin 'cannot remain in power' Joe Biden says in Warsaw speech," *Guardian*, March 26, 2022, https://www.theguardian.com/world/2022/mar/26/biden-tells-west-to-prepare-for-long-fight-ahead-in-warsaw-speech.
3. "Remarks by President Biden on the United Efforts of the Free World to Support the People of Ukraine."
4. "Remarks by President Biden on the United Efforts of the Free World to Support the People of Ukraine."
5. Michael D. Shear, "After meeting with Ukraine refugees, Biden calls Putin 'a butcher,' " *New York Times*, March 26, 2022.
6. Christopher Cadelago and Craig Howie, "Biden, off the cuff, says Putin 'cannot remain in power,' " *Politico*, March 26, 2022, https://www.politico.com/news/2022/03/26/biden-putin-poland-speech-00020671; Daniel Boffey, Shaun Walker, and Philip Oltermann, "Biden: 'butcher' Putin cannot be allowed to stay in power," *Guardian*, March 27, 2022, https://www.theguardian.com/us-news/2022/mar/26/biden-butcher-putin-cannot-be-allowed-to-stay-in-power; Winston Churchill—The Greatest Briton, UK Parliament, Appendix 2: Full transcript of a speech by Winston Churchill broadcast on 'The Home Service Programme' (BBC radio), 9 pm, Sunday, June 22, 1941 (BBK/C/87), https://www.parliament.uk › parliamentary-archives.
7. "Remarks by President Biden on the United Efforts of the Free World to Support the People of Ukraine."
8. Chad P. Bown, "Russia's war on Ukraine: A sanctions timeline," Peterson Institute for International Economics, https://www.piie.com/blogs/realtime-economic-issues-watch/russias-war-ukraine-sanctions-timeline.
9. Michael D. Shear, Richard Pérez-Peña, Zolan Kanno-Youngs, and Anton Troianovski, "U.S. and Allies Impose Sanctions on Russia as Biden Condemns 'Invasion' of Ukraine," *New York Times*, February 22, 2022, https://www.nytimes.com/2022/02/22/us/politics/us-russia-ukraine-sanctions.html; "Nord Stream 1: Why is Russia cutting gas supplies to Europe?" *BBC News*, July 27, 2022, https://www.bbc.com/news/world-europe–60131520; "Blocking Property of Certain Persons and Prohibiting Certain Transactions with Respect to Continued Russian Efforts to Undermine the Sovereignty and Territorial Integrity of Ukraine,"

Federal Register, A Presidential Document by the Executive Office of the President on 02/23/2022, https://www.federalregister.gov/documents/2022/02/23/2022-04020/blocking-property-of-certain-persons-and-prohibiting-certain-transactions-with-respect-to-continued.

10. Shear, Pérez-Peña, and Troianovski, "U.S. and Allies Impose Sanctions on Russia"; Bown, "Russia's war on Ukraine: A sanctions timeline"; Kate Davidson and Aubree Eliza Weaver, "The West declares economic war on Russia," *Politico*, February 28, 2022, https://www.politico.com/newsletters/morning-money/2022/02/28/the-west-declares-economic-war-on-russia-00012208.
11. Bown, "Russia's war on Ukraine: A sanctions timeline"; Erik de Bie, "EU Sanctions Russia with 'Maintenance and Alignment' Package of Restrictive Measures," *National Law Review* 12, no. 210 (July 29, 2022), https://www.natlawreview.com/article/eu-sanctions-russia-maintenance-and-alignment-package-restrictive-measures; Catherine Belton and Robyn Dixon, "Western sanctions catch up with Russia's wartime economy," *Washington Post*, November 26, 2022, https://www.washingtonpost.com/world/2022/11/26/russia-war-economy-military-supply/; Emily Rauhala, Karen DeYoung, and Beatriz Rios, "Western allies move to cap price of Russian oil at $60 a barrel," *Washington Post*, December 2, 2022, https://www.washingtonpost.com/world/2022/12/02/russian-oil-price-cap/; "EU agrees 9th sanctions package against Russia—diplomats," Reuters, December 15, 2022, https://www.reuters.com/world/europe/eu-agrees-9th-sanctions-package-against-russia-diplomats-2022-12-15/.
12. "Ukraine received 1,300 tons of US military aid in 2022," *UATV*, February 11, 2022, https://uatv.ua/en/ukraine-received-1-300-tons-of-us-military-aid-in-2022/.
13. Shane Harris, "Russia planning massive military offensive against Ukraine, involving 150,000 troops, US Intelligence Warns," *Washington Post*, December 3, 2021, https://www.washingtonpost.com/national-security/russia-ukraine-invasion/2021/12/03/98a3760e-546b-11ec-8769-2f4ecdf7a2ad_story.html; David E. Sanger, Eric Schmitt, Helene Cooper, Julian E. Barnes, and Kenneth P. Vogel, "Arming Ukraine: 17,000 Anti-Tank Weapons in 6 Days and a Clandestine Cybercorps," *New York Times*, March 6, 2022, https://www.nytimes.com/2022/03/06/us/politics/us-ukraine-weapons.html; Mark Gollom, "How successive U.S. administrations resisted arming Ukraine," *CBC News*, March 5, 2022, https://www.cbc.ca/news/world/obama-trump-biden-ukraine-military-aid-126371378; Natasha Bertrand, "White House reiterates that US is ready to act if Russia invades Ukraine," *CNN*, December 24, 2021, https://edition.cnn.com/2021/12/23/politics/us-warning-russia-ukraine/index.html.
14. Sanger, Schmitt, Cooper, Barnes, and Vogel, "Arming Ukraine."

15. "Fact Sheet on U.S. Security Assistance for Ukraine," The White House, March 16, 2022, https://www.whitehouse.gov/briefing-room/statements-releases/2022/03/16/fact-sheet-on-u-s-security-assistance-for-ukraine/; Bernd Debusmann Jr., "What weapons has the US given Ukraine—and how much do they help?" *BBC News*, April 21, 2022, https://www.bbc.com/news/world-us-canada-60774098.
16. "The Lend-Lease Act of 1941, March 11, 1941," History, Arts & Archives. United States House of Representatives, https://history.house.gov/Historical-Highlights/1901-1950/The-Lend-Lease-Act-of-1941/#:~:text=On%20this%20date%2C%20the%20House,vital%20to%20American%20national%20 security; Michele Kelemen, "U.S. war aims shift in Ukraine—and bring additional risks," NPR, April 27, 2022, https://www.npr.org/2022/04/27/1094970683/u-s-war-aims-shift-in-ukraine-and-bring-additional-risks; Patricia Zengerle, "U.S. Congress revives World War Two-era 'Lend-Lease' program for Ukraine," Reuters, April 28, 2022, https://www.reuters.com/world/us-congress-revives-world-war-two-era-lend-lease-program-ukraine-2022-04-28/; David Vergun, "Biden Signs Lend-Lease Act to Supply More Security Assistance to Ukraine," U.S. Department of Defense, May 9, 2022, https://www.defense.gov/News/News-Stories/Article/Article/3025302/biden-signs-lend-lease-act-to-supply-more-security-assistance-to-ukraine/.
17. John Ismay, "Allies will 'keep moving heaven and earth' to supply Ukraine, the U.S. defense chief says," *New York Times*, April 26, 2022, https://www.nytimes.com/live/2022/04/26/world/ukraine-russia-war-news#allies-will-keep-moving-heaven-and-earth-to-supply-ukraine-the-us-defense-chief-says; Ismay, "A new U.S.-led international group will meet monthly to focus on aiding Ukraine," *New York Times*, April 26, 2022, https://www.nytimes.com/2022/04/26/world/europe/lloyd-austin-ukraine-contact-group.html.
18. "Winter is coming to Ukraine, warns NATO chief at Ramstein summit," *DW*, September 8, 2022, https://www.dw.com/en/winter-is-coming-to-ukraine-warns-nato-chief-at-ramstein-summit/a-63061788.
19. Volodymyr Landa and Kostiantyn Hennyi, "Reitynh druziv Ukraïny. 20 kraïn, iaki naibil'she dopomohly Ukraïni z momentu rosiis'koho vtorhnennia," *Forbes*, Voiennyi nomer, https://forbes.ua/inside/reyting-druziv-ukraini-20-krain-yaki-naybilshe-dopomogli-ukraini-z-momentu-rosiyskogo-vtorgnennya-reyting-forbes-31052022-6292.
20. Kaja Kallas, "Our neighbor's problem today will be our problem tomorrow," ERR News, April 26, 2022, https://news.err.ee/1608578038/kaja-kallas-our-neighbor-s-problem-today-will-be-our-problem-tomorrow.

21. "Ukrainian refugees arrive in Poland," https://news.un.org/en/story/2022/05/1119172; Jarosław Kuisz and Karolina Wigura, "The EU and the War in Ukraine (I): The Curse of Being Important. A View from Poland," *Internationale Politik Quarterly*, June 30, 2022, https://ip-quarterly.com/en/eu-and-war-ukraine-i-curse-being-important-view-poland; Giorgio Ca ero, "Analysis: Ukraine war has both blindsided and empowered Orban," *Aljazeera*, June 27, 2022, https://www.aljazeera.com/news/2022/6/27/analysis-ukraine-war-has-both-blindsided-and-empowered-hungarys-orban.
22. Landa and Hennyi, "Reitynh druziv Ukraïny."
23. "Boris Johnson walks on the streets of war-hit Kyiv along with Zelensky; Pledges more aid to Ukraine," *Hindustan Times*, April 10, 2022, https://www.youtube.com/watch?v=4LcCdf8hMTY; Roman Kravets and Roman Roma-niuk, "Do i pislia kontrnastupu. Chy ie perspektyvy u myrnykh perehovo-riv z Rosiieiu," *Ukraïns'ka pravda*, July 28, 2022, https://www.pravda.com.ua/articles/2022/07/28/7360566/.
24. "Ukraine has shown the world it will prevail in its battle for freedom," Foreign, Commonwealth & Development Office and The Rt Hon Elizabeth Truss MP, June 3, 2022, https://www.gov.uk/government/news/ukraine-has-shown-the-world-it-will-prevail-in-its-battle-for-freedom; Pankaj Mishra, "Ukraine Should Beware of Brits Bearing Gifts," Bloomberg, May 19, 2022, https://www.bloomberg.com/opinion/articles/2022-05-19/is-boris-johnson-dragging-out-the-ukraine-war; Tim Adams, "Butler to the World by Oliver Bullough review—bent Britain at your service," *Guardian*, March 21, 2022, https://www.theguardian.com/books/2022/mar/21/butler-to-the-world-by-oliver-bullough-review-bent-britain-at-your-service.
25. Simon Tisdall, "Boris Johnson is using Ukraine crisis to launch a British comeback in Europe," *Guardian*, May 15, 2022, https://www.theguardian.com/commentisfree/2022/may/15/boris-johnson-ukraine-crisis-british-comeback-europe.
26. Tisdall, "Boris Johnson is using Ukraine crisis to launch a British comeback in Europe"; Sean Monaghan, "The Joint Expeditionary Force: Global Britain in Northern Europe?" Center for Strategic and International Stud-ies, March 25, 2022, https://www.csis.org/analysis/joint-expeditionary-force-global-britain-northern-europe; "Now it's official: Ukraine, UK, Poland form security alliance," Euromaidan Press, February 17, 2022, https://euromaidanpress.com/2022/02/17/now-its-official-ukraine-uk-poland-form-security-alliance/.
27. Philip Oltermann, "Germany agonises over Merkel's legacy: did she hand too much power to Putin?" *Guardian*, March 5, 2022.
28. "War in Ukraine: Is Germany losing its EU leadership role?" *DW*,May25,2022,https://www.dw.com/en/war-in-ukraine-is-germany-

losing-its-eu-leadership-role/a-61879431; "German navy chief Schönbach resigns over comments on Putin, Crimea," *DW*, January 22, 2022, https://www.dw.com/en/german-navy-chief-sch%C3%B6nbach-resigns-over-comments-on-putin-crimea/a-60525709.

29. "Take joint action and do whatever is necessary," The Federal Government, G7 Germany, February 7, 2022, https://www.bundesregierung.de/breg-en/news/federal-chancellor-scholz-trip-washington-2003710; "Ex-German chancellor Schroeder's Russia ties cast a shadow over Scholz's trip to Moscow," *France24*, February 15, 2022, https://www.france24.com/en/europe/20220215-ex-german-chancellor-schroeder-s-russia-ties-cast-a-shadow-over-scholz-s-trip-to-moscow; Carlotta Vorbrüggen, "Scholz, Biden, Macron und Johnson fordern rasche Ins-pektion des AKW Saporischschja," *Welt*, August 21, 2022, https://www.welt.de/politik/ausland/article240586497/Ukraine-Krieg-Scholz-Biden-Macron-und-Johnson-fordern-Inspektion-des-AKW-Saporischschja.html.

30. "War in Ukraine: Is Germany losing its EU leadership role?"; Peter Dickinson, "Not just Putin: Most Russians support the war in Ukraine," Atlantic Council, March 10, 2022, https://www.atlanticcouncil.org/blogs/ukrainealert/not-just-putin-most-russians-support-the-war-in-ukraine/; Birgit Jennen and Michael Nienaber, "Scholz Touts Latest Ukraine Arms Delivery After Criticism," Bloom-berg, June 1, 2022, https://www.bloomberg.com/news/articles/2022-06-01/scholz-touts-latest-ukraine-arms-delivery-as-criticism-persists#xj4y7vzkg; Mariia Koval-Honchar, "Krashche pizno nizh nikoly: iak Nimechchyna zminiuie svoiu pozytsiiu shchodo zbroï dlia Ukraïny," *Ievropeis'ka pravda*, June 6, 2022, https://www.eurointegration.com.ua/articles/2022/06/6/7140672/.

31. "War in Ukraine: What is Germany's strategy?" *DW*, May 30, 2022, https://www.dw.com/en/war-in-ukraine-what-is-germanys-strategy/a-61977500.

32. "Address by President of Ukraine Volodymyr Zelenskyy to the Bundestag," President of Ukraine, March 17, 2022, https://www.president.gov.ua/en/news/promova-prezidenta-ukrayini-volodimira-zelenskogo-u-bundesta-73621.

33. "Zelensky invites Merkel, Sarkozy to Bucha to look at results of concessions to Russia," *Ukrinform*, April 3, 2022, https://www.ukrinform.net/rubric-polytics/3447795-zelensky-invites-merkel-sarkozy-to-bucha-to-look-at-results-of-concessions-to-russia.html.

34. Bojan Pancevski, "German President Is Told He Isn't Welcome in Ukraine," *Wall Street Journal*, April 12, 2022, https://www.wsj.com/livecoverage/russia-ukraine-latest-news-2022-04-12/card/german-president-is-told-he-isn-t-welcome-in-ukraine-frQQduYTCR8yY5uvaQtl.

35. Melanie Amann, Markus Becker, Markus Feldenkirchen, Florian Gathmann, Matthias Gebauer, Serafin Reiber, Jonas Schaible, Christoph Schult, and Severin Weiland, "Why Has Germany Been So Slow to Deliver Weapons?" *Spiegel International*, June

3, 2022, https://www.spiegel.de/international/germany/olaf-scholz-and-ukraine-why-has-germany-been-so-slow-to-deliver-weapons-a- 7cc8397b-2448-49e6-afa5-00311c8fedce.

36. "How heavily does Germany rely on Russian energy?" *Economist*, May 4, 2022, https://www.economist.com/the-economist-explains/2022/05/04/how-heavily-does-germany-rely-on-russian-energy; Melanie Amann et al., "Why Has Germany Been So Slow to Deliver Weapons?"
37. "Macron welcomes Putin, Zelensky for Ukraine peace talks in Paris," *France24*, December 8, 2019, https://www.france24.com/en/20191208-france-macron-ukraine-crimea-zelensky-putin-peace-paris-summit-%C3%A9lys%C3%A9e-palace-russia-ukraine-germany-merkel-eu-european-union-annex; Roger Cohen, Ivan Nechepurenko, Aurelien Breeden, Shashank Bengali, and Anton Troianovski, "Macron meets Putin in Moscow, aiming for a de-escalation," *New York Times*, February 7, 2022, https://www.nytimes.com/2022/02/07/world/europe/macron-heads-to-moscow-aiming-for-a-de-escalation.html.
38. Stephane Faure, "Ukraine crisis: Why is Macron taking on the role of mediator?" *Aljazeera*, February 23, 2022, https://www.aljazeera.com/news/2022/2/23/ukraine-crisis-macron-the-mediator-in-chief.
39. "Macron and Germany's Scholz urge Putin to hold 'direct negotiations' with Zelen-sky," *France24*, May 28, 2022, https://www.france24.com/en/europe/20220528-live-ukraine-says-everything-being-done-to-defend-donbas-from-russian-onslaught; "Vladimir Putin made 'historic' error in Ukraine: France," *Aljazeera*, June 3, 2022, https://www.aljazeera.com/news/2022/6/3/vladimir-putin-made-historic-error-in-ukraine-france.
40. John Irish and Max Hunder, "Ukraine says Macron remarks on Russia 'can only humiliate France,' " Reuters, June 4, 2022.
41. Faure, "Ukraine crisis: Why is Macron taking on the role of mediator?"; "Vladimir Putin made 'historic' error in Ukraine: France"; Philippe Ricard, "War in Ukraine: Macron and Zelensky at odds," *Le Monde*, May 20, 2022, https://www.lemonde.fr/en/international/article/2022/05/20/war-in-ukraine-emmanuel-macron-and-volodymyr-zelenskyy-at-odds_5984097_4.html; "Ukraine bid to join EU will take decades says Macron," *BBC News*, May 10, 2022, https://www.bbc.com/news/world-europe–61383632.
42. Nichola Farrell, "Roman Myths. Italy's growing opposition to NATO," *Spec-tator*, May 21, 2022, 20–21; Anurag Roushan, "US Supports Italy's Four-point Peace Plan For Ukraine Amid Ongoing Russian Invasion," *Republicworld.com*, June 1, 2022, https://www.republicworld.com/world-news/russia-ukraine-crisis/us-supports-italys-four-point-peace-plan-for-ukraine-amid-ongoing-russian-invasion-articleshow.html.

43. "Ukraine confirms Italy proposed plan to end war," *Kyiv Independent*, May 20, 2022, https://kyivindependent.com/news-feed/ukraine-confirms-italy-proposed-plan-to-end-war/.
44. Jules Darmanin, Clea Caulcutt, and Christopher Miller, "Macron, Scholz and Draghi meet Zelenskyy in Kyiv during historic visit," *Politico*, June 16, 2022, https://www.politico.eu/article/macron-scholz-draghi-kyiv-visit-zelenskyy-ukraine/; Kate Bennett, "First lady Jill Biden makes unannounced trip to Ukraine," *CNN*, May 8, 2022, https://www.cnn.com/2022/05/08/politics/jill-biden-ukraine-visit/index.html.
45. Darmanin, Caulcutt, and Miller, "Macron, Scholz and Draghi meet Zelenskyy in Kyiv during historic visit"; "Macron, Zelensky turn page on Russia 'humiliation' spat," *France24*, June17, 2022, https://www.france24.com/en/live-news/20220617-macron-zelensky-turn-page-on-russia-humiliation-spat.
46. Jessica Parker, Joe Inwood, and Steve Rosenberg, "EU awards Ukraine and Mol-dova candidate status," *BBC News*, June 23, 2022, https://www.bbc.com/news/world-europe-61891467; "Grant EU candidate status to Ukraine and Moldova without delay, MEPs demand," News. European parliament, June 23, 2022, https://www.europarl.europa.eu/news/en/press-room/20220616IPR33216/grant-eu-candidate-status-to-ukraine-and-moldova-without-delay-meps-demand; Andrew Gray, "Big deal: What does EU candidate status actually mean for Ukraine?" *Politico*, June 18, 2022, https://www.politico.eu/article/why-eu-membership-candidate-status-matters-for-ukraine/.
47. "NATO formally invites Sweden, Finland to join the alliance," *France24*, June 29, 2022, https://www.france24.com/en/europe/20220629-alliance-faces-biggest-challenge-since-world-war-ii-says-nato-chief; Amanda Macias, "NATO reaches a deal with Turkey to admit Sweden and Finland, secretary-general says," *CNBC*, June 28, 2022, https://www.cnbc.com/2022/06/28/nato-reaches-deal-with-turkey-to-admit-sweden-and-finland-secretary-general-says.html; Owen Greene, "Sweden: a his-tory of neutrality ends after 200 years," *The Conversation*, May 26, 2022, https://theconversation.com/sweden-a-history-of-neutrality-ends-after-200-years-183583.
48. "Madrid Summit Declaration Issued by NATO Heads of State and Government participating in the meeting of the North Atlantic Council in Madrid, June 29, 2022," North Atlantic Treaty Organization, https://www.nato.int/cps/en/natohq/official_texts_196951.htm.
49. Zachary Snowdon Smith, "Putin 'Calm and Cool' After Learning Finland Will Apply To Join NATO, Finnish President Says,"

Forbes, May 15, 2022, https://www.forbes.com/sites/zacharysmith/2022/05/15/putin-calm-and-cool-after-learning-finland-will-apply-to-join-nato-finnish-president-says/?sh=1bbbb3d26823; Elena Teslova, "Putin explains how Finland, Sweden membership in NATO different from Ukraine's. Russian president says Moscow views Scandinavian nations' accession to NATO di erently, unlike Ukraine, since it has no territorial disputes," Anadolu Agency, June 3, 2022, https://www.aa.com.tr/en/russia-ukraine-war/putin-explains-how-finland-sweden-membership-in-nato-different-from-ukraines/2627019.

50. Simon Tisdall, "Behind Nato's defensive 'shield' lies weakness and division. Ukraine will pay the price," *Guardian*, June 12, 2022, https://www.theguardian.com/world/2022/jun/12/behind-natos-defensive-shield-lies-weakness-and-division-ukraine-will-pay-the-price; Jim Garamon, "Then and Now: The Changes Between 2 NATO Madrid Summits," U.S. Department of Defense, June 29, 2022, https://www.defense.gov/News/News-Stories/Article/Article/3078638/then-and-now-the-changes-between–2-nato-madrid-summits/.

第十三章

1. Jack Lau, "Pelosi Taiwan visit: region 'tense' as Chinese navy watches US warships, holds drills in South China Sea," *South China Morning Post*, July 29, 2022, https://www.scmp.com/news/china/military/article/3187091/pelosi-taiwan-visit-region-tense-chinese-navy-watches-us; "China announces military exercise opposite Taiwan after warning Pelosi to scrap plans to visit," *CNBC*, July 30, 2022, https://www.cnbc.com/2022/07/30/china-announces-military-exercise-opposite-taiwan-after-warning-pelosi-to-scrap-plans-to-visit.html.
2. Zolan Kanno-Youngs and Peter Baker, "Biden Pledges to Defend Taiwan if It Faces a Chinese Attack," *New York Times*, May 23, 2022, https://www.nytimes.com/2022/05/23/world/asia/biden-taiwan-china.html; Aila Slisco, "No, China Didn't Threaten to Shoot Down Pelosi's Plane Over Taiwan Visit," *Newsweek*, July 29, 2022.
3. Daniel E. Slotnik and Matthew Cullen, "Your Friday Briefing: Biden and Xi's Fraught Phone Call," *New York Times*, July 28, 2022, https://www.nytimes.com/2022/07/28/briefing/biden-xi-china-us-gdp-australia.html.
4. David Molloy, "Taiwan: Nancy Pelosi trip labelled as 'extremely dangerous' by Beijing,' *BBC News*, August 2, 2022, https://www.bbc.com/news/world-asia-62398029; Paul Mozur, Amy Chang Chien, and Michael D. Shear, *New York Times*, August 2, 2022, https://www.nytimes.com/live/2022/08/02/world/pelosi-taiwan.

5. Seung Min Kim, "Nancy Pelosi's Proposed Taiwan Trip Is 'Not a Good Idea,' Says Joe Biden, Quoting U.S. Military Opinion," *Time*, July 21, 2022, https://time.com/6199197/nancy-pelosi-taiwan-biden-us-china/; Thomas L. Friedman, "Why Pelosi's Visit to Taiwan Is Utterly Reckless," *New York Times*, August 1, 2022.
6. Antony J. Blinken, "The Administration's Approach to the People's Republic of China," The George Washington University, Washington, DC, May 26, 2022, U.S. Department of State, https://www.state.gov/the-administrations-approach-to-the-peoples-republic-of-china/.
7. Blinken, "The Administration's Approach to the People's Republic of China."
8. "China criticizes US as tensions rise in South Pacific," AP News, May 27, 2022, https://apnews.com/article/russia-ukraine-biden-foreign-policy-antony-blinken-eed7c0b393ad18d4278291b8638f0e7d; "China rejects Blinken speech as 'smear,' " *DW*, May 27, 2022, https://www.dw.com/en/china-rejects-blinken-speech-as-smear/a-61955836.
9. Frederick Kempe, "A new world order is emerging—and the world is not ready for it," *CNBC*, April 3, 2022, https://www.cnbc.com/2022/04/03/a-new-world-order-is-emerging-and-the-world-is-not-ready-for-it.html; Christine Huang, Laura Silver, and Laura Clancy, "China's Partnership With Russia Seen as Serious Problem for the U.S.," Pew Research Center, April 28, 2022, https://www.pewresearch.org/global/2022/04/28/chinas-partnership-with-russia-seen-as-serious-problem-for-the-us/; Robert A. Manning, "Locking China Out of the Global Order Could Back re," *Foreign Policy*, May 9, 2022, https://foreignpolicy.com/2022/05/09/china-global-order-decoupling-xi-beijing-reforms/.
10. Michael Nelson, "Barack Obama: Foreign A airs," Miller Center, University of Virginia, https://millercenter.org/president/obama/foreign-affairs.
11. Graham Allison, *Destined for War: Can America and China Escape Thucydides's Trap?* (New York, 2018), 6–9.
12. Mark Landler, "Lost in Translation: A U.S. Gift to Russia," *New York Times*, March 6, 2009, https://www.nytimes.com/2009/03/07/world/europe/07diplo.html.
13. Simon Shuster, "U.S.-Russia Relations: In Need of a New Reset," *Time*, March 16, 2010, http://content.time.com/time/world/article/0,8599,1971651,00.html; Joseph R. Biden Jr., "Remarks by the Vice President at the Munich Security Conference," The White House, Office of the Vice President, February 7, 2015, https://obamawhitehouse.archives.gov/the-press-office/2015/02/07/remarks-vice-president-munich-security-conference.

14. Michael Crowley and Julia Ioffe, “Why Putin hates Hillary,” *Politico*, July 25, 2016, https://www.politico.com/story/2016/07/clinton-putin-226153.
15. Crowley and Ioffe, “Why Putin hates Hillary”; Brian Ross, Rhonda Schwartz, and James Gordon Meek, “Officials: Master Spy Vladimir Putin Now Directly Linked to US Hacking,” *ABC News*, December 15, 2016, https://abcnews.go.com/International/officials-master-spy-vladimir-putin-now-directly-linked/story?id=44210901; Alex Ward, “4 main takeaways from new reports on Russia’s 2016 election interference,” *Vox*, December 17, 2018, https://www.vox.com/world/2018/12/17/18144523/russia-senate-report-african-american-ira-clinton-instagram.
16. Charles Riley, “Trump’s decision to kill TPP leaves door open for China,” *CNN Business*, January 24, 2017, https://money.cnn.com/2017/01/23/news/economy/tpp-trump-china/; Bethany Allen-Ebrahimian, “Special report: Trump’s U.S.-China transformation,” *Axios*, January 19, 2021, https://www.axios.com/2021/01/19/trump-china-policy-special-report; Ben Westcott, “China looms as Biden’s biggest foreign policy challenge. Here’s where he stands,” *CNN*, November 17, 2020, https://edition.cnn.com/2020/11/15/asia/biden-china-policy-trump-us-intl-hnk/index.html.
17. “Trump Hails ‘Very, Very Good Relationship’ In Talks With Vladimir Putin,” *NDTV*, June 28, 2019, https://www.ndtv.com/world-news/donald-trump-hails-very-very-good-relationship-in-talks-with-vladimir-putin-2060714; Mark Gol-lom, “How successive U.S. administrations resisted arming Ukraine,” *CBC News*, March 2, 2022, https://www.cbc.ca/news/world/obama-trump-biden-ukraine-military-aid-126371378; Nicholas Fandos and Michael D. Shear, “Trump Impeached for Abuse of Power and Obstruction of Congress,” *New York Times*, December 18, 2019, https://www.nytimes.com/2019/12/18/us/politics/trump-impeached.html.
18. James Dobbins, Howard J. Shatz, and Ali Wyne, “Russia Is a Rogue, Not a Peer; China Is a Peer, Not a Rogue. Di erent Challenges, Di erent Responses,” RAND Corporation,October2018, https://www.rand.org/pubs/perspectives/PE310.html; Paul Haenle and Sam Bresnick, “Why U.S.-China Relations Are Locked in a Stale-mate,” Carnegie Endowment for International Peace, February 21, 2022, https://carnegieendowment.org/2022/02/21/why-u.s.-china-relations-are-locked-in-stalemate-pub-86478; Brahma Chellaney, “America Is Focusing on the Wrong Enemy,” *Project Syndicate*, February 14, 2022, https://www.project-syndicate.org/commentary/the-threat-to-us-global-leadership-is-china-not-russia-by-brahma-chellaney-2022-02?barrier=accesspaylog; Franco Ordonez, “The White House wants to focus on China, but Russia continues to be a distraction,” NPR, December 21, 2021, https://www.npr.org/2021/12/21/1066181618/the-white-house-wants-to-focus-on-china-but-russia-continues-to-be-a-distraction.

19. Andrew Roth and Vincent Ni, "Xi and Putin urge Nato to rule out expansion as Ukraine tensions rise," *Guardian*, February 4, 2022, https://www.theguardian.com/world/2022/feb/04/xi-jinping-meets-vladimir-putin-china-russia-tensions-grow-west; Allison, *Destined for War*, 109–13.
20. Edward Wong and Julian E. Barnes, "China Asked Russia to Delay Ukraine War Until After Olympics, U.S. Officials Say," *New York Times*, March 2, 2022, https://www.nytimes.com/2022/03/02/us/politics/russia-ukraine-china.html; Chen Qingqing, "Chinese nationals' evacuation in Ukraine complete! All safe: embassy," *Global Times*, March 9, 2022, https://www.globaltimes.cn/page/202203/1254447.shtml.
21. "President Xi Jinping Speaks with Russian President Vladimir Putin on the Phone," Ministry of Foreign A airs of the People's Republic of China, Febru-ary 25, 2022, https://www.fmprc.gov.cn/eng/zxxx_662805/202202/t20220225_10645701.html.
22. Bobo Lo, "Friendship with Limits: Putin's War and the China-Russia Partnership," George W. Bush Institute, *The Catalyst* 23 (Spring 2022), https://www.bushcenter.org/catalyst/ukraine/lo-friendship-with-limits-china-russia.html.
23. Lo, "Friendship with Limits"; Jia Deng, "China treads a fine line on the Russia-Ukraine war," *East Asia Forum*, May 20, 2022, https://www.eastasiaforum.org/2022/05/20/china-treads-a-fine-line-on-the-russia-ukraine-war/; Evelyn C. Cheng, "China watches warily as Ukraine makes U.S., EU and Japan strengthen their alliance," *CNBC*, March 8, 2022, https://www.cnbc.com/2022/03/09/china-watches-as-ukraine-war-makes-us-eu-and-japan-show-unity.html.
24. John Feng, "China Refuses to Call Russia's War on Ukraine an 'Invasion,' " *News-week*, February 24, 2022, https://www.newsweek.com/china-refuses-call-russia-war-ukraine-invasion-1682140; Lo, "Friendship with Limits"; Reid Standish, "China's Messaging On The Ukraine War Is Evolving, But In Which Way?" *Radio Free Europe/Radio Liberty*, May 3, 2022, https://www.rferl.org/a/china-ukraine-war-messaging-standish/31832716.html.
25. Wong and Barnes, "Russia Asked China for Military and Economic Aid for Ukraine War, U.S. Officials Say"; "China says it does not want to be impacted by Russia sanctions," *Aljazeera*, March 15, 2022, https://www.aljazeera.com/news/2022/3/15/china-does-not-want-to-be-impacted-by-russia-sanctions-fm; Allison, *Destined for War*, 110.
26. "Readout of President Joseph R. Biden Jr. Call with President Xi Jinping of the People's Republic of China," The White House, March 18, 2022, https://www.whitehouse.gov/briefing-room/statements-releases/2022/03/18/readout-of-president-joseph-r-biden-jr-call-with-president-xi-jinping-of-the-peoples-republic-of-china-2/; Cate Cadell and Ellen Nakashima, "Beijing chafes at

Moscow's requests for support, Chinese officials say," *Washington Post*, June 2, 2022, https://www.washingtonpost.com/national-security/2022/06/02/china-support-russia-ukraine/.

27. "Putin Visits 'Friendly' Central Asia on First Trip During War," Bloomberg, June 28, 2022, https://www.bloomberg.com/news/articles/2022-06-28/putin-visits-friendly-central-asia-on-first-trip-during-war#xj4y7vzkg.
28. Marcel Plichta, "What Putin Can Do with His New, Deadly Gift From Iran," *Daily Beast*, July 22, 2022, https://www.thedailybeast.com/what-vladimir-putin-can-do-with-his-new-deadly-drones-from-iran.
29. Joyce Karam@Joyce_Karam Twitter, https://twitter.com/Joyce_Karam/status/1549487286966009858; Brendan Cole, "Video of Putin Being Kept Waiting by Erdogan Goes Viral: 'Sweet Payback,' " *Newsweek*, July 20, 2022, https://www.newsweek.com/putin-erdogan-waiting-video-tehran-1726241.
30. Cengiz Candar, "Erdogan's dance with Putin: Humiliating, but face-saving," *Al-Monitor*, March 6, 2022, https://www.al-monitor.com/originals/2020/03/turkey-russia-syria-idlib-deal-erdogan-accepts-regimes-gains.html; "Of course it's coin-cidence: Kremlin spokesman denies trolling Erdogan with bronzework of Russo-Turkish war," *RT*, March 6, 2020, https://www.rt.com/russia/482509-putin-erdogan-clock-trolling/.
31. "Of course it's coincidence"; "What is the significance of Putin making Erdoğan wait?" *Duvar English*, March 10, 2022, https://www.duvarenglish.com/diplomacy/2020/03/10/what-is-the-significance-of-putin-making-erdogan-wait; "Turkey's Baykar drone company 'will never' supply Russia: CEO," *Aljazeera*, July 19, 2022, https://www.aljazeera.com/news/2022/7/19/turkish-firm-wont-supply-uavs-widely-used-by-ukraine-to-russia; Joshua Keating, "How Turkey is turning the war in Ukraine to its own advantage," *Grid*, June 8, 2022, https://www.grid.news/story/global/2022/06/08/how-turkey-is-turning-the-war-in-ukraine-to-its-own-advantage/.
32. Isabel de Madariaga, *Ivan the Terrible: First Tsar of Russia* (New Haven, CT, 2005), 264–67; Brian Davies, *Warfare, State and Society on the Black Sea Steppe, 1500–1700* (London and New York, 2007), 158–70; Orlando Figes, *The Crimean War: A History* (New York, 2011).
33. " 'Turkey to stand by Crimean Tatars to ensure their welfare,' " *Daily Sabah*, May 18, 2022, https://www.dailysabah.com/politics/diplomacy/turkey-to-stand-by-crimean-tatars-to-ensure-their-welfare; Alexander Gabuev, "Viewpoint: Russia and Turkey—unlikely victors of Karabakh conflict," *BBC News*, November 12, 2020, https://www.bbc.com/news/world-europe-54903869.

34. Oliya Kusa, "Turkey's Goals in the Russia-Ukraine War," *Focus Ukraine*, The Wilson Center, June 13, 2022, https://www.wilsoncenter.org/blog-post/turkeys-goals-russia-ukraine-war.
35. Kusa, "Turkey's Goals in the Russia-Ukraine War."
36. Dorian Jones, Ukrainian, Russian Delegations Send Positive Messages After Istanbul Talks," *Voice of America*, March 29, 2022, https://www.voanews.com/a/ukrainian-russian-delegations-send-positive-messages-after-istanbul-talks/6506651.html.
37. Amberin Zamar, "Russia-Ukraine talks in Turkey yield respite but no cease re," *Al-Monitor*, March 29, 2022, https://www.al-monitor.com/originals/2022/03/russia-ukraine-talks-turkey-yield-respite-no-ceasefire.
38. Firat Kozok and Selcan Hacaoglu, "Ukraine Cautious as Turkey, Russia Push Black Sea Grain Deal," Bloomberg, June 6, 2022, https://www.bloomberg.com/news/articles/2022-06-06/ukraine-cautious-as-turkey-russia-push-black-sea-grain-deal?sref=C3P1bRLC#xj4y7vzkg; "Turkish in flation seen nearing 81% in July, falling to 70% by end–2022: Reuters poll," Reuters, July 29, 2022, https://www.reuters.com/world/middle-east/turkish-inflation-seen-nearing-81-july-falling-70-by-end-2022-2022-07-29/; "Ukraine Says Russian Missiles Hit Odesa Port, Key To Grain Export Deal," *Radio Free Europe/Radio Liberty*, July 23, 2022, https://www.rferl.org/a/ukraine-odesa-russian-missiles-grain-export/31956567.html; Ievheniia Haber and Ol'ha Palii, "Shcho treba znaty dlia rozuminnia polityky Turechchyny pid chas viiny Ukraïny z rosiieiu," *Informator*, June 14, 2022, https://informator.ua/uk/shcho-treba-znati-dlya-rozuminnya-politiki-turechchini-pid-chas-viyni-ukrajini-z-rosiyeyu.
39. "U Chorne more razom iz dvoma turets'kymy fregatamy zaishov i pidvodnyi choven," *Ukrinform*, July 28, 2022, https://www.ukrinform.ua/rubric-crimea/3538569-u-corne-more-zajsli-dva-turecki-fregati-ta-pidvodnij-coven.html; Rhoda Kwan and Yuliya Talmazan, "1st grain shipment leaves Ukraine after months of Russian blockade," *NBC News*, August 1, 2022, https://www.nbcnews.com/news/world/1st-grain-shipment-leaves-ukraine-odesa-port-russian-blockade-rcna40581; Alexandra Prokopenko, "Russia's Return to Grain Deal is a Sign of Turkey's Growing In uence," Carnegie Endowment for International Peace, November 8, 2022, https://carnegieendowment.org/politika/88349.
40. "Medvedev: situatsiia vokrug Ukrainy uluchshat'sia ne budet, nuzhno priznavat' DNR i LNR," *TASS*, February 21, 2022, https://tass.ru/politika/13786995?utm_source =google. com&utm_medium= organic&utm_campaign=google.com&utm_referrer=google.com.
41. "What are the sanctions on Russia and are they hurting its economy?" *BBC News*, June 27, 2022, https://www.bbc.com/news/

world-europe–60125659; "EU sanctions against Russia explained," European Council, Council of European Union, https://www.consilium.europa.eu/en/policies/sanctions/restrictive-measures-against-russia-over-ukraine/sanctions-against-russia-explained/; "EU's latest package of Russia sanctions will need to include oil embargo," *Reuters*, May 30, 2022, https://www.reuters.com/business/energy/eus-latest-package-russia-sanctions-will-need-include-oil-embargo-2022-05-30/; Jack Guy, "Europe has bought $46 billion worth of Russian energy since the Ukraine war began," *CNN Business*, April 28, 2022, https://edition.cnn.com/2022/04/28/business/eu-fossil-fuel-exports-russia-ukraine-energy-intl/index.html; David Wallace-Wells, "Considering Ukraine as a climate and energy war," *New York Times*, International edition, June 4–5, 2022.

42. ZeynepBeyzaKilic,"Natural gas prices hit record levels as Russia-Ukraine war rages," *Anadolu Agency*, March 3, 2022, https://www.aa.com.tr/en/energy/natural-gas/natural-gas-prices-hit-record-levels-as-russia-ukraine-war-rages/34766; Fareed Zakaria, "The only possible path to keep the pressure on Russia," *Washington Post*, April 21, 2022, https://www.washingtonpost.com/opinions/2022/04/21/russia-ukraine-oil-production-saudi-arabia-uae-gulf-states-security/.

43. "Russia's War on Ukraine: The Economic Impact of Sanctions," Congressional Research Service, May 3, 2022. https://crsreports.congress.gov/product/pdf/IF/IF12092#:~:text=Sanctions%20that%20isolate%20Russia%20are,slowdown%20in%20global%20economic%20growth; "Russia cuts off Finland gas flows over payment dispute," *Aljazeera*, May 21, 2022, https://www.aljazeera.com/news/2022/5/21/russia-cuts-off-finland-gas-flows-over-payment-dispute#:~:text=Russia%E2%80%99s%20Gazprom%20halted%20gas%20exports%20to%20neighbouring%20Finland%2C,of%20sanctions%20imposed%20over%20Moscow%E2%80%99s%20invasion%20of%20Ukraine. Graeme Wearden, "Oil plunges to 10-month low as Saudi Arabia 'considers Opec+ production increase'–as it happened," *Guardian*, Novem-ber 21, 2022, https://www.theguardian.com/business/live/2022/nov/21/cbi-uk-economy-growth-jeremy-hunt-ftse-oil-covid-business-live.

44. Alex Lawson, "Oil price rises after Joe Biden fails to secure Saudi output increase," *Guardian*, July 18, 2022, https://www.theguardian.com/business/2022/jul/18/oil-price-rises-joe-biden-saudi-output-petrol-diesel-prices.

45. "Over 1,000 Companies Have Curtailed Operations in Russia—But Some Remain," Chief Executive Leadership Institute, Yale University, July 31, 2022, https://som.yale.edu/story/2022/over-1000-companies-have-curtailed-operations-russia-some-remain; Joshua Askew, "Sanctions 'catastrophically crippling' Russian economy, study nds," *Euronews*, July 29, 2022, https://www.euronews.com/2022/07/28/sanctions-catastrophically-crippling-russian-economy-study-finds?utm_source=Facebook&utm_mediu

m=Social&fbclid=IwAR2bjSn97eypq YuR3mpfBTKYz4aL2NguxqgbuY9QP-JFhZMgTsvNfn-k5t4.

46. "Russia's War on Ukraine: The Economic Impact of Sanctions"; "West's tech becomes a vulnerability for Russia," *New York Times*, International edition, June 4–5, 2022; Catherine Belton and Robyn Dixon, "Western sanctions catch up with Russia's wartime economy"; Agathe Demarais, "Sanctions on Russia Are Working. Here's Why," *Foreign Policy*, December 1, 2022, https://foreignpolicy.com/2022/12/01/ukraine-russia-sanctions-economy-war-putin-embargo-technology-financial-energy/.

47. Nikolaus J. Kurmayer, "Germany's Habeck: 'We have to try the unrealistic' to break free from Russian gas," *Euractiv*, April 28, 2022, https://www.euractiv.com/section/energy/news/germanys-habeck-we-have-to-try-the-unrealistic-to-break-free-from-russian-gas/; Anna Shirayevskaya, "For the First Time, US Is Sending More Gas to Europe Than Russia," Bloomberg, July 1, 2022, https://www.bloomberg.com/news/articles/2022-07-01/us-lng-supplies-to-europe-overtake-russian-gas-iea-says; Askew, "Sanctions 'catastrophically crippling' Russian economy."

48. "Putin nazval 'ėkonomicheskim samoubiistvom' politiku Evropy v ėnergeticheskoi sfere," *Vedomosti*, May 17, 2022, https://www.vedomosti.ru/economics/news/2022/05/17/922394-putin-nazval-ekonomicheskim-samoubiistvom-politiku-evropi; Vladimir Soldatkin and Chen Aizhu, "Putin hails $117.5 bln of China deals as Russia squares o with West," Reuters, February 4, 2022, https://www.reuters.com/world/putin-tells-xi-new-deal-that-could-sell-more-russian-gas-china-2022-02-04/.

49. Ashley J. Tellis, " 'What Is in Our Interest': India and the Ukraine War," Carnegie Endowment for International Peace, April 25, 2022, https://carnegieendowment.org/2022/04/25/what-is-in-our-interest-india-and-ukraine-war-pub-86961.

50. Anna Shirayevskaya, "Russian Gas Pivot Toward China Will Ease Europe's Energy Crunch," Bloomberg, July 29, 2022, https://www.bloomberg.com/news/articles/2022-07-29/russian-gas-pivot-toward-china-will-ease-europe-s-energy-crunch#xj4y7vzkg; Cli fford Krauss, Alexandra Stevenson, and Emily Schmall, "In Russia's War, China and India Emerge as Financiers," *New York Times*, June 24, 2022, https://www.nytimes.com/2022/06/24/business/russia-oil-china-india-ukraine-war.html; Thomas Duesterberg, "Historic Shifts In Russian Energy Flows Bolstering China," *Forbes*, July 7, 2022, https://www.forbes.com/sites/thomasduesterberg/2022/07/07/historic-shifts-in-russian-energy-flows-bolstering-china/?sh=24165f9f2423; Xiao Zibang, "Russia Overtakes Saudi Arabia as China's Top Oil Supplier," Bloomberg, June 7, 2022, https://www.bloomberg.com/news/articles/2022-06-20/china-buys-7-5-billion-of-russian-energy-with-oil-at-record#xj4y7vzkg.

51. Muyu Xu and Chen Aizhu, "China refiners slow down Russian oil purchases as sanctions near trade," Reuters, November 14,

2022, https://www.reuters.com/business/energy/china-refiners-slow-down-russian-oil-purchases-sanctions-near-trade-2022-11-14/; "Value of Russia-China energy trade up 64%, deputy PM says," Reuters, November 18, 2022, https://www.reuters.com/business/energy/value-russia-china-energy-trade-up-64-deputy-pm-says-2022-11-18/; Sean Golden, "The US and China in the new global order," Barcelona Center for International A airs, January 2020, https://www.cidob.org/en/publications/publication_series/opinion/seguridad_y_politica_mundial/the_us_and_china_in_the_new_global_order; Yvonne Lau, "Why China buying more Russian oil than ever doesn't mean that Putin has a blank check," *Fortune*, July 13, 2022, https://fortune.com/2022/07/13/china-buying-russian-oil-putin-xi-sanctions/.

52. Seth Cropsey, "SCO summit did not show what you think it showed," *Asia Times*, September 21, 2022, https://asiatimes.com/2022/09/sco-summit-did-not-show-what-you-think-it-showed/; Pavel K. Baev, "Eur-asian Summit of Hidden Tensions and Thin Pretenses," *Eurasia Daily Moni-tor*, 19, no. 136 (September 19, 2022), https://jamestown.org/program/eurasian-summit-of-hidden-tensions-and-thin-pretenses/.

53. Michael Howle, "Rishi Sunak brands Russia a 'pariah state' ahead of G20 summit encounter with Putin's foreign minister," *Evening Standard*, November 14, 2022, https://www.standard.co.uk/news/politics/rishi-sunak-g20-bali-russia-ukraine-lavrov-pariah-state-putin-biden-b1039848.html; Emily Febg," 4 takeaways from President Biden's 'very blunt' meeting with China's Xi Jinping," NPR, November 14, 2022, https://www.npr.org/2022/11/14/1136459450/biden-xi-meeting.

54. Stuart Lau, "China's new vassal: Vladimir Putin," *Politico*, June 6, 2022, https://www.politico.eu/article/china-new-vassal-vladimir-putin/.

索引

人名

三至五畫

六畫

七至八畫

九至十畫

十一至十二畫

十三至十四畫

十五畫以上

文獻

地點

三至五畫

六至八畫

九至十一畫

十二至十三畫

十四畫以上

族群國家

組織機構

二至五畫

六至十畫

十一畫以上

其他

俄烏戰爭：世界新秩序的建立

作　　者　謝爾希・浦洛基
譯　　者　劉卉立
審　　訂　周雪舫
選 書 人　張瑞芳
責任編輯　張瑞芳
校　　對　童霈文
版面構成　張靜怡
封面設計　陳文德
行銷總監　張瑞芳
行銷主任　段人涵
版權主任　李季鴻
總 編 輯　謝宜英
出 版 者　貓頭鷹出版 OWL PUBLISHING HOUSE

事業群總經理　謝至平
發 行 人　何飛鵬
發　　行　英屬蓋曼群島商家庭傳媒股份有限公司城邦分公司
115 台北市南港區昆陽街 16 號 8 樓
劃撥帳號：19863813；戶名：書虫股份有限公司
城邦讀書花園：www.cite.com.tw　購書服務信箱：service@readingclub.com.tw
購書服務專線：02-2500-7718~9（週一至週五 09:30-12:30；13:30-18:00）
24 小時傳真專線：02-2500-1990~1
香港發行所　城邦（香港）出版集團／電話：852-2508-6231 ／ hkcite@biznetvigator.com
馬新發行所　城邦（馬新）出版集團／電話：603-9056-3833 ／傳真：603-9057-6622
印 製 廠　中原造像股份有限公司
初　　版　2024 年 5 月
定　　價　新台幣 680 元／港幣 227 元（紙本書）
新台幣 476 元（電子書）
I S B N　978-986-262-686-3（紙本平裝）／ 978-986-262-689-4（電子書 EPUB）

讀者意見信箱　owl@cph.com.tw
投稿信箱　owl.book@gmail.com
貓頭鷹臉書　facebook.com/owlpublishing

【大量採購，請洽專線】(02) 2500-1919

城邦讀書花園
www.cite.com.tw

國家圖書館出版品預行編目資料

俄烏戰爭：世界新秩序的建立／謝爾希・浦洛基（Serhii Plokhy）著；劉卉立譯 . -- 初版 . -- 臺北市：貓頭鷹出版：英屬蓋曼群島商家庭傳媒股份有限公司城邦分公司發行 , 2024.05
面；　公分 .
譯自：
The Russo-Ukrainian war: the return of history.
ISBN 978-986-262-686-3（平裝）

1. CST：俄烏戰爭

542.2　　113003006

本書採用品質穩定的紙張與無毒環保油墨印刷，以利讀者閱讀與典藏。